Nico Naldini
Pier Paolo Pasolini

Nico Naldini
Pier Paolo PASOLINI
Eine Biographie

Aus dem Italienischen von Maja Pflug

Verlag Klaus Wagenbach   Berlin

Die italienische Originalausgabe (*Cronaca della vita e delle opere*) erschien erstmals 1986, und 1989 in erweiterter Fassung, bei Giulio Einaudi editore in Turin.

Die deutsche Übersetzung *Pier Paolo Pasolini. Eine Biographie* erschien 1991 als gebundene Ausgabe im Verlag Klaus Wagenbach. Für die hier vorliegende Taschenbuchausgabe wurde der Text durchgesehen, aktualisiert und neu bebildert.

Wagenbachs Taschenbuch 679

© 2011 L'Ancora srl., Napoli
© 1991, 2012 für die deutsche Übersetzung:
Verlag Klaus Wagenbach, Emser Straße 40/41, 10719 Berlin
Umschlaggestaltung Julie August unter Verwendung eines Photos © Mario Dondero. Reihenkonzept Rainer Groothuis. Gestaltung und Satz aus der Adobe Myriad und der Adobe Garamond von Sebastian Koth, Berlin. Das Karnickel auf Seite 1 zeichnete Horst Rudolph. Vorsatzmaterial von peyer graphic, Leonberg. Gedruckt auf chlor- und säurefreiem Papier (Schleipen) und gebunden.
Printed in Germany. Alle Rechte vorbehalten

ISBN: 978 3 8031 2679 5

Inhalt

TETA VELETA 1921–1929 7

JAHRE DES LERNENS UND DER INITIATION 1930–1940 20

SEHNSUCHT NACH DER GEGENWÄRTIGEN ZEIT 1941 30

IM DORF DER GEWITTER UND DER PRIMELN 1942 39

DAS SCHÖNSTE JAHR DES LEBENS 1943 46

»DER KRIEG STINKT NACH SCHEISSE« 1944 57

DER PARTISAN ERMES 1945 82

AMOR DE LONH 1946 95

ROTE HEFTE 1947 105

DIE BESTE JUGEND FRIAULS 1948 118

RAMUSCELLO 1949 124

ZUKÜNFTIGES ABENTEUER 1950 131

VERFOLGT, VERBANNT UND AUSGESTOSSEN 1951 138

DER ARMSELIGE LOHN EINES SCHULLEHRERS 1952–1954 145

**›RAGAZZI DI VITA‹
UND ENTSTEHUNG DER ZEITSCHRIFT ›OFFICINA‹ 1955** 156

WEGGENOSSE 1956 171

›GRAMSCI'S ASCHE› UND DIE NEUEN PLÄNE 1957 183

EIN ALTES BUCH MIT VERSEN 1958 190

FILM 1959 197

DIE TAGE VON ›ACCATTONE‹ 1960 212

»EINE VERSTÄNDLICHE, MENSCHLICHE,
BRÜDERLICHE WELT« 1961   228

DER TOD IST DER HÖHEPUNKT DER EPIK
UND DES MYTHOS 1962   236

VIA EUFRATE 1963   247

MILD IM HERZEN, ABER NIE IM DENKEN 1964   260

»DIE MEISTER SIND DAFÜR GEMACHT, DASS MAN SIE IN SCHARFER
SAUCE ISST« 1965   276

DER GEDANKE AN DAS ALTER IST WIE EIN BLITZSCHLAG 1966   283

›EDIPO RE‹: AUTOBIOGRAPHIE IN EINEM FILM 1967   291

EIN THEOREM MIT KOROLLARIEN 1968   296

C'EST L'ANNÉE DE PASOLINI 1969   306

DIE KRAFT DES VERGANGENEN 1970   313

»ICH LEBE MEINEN HEITEREN MOMENT« 1971   317

DER KÖRPER 1972   325

DER LETZTE TRAUM 1973   331

»ALL DAS IST GUT, WEIL ES EXZESSIV IST« (SADE) 1974   339

GRAUENHAFTER ›FAIT DIVERS‹ 1975   343

Anmerkungen   359

Editorische Notiz   371

Bibliographie & Filmographie   372

Abbildungsverzeichnis   379

TETA VELETA 1921–1929
1921

Am 21. Dezember 1921 heiratet der Oberleutnant der Infanterie Carlo Alberto Pasolini die Grundschullehrerin Susanna Colussi. Verlobt hatten die beiden sich noch vor dem ersten Weltkrieg, als Pasolini mit dem Grad eines Unteroffiziers die Militärlaufbahn einschlug und in Casarsa della Delizia in der Provinz Udine stationiert wurde.

Ein erstes Kind, während der langen Verlobungszeit heimlich zur Welt gebracht, überlebte nur wenige Monate, und sein Tod hatte das anstößige Ereignis auch aus der zukünftigen Erinnerung der später geborenen Kinder gelöscht.

Die Hochzeit wird mit vielen Gästen, darunter die Kriegswaisen des Dorfes, alle Verwandten der Braut und Carlo Albertos Mutter Giulia Drudi, Witwe Argobasto, im Hause Colussi in Casarsa gefeiert.

Vom alten Pasolini – den eine heraldische Streitschrift als Abkömmling eines Zweigs der Grafen Pasolini dall'Onda anerkannt hatte – ist außer der Vorstellung vom »ravennatischen Adelsgeblüt« seiner Ahnen noch die Erinnerung an ein Vermögen aus »Ländereien und Palästen« geblieben, das er während Carlo Albertos Kindheit verschleuderte; und die Erinnerung an einen Vormund, der nach des Alten Tod für den Sohn verwaltete, was noch übrig war. Mit den seltenen und bescheidenen Geldsummen, die ihm in diesen Jahren noch überwiesen werden, kauft Carlo Alberto großzügigst Geschenke für Susanna, Blumen und Schmuck. Allerdings erweist sich der Schmuck dreißig Jahre später als ein Haufen von Imitationen.

Weitere Verwandte von Pasolini – Schwestern, Neffen und Nichten – leben in Bologna, doch die Beziehungen sind sporadisch bis zur gegenseitigen Indifferenz. Zahlreich dagegen und einander sehr zugetan sind die Verwandten Susannas. Die Colùs, italienisiert wurde der Nachname zu Colussi, sind eine Bauernfamilie aus Casarsa, deren Existenz seit 1499 dokumentiert ist. In jenem Jahr war der Schrecken des letzten Türkeneinfalls durch den christlichen Glauben [der Dorfbewohner, die um göttlichen Beistand gefleht hatten, Anm. d. Ü.] abgewendet worden, und zum Zeichen der Dankbarkeit, daß sie der Gefahr entronnen waren, hatten Zuane Coluso und Matia de Montico dem heiligen Rochus eine Kapelle mit einer Tafel zum Gedenken an ihr Gelübde errichtet.

Im Jahre 1921 ist Domenico (Meni) Colussi das Oberhaupt der Familie: Er hat sich vom Bauern zum landwirtschaftlichen Kleinunternehmer gewandelt, hat im Piemont Weinbaukunde studiert und ist in Casarsa Besitzer der ersten Dreschmaschinen und Inhaber einer Schnapsbrennerei geworden. Geehelicht hat er Giulia Zacco, ein opernbegeistertes junges Mädchen aus Casale Monferrato, das er im Foyer eines Theaters kennengelernt hat. Giulia lebt seit über dreißig Jahren in Casarsa, trägt Kittelschürzen und Pantoffeln aus schwarzem Leder wie die Frauen des Dorfes und hat die beiden Dialekte gelernt, die hier gesprochen werden: das Venetische des örtlichen Kleinbürgertums, das in der Familie gesprochen wird, und das Friaulische des rechten Tagliamento-Ufers, mit dem sie sich an die Kunden der Schnapsbrennerei und an die Bauern wendet, wenn sie mit ihnen über das Dreschen des Weizens verhandelt. Aus ihrem Piemont weiß sie noch Wiegenlieder und die Rezepte einiger Gerichte, mit denen sie die derbe Kost Casarsas etwas abwechslungsreicher gestaltet. Sie hat zwei Söhne und vier Töchter zur Welt gebracht. Der Erstgeborene, der sehr jung gestorben ist, hatte nach einem Vorfahren, dessen Erinnerung noch in der

Die Eltern Pasolinis

Familie lebendig ist, Vincenzo (Centin) geheißen. Er war mit Napoleons Heer nach Rußland gegangen und hatte auf dem berühmten Rückzug am Stadtrand von Warschau eine junge Jüdin namens Susanna kennengelernt, die ihm bis nach Casarsa gefolgt war, wo die beiden geheiratet hatten.

Auch der letzte Vincenzo, Sohn von Domenico und Giulia »Batistòn« (so der Beiname, mit dem innerhalb des großen Clans der Colùs ihre Familie bezeichnet wurde), hatte ein abenteuerliches Leben geführt; nach einer ruhelosen Adoleszenz war er mit neunzehn Jahren in die Vereinigten Staaten ausgewandert und dort wenige Monate nach seiner Ankunft auf geheimnisvolle Weise umgekommen.

Diese familiären Gestalten bevölkern das bescheidene ›Epos‹, von dem Pasolinis Mutter leidenschaftlich gern berichtet und das Pier Paolo später zu dem episch-lyrischen Teil von *La meglio gioventù* mit dem Titel *I Colùs* [Die Colùs] inspiriert.

Susanna ist die Zweitgeborene: Am Tag der Hochzeit ist sie einunddreißig, ein Jahr älter als ihr Mann. Sie ist Lehrerin und hat vor dem Krieg einige Jahre in der Grundschule im Bezirk Casarsa unterrichtet. Die dritte Tochter heißt Chiarina; auch sie führt ein unstetes Leben mit häufigen Aufenthalten in den italienischen Kolonien in Afrika. Nach ihr kommt Enrichetta, verheiratet mit Antonio Naldini, einem jungen Mann aus Ferrara, den der Krieg zusammen mit Carlo Pasolini ins Friaul verschlagen hat. Gino und Giannina sind die beiden Jüngsten. Nach der Hochzeit fahren Susanna und Carlo nach Bologna, wo sie sich in der Wohnung der alten Signora Pasolini einrichten, einer aggressiven Frau und Chianti-Trinkerin, die ebenfalls nur spärliche Erinnerungen hinterlassen hat.

1922–1926

Am 5. März wird in Bologna Pier Paolo geboren. Für Carlo Alberto, der zum Hauptmann befördert worden ist, beginnt eine Karriere mit häufigen Versetzungen. 1923 ist die Familie in Parma, 1924 in Conegliano, 1925 in Belluno.
Pier Paolos Kindheitserinnerungen setzen sehr früh an. Er entsinnt sich noch des finsteren Hofes in Bologna und des Zimmers der Großmutter mit dem riesigen Bett in einem Alkoven aus Holz. Eines Meerschweinchens in Parma, »dessen Namen ich noch weiß, sonst nichts mehr«. Zusammenhängendere Bilder bewahrt er von dem Haus in Belluno, wo sie nach der vierten Versetzung wohnten:

> »Ich erinnere mich noch an den Küchentisch, an dem ich meine Größe zu messen begann, und an einen Kamin, der mit meinen zerbrochenen Spielsachen vollgestopft war. Ich erinnere mich an das Schlafzimmer meiner Eltern, ich schlief in einem Bettchen am Fußende ihres breiten Ehebettes.« (*Rote Hefte*, 1946)[1]

Pier Paolo im Alter von 2 bis 3 Jahren

In Belluno wird am 4. Oktober 1925 der zweite Sohn Guidalberto geboren:

»DER SEILTÄNZER. Ich entsinne mich einer unübersehbaren Menschenmenge auf den Straßen und besonders auf einem Platz, an den ich sonst keine Erinnerung habe. (Aber mir war schon gesagt worden, daß ich bald einen Bruder bekäme. Nun gehe ich an der Hand einer Tante, die bei uns zu Besuch weilte. Sie hatte mich in schmerzliche Unruhe versetzt – von der dieses ganze Ereignis durchzogen ist –, denn sie hatte zu mir gesagt, die Kinder fielen vom Himmel.) Über den Platz war, ich weiß nicht wie, ein Seil gespannt, und nach einer Weile begann ein Seiltänzer, darauf zu balancieren. […]

An dem Morgen, an dem Guido zur Welt gekommen war, stand ich als Erster auf, lief in die Küche und sah ihn in einer Wiege liegen. Ich eilte ins Zimmer meiner Mutter, um ihr die Nachricht zu bringen. Lange brüstete ich mich damit, der Erste gewesen zu sein, der Guido gesehen hatte. […]

Einige Tage später saßen meine Mutter und mein Vater mit frohem Gesicht in der Küche. ›Mama‹, frage ich, ›wie kommen die Kinder auf die Welt?‹ Sie sieht mich lachend an und sagt: ›Aus dem Bauch der Mutter.‹ Auch Papa lacht. Für mich klingt dieser Satz wie ein Scherz, absurd, unvorstellbar; eifrig verteidige ich meine Eigenliebe. Das stimmt nicht, sie fallen vom Himmel, schreie ich. Sie geben mir sofort recht. Ich aber bin erschüttert (falls man dieses Wort auf einen Dreijährigen anwenden kann) von der Berührung mit einer zu verschiedenen Ordnung der Dinge. […]

In jenen Monaten empfand ich auch zum ersten Mal das Gefühl, wenn nicht gar sterben zu müssen, so doch gewiß nicht mehr aufzuwachen, in einer unendlichen Dunkelheit zu versinken. Der Grund dafür war eine leichte Augenkrankheit, bei der ich morgens gleich nach dem Aufwachen meine Augenlider fest verklebt fand und sie nicht öffnen konnte. Das Gefühl von Verlassenheit, von Tod hatte ich am Anfang, als ich die Krankheit vor meinen Eltern geheimhielt. […]

Es war in Belluno, ich war etwas über drei Jahre alt. Bei den Jungen, die gegenüber von unserem Haus in den öffentlichen Anlagen spielten, beeindruckten mich mehr als alles andere ihre Beine, vor allem in der Kniekehle, wo sich mit einer eleganten und heftigen Bewegung die Sehnen spannen, wenn das Bein im Lauf angewinkelt wird. In jenen zuckenden Sehnen sah ich ein Symbol des Lebens, das ich noch erreichen mußte: jene Bewegung eines laufenden Jünglings verkörperte für mich das *Groß-Sein*. Heute weiß ich, daß es sich um eine ausgesprochen sinnliche Empfindung handelte. Wenn ich sie jetzt verspüre, fühle ich genau in meinem Bauch die zärtliche Rührung, die Traurigkeit und die Gewalt des Begehrens. Es war die Empfindung des Unerreichbaren, des Fleischlichen – eine Empfindung, für die noch kein Name erfunden worden ist. Ich erfand damals einen: ›teta veleta‹. Schon während ich jene im wilden Spiel angewinkelten Beine sah, sagte ich mir, daß ich ›teta veleta‹ empfand, etwas wie einen Kitzel, eine Verlockung, eine Demütigung. Eines Tages schlich ich mich aus der Wohnung und ging zu einem Haus, in dem zwei Brüder wohnten, zwei Heranwachsende, die mich mit ihren Körpern mehr als alle anderen jene weiche Empfindung spüren ließen, denn sie waren von dem meinen so weit entfernt, schon so weit ins Innere jener Welt eingetreten, an deren Schwelle ich stand. Ich ging extra zu ihnen, um ›teta veleta‹ zu spüren. Ich weiß noch, wie schuldig ich mich fühlte und wie ich zitterte, während ich die Treppe hinaufstieg und an die Tür klopfte. Was geschah, nachdem man mir die Tür geöffnet hatte, weiß ich nicht mehr; ich erinnere mich nur an den Augenblick ihres Aufgehens.« (*Rote Hefte*, 1946)

Susanna ist katholisch, aber nicht kirchlich, religiöser Scheinheiligkeit gegenüber ist sie sogar ausgesprochen unduldsam; zwar hat sie sich auch mit einem poetischen und natürlichen Sinn für Religion die christlichen Tugenden der bäuerlichen Demut bewahrt, doch lieber übt sie sich in den weltlichen Tugenden wie Redlichkeit, Altruismus und Pflichterfüllung, die sie sich mit ihrer bescheidenen Bildung zu eigen gemacht hat.

Auch gegen politische Rhetorik hegt sie eine Abneigung, was die Beziehung zu ihrem Mann erschwert. Sie ist ihm treu, sie liebt ihn, aber so, wie man eine Pflicht tut, eben wie die Frau eines Bauern. Während der Verlobungszeit hat sie sich in einen jungen Angestellten aus Casarsa verliebt, aber jetzt ist er, vielleicht, vergessen. Vor den bedrängenden Aufmerksamkeiten ihres Mannes schützt sie sich mit ihrem zurückhaltenden und unabhängigen, manchmal launischen Wesen. Mit äußerster Sorgfalt widmet sie sich der Pflege ihrer Person, sie kleidet und schminkt sich so, daß ihre zerbrechliche, aber von bäuerlicher Kraft getragene Eleganz betont wird. Eine ironische Heiterkeit begleitet ihre natürliche Schüchternheit. Und hinter Zerbrechlichkeit und Eleganz verbirgt sich eine Charakterstärke, die später bei vielen Anlässen hervortritt, wenn es darum geht, ihre Kinder zu schützen.

Carlo ist kräftig und untersetzt. Die buschigen Augenbrauen – unter der linken klemmt das Monokel –, die untadeligen Uniformen, die zur Schau gestellte steife Würde lassen ihn entfernt wie einen Nachahmer Erich von Stroheims erscheinen. Jetzt, in seiner Jugend, spricht er wenig. Anders im Alter, als er bei den Freunden seines Sohnes als der »geschwätzige Oberst« verschrien ist – der aufgebrachte Carlo Emilio Gadda hatte ihn mit diesem Beinamen belegt. Sein Sinn für Anstand verbietet es ihm, zu lange mit den neuen Verwandten zu räsonieren: Er kaschiert seine außerordentliche Naivität mit Überheblichkeit und lebt in einer Welt, in der persönliche und nationale Ehre, Hochachtung der Formen und Verachtung der Schwächen an erster Stelle stehen. Das sind nicht nur Posen: Er ist wirklich ein mutiger Mann. Drei Menschen, die beinahe im Mantuaner See ertrunken wären, hat er das Leben gerettet und eine silberne Medaille verliehen bekommen. Er hat sich dem Faschismus der ersten Stunde angeschlossen, und seine Treue hat ihn sogar zu einer undurchsichtigen Episode der Begünstigung verleitet. In seiner Zeugenaussage im Prozeß gegen Anteo Zamboni hat er behauptet, beim Attentat gegen Mussolini dabeigewesen zu sein. Nur daß dieses Attentat vermutlich nie stattgefunden hat – es ist vom Regime erfunden worden und Carlo Pasolini hat seinen Teil zu dieser Erfindung beigetragen. Sein Faschismus ist auch im Familienkreis nicht ungefährlich, da er gerade zu dieser Zeit die Absicht äußert, den Bruder seines Schwagers Naldini, Kommunist und Bäcker in Ferrara, wegen subversiver Tätigkeit anzuzeigen.

In der Familie hat er nur formale Unterordnung erreicht, unter der die Ursachen für wiederkehrende Streitereien weiterschwelen, während Susanna, vollauf beschäftigt, ihr anfälliges Gleichgewicht duldsam im Lot zu halten, die Liebe, die sie ihrem Ehemann verweigert hat, ihrem älteren Sohn zuwendet – der mit vier Jahren sehr geschickt zu malen begonnen hat und mit sieben sein erstes Gedicht schreibt. Die Familienkräche sind eine Fortsetzung der Szenen, die sich in der ehelichen Intimität abspielen und in den Jahren nach der Hochzeit durch Carlos leidenschaftliche Tyrannei immer verzweifelter und heftiger werden. Susanna sucht einen Teil der Schuld bei sich, verschließt sich aber der Einsicht in die tieferen Gründe, bei denen vielleicht die Gewalt eine Rolle spielt, die ihr viele Jahre früher angetan wurde, als das erste Kind gezeugt wurde. Aus einem Ferienaufenthalt in Riccione im Sommer 1930 schreibt sie ihm: »Ich weiß nicht, was diese Schlaflosigkeit bedeutet. In manchen Nächten bin ich so aufgewühlt, daß ich mich am liebsten aus dem Fenster stürzte. Glück oder Unglück, wenn mich diese Lust ankäme? Ich überlasse es Dir, dieses schwierige Urteil zu fällen. Diese Aufregung überkommt mich vor allem dann, wenn ich an Dich denke, daran, was Du tun wirst, wie Du Dich verhalten wirst, ob ich Dir wirklich so unleidlich geworden bin, wie Du mir oft zu verstehen gibst bei meiner Unfähigkeit, Mittel gegen Deinen Abscheu zu finden.«

Im Streit der Eltern ergreift Pier Paolo – wie das bei Kindern die Regel ist – liebevoll für die Mutter Partei, mit übertriebener, »beinahe ungeheuerlicher« Liebe, und zugleich spürt er, wie die Gründe für den Konflikt mit dem »anmaßenden, egozentrischen, tyrannischen« Vater sich auf ihn übertragen.

Allerdings erfährt das einseitige Bild dieses Konflikts im Lauf der Jahre eine radikale Veränderung. Nachdem er sehr lange gedacht hatte, sein emotionales und erotisches Leben sei eine Folge der übertriebenen Liebe zur Mutter, entdeckt er während der Niederschrift von *Affabulazione* [dt.: *Affabulazione oder Der Königsmord*], eines Dramas in Versen, das vom Verhältnis eines Vaters zu seinem Sohn handelt, daß Liebe, nicht Haß für den Vater in seinen kindlichen Wurzeln da ist und daß diese für sein späteres Gefühlsleben nicht weniger bestimmend war als die Liebe zur Mutter. Das wird ihm einige Jahre nach Carlo Albertos Tod klar.

Pier Paolo im Alter von 5 Jahren mit seiner Cousine Franca Naldini

Weitere Kindheitserinnerungen durchziehen die Seiten der *Roten Hefte*:

»Ich besaß sehr viele Spielsachen, denn ich war unglaublich launisch (wird von mir gesagt), es ging so weit, daß ich schließlich ein Spielzeug pro Tag von meinem Vater verlangte. Das einzige, was länger hielt, war ein kleines rotes Auto mit Pedalen, mit dem ich in den nahen Anlagen herumfuhr. Die anderen Kinder, auch die größeren, die mich anschoben, beneideten mich. Doch am meisten gefielen mir im Park die Spiele der größeren Jungen – ich weiß nicht, ob sie noch vor oder schon in der Pubertät waren –, deren Bewegungen mich, wie ich schon sagte, verwirrten und erregten, vor allem das Anwinkeln des Beins, von hinten gesehen, wenn sie plötzlich im Lauf stehenblieben oder sich bückten ...«

1927

Die Familie Pasolini lebt in Conegliano, und im Oktober, noch vor seinem sechsten Geburtstag, wird Pier Paolo für die erste Klasse der Grundschule angemeldet.
1946 schreibt er in den *Roten Heften:*
»Viele Tage und Begebenheiten jener ruhigen Zeit stehen mir vor Augen. Ich bemerkte den Zwist zwischen Vater und Mutter noch nicht und lebte mit ihnen in glücklichem Wohlstand. Ich erinnere mich an die Zimmer in unserer Wohnung, an die Fenster ... Eines Sonntagabends waren Mama, Papa und ich gerade aus dem Kino heimgekommen. (Ich hatte einen Film gesehen, in dem eine endlose Verfolgungsjagd zwischen einem Reiter, einem Hund und irgendwelchen anderen Tieren vorkam, die in einer Art wahnsinnigem Ringelreihen hintereinander herrannten und dabei immer in einem Teich landeten.) Während ich wartete, bis das Abendessen fertig war, blätterte ich einige Handzettel durch, die im Kino als Reklame verteilt worden waren. Ich erinnere mich nur an ein einziges Bild, daran aber mit solcher Genauigkeit, daß es mich noch heute beunruhigt. Wie eingehend ich es betrachtete. Welche Scheu, welche Wollust es in mir hervorrief. Ich verschlang es mit den Augen, und alle meine Sinne waren erregt, weil ich es voll auskosten wollte. Ich empfand damals dieselbe Qual, die mir noch heute das Herz abpreßt, wenn mir ein Bild oder ein Gedanke kommt und ich mich nicht in der Lage fühle, mich auszudrükken. Das Bild zeigte einen Mann, der rücklings zwischen den Pranken eines Tigers lag. Man sah nur Kopf und Rumpf von seinem Körper; der Rest verschwand (stellte ich mir vor) unter dem Maul des Raubtiers. Ich glaubte aber, der übrige Körper stecke schon im Tigerrachen, geradeso wie eine Maus in den Fängen einer Katze... Der junge Abenteurer schien noch lebendig und sich bewußt zu sein, daß der prachtvolle Tiger ihn schon halb geschluckt hatte. Mit zurückgeworfenem Kopf lag er da, fast wie eine Frau, wehrlos, nackt. Das Tier verschlang

ihn indessen ungehemmt. Angesichts dieses Bildes ergriff mich eine ähnliche Empfindung wie zwei Jahre zuvor in Belluno, wenn ich den Jungen zusah, aber sie war trüber, hielt länger an. Ich spürte einen Schauder in mir, etwas wie Hingabe. Gleichzeitig begann ich mir zu wünschen, ich wäre der Kundschafter, der bei lebendigem Leib verschlungen wird. Von da an malte ich mir vor dem Einschlafen oft aus, ich wäre tief in einem Urwald und würde von einem Tiger angefallen. Ich ließ mich von ihm verschlingen..., und dann klügelte ich natürlich, obwohl das absurd war, eine Möglichkeit aus, mich zu befreien und ihn zu töten. [...]

Guido, eine Schwester Susannas, Susanna und PPP

Einige Jahre später, aber noch vor der Pubertät, hatte ich eine Phantasie, die dieser ähnlich war. Vor mir erstand, glaube ich, sichtbar oder in der Vorstellung, die Gestalt eines gekreuzigten Christus. Jener nackte Körper, kaum verhüllt von einem seltsamen Tuch um die Lenden (das ich für ein Zugeständnis an den Anstand hielt), rief in mir Gedanken wach, die nicht eindeutig unzulässig waren, und wie oft ich auch (mit der Unbedarftheit der Kindheit) auf jene Seidenschärpe sah wie auf einen Schleier, der über einen beunruhigenden Abgrund gebreitet war, wandelte ich meine Empfindungen doch sogleich in Frömmigkeit und Gebet. Dann tauchte in meinen Phantasien der ausdrückliche Wunsch auf, es Jesus nachzutun in seinem Opfer für die anderen Menschen, obwohl vollkommen unschuldig, verurteilt und getötet zu werden. Ich sah mich angenagelt am Kreuz hängen. Um meine Lenden war jenes leichte Tuch geschürzt, und eine riesige Menschenmenge blickte mich an. Allmählich wurde mein öffentliches

Martyrium dann zu einem wollüstigen Bild, und zum Schluß wurde ich ganz nackt gekreuzigt. Hoch über den Köpfen der Anwesenden, die, in Anbetung versunken, fest ihre Augen auf mich gerichtet hielten, fühlte ich mich [*freigelassene Stelle*] im Angesicht eines unermeßlichen, tiefblauen Himmels. Mit ausgebreiteten Armen, an Händen und Füßen festgenagelt, war ich vollkommen wehrlos, verloren ... Manchmal [*unleserlich*] mit ausgebreiteten Armen eng an ein eisernes Gartentor oder an einen Baum, um es dem Gekreuzigten gleichzutun; doch die Gewagtheit jener Stellung war zu aufwühlend, und ich hielt es nicht lange aus.«

1928–1929

»Eines Tages – mein Vater war weit weg – erfuhr ich von Mama, daß wir aus irgendeinem Grund kein Geld mehr im Haus hatten. Ich schlug ihr vor, sie solle mich in Lumpen kleiden und mir ein Säckchen geben: ich würde betteln gehen.«

(*Rote Hefte*, 1946)

Im Winter 1928/29 ist der schon im Herbst gefallene Schnee durch die große Kälte liegengeblieben. Im Hof des Hauses in Casarsa steht ein kleines Iglu, das die größeren Buben gebaut haben, und daneben eine vereiste Schneerutschbahn, wo Pier Paolo und seine Cousinen Annie und Franca jeden Tag spielen – auf Holzschuhen mit Kufen gleiten sie hinunter, und manchmal gesellen sich auch die Mütter zu ihnen.

Carlo Pasolini steht wegen Spielschulden unter Arrest. Die Möbel aus dem Haus in Conegliano sind in aller Eile im Kornspeicher des Hauses in Casarsa untergebracht worden, und Susanna hat wieder zu unterrichten begonnen, um die schwierige Lage zu meistern. Sie fährt jeden Tag mit dem Fahrrad achtzehn Kilometer zur Schule nach Sesto al Reghena. Zum erstenmal verbringt Pier Paolo ein ganzes Jahr im mütterlichen Haus in Casarsa. Die vielen Verwandten bedienen sich in einer zwanglosen, gelösten

Atmosphäre ausgiebig einer »Familiensprache«, die sich im Auf und Ab des Zusammenlebens herausgebildet hat; Wortspiele, geistreiche Ausdrücke, ironische Sticheleien über die unterschiedlichsten Angelegenheiten des Dorflebens sind unerschöpfliche Quellen der Erheiterung, bis irgendwann Mißstimmungen aufkommen, die in endlose Streitereien münden. Pier Paolo besucht die zweite Klasse der Grundschule, zusammen mit seiner Cousine Franca, einem sehr hübschen, dunkelhaarigen kleinen Mädchen. Er erzählt später, er sei in sie verliebt gewesen.

Die Mutter Susanna Pasolini

Im folgenden Jahr zieht die Familie wieder zusammen nach Sacile, das letzte friaulische Städtchen vor Venetien. Pier Paolo geht in die dritte Klasse und schreibt seine ersten, mit Zeichnungen illustrierten Gedichte über die Natur und seine Liebe zur Mutter in »stilus sublimis« in ein Heftchen. Es markiert den Anfang der Schriften aus der Kinderzeit, die eine ganze Truhe füllen. Er sagt zu seiner Mutter: »Mama, wenn ich groß bin, will ich Schiffskapitän und Dichter werden.« Der Vater ist stolz auf ihn und besinnt sich, daß es in seiner Familie schon einmal einen Dichter namens Pier Paolo gegeben hat. Das Heftchen, das viele Jahre aufbewahrt wurde, geht im Krieg verloren.

JAHRE DES LERNENS UND DER INITIATION 1930–1940
1930–1932

Im Gefolge des Vaters zieht die Familie 1930 nach Adria, jenseits der nördlichen Grenze Friauls. Pier Paolo meldet sich am 4. Oktober für die vierte Klasse an.
Im Jahr darauf kehren sie zurück nach Sacile:
»Ich erlebte atemberaubende Abenteuer: nur ein winziger Unterschied trennte die Phantasie von der Realität, und ich bildete mir *immer* ein, eine ebenso winzige Anstrengung (ein Schulterzucken, ein Wutschrei) würde genügen, um die Wunderwelt des Abenteuers zu betreten. Das alles erfüllte mich mit einer Betrübnis, einer Beunruhigung, die an Schmerz grenzten.« (*Rote Hefte*, 1946).
Er geht häufig in ein Pfarrkino und sieht dort die letzten Stummfilme und den ersten Tonfilm über ein Kriegsabenteuer. Bei der Aufnahmeprüfung für die Mittelschule fällt er in Italienisch durch: Sein Aufsatz sei »Stümperei« und zu »poetisch«. Wütend auf die Professoren bringt ihn sein Vater zur Nachholprüfung nach Udine.
Dann fährt Pier Paolo jeden Tag im Morgengrauen mit dem Eilzug Udine–Venedig von Sacile nach Conegliano zur ersten Klasse des Gymnasiums.
»Schwarz und kalt brachen die Tage an, unermeßlich von Pian Cavallo bis zum Meer. Der Wind strich über den Schlamm und über die häßlichen verschlafenen Häuschen des Dorfes. (…) Es gab Tage, da war ich ganz allein in dem großen dunk-

len Waggon, der schwankend dahineilte: in einem Eckchen, am schlechtschließenden Fenster, wo beißend der Rauch eindrang, sah ich zu, wie die Sonne aufging.«
»Klein von Wuchs, feingliedrig, aber kräftig« lebt er nun »die heroische Zeit des Lebens«: Er ist ein vorbildlicher Sohn, ein idealer Schüler, der Trost seiner Eltern, und wird von der ganzen Familie bewundert.
Sein Gedichtheftchen wird um neue, mit Zeichnungen bebilderte Verse bereichert, und die dichterische Berufung erscheint ihm nun als Verpflichtung. Als sie zum ersten Mal in den Ferien nach Riccione ans Meer fahren, schreibt Susanna ihrem Mann: »Hier sieht man rundherum nur lustige und fröhliche Leute, die lachen und sich vergnügen wollen. Wie griesgrämig unser gewohntes Leben ist!... Inmitten all dieser Heiterkeit fühle ich mich wie ein Fisch auf dem Trockenen. Die Kinder dagegen haben sich sofort eingewöhnt und amüsieren sich köstlich. Während ich dir schreibe, sitze ich auf einer Schaukel mitten im Wasser.« Und Pier Paolo im selben Brief an seinen Vater: »Ich will gerade ins Wasser gehen, deshalb schreibe ich Dir nur ein paar Zeilen und bringe darin meine ganze Freude zum Ausdruck ... Guido wird gewiß nicht da sein, um Dir zu schreiben, aber ich küsse und grüße Dich für ihn mit.«

1933–1935

Die Pasolinis wohnen in Cremona in einem Haus in der Via XX Settembre. »Cremona machte mich langsam zu seinem Bürger, so wie ein Lufthauch, ein Lichtstrahl Bürger sein kann: getarnt durch die Weisheit eines Zwölfjährigen.« Nach der Schule geht er in einen Fechtkurs; seine Lektüre hat sich verändert, er liest nicht mehr die »unvergleichlichen« Bücher von Salgari, sondern Homers Dichtungen, die *Lusiaden* und den gesamten Carducci. Die literarische Nachahmung wird konsequenter, stetiger; und in der dafür ausersehenen Truhe landen Manuskripte von epi-

PPP mit seinem Vater in Florenz

schen Dichtungen und Dramen in Versen, die in vollendeter Metrik die Leidenschaft für Carduccis ländliches, barbarisches Italien besingen.
Auch die Leidenschaft für das Zeichnen macht Fortschritte.
Der Sommer wird wie jedes Jahr nach dem Meeresurlaub in Casarsa verbracht. Außer Haus gehen die beiden Brüder unterschiedlichen Freundschaften und Aktivitäten nach. Guido ist »ein normaler Junge« und hat sich seinen Kreis von Freunden geschaffen, mit denen er auf den Feldern zur Jagd geht und zum ersten Mal ein Schrotgewehr abfeuert. Sein Freund Renato besitzt eine Schreinerwerkstatt, wo sie Segelboote bauen; und in einer Wasserrinne lassen sie sie dann vom Stapel. Pier Paolo ist von einem kleinen auf ein größeres Fahrrad umgestiegen und unternimmt damit erste Streifzüge über die häuslichen Grenzen hinaus, durch den friaulischen *lucus*, die bäuerliche Landschaft und die Tagliamento-Ufer.

> »Ich kenne das Friaul als ersten Ort des Lebens, und das Geheimnis seiner Wirklichkeit ist mir kraft meines Ursprungs klar.«

1936–1937

Die Familie zieht um nach Scandiano. Das Gymnasium, das Pier Paolo als »Fahrschüler« besucht, ist in Reggio Emilia:
> »Dieser Zug war viel bequemer als der furchtbare und wundervolle Eilzug in Sacile. Er ging, wenn es schon hell war, und erreichte in kurzer Zeit sein Ziel, den im Stil des faschistischen Novecento gebauten Bahnhof von Reggio. Außerdem war er immer voll. Ich war nun ein Jüngling, in der Phase, in der die Jünglinge in Norditalien häßlich und schüchtern sind. Ich besuchte die vierte Klasse Gymnasium. Schrieb immer noch Gedichte, aber inzwischen am Schreibtisch: mit einer kleinen Bibliothek an der Wand.«

Nach der Schule erwarteten ihn Geigenstunden und neue Lyrikautoren; Pascoli und D'Annunzio, als Krönung seiner ersten literarischen Bildung.

> »Bis fünfzehn glaubte ich mit der Unerbittlichkeit der Kinder an Gott; die Pubertät verstärkte die Starre und Ernsthaftigkeit meines falschen Glaubens. Bezeichnend war meine Muttergottesverehrung. Ich löste künstlich religiöse Gefühlsausbrüche in mir aus (so, daß ich mehrere Male überzeugt war, ich hätte Madonnenbilder sich regen und lächeln gesehen), und in den kurzen Debatten über Religion war ich ein Mann, der entschieden Partei ergriff. In Reggio Emilia empfand ich die Gewalt der ersten Begierden, beging die ersten unkeuschen Handlungen (ich war ein vierzehnjähriger Schuljunge); ich gehorchte meinen Neigungen, ohne sie zu verurteilen und ohne daß irgendwer sie mir [*freigelassene Stelle*]. Abends vor dem Einschlafen tat ich Buße für die Sünden, die zu beichten ich mich noch heute schämen würde; ich betete Hunderte von Avemaria. [...]
>
> Es ist seltsam, aber ich weiß nicht mehr, wie dieser Glaube sich auflöste. Das ist vielleicht das einzige innere Ereignis meines Lebens, das verschwunden ist, ohne Spuren zu hinterlassen.«
>
> (*Rote Hefte*, 1946)

PPP mit Luciano Serra in Bologna, etwa 1938

Auf dem Gymnasium in Reggio begegnet er seinem ersten Jugendfreund, Luciano Serra, den er dann im folgenden Jahr im Gymnasium Galvani in Bologna wiedertreffen wird. Das war, nach all den verhaßten, von Priestern geleiteten Schulen, eine weltliche Schule.

1937–1938

In Bologna, der für einige Jahre erst einmal letzten Etappe der Versetzungen, bezieht die Familie Pasolini eine Wohnung in der Via Nosadella.

»In Bologna ging ich mit fünfzehneinhalb zum letzten Mal zur Kommunion, weil meine Cousine mich dazu drängte –, aber es war schon ein Akt, der mir zwecklos erschien. Von da an konnte ich mir nicht einmal mehr die Möglichkeit vorstellen, an Gott zu glauben.«

(*Rote Hefte*, 1946)

Auch der literarische Horizont verändert sich: Pier Paolo liest Shakespeare und Dostojewskij, während er für ein paar Jahre das Gedichteschreiben einstellt.

Im Gymnasium Galvani findet er außer Serra noch andere Freunde: Ermes Parini, genannt ›Paria‹, der »liebste Gefährte«; Franco Farolfi, Agostino Bignardi, Sergio Telmon, Carlo Manzoni, Elio Melli. Er ist Stammgast in der ›casa del soldato‹, dem Freizeitklub für Soldaten, spielt dort erst als Mittelfeldspieler, dann als Stürmer Fußball. In der Schule kommt er mit gleichbleibend hervorragenden Leistungen voran, während seine literarischen Wege ihn zur modernen Dichtung hinführen. In der zweiten Klasse Gymnasium, im Schuljahr 1938–1939, liest ein Aushilfslehrer für Kunstgeschichte, der Dichter Antonio Rinaldi, der Klasse Rimbauds *Le bateau ivre* vor. Dieser Augenblick, in der Erinnerung ein wenig verklärt, ist literarisch und zugleich politisch ein Schlüsselerlebnis, das mit einemmal die akademische Bildung, den Provinzialismus und den faschistischen Konformismus wegfegt und sogar die gesellschaftliche Identität des heranwachsenden Dichters ins Wanken bringt.

1939–1940

Am Ende des Schuljahres kann er dank seines Notendurchschnitts ein Jahr überspringen und macht im Herbst 1939 zusammen mit dem Schulkameraden Elio Melli das humanistische Abitur.
Der Sommer wird, nach dem Ferienaufenthalt in Riccione, wie immer in Casarsa verbracht, mit Baden im Tagliamento und Fußballspielen auf dem Sportplatz. Mit etwas weniger Freiheit als in den vorhergegangenen Jahren, weil er für die Reifeprüfung lernen muß: Er bereitet sich darauf vor, indem er einige Stunden im Schatten eines Akazienwäldchens am weiten Flußbett seine Schulbücher liest.
Bei einem Fußballturnier der Jungmannschaften aus den Dörfern des rechten Tagliamento-Ufers freundet er sich mit einem seiner Mitspieler, Cesare Bortotto, an, noch bevor er entdeckt, daß auch dieser heimlich Gedichte schreibt. In ihren Diskussionen fallen erste Andeutungen über antifaschistische Aktivitäten, die aus dem Spanienkrieg bekannt geworden sind: »Er sagte mir vor allem, wer die aus aller Welt gekommenen Franco-›Gegner‹ waren«, erinnert sich Bortotto.[2]
Sie machen zusammen ausgedehnte nächtliche Wanderungen über die Felder rund um Casarsa, und dem Freund ist jene Zeit sehr lebendig im Gedächtnis geblieben.
Auch mit den Bologneser Freunden Farolfi, Parini, Serra spielt er Fußball und unternimmt Radtouren – »glückliche Gymnasiasten in den Ferien« – nach Sasso, Grotte del Farneto, Calanchi. Mit siebzehn Jahren geht er zur Universität und schreibt sich

PPP mit Freunden in Riccione, neben ihm Luciano Serra

an der sprachwissenschaftlichen Fakultät ein: »Die Universität bedeutete zwei oder drei Dinge für Pasolini. Sie bedeutete Longhi und Arcangeli, der bei Longhi Assistent war und mit dem Pasolini sich anfreundete.« (L. Serra)[3]

Die literarischen Versuche, bis zu diesem Augenblick beeinflußt von einsamer Lektüre und von in der Provinz gehegten Träumen, sind nun mit einer städtischen Kultur konfrontiert: Und diese ist von herausragenden Figuren und von der Anwesenheit Gleichaltriger geprägt, die an ähnlichen Erfahrungen reifen: Moderne Dichtung und Malerei, Retrospektiven der Filmklassiker, Freud. Wegen der Widersprüchlichkeit autoritärer Regime, die die Zeit nicht anhalten können, findet diese Wendung gerade innerhalb der faschistischen Institutionen statt, und die Ziele erscheinen zwar noch unklar, aber durchaus erreichbar.

Pier Paolo liest »anderthalb Bücher pro Tag«: nach den provençalischen Dichtern (die Prüfung in romanischer Philologie ist eine der ersten, die er ablegt) den gesamten italienischen Hermetismus, von Ungaretti abwärts. In Bologna lebt ein origineller Interpret Ungarettis, der Dichter Alfonso Gatto, der bald zu diesem Freundeskreis dazukommt.

»Ich erlebte diese Erfahrung nicht nur als Lehrzeit, sondern als
Initiation.«

Einige Projekte, mit denen er ein wenig geliebäugelt hatte, tauchen später, zum Teil sehr viel später wieder auf: die Regie von Calderón de la Barcas *Das Leben ein Traum,* eine Monographie über moderne italienische Malerei – in seiner privaten Bibliothek beginnen sich die Kunstmonographien zu stapeln –, das »Verrückte, D'Annunzianische, barbarische, sinnliche« Drehbuch eines Films für den Kinowettbewerb der ›Guf‹, der faschistischen Studentenorganisation, stilkritische Essays. Er geht regelmäßig in ein Filmkunstkino, wo er den ganzen René Clair, den ersten Renoir, einige Chaplin-Filme sieht, »dort hat meine große Liebe zum Kino begonnen.«

Und dann der Sport, »der reinste, beständigste, unmittelbarste Trost«: Er ist Anführer der Fußballmannschaft seiner Fakultät, spielt Basketball, macht zusammen mit »Paria« Radtouren, um Farolfi zu treffen, der nach Parma gezogen ist; mit anderen Freunden geht er im Sommer zum Zelten; im Winter fährt er zum Skilaufen.

»... aber im Kopf hatten wir Dichtung und Literatur. In der
Buchhandlung Cappelli suchten wir, unterstützt von dem leitenden Buchhändler Otello Masetti, einem kürzlich verstorbenen, sehr lieben Freund, nach Texten von Ungaretti, Montale, Cardarelli, Luzi, Gatto, Sereni, Sinisgalli, Betocchi, Bertolucci, Penna, Fallacara, de Libero; oder wir schrieben sie aus den mit Widmung versehenen Exemplaren ab, die Lipparini, dem 19. Jahrhundert verpflichtet, der Universität schenkte, weil er sie loswerden wollte. Und die Bologneser Abende zogen sich in angeregten Diskussionen in die Länge...« (L. Serra)[4]

Im Sommer kommt es bei den Ferienorten zu einer Veränderung: Es geht nach San Vito di Cadore anstatt nach Riccione, und dann von dort aus 130 Kilometer mit dem Fahrrad nach Casarsa. Durch die provençalischen Dichter und die ersten Studien in rätoromanischer Philologie erhalten die friaulischen Orte einen neuen Klang, historisches Echo hallt nach in der

Fußballmannschaft Casarsa, 1941, PPP steht links

Sprechweise der Bauern und unterstreicht ihre ladinische Reinheit, wie sie in einem »soliden, grauen« Randgebiet vorkommt. Der Sommer in Casarsa vergeht mit dem gewohnten Abenteuerprogramm: der Tagliamento, die abendlichen Fahrradausflüge in die Dörfer an den Wasserläufen, die noch die Frische von Gebirgsquellen haben und schon die Farben des Meereshimmels annehmen.

Pier Paolo kann Friaulisch, weil er es bei den Bauern gelernt hat, aber noch spricht er es nicht aus Gewohnheit; es ist nur ein Kommunikationsmittel bei Begegnungen mit den Jungen am Tagliamento und auf den holzgezimmerten Dorftanzböden. Zu Haus mit den Verwandten spricht er teils Italienisch, teils Venetisch. Und Venetisch spricht er auch, denn es handelt sich um Jungen aus dem Kleinstbürgertum, mit den Mitgliedern der Fußballmannschaft.

Die Bauernjungen haben nie Zeit, bis auf den Sportplatz zu kommen; abends jedoch finden sich Fußballer und jugendliche Feldarbeiter wieder zusammen und waschen sich gemeinsam in einem Teich mit dem Namen ›Le Fonde‹. Bei den Bauernbuben kühlt die Begeisterung über die abendliche Freizeit in wenigen Minuten ab, dann kehren sie heim in die alten Häuser mit den großen Portalen und dem Wappen der Colussi auf dem Bogenscheitel, die zum Teil aus dem 16. Jahrhundert stammen. So gewinnt Pier Paolo Geschmack an der Suche nach Archaischem, am Geheimnis des Bäuerlichen und der Sehnsucht »nach der gegenwärtigen Zeit«.

Die neunzehn in dieser Zeit geschriebenen Briefe werden alle an den Freund Farolfi geschickt; einer davon, wahrscheinlich im Herbst aus Bologna datiert, enthält das Gedicht *Il flauto magico* [Die Zauberflöte]: »Formal sehr naiv, aber so spannungsgeladen, daß es blendend wirkt in seiner Bedeutung.« (A. Bertolucci)[5]

Am 1. Dezember wird er als »Freiwilliger zur ersten Vorbereitungsstufe des Kurses für Reserveoffiziersanwärter beim Kommando der autonomen Universitätskohorte ›Musn‹ in Bologna« zugelassen.

SEHNSUCHT NACH DER GEGENWÄRTIGEN ZEIT
1941

»In diesen Briefen steckt der Junge, der in einem armen, engen Italien studiert, wo immer noch faschistische Hochschulwettbewerbe stattfinden, während das Land lustlos und stumpf in den Krieg eintritt. Pier Paolo liest, soviel er kann, entdeckt von selbst Freud und Hölderlin und Quasimodos Übersetzung der Griechen, den Existentialismus, Carnés *Quais des Brumes* und *Unsere kleine Stadt*... Diese schwierige Lehrzeit zwischen Bologna und Casarsa ist rührend. Aber obgleich es in Bologna wertvolle Lehrer und Gefährten gibt, findet und offenbart Pasolini sich in Casarsa. Es ist ein strahlendes Casarsa mit seinen Wiesen, Getreideernten, Kanälen, seinen Mädchen und Jungen und Kindern; unberührte Provinz im neolateinischen Atlas, zwischen einem de Bartholomaeis, dessen Stimme vielleicht noch in den vier Wänden der Via Zamboni nachhallte, als er *Le bon Roy Charles* buchstabierte, und einem Pound, den er wohl noch gar nicht kennt. So lebte er sein schwieriges zwanzigstes Jahr, unser großer Freund und Dichter: und daß diese Briefe, die uns helfen, seinen erst unsicheren, dann glänzenden Werdegang zu verstehen, heute gelesen werden, erscheint uns nicht ohne Nutzen...« (A. Bertolucci)

Mit dem Bedauern, daß wieder ein Sommer zu Ende ist und er nicht an der Weinlese teilnehmen kann, nach Bologna zurückgekehrt, geht er zusammen mit Luciano Serra wieder zur Universität und freundet sich mit zwei weiteren gleichaltrigen Studenten an, Francesco Leonetti und Roberto Roversi. Wenige

Monate später »brüten« die vier jungen Männer schon mit Passion die Idee ihrer eigenen Literaturzeitschrift aus.

In den nicht enden wollenden Diskussionen verdichtet sich ein poetisches Programm, »das die Kontinuität der klassischen Dichtung aufzeigen sollte, die eingeflossen war in die moderne Dichtung Ungarettis, Montales, Serenis...« (L. Serra), während Pasolini ihre poetische Absicht als ›arcaismo eredistico‹ definiert, als Willen, das archaische Erbe zu bewahren.

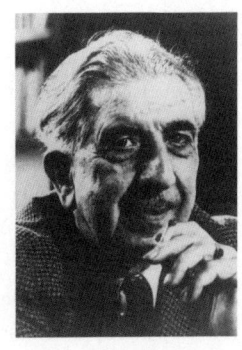

Roberto Longhi

Da die Zeitschrift wegen der vom Ministerium angeordneten Beschränkung des Papierverbrauchs nicht gleich erscheinen kann, stürzen sich die vier Dichter in ein neues Vorhaben: Jeder soll innerhalb kurzer Zeit ein Gedichtbändchen veröffentlichen und die Druckkosten wollen sie durch vier teilen.

Seit 1934 hält Roberto Longhi an der Universität Vorlesungen in mittelalterlicher und moderner Kunstgeschichte; seine Kurse, die »eine Welle der Begeisterung auslösen und die erste longhianische Schule heranbilden« (Gianfranco Contini), behandeln in jenem Jahr *I fatti di Masolino e Masaccio* [dt.: *Masolino und Masaccio*], und Pier Paolo besucht sie mit »fieberhaftem« Eifer. Longhi liebt außer der Malerei auch das Kino und fährt extra nach Paris, um *Die große Illusion* von Renoir und Chaplins *Diktator* zu sehen. In Bologna besucht er die Vorführungen, die Renzo Renzi im Cinema Imperiale organisiert, und Pier Paolo, der »sehr aufgeregt« auch hingeht, erkennt im Parkett seinen Lehrer: »Der erste und vielleicht einzige große Mann, dem er [Pasolini] begegnet ist und – auf Gegenseitigkeit – treu blieb.«[6] So Gianfranco Contini, zeitlich gesehen der zweite »große Mann« in Pasolinis Dichterleben (und auch hier beruhte die Treue auf Gegenseitigkeit).

Unter der geistigen Führung Longhis wird ihm auch deutlicher, was der Faschismus ist, und als natürliche Entwicklung folgt der

Abbruch seiner letzten naiven Bindungen. Auf die Institutionen, in die die moderne Kultur ein wenig Eingang gefunden hat, verzichtet er nicht und beteiligt sich zum Beispiel am Hochschulwettbewerb der Kultur in der ersten Runde der Stilkritik, in dem er auf den ersten Platz kommt.

Ein Treffpunkt der Freunde um *Eredi* ist die Buchhandlung Cappelli in der Via Farini, manchmal versammeln sie sich auch bei Pasolini zu Hause in der Via Nosadella.

Die Fußballmannschaft der Philosophischen Fakultät gewinnt – mit Serra im Mittelfeld und Pasolini als Stürmer – das Interfakultätsturnier. Trainiert wird in der verlassenen Vorstadt in Richtung Borgo Panigale, in der Sporthalle der Virtus, auf den Fußballplätzen der faschistischen Jugendorganisationen Gil und Guf, die auch Winterzeltlager veranstalten, wo Pier Paolo zum Skifahren hingeht.

Vor den Sommerferien geht der Vater, der zum Major befördert und mit dem Kolonialorden Stella d'Italia ausgezeichnet worden ist, in den Krieg nach Ostafrika, Bestimmungsort ist Gondar.

Seit die Familie in Bologna lebt und die Kinder größer sind, ist Carlos und Susannas Eheleben ruhiger geworden, geregelt durch Gewohnheiten und die stillschweigende Anerkennung der gegenseitigen Schwierigkeiten; ein gewisser Wohlstand sorgt für gutes Auskommen im Haushalt, und der Stolz auf die Söhne hat die zwanghaftesten Charakterzüge des Vaters gemildert. Auch Guido bringt, vor allem in den naturwissenschaftlichen Fächern, gute Noten heim, aber der Vater setzt weiterhin auf Pier Paolo.

»Er hatte es intuitiv erfaßt, der arme Mann, hatte aber mit den Befriedigungen nicht auch die Demütigungen vorhergesehen. Er glaubte, er könne das Schriftstellerleben seines Sohnes vereinbaren mit seinem Konformismus, er war ja entstellt und gleichgeschaltet bis zum letzten.«

Aus Bologna schreibt Pier Paolo mit dem Überschwang einer langen Jugendfreundschaft an Farolfi und an Parini, der sich im Frühjahr freiwillig zum Militär gemeldet hat: Diese Trennung bedeutet für die drei Freunde das Ende der Adoleszenz. Die Briefe, die Pier Paolo an Parini in eine Kaserne nach Padua und später an die russische Front schickt, sind alle verlorengegangen. Aus Casarsa, wo er Mitte Juli eintrifft, schreibt er den drei Freunden des Zeitschriftenprojekts *Eredi*, mit denen ausgemacht ist, daß sie die Briefe, die er an Serra adressiert, gemeinsam lesen. Zwischen Traum und Wirklichkeit vollendet sich das Glück des Sommers 1941 in den »geheimnisvollen Morgenstunden von Casarsa«. Pier Paolo schläft und arbeitet in einem großen Raum über dem ehemaligen Tresterlager der Brennerei seines Großvaters, zu dem man über eine Außentreppe und einen Balkon hinaufsteigt. Er verfaßt Gedichte, die er in einer Mappe mit der Aufschrift »Kladde« sammelt; zwischen den vielen in italienischer Hochsprache geschriebenen Gedichten tauchen plötzlich hie und da welche in friaulischem Dialekt auf. Er zeichnet mit grüner Tinte oder mit ockergelber Ölfarbe direkt aus der Tube auf Cellophanpapier.

In diese ländliche Bohème dringt Gänseschnattern aus einem nahen Stall; Sonne und Mond leuchten den großen Hof aus, und von den Häusern der Bauern ringsum klingen die Geräusche ihrer Tätigkeiten herüber; ihre Sprache, die sich der morgendlichen Stille einprägt und die Sammlung des jungen Poeten beeinflußt, zeichnet ein vollendetes Bild der umgebenden Wirklichkeit, weil Dinge und Wörter jungfräulich und uralt zugleich sind. Das Friaulisch, das in Casarsa gesprochen wird, ist eine periphere Variante, »zart vom Venetischen durchdrungen, das am rechten Tagliamento-Ufer gesprochen wird«. In der Familie Pasolini, in der Italienisch obligatorisch ist, benutzt man es nicht, und ebensowenig bei den Colussi, die von Venetisch zu Italienisch übergehen, wenn sie mit den Pasolini zusammen sind, und von Venetisch zu Friaulisch bei seltenen Anlässen. Aber die gesamte, noch unverfälscht bäurische Umwelt spricht Friaulisch. Pier Paolo, der es von klein auf gehört hat, ist sich bewußt, daß er »eine Art mystischen Liebesakt« vollzieht, als er es zu schreiben beginnt, da er auf diesem Weg jene unbefleckte und absolute Sprache erobert, welche den Mythos verkörperte, dem er bei seiner Lektüre der hermetischen Dichter nachging. Täglich trifft er seinen Freund Bortotto:

»Er erzählte mir zum ersten Mal von seiner linguistischen Entdeckung der Mundart von Casarsa; mehrfach, fast im geheimen, las er mir seine poetischen Versuche vor, die dann im Jahr darauf den Kern der *Poesie a Casarsa* [Gedichte aus Casarsa] bildeten. Mir erschien es wie Ketzerei, angesichts des krassen Unterschieds zwischen dem zentralen Friaulisch und dem in Casarsa, das so armselig und ungeschliffen war; außerdem war es ungewöhnlich, wie der gänzlich der italienischen Kultur verpflichtete Pier Paolo sich der kleinen mundartlichen Welt von Casarsa näherte.« (C. Bortotto)

Das zentrale Friaulisch, das in Udine gesprochen wird, besitzt eine schriftliche Tradition, es gibt philologische Abhandlungen darüber, linguistische Interessen und poetische Ambitionen, aber Pier Paolo hat noch kein einziges Mal im friaulischen Wörterbuch von Pirona nachgeschlagen und kennt auch die Mundartdichter der Gegend nicht.

Das Friaul ist nach Bologna der zweite Ort, der seine Bildung prägt, »obgleich es irgendwie künstlich war, da ich es als eine Art idealen Ort für die Dichtung und meine ästhetisierenden, mystischen Phantasien erwählt hatte«. So bemerkt er dreißig Jahre später in einer raschen Zusammenfassung seiner poetischen Autobiographie, doch man muß ihr ein ausgeprägteres Gefühl für Zeit und Erfahrung entgegenhalten, denn in Wirklichkeit sind die bäuerliche Welt der Mutter und die dort gesprochene Sprache von Anfang an nicht so sehr künstlich als vielmehr kongenial und wesensverwandt. Hier trennt keine Leere den Bologneser Studenten von den jungen Bauern, und eine gleiche Geschichte ergibt sich aus ihrer Vergangenheit; und auch seine absolute Sprache wird, falls es sie je gegeben hat, bald in poetischer Weise von Sinn für die Wirklichkeit durchdrungen und erlangt so, wie Jiménez gefordert hat, den genauen Namen der Dinge:

»Nachdem ich einmal mit dem Dialekt in Berührung gekommen war, zeigte er unvermeidlich seine Wirkungen, obgleich ich ihn anfänglich aus rein literarischen Gründen verwendet hatte. Sowie ich ihn zu benutzen begann, verstand ich, daß ich etwas Lebendiges und Wirkliches gestreift hatte, und er erwies sich als Boomerang. Durch das Friaulisch begann ich ein wenig von der wirklichen Welt der Bauern zu verstehen.«
Eines Abends begegnet er in San Vito al Tagliamento im Kino einem jungen Maler, Federico (Rico) De Rocco, Anhänger von Saettis venezianischer Schule. Sie gehen zusammen malen, und Pier Paolo wird in die Maltechniken eingeführt, die er anwenden will. Er malt Landschaften, »etwas à la De Pisis«, und spürt, daß er eine eigene Farbgebung und eine eigene Manier erreicht hat. Die fertigen Bilder, in jenem Sommer mehr als ein Dutzend, füllen nach und nach die Wände seines Arbeitsraums. Bilder und Gedichte entstehen auf demselben friaulischen Nährboden. An der Schneidelinie der Karstquellen, die zwischen Hochebene und Tiefebene im Friaul verläuft und bei der Gründung von Casarsa ausschlaggebend war, sprudeln unzählige absteigende Schichtquellen: das zum Meer hinabfließende Gerinne von Casarsa. Eines der ersten, im Sommer '41 geschriebenen Gedichte ist ein Loblied auf ihre Frische. Es trägt den Titel *Wasser von Casarsa* und ist einem auf Juli datierten Brief an Serra beigelegt:

Wasserbrunnen in meinem Dorf
Nirgends ist frischer das Wasser als in meinem Dorf
Brunnen ländlicher Liebe.

Einige Tage später ins Friaulische übersetzt, eröffnet es dann seinen ersten Gedichtband.
Das erste, direkt auf friaulisch geschriebene Gedicht entsteht in der zweiten Julihälfte, inspiriert an dem Wort ›rosada‹ [Rauhreif], ein experimentelles Gedicht, das aus den Sammlungen verschwunden ist. Das zweite friaulische Gedicht, *Il nini muàrt* [Der tote Knabe], stammt vom folgenden Tag und wurde in

zwei Etappen geschrieben, wie aus einem Brief an Serra hervorgeht; er bittet Serra darin auch, es in den Dialekt von Reggio Emilia zu übertragen.

»Er schrieb mit außerordentlicher Raschheit und Ruhe, was mich immer wieder verblüffte; und er war uns und unseren Versuchen sogleich überlegen mit der (wie mir schien) außerordentlichen Erfindung des farbigen Dialekts [*dialetto colorato*], das heißt einer Sprache, die die Empfindung auf die Spitze trieb, aber mit so viel verhaltenem Schamgefühl (eine ziemlich *celestiale* Sprache im eigentlichen Sinn), daß sie neu und anders, nämlich wahr und ursprünglich wurde.« (R. Roversi)[7]

Den ganzen Sommer lang schreibt er jeden Tag ein oder mehrere Gedichte, viele auf italienisch, manche in Dialekt. Einige der italienischen werden gleich ins Friaulische übertragen, andere halten einer späteren Lektüre nicht stand, geben jedoch etwas von sich – ein Bild, einen Namen – an ein neues friaulisches Gedicht weiter, bevor sie verworfen werden.

Nachdem er eine »vaghissima« Abneigung gegen die moderne Lyrik geäußert hat, verfaßt er seine italienischen Gedichte nach den Richtlinien des ›arcaismo eredistico‹ und stellt ihnen Motti voran, die ausdrücklich Zeugnischarakter haben. Diese Verse, die von den bescheidenen Leuten in Casarsa handeln – »Freundliche Leute, ich bin einer der Euren!« –, versetzen die Gestalt des Dichters auf die überhöhte Ebene eines Beichtigers und die armselige Welt, die ihn umgibt, in eine mythische Perspektive mit starker Verknüpfung von wirklichen Begebenheiten und Symbolgehalten. Die friaulischen Gedichte dagegen entstehen spontan, ergeben sich fast von selbst. Die einen wie die anderen werden in denselben Tagen geschrieben.

In einem Brief an Silvana Mauri vom 10. Februar 1950 gesteht Pasolini später, er habe in jener Zeit eine Krise durchgemacht, die in eine »nicht allzu schwere Neurose«, in einen zwanghaften Suizidgedanken »und dann in die Genesung« mündete. Vielleicht handelt es sich um jenen geheimnisvollen Mechanismus von Wiedergutmachung, der zum ersten Mal tief empfundene homosexuelle Vorstellungen mit dem »bäuerlichen Mysterium« verflicht, wodurch sich die originalen *silhouettes* der friaulischen Gedichte herausbilden, die nicht mehr mit literarischen Szenerien verbrämt sind.

Die italienischen Gedichte sollten unter dem Titel *I confini del giorno* [Die Grenzen des Tages] oder einfach *I confini* [Die Grenzen] zu einem der vier Büchlein zusammengefaßt werden, die die Bologneser Freunde auf dem Programm hatten. Aber Pier Paolo weiß und ahnt vielleicht gar nicht, obwohl er behauptet, er befinde sich an einem sehr süßen Wendepunkt seines Lebens, daß sein Büchlein ganz anders aussehen wird, nicht voll gewählter literarischer Archaik und überladen mit der »tragischen« Bedeutung des Lebens, sondern in demütiger mundartlicher Ausdrucksweise geschrieben; und daß jener »überempfindsame und kranke Heranwachsende«, den er beseitigen möchte, damit er sein Mannesleben nicht vergifte, Thema seiner Lyrik sein wird. Ein wenig zufällig beginnen so die friaulischen Gedichte aufzutauchen, wie Blumen, die auf den dicken, ›eredistischen‹, das heißt traditionswahrenden Teppich gefallen sind. Die Sprache ist die von Casarsa, aber manche Züge, wie die weiblichen Endungen auf *-e*, werden von der Udineser *Koinè* übernommen, der einzigen, die bisher über eine schriftliche Tradition verfügte. Am Ende des Sommers verkündet er, er habe eine »ganze, Casarsa gewidmete Gedichtsammlung« fertig, doch es steht zu vermuten, daß sie nur italienische Gedichte enthält. Die anderen, friaulischen, die dann das erste Büchlein bilden, reifen erst in den folgenden Monaten, als ihn in Bologna die Sehnsucht nach der bäuerlichen Welt überkommt.

Der Dichtung widmet er die Morgenstunden, wenn die Sonne strahlend auf den Holzbalkon scheint. Die Nachmittage gehören dem Tagliamento, werden aufgeteilt zwischen Schwimmen und poetischer Sammlung unter dem Ufergesträuch; doch da diese Nachmittage ewig sind, gehen sie auf dem Sportplatz hinter dem Bahnhof weiter, wo die Mannschaft des Fußball-

Prozession auf der Hauptstraße von Casarsa

vereins *Casarsa* trainiert, bei der Pier Paolo auf dem linken Flügel spielt und mehr wegen seiner Schnelligkeit im Laufen als wegen seiner erzielten Tore bewundert wird.

Für das Bildermalen wird ein wenig von der Poesiezeit und ein wenig von der Tagliamentozeit abgzwackt. Abends trifft man sich mit den Casarseser Freunden.

Susanna ist etwas in Sorge um ihren Mann, der in Afrika im Krieg ist. Seine Abwesenheit hat die Gefühlsbindungen zur ganzen Familie gestärkt, auch wenn Carlo Alberto weiterhin der alte ist und immer noch an den Sieg des Faschismus glaubt. Es kommt die Nachricht seiner Auszeichnung auf dem Feld, der noch eine Silbermedaille folgt, bevor er von den Engländern gefangengenommen wird.

In den während des Sommers an die Bologneser Freunde geschriebenen Briefen (jeder Brief enthält seine neuesten Gedichte, und denen, die er bekommt, sind jeweils die Gedichte seiner drei Briefpartner beigelegt) geht die Diskussion um das Zeitschriftenprojekt *Eredi* weiter, mit vielen Absichts- und Pflichterklärungen und auch ungesagten Erwartungen, die zuweilen einen Schatten von Eifersucht und Verdacht auslösen.

Die Ferien in Casarsa dauern bis Mitte September, dann ist Pier Paolo gezwungen, wegen der bevorstehenden Prüfungen nach Bologna zurückzukehren.

IM DORF DER GEWITTER UND DER PRIMELN
1942

»Gesund wie ein Fisch im Wasser und vollständig wie ein Baum«, wird er im März 1942 zwanzig Jahre alt. Er verkehrt weiterhin bei der Faschistischen Hochschulgruppe Guf und der Italienischen Faschistischen Jugend Gil, wo er andere Freunde trifft, jüngste Literaten, Philosophen und angehende Maler: Fabio Mauri, Fabio Luca Cavazza, Achille Ardigò, Luigi Vecchi, Mario Ricci und das Wunderkind Giovanna Bemporad, die mit vierzehn schon ihre Übersetzung einiger Gesänge der *Odyssee* veröffentlicht hat.

Fabio Mauri nimmt ihn, gleich nachdem er ihn kennengelernt hat, in sein Elternhaus mit und stellt ihn seiner Schwester Silvana vor:

»Mein Bruder Fabio, sechzehnjährig, also vier Jahre jünger als ich und Pier Paolo, brachte ihn mir nach Hause, da er ihn in der Redaktion einer Jugendzeitschrift, *Il Setaccio* [Das Sieb], in Bologna kennengelernt hatte, wo (und das ist eine der seltsamen Übereinstimmungen unserer Schicksale) die Familie Pasolini und die meine sich übergangsweise und im Grunde zufällig niedergelassen hatten. Jene ersten Erinnerungen verschwimmen für mich im Goldstaub der Jugend, in jenem ›Glühen‹, das die Umrisse verwischt. Wie Traumbegegnungen. Er erschien mir unglaublich schön mit seinem Gesicht, in dem slawische, romagnolische, jüdische Züge einzigartige Linien gebildet hatten, eine unwiederholbare Maske. Der Körper war überaus ausdrucksvoll, wie bei Mantegna und auch wie bei den

Armen, mittelalterlich, so stark und männlich, daß er, wenn er dich an den Handgelenken packte, um Zuneigung zu zeigen, sie dir zusammenpreßte wie mit Zangen. Seiner schüchternen, reservierten und nüchternen Haltung eines Norditalieners, die so verschieden war von meiner ausufernden Überschwenglichkeit eines jungen Mädchens aus dem südlichen Mittelitalien, entsprangen langsame, zögernde Äußerungen, und er sprach mit jenem herben, kahlen, taurigen, rauhen Akzent der Veneter aus dem Friaul.« (S. Mauri)[8]

Das Projekt *Eredi*, aufgeschoben, was die Herausgabe der Zeitschrift anbelangt, nimmt mit der bevorstehenden Veröffentlichung der Gedichtbändchen, eines von jedem der vier Freunde – *Sopra una perduta estate* von Leonetti, *Poesie* von Roversi, *Poesie a Casarsa* [Gedichte aus Casarsa] von Pasolini, *Canto di memorie* von Serra –, konkrete Formen an und findet damit zugleich sein Ende.

Realistischer ist die Zeitschrift der Bologneser Gil, *Il Setaccio*, und es wird sofort mit Diskussionen um das Programm begonnen.

Anfang Juli hält sich Pier Paolo drei Wochen im Militärlager Porretta Terme auf, um einen Lehrgang für Reserveoffiziersanwärter zu absolvieren. Er ist kurz vorher von zwei großen Treffen der faschistischen Jugend zurückgekommen, das erste in Florenz, das zweite in Deutschland, in Weimar, wo er junge Leute aus allen Teilen des vom Nazifaschismus unterworfenen Europa getroffen hat. Den zu dieser Gelegenheit betriebenen Propagandaaufwand empfindet er als nachhaltig antikulturell (er wird das bald in einem Artikel darlegen), während er bei der Unterhaltung mit gleichaltrigen Ausländern zum ersten Mal ein Bild von der Nazidiktatur vermittelt bekommt und auf der anderen Seite von einer Kultur Europas erfährt, in der Namen von Dichtern und Malern geläufig sind, die dem Faschismus feindselig gegenüberstehen.

Während er im Militärlager in Porretta Terme ist, korrigiert er die Fahnen seines Büchleins mit friaulischen Gedichten, das Ende Juli in einer Auflage von dreihundert numerierten Exemplaren erscheint. Es enthält die im vorhergegangenen Sommer in Casarsa geschriebenen Gedichte, andere, die er während des Winters in Bologna und zuletzt dann wieder in Casarsa geschrieben hatte, wo er, die Familiengewohnheit durchbrechend, sich zwischen April und Mai eine Zeitlang aufgehalten hat. Auch von den im Frühling in Casarsa gemalten Bildern ist er »überaus« angetan.

In Casarsa, 1942: Guido und Susanna mit zwei Nachbarskindern

Carlo Alberto ist seit einigen Monaten als Gefangener in Kenia und erhält dort das Bändchen seines Sohnes, verfaßt in dem Dialekt, den er so verachtet.

»Trotz der Absurdität der verwendeten Sprache war es ihm gewidmet, und das tröstete ihn, ließ ihn frohlocken.«

Anfang August bricht Susanna mit ihren beiden Söhnen zu den üblichen Ferien nach Casarsa auf, aber diesmal mit der Absicht, sich noch vor Jahresende ganz dort niederzulassen, bis der Krieg vorbei ist.

Vor der Abreise aus Bologna hat Pier Paolo von Gianfranco Contini folgendes Billett empfangen: »Lieber Pasolini, gestern habe ich Ihr *Poesie a Casarsa* erhalten. Es gefiel mir so gut, daß ich sofort eine Rezension an ›Primato‹ geschickt habe, falls sie sie dort wollen.«

Contini wohnt in Domodossola und lehrt romanische Philologie in Fribourg. Sein Briefchen macht den angehenden Dichter glücklich und bleibt das wichtigste literarische Ereignis in seinem Leben. Auch Contini erinnert sich daran:

»Zum einen aus Gründen, die mit meinem Wohnort zu tun haben, zum anderen aus, möchte ich sagen, postalischen Gründen war ich, das stimmt, der erste, der P. P. P.s Existenz wahrnahm. Er ließ das in seine eigene Legende eingehen: zum Teil gewiß aus Gründen, die auch Aristoteles mit der entsprechenden Emphase der Unvergeßlichkeit der ersten Liebe zuschreibt. [...] Im Jahre 1942 brachte mir die Post eines Tages einen großen, mit Mario Landis [Bologneser Buchhändler] schönen, archaischen Buchstaben beschrifteten Umschlag, aber er enthielt keinen Bodoni oder Romagnoli-Dall'Acaua für wenige Lire, sondern zum ersten und einzigen Mal ein Büchlein, bei dem Landi selbst als Verleger auftrat. Unbekannt der Autor, Pier Paolo Pasolini, dem Namen nach unverkennbar aus Ravenna, und unbekannt das sprachliche Gewand, in dem diese *Poesie a Casarsa* daherkamen, friaulisch, aber ›di cà da l'aga‹ [diesseits des Wassers] (nämlich des Tagliamento), also eine Ausnahme in der Ausnahme. Der Geruch war unleugbar der der Poesie, in einer ungewohnten Gattung, und noch dazu in einer jener, ich weiß nicht, ob ich sagen soll, Fast-Sprachen oder minderen Sprachen, die zu frequentieren meine Passion und mein Beruf war.«

Die Vorbereitungsphase für die Zeitschrift *Il Setaccio* ist abgeschlossen, und im November erscheint die erste Nummer als »Tagesordnung des Kommandos der italienischen Faschistischen Jugend in Bologna«. Von Pasolini ist ein Text enthalten, *I giovani, l'attesa* [Die jungen Leute, die Erwartung], in dem er von seinen persönlichen Erfahrungen auf das allgemeine Schicksal junger Dichter schließt und größtmögliche Freiheit und Einsamkeit fordert. Das waren Postulate, die derart im Widerspruch zu allem standen, was eine Institution wie die Gil aufrecht hielt, daß sie zwar aus Trägheit und Konfusion angenommen werden konnten, aber letztendlich das Verhältnis von Mitarbeitern und Verantwortlichen der Zeitschrift doch dauerhaft in Frage stellten:

»Selten in ihrem kurzen Leben herrschte Übereinstimmung zwischen der von den Redakteuren gewollten Richtung und dem Standpunkt der offiziellen Hierarchien, denn zwischen den einen und den anderen war gar keine Verständigung mög-

lich, solch ein Abstand lag zwischen denen, die eine Wirklichkeit sahen, welche in Bewegung und deshalb ganz mit Blick auf ihre Probleme zu interpretieren ist, und denen, die sich einzig auf eine autoritärbürokratische Sicht der Dinge verließen.«
(M. Ricci)[9]

Gianfranco Contini

Als außerordentlich streitbar erscheint der Text in der dritten Nummer des *Setaccio* über die Zusammenkunft in Weimar, in dem die Nazipropaganda angeprangert wird als etwas, das im größten Widerspruch zur europäischen Kultur steht. Eine weitere Anomalie ist die Veröffentlichung eines Gedichts in friaulischem Dialekt, *Fantasie di mia madre* [Phantasien meiner Mutter], gleich in der ersten Nummer, denn das Blatt war ja von einem Regime abhängig, das die Dialekte (und die Realität, die sie verkörpern und die verheimlicht werden mußte) zugunsten einer nationalen römischen Sprache bekämpfte. In diesem ersten naiven Antifaschismus – ganz idealistisch und kulturell ausgerichtet – spürt man vielleicht auch einen ersten unbewußten Drang, die Gesellschaft herauszufordern.

Direktor des *Setaccio* ist Giovanni Falzone, der die »faschistische Ära« in Versen besang. Berater der Maler Italo Cinti; Vizeberater Pasolini; Redakteure: Fabio Mauri, Mario Ricci, Luigi Vecchi. Mitarbeiter: Giovanna Bemporad (die den jüdischen Namen unter dem Pseudonym Giovanna Bembo verbirgt), Carlo Alberto Manzoni, Lamberto Priori, Fabio Luca Cavazza, Luciano Serra, Sergio Telmon, Alberto Vighi, Riccardo Castellani, Cesare Bortotto, Michelangelo Masciotta, Achille Ardigò. Sowohl Leonetti als auch Roversi von der *Eredi*-Gruppe sind nicht dabei; Pasolini dagegen arbeitet auch bei *Architrave* mit, der Zeitschrift der Bologneser Guf, und schreibt einige Artikel dafür, den letzten, *Filologia e morale* [Philologie und Moral] am 31. Dezember 1942:

PPP mit Nico Naldini in Casarsa, etwa 1942

»Man kann wohl schließen, scheint mir, daß Pasolini ab November seine Beziehungen zu ›Architrave‹ lockerte; diese Beziehungen waren sowieso nie kontinuierlich gewesen, da er, aufgrund einer präzisen Entscheidung, zum großen Teil von der Redaktion des *Setaccio* in Anspruch genommen war.«

(M. Ricci)[10]

Die Geschichte seiner Mitarbeit am *Setaccio* ist vor allem im Briefwechsel mit Fabio Luca Cavazza und Fabio Mauri dokumentiert. Auch die beiden Casarseser Freunde Cesare Bortotto und Riccardo Castellani bewegte er dazu, an dieser Zeitschrift mitzuwirken. Bortotto erinnert sich: »Das Interesse an *Poesie a Casarsa* und die Diskussionen darüber hatten sich auch im lokalen Kreis erweitert, waren dann aber wieder auf eine ›Dreiecksbegegnung‹ zusammengeschrumpft, die lange andauerte: Pier Paolo, Castellani und ich.
Die Diskussion umfaßte nun auch Lektüren und die romanischen Literaturen bis Ascoli, notwendigerweise, dann auch Friaulische Philologie. Pier Paolos Drängen, vor allem, als es auf den Herbst zuging, veranlaßte Castellani, einige Artikel für *Setaccio* zu schreiben.«
Vor der Abreise nach Casarsa widmet Serra ihm sein Büchlein: »Morgen werde ich kurze Haare haben, in zwei Tagen werde ich zu einem Regiment unterwegs sein, Du wirst Casarsa wiedersehen, Verse schreiben, malen ...«

PPP im Val Badia, Winter 1942/43

DAS SCHÖNSTE JAHR DES LEBENS
1943

»Das Jahr '43 bleibt eines der schönsten Jahre meines Lebens.«
Viele der zahllosen Bände, die jetzt in der alten Küche der Großeltern stehen, sind Monographien zeitgenössischer Maler. Seit einigen Monaten schreibt Pier Paolo an seiner Doktorarbeit über die italienische Malerei des 20. Jahrhunderts, die er bei Longhi einreichen will. Diese Wahl ist nicht zufällig, da er gerade zu dieser Zeit im *Setaccio* Artikel über Kunstkritik veröffentlicht, während er in der Zeit davor hauptsächlich im Zusammenhang mit der Zeitschrift *Eredi* an derartige Aktivitäten dachte.
Er war in eine »erwachsene Kindheit« eingetreten und Casarsa – »ganz Moral, keinerlei Schönheit« – hat zwar ein wenig von dem Geheimnis eingebüßt, das es umgab, als er ein Junge war, erlangt aber dafür ein anderes. Er schreibt im genannten Artikel in *Architrave*:

»Wenn nun von vielen Seiten – und noch privat – das Fehlen einer reifen und hochentwickelten Zivilisation empfunden wird, die uns aufnimmt, so können wir diese Zivilisation an ihren fernen und unwandelbaren Ursprüngen wiederfinden, an denen immer neue Energien sie erneuern und beschützen, wie es in der Natur geschieht.

Wir können sie wiederfinden, indem wir uns lange in uns selbst verschließen und uns in dem engen Kreis bewegen, den ein – ganz verdichtetes – Familienleben uns bietet, im Schatten unseres Herdes, unter den Blättern unserer Obstgärten, zwischen Gesten, die sich seit Jahrhunderten nicht wandeln, der arglosen Menschen. Diese uralte Zivilisation kann uns nicht enttäuschen, wenn wir aus ihr neue Quellen entspringen lassen können; das ist ein privates Geschäft, das jeden von uns einzeln betrifft...«

Aus Casarsa arbeitet er weiter am *Setaccio* mit und verfolgt dessen wechselhaftes Geschick, spornt die anderen Mitarbeiter, Mauri und Cavazza, an, dem Direktor die Stirn zu bieten und ihr »Geschöpf« zu verteidigen, das er als einzigen Träger der »erzieherischen Mission unserer Generation« betrachtet.

»Die häufigen Krisen und das Dahinsiechen des *Setaccio* (aber auch anderer Nachrichtenblätter der Gil, wie zum Beispiel *Il Barco* in Genua) beruhten auf einem Grundwiderspruch: der Überzeugung des faschistischen Regimes, die jungen Intellektuellen an sich binden zu können, indem man ihnen einen passenden Diskussionsrahmen bot, und der Unduldsamkeit selbiger gegenüber einer Politikauffassung, in der sie sich absolut nicht wiedererkannten. Daher die Zusammenstöße über den Ansatz der einzelnen Nummern, verschiedenartigste Kompromisse, permanente Uneinigkeit zwischen den beschränktesten Positionen (Falzone) und den aufgeklärtesten (Pasolini, Mauri etc.). Es kam mehrmals beinahe zum Bruch, mit der Drohung, diese Publikationen einzustellen, und wahrscheinlich wäre man soweit gegangen, wenn der Faschismus nicht selbst im Juli '43 zu Fall gekommen wäre.« (M. Ricci)

Die erwartete Rezension von Contini erscheint am 24. April in der Tageszeitung der italienischen Schweiz *Corriere del Ticino*; des Autors Vermutung war richtig: *Primato* hat sie nicht angenommen:

»Also wandte ich mich an eine Tessiner Zeitung, weil die italienischen Organe einerseits am Zusammenbrechen waren in der Katastrophe, die sich schon ihrem Ende zuneigte, andererseits die Zensur darüber wachte, daß nicht gewagt wurde, zu gut über etwas zu sprechen, was im Dialekt geschrieben war. Dies war im Grunde genommen meine einzige Entdeckung. [...] Damals begann eine lange Freundschaft [...], eine Freundschaft, deren wahrer Sinn darin bestand, *de lonh* zu sein, wie er mit einem Wort von Jaufre Rudel bemerkte.« (G. Contini) Die Zensur bei *Primato* wird von Pier Paolo als persönlicher Übergriff des Faschismus empfunden.

»Sein instinktiver und kultureller Antifaschismus« – erinnert sich Cesare Bortotto – »war in seinen Reden häufig durchzuhören; zuweilen war es der karikaturhafte und groteske Ton (in bezug auf die äußerlichen Aspekte des faschistischen Bonzentums), der vielen jungen Studenten gemeinsam war.«

Zu den Casarseser Freunden kommt in jener Zeit eine junge Frau hinzu, Pina Kalč, eine slowenische Geigerin, die ebenfalls nach Casarsa zu Verwandten geflüchtet war:

»Sie war dreißig Jahre alt, wirkte aber wie ein junges Mädchen. Schmal, farblos, mit wildem, wenn auch dünnem Haar... Sie war gesund, beweglich; sie sprach wie ein Kind. Ich lernte sie im Februar '43 kennen. Gleich darauf wurde sie mir wegen ihrer Geige unentbehrlich; zuerst spielte sie mir das *Perpetuum Mobile* von Nováček vor, das beinahe zu einem Leitmotiv unserer Begegnung wurde und sich bei vielen Anlässen wiederholte. Ich erinnere mich in allen Einzelheiten an sie, wie sie das Stück spielt, mit dunkelblauem Rock und heller Bluse. Doch bald begann sie, mir Bach nahezubringen: es waren die sechs Sonaten für Violinsolo, aus denen in verzweifelten Höhen die Chaconne und das Präludium der III. herausragten; der Siciliano der I. Die Hunderte von Abenden, die wir gemeinsam verbracht haben, von '43 bis zum Sommer '45, als sie bei Kriegsende wieder nach Jugoslawien abreiste, verursachen mir die übliche Verzweiflung des Unausdrückbaren, des zu Einzigartigen; jedenfalls blieb die Musik als etwas Greifbares, unmißverständlich Geschehenes, was unsere ganze stürmische Freundschaft mit einschließt. Ich weiß nicht, ob sie sogleich Liebe für mich empfand (gewiß mußte sie eine bestimmte Angst spüren, als sie mich kennenlernte); späterhin gestand sie mir in ihrem naiven Italienisch, sie habe mich gefürchtet.«

(*Rote Hefte*, 1946)

Am Abend des letzten Karnevalstags finden sich Verwandte und Freunde zu einer improvisierten Vorstellung in Susannas Küche zusammen; sie spielen einen Sketch auf friaulisch, *Carneval e Quaresima* [Karneval und Fastenzeit], nach einem in wenigen Minuten zusammengebastelten Konzept. Pier Paolo spielt die Rolle des Karneval, Bortotto in Frauenkleidern verkörpert die Fastenzeit, Pina spielt Geige.

Pina Kalč

Bortotto erinnert sich, daß Pier Paolo auch Werke von Pascal und Chateaubriand las, und bringt damit seine »heftige religiöse Krise« in Zusammenhang. Drei Jahre später schreibt Pasolini in den *Roten Heften:*

»In den letzten Jahren habe ich mich manchmal der Religion wieder angenähert: zuerst aus einer Art historischem Bewußtsein heraus, dessentwegen ich mich als Christ und Katholik wiederfand. Zu jener Zeit gab ich dem Pfarrer dieses Dorfes einige Spenden für wohltätige Zwecke.«

Nach der religiösen Neigung in der Kindheit färbt sich die Sehnsucht nach der »gegenwärtigen Zeit« mit einer archaischen, dörflichen Religiosität. Im Mai geht er jeden Abend zum Rosenkranz, lauscht dem Gesang der Litaneien und vermischt erotische Wünsche mit poetischem Mystizismus.

»Ich möchte mich auf die anderen stürzen, mich verwandeln, für sie leben.«

Die Bauernjungen, die ihm in der Kirche begegnen, der Weihrauchduft, der Gesang der Litaneien, der Klang der Worte und der Tonfall der Sprache, die sich wie in einem romanischen Urwald ineinander verschlingen; die Hoffnung auf neue Freundschaften, die Farben des Frühlings, alles das geht ihm erregend ans Herz, das »noch Freude und Güte besitzt«. Er zeichnet einige Entwürfe mit Heiligen – Stephan, Sebastian – für ein Fresko in einer »Ecclesia Reginae Martyrum dicata«, die er nach dem Krieg zu errichten beabsichtigt.

Morgens verbringt er viele Stunden im Garten, wo er liest, schreibt, zeichnet. Nachmittags spielt er Fußball: Es ist das Leben, das er immer führte, aber nun ist es durchsetzt vom Geheimnis eines lange bekämpften Liebesbegehrens, das versucht, die eigene Wüste zu durchqueren, bis es dem Leben der anderen begegnet.

»Ich erinnere mich an einen Sonntagabend im Jahre '43, als ich einundzwanzig Jahre alt war. Die Langeweile hatte mich zum Äußersten getrieben. Es regnete, war dunkel; den ganzen Nachmittag war ich von meinen unrealisierbaren Begierden gequält worden; um fünf verließ ich zitternd das Haus, aber die Verzweiflung ließ mich einfach geradeaus gehen, wie wild geworden, ohne klares Ziel. Ich ging zum Bahnhof und lief auf einem schlammigen Weg die Gleise entlang: so näherte ich mich absichtlich der Todeszone, spielte dramatisch mit der Möglichkeit, daß mein Körper von einem Zug zermalmt würde. Ich überquerte den Bahnübergang und stand vor dem alten Friedhof. Ich kletterte über das brüchige Mäuerchen und ging tiefer hinein, immer noch mit der Sicherheit eines von Wahnbildern Verfolgten, setzte mich auf ein Grab und gab mich dort erneut, nun gänzlich rückhaltlos, meinen Liebesgedanken hin.« (*Rote Hefte*, 1946)

Lange Fahrradtouren über Land, von einem Dorf zum anderen, unternimmt er in der Hoffnung auf Gelegenheiten, sein verzweifelt einsames Begehren teilen zu können, und die langen Stunden sind ein besessenes Warten.

»Werde ich von dem ›blonden Jungen‹ – der soundsovielten Ausgeburt meiner Vorstellungskraft – reden müssen, dem ich schließlich in Casarsa hätte begegnen sollen, ausgestattet mit allen Zartfühligkeiten und Geheimnissen eines heranwachsenden höheren Schülers und in der Lage (wie absurd das war!), meine Wünsche zu verstehen und die *erhabene* Freude einer Umarmung zu teilen? In meinen ewigen unerträglichen Phan-

tastereien machte ich ihn zu dem meinen; ich liebkoste ihn und entdeckte dabei alle seine quälendsten und subtilsten verführerischen Eigenschaften... ein gewisses Schmachten... eine gewisse Unbesonnenheit... und jene bezaubernden Linien, die eine ephebische Schönheit ergaben, vom Schwung der Lippen bis zu den komplexen Zeichnungen von Schoß und Hüften... Es war mir bestimmt, mich Monate und Monate mit Einbildungen dieser Art herumzuschlagen, und außerdem waren es schon mindestens fünf Jahre, daß ich darin eingeweiht war. [...]
In den frühen Nachmittagsstunden fuhr ich mit dem Fahrrad los und entfernte mich vom Dorf, indem ich lange Runden durch die umliegenden Ortschaften drehte: auf der Suche, ich wiederhole es, nach der Liebe, auch nach der Lust... Mit der Naivität eines Jungen, der in der Stadt großgeworden ist, suchte ich meine ›göttlich‹ aussehenden, zur Sünde bereiten Jungen genau dort, wo ich sie niemals gefunden hätte: auf den Frühlingsstraßen, auf den halbverlassenen Feldern, bei den Gehöften oder an Orten, die in eine unermeßliche Langeweile getaucht dalagen. Wieder und wieder fuhr ich durch Bannia, Fiume, Orcenico, Castiòns... ständig, unweigerlich enttäuscht von der [*freigelassene Stelle*] Begegnung, gegen eine schicksalhafte Unmöglichkeit anrennend. Es ist zwecklos, daß ich an die tausend *Formen* von jungen Buben erinnere, die mich streiften und hinrissen und die ich mit unpassenden Mitteln, unerfahren und darüber hinaus verzweifelt, in Versuchung führen wollte. Ich scheue mich nicht, jede Schmach in Kauf zu nehmen, jeden Schritt zu probieren, um nur auf meinem Weg einen jener Jungen anzuhalten, die mich erbarmungslos *ignorierten,* wenn sie auf ihren Fahrrädern vorbeirasten oder zwischen Maulbeerbäumen und verschlungenen Rebstöcken arbeiteten. Zur Stunde der Abenddämmerung kehrte ich heim, im Dunst, der von etwas gelbem [*unleserlich*] am Horizont unterbrochen war, in der feuchten Grabesverlassenheit der Felder. Kam ich an einem Haus oder einer Ortschaft vorbei, erfaßte mich der Geruch nach Feuer,

zusammen mit dem beschaulichen Durcheinander der Rufe, die das Abendessen ankündigen; ein Junge erschien an einer Pumpe, auf den Stufen einer Tür, vollkommen zerstreut in der engelhaften Gleichgültigkeit dessen, der von der Arbeit müde die Ruhe auskostet. Und ich, verworfen, schuldig, war nicht einmal eines Blickes würdig, während ich verzweifelt durch die Ortschaft radelte, auf das ferne Casarsa zu, von dem man nur die Glocken hörte ...« (*Rote Hefte*, 1947)

Ende Mai ist Giovanna Bemporad die erste aus dem Bologneser Freundeskreis, die einige Tage in Casarsa zu Gast ist. Giovanna, in den Mond verliebt, sieht sein Licht während der Nächte der Verdunkelung ungehindert in dem weiten Land glänzen. Gutmütig akzeptiert sie Pier Paolos dörfliche Freundschaften und denkt schon, sie könne vielleicht nach Casarsa umziehen, wo die Bedrohungen durch den Krieg und die Rassenverfolgung weit weg erscheinen. Während Pier Paolo Briefkontakte zu den Bologneser Freunden aufrechterhält, auch nachdem der *Setaccio* sein Erscheinen eingestellt hat, eilen seine Gedanken zu dem liebsten von ihnen, Ermes Parini, der seit Monaten aus Rußland nichts mehr von sich hören läßt und dann das Schicksal so vieler Vermißter teilt.

In den Briefen an Serra und Farolfi erzählt er, wie er lebt. Am 24. Juni schreibt er an Serra: »Gestern bin ich, ein junger Einheimischer, mit einem noch jüngeren Einheimischen namens Bruno auf dem Fahrrad hingefahren [zum Tagliamento].«

Der Name dieses Jungen taucht im zweiten und dritten der *Roten Hefte* wieder auf, und sein Schritt prägt auch viele Seiten von *Atti impuri* [dt.: *Unkeusche Handlungen*].

Einige Tage nach dem 25. Juli, während Pier Paolo Serra schreibt, er solle ihn über die in Bologna infolge der Absetzung Mussolinis eingetretenen Veränderungen informieren, schreibt Guido nachts mit seinem Freund Renato »Es lebe die Freiheit« auf die Mauern von Casarsa. Beide werden von den Carabinieri angehalten, und Pier Paolo ist während des Verhörs gezwungen, Guidos Heftigkeit zu bremsen, die sie ins Gefängnis zu bringen droht.

»In den darauffolgenden Tagen« – schreibt Bortotto – »bekam Pier Paolo aus Bologna die ersten Flugblätter der Parteien, die wir gierig lasen.«

Andere Erinnerungen Bortottos siedeln die Ereignisse wenige Tage vor dem 25. Juli an:

»Die sich überstürzenden Kriegsgeschehnisse (die Alliierten waren in Sizilien gelandet) ließen in Pier Paolo den überheblichen Gedanken reifen, das ›Kleine Vaterland‹ Friaul müsse ideell aus dem Zusammenbruch des faschistischen Staates gerettet werden. Den Wortlaut des Aufrufs, der ›An die Bürgermeister und die Pfarrer des Friaul‹ verschickt werden sollte, schrieb er in wenigen Stunden, während wir in einem geschützten Winkel des Aguzze-Wäldchens saßen. Die Schreibmaschine, auf der die dreihundert Exemplare getippt werden sollten, stammt aus der Casa del Fascio, dem faschistischen Parteibüro. Kaum begonnen, wurde die Arbeit am Morgen des 26. Juli abgebrochen, als Pier Paolo, der Radio gehört hatte, jubelnd kam, um mir den Sturz des Faschismus zu verkünden.«

Am 1. September wird er nach Pisa einberufen. Mit dem Rang eines Obergefreiten nimmt er an dem Lehrgang für Reserveoffiziersschüler teil. Der 8. September [Kapitulation Italiens vor den Alliierten, Anm. d. Übers.] überrascht ihn in Livorno, wo seine Abteilung, nach einem kaum angedeuteten Widerstand gegen die Deutschen, gefangengenommen wird.

Pier Paolo und ein Gefährte von ihm werfen sich im Aufruhr eines Maschinengewehrfeuers in einen Graben und warten dort versteckt, daß der Zug der Gefangenen sich entfernt, dann fliehen sie zu Fuß viele Kilometer weit. Am nächsten Tag bringt er sich in Casarsa in Sicherheit, mit zwei verschiedenen Schuhen, die eine Folter für seine Füße waren, und ohne sein Gepäck, das unter anderem die ersten drei Kapitel – über Carrà, De Pisis, Morandi – seiner Doktorarbeit enthielt. Sie sind unwiederbringlich verloren, vielleicht zum Glück, denn er versucht nicht, sie zu rekonstruieren, sondern bittet den Dozenten für italienische Literatur, Carlo Calcaterra, um ein ganz anderes Thema, eine kommentierte Anthologie der Dichtung Pascolis: eine magische, hochartifizielle, künstlich naive Welt, seinem Geschmack sehr nah.

Als die Deutschen im Friaul einfallen und es mit der Bezeichnung »Adriaküste« ihren Kriegsgesetzen unterwerfen, wird der Tagliamento ein unerreichbares Ziel: Die beiden Brücken, die die Ufer des Friauls miteinander verbinden, werden von den alliierten Bombern unter Beschuß genommen, und Casarsa ist keine Insel des Friedens mehr. Die Straße, die nach Österreich führt, geht durch die Stadt, und am Bahnhof sieht man jeden Tag Züge voller italienischer Gefangener, die in die deutschen Konzentrationslager gebracht werden sollen.

Die Fahrräder werden beschlagnahmt oder sind unbenutzbar, weil man die Reifen nicht auswechseln kann. Der letzte Sommer wird also auf Streifzügen durch die Felder zu Fuß genossen. Bei einem dieser Spaziergänge gelangt Pier Paolo nach Versuta, einer Ortschaft mit wenigen Häusern, kaum zwei Kilometer von Casarsa entfernt, durchquert von einem Gerinne namens Viersa und einer einzigen Straße; das Zentrum bildet eine kleine Wiese, an der ein Kirchlein aus dem 14. Jahrhundert steht. Die Häuser haben Außentreppen, Holzbalkone, und davor schirmen Gemüsegärten und Höfe mit großen Vordächern sie von der ländlichen Außenwelt ab.

Ernesta Bazzana, eine junge Mutter, ist gerade im Hof beschäftigt, als Pier Paolo, von der Sauberkeit ihres Häuschens angezogen, bei ihr anfragt, ob sie ihm ein Zimmer vermietet. Die Sache ist bald abgemacht, weil zusammen mit der Hoffnung auf einen kleinen Verdienst etwas Ungewöhnliches die mißtrauische Seele der Bäuerin erobert hat. Einige Tage später kommt Pier Paolo mit einem Schubkarren voller Bücher wieder zu Ernestas Hof und nimmt das Zimmer in Besitz; im Augenblick ist es den Dichterträumen vorbehalten, aber er ahnt schon, daß es bald zum Zufluchtsort vor Bombenangriffen und deutschem Terror werden wird.

Die Bombenangriffe machen auch den Jungen aus Casarsa Schwierigkeiten, die nach Pordenone und Udine in die Schule gehen; so entsteht der Plan einer kleinen Privatschule.
Zwei Kilometer von Casarsa, jenseits der Eisenbahn, liegt das Dorf San Giovanni, und Versuta ist sein entferntestes Anhängsel in Richtung Tagliamento. In einem leerstehenden Haus, das ein gewisses bürgerliches Dekor aufweist und mit je einem zentralen Flur im Erdgeschoß und im ersten Stock ausgestattet ist, von dem seitlich die Zimmer abgehen, eröffnen Pier Paolo und drei seiner Freunde Ende September eine Schule mit genau geregelter Einschreibung und Stundenplan. Der Kaplan von San Giovanni, promovierter Literaturwissenschaftler, leiht nur seinen Namen für die Zulassungsanträge bei der Schulbehörde. Pier Paolo unterrichtet literarische und historische Fächer, Cesare Bortotto Naturwissenschaften, Riccardo Castellani Mathematik und Giovanna Bemporad, die sofort aus Bologna zurückgeholt wurde, Griechisch und Englisch. Als erste experimentelle Lehrerfahrung ist die Schule in San Giovanni nicht von langer Dauer, weil der Schulrat von Udine Mitte November eine administrative Verwarnung schickt. Die Schule wird zugemacht, und die Lehrer beschließen, den Unterricht zu Hause weiterzuführen.
Pasolinis Schüler sind Jungen der vierten Klasse des Gymnasiums, die jeden Tag im Eßzimmer des Hauses in Casarsa seinen Unterricht besuchen. Dante, Petrarca, die von Tommaseo übertragenen *Canti del popolo greco*, Leopardi, Vergil, Ungaretti, Machado, Marlowe, Wordsworth sind die Autoren, die vor und nach den Stunden, in denen lateinische Syntax, Griechisch und Englisch dran sind, durchgenommen werden: fünf Stunden Unterricht pro Tag.
Die schriftlichen Arbeiten der Schüler sind richtige, an den Texten durchgeführte Übungen in historischer und in Stilkritik. Im Lehrplan tauchen ungewöhnlicherweise auch die friaulischen Dichter auf und werden anhand der Anthologie von Chiurlo durchgenommen, was Unmut bei den Prüfern des Gymnasiums von Udine hervorruft.

Carlo A. Pasolini, 1943

Alle Schüler, etwa zehn, werden von diesem Unterricht weit über den schulischen Lehrplan hinaus mitgerissen, und ihre Begeisterung geht so weit, daß sie sich selbst als Schriftsteller betätigen: Sie verfassen Gedichte auf italienisch und friaulisch, lassen sie ihren Meister lesen, verfolgen mit, was er schreibt, denn seine Sachen werden in der Klasse genauso gelesen wie die der Jungen. Für alle, Lehrer und Schüler, ist es eine Lehrzeit, in der sich allmählich die *Academiuta di lenga furlana* [Kleine Akademie der friaulischen Sprache] heranbildet.

An einem Oktoberabend diskutieren Pasolini, Bortotto und Castellani über das Projekt einer Zeitschrift für friaulische Dichtung, *Lo stroligùt di cà da l'aga*. Die Friaulische Philologische Gesellschaft in Udine bringt jedes Jahr den Almanach *Lo strolic furlan* [Der friaulische Astrolog] heraus; die Casarseser Zeitschrift ist, vielleicht ironisch gemeint, die Verkleinerungsform mit der örtlichen Präzisierung ›di cà da l'aga‹ [diesseits des Wassers], das heißt am rechten Ufer des Tagliamento.

1943 schreibt Pasolini auf italienisch ein Büchlein mit religiösen Meditationen, das später den ersten Teil von *L'usignolo della Chiesa Cattolica* [dt.: *Die Nachtigall der katholischen Kirche*] bildet, und auf friaulisch hält er die zweite »verdoppelte« Ausgabe der *Poesie a Casarsa* bereit.

»DER KRIEG STINKT NACH SCHEISSE«
1944

Von den beiden Brüdern ist Guido eher geneigt, sich dem Widerstand anzuschließen, der auch in Casarsa gegen Faschisten und Deutsche organisiert wird. In den Tagen nach dem Waffenstillstand ist er mit seinem Freund Renato und anderen Dorfjungen in eine Kaserne eingedrungen, um sich Waffen und Munition anzueignen, die er dann in seinem Schlafzimmer unter den Fußbodenbrettern versteckt hat. Weitere Waffen und Munition haben sie von den Waggons eines haltenden Zuges heruntergeholt und in den Grabkammern eines verlassenen Friedhofs versteckt. Er besucht das naturwissenschaftliche Gymnasium in Pordenone und macht Ende April '44 Abitur.

Am 5. Mai schreibt er an den Vater:

»Uns geht es allen gut, Pier Paolo ist noch ruhig zu Hause, ich bin auch zu Hause, aber nicht zu ›ruhig‹ (obwohl ich noch keine Karte [den Einberufungsbefehl] erhalten habe ...). Trotz meines guten Willens kann ich mich nicht aus der Politik heraushalten, darin bin ich schrecklich feurig (die Ideen und die forma mentis haben sich in der letzten Zeit sehr verändert ...); und die Vorstellung, im Widerspruch zu Deiner Denkweise zu handeln, ängstigt mich wirklich. Dennoch bin ich überzeugt, daß Du, wenn Du hier wärst, keinen Augenblick zögern würdest, welche Partei Du ergreifen sollst ... Pier Paolo tut sein möglichstes, um mich zu zügeln, und für diese Großmut (ich bin überzeugt, er tut es einzig, um Mama Kummer zu ersparen) bewundere ich ihn und spüre, daß ich

Partisaninnen in Mailand

ihn sehr liebhabe, leider lasse ich mich sehr häufig von der Leidenschaft hinreißen...«
Als die Deutschen die Kasernen und das Flugfeld von Casarsa besetzen, gelingt es Guido und Renato, der Aufmerksamkeit der bewaffneten Soldaten zu entgehen und sich den großen Transportflugzeugen vom Typ Junker 52 zu nähern, um Waffen für die Partisanen zu besorgen.

In denselben Tagen werden im Wohngebiet von Casarsa heimlich Flugblätter mit antifaschistischer Propaganda verteilt. Bei der Untersuchung der Carabinieri fällt der Verdacht erneut auf Pier Paolo, während wieder Guido der Verfasser der Propaganda ist. Pier Paolo wird zusammen mit ein paar Freunden, unter ihnen auch Pina Kalč, einige Stunden festgenommen. Von jenem Tag an schläft er oft in Versuta, und eines Nachts durchsucht eine Bande von Faschisten das Haus und verhaftet Guido. Die Großmutter Giulia kniet sich vor die Soldaten hin und fleht sie an, ihn freizulassen, aber der Kommandeur setzt ihr eine Pistole auf den Rücken, bis Guido auf den Lastwagen gestiegen ist. Nach ein paar Tagen, in denen er verhört und geprügelt wurde, kommt er zu Fuß aus Pordenone zurück. Wenige Tage später stirbt die Großmutter, die den Gefühlsaufruhr nicht verkraftet. Auch Guido sucht nun immer häufiger in Versuta Schutz und nimmt von dort aus mit den Partisanenverbänden im Gebirge Kontakt auf. In den letzten Maitagen macht er sich auf den Weg, mit einer Wandertasche voller echter Brötchen über solchen, die in Wirklichkeit Handgranaten enthalten, einem Wörterbuch, dessen Seiten so ausgeschnitten wurden, daß eine Pistole Typ Beretta darin Platz

hat, und dem Band der *Canti orfici* von Campana. Am Bahnhof von Casarsa löst er eine Fahrkarte nach Bologna, wohin er angeblich unterwegs ist, während Renato eine andere nach Spilimbergo kauft; von dort gelangt er weiter nach Pielungo in den Karnischen Alpen bis zum Kommando der Division Osoppo-Friuli. Er tritt mit Begeisterung in die Aktionspartei ein.
Pier Paolo erinnert sich in den *Roten Heften* an die ersten Monate 1944:

»Zu jener Zeit war ich sehr mit P. [Pina Kalč] befreundet; wir waren unzertrennlich geworden, und sie war mir auch schon eine ständige Last mit ihrer zu offensichtlichen Sorge um mein Innenleben. Sie spürte damals hinter meiner moralischen Fülle, hinter meiner Bereitschaft, hinter meinen Augenblicken von Hingabe jenen abgestorbenen Bereich, den sie vielleicht mit meinem Geheimnis verwechselte (das Geheimnis als ›unschuldige Schönheit‹, zerstreute Männlichkeit etc.) und deshalb erforschen wollte. Ich ließ grausam zu, daß sie sich mir anbot; ich schloß keine ihrer tausend Vermutungen aus […]. Eines Sonntags vor dem Fußballspiel, bei dem ich nicht fehlen wollte – und die Gründe dafür brauche ich nicht zu nennen –, drangen wir, sie und ich, in die geheiligte Einsamkeit der Felder vor. Es war wirklich ein Fehler, ins Innerste jener irdischen Pflanzenwelt einzubrechen, während alle anderen Menschen gemeinsam das regnerische Fest feierten. Die riesige Lichtung mit den beiden einsamen Eichen – ein an diesen Orten sehr seltener Baum – sah uns wahrlich leiden. Meine Schuld [*unleserlich*] bestand darin, nur an Bruno zu denken und gar nicht an sie, und außerdem nicht auf mein jugendliches Benehmen verzichten zu können, das – es war mir bekannt – sie noch mehr überwältigte. Wir verließen die nutzlosen Wiesen mit ihren völlig gleichgültigen Eichen, und obgleich wir uns eine Blume zwischen die Lippen geschoben hatten (oh Gott, ich meine mich zu erinnern, daß sie mich unter den Eichen gekämmt … und mir eine Blume ins Haar gesteckt hat), war unsere Rückkehr unter die Leute nicht mehr herzlich. Es regnete; die Leute auf dem Sportplatz schrien, angespornt von einer Leidenschaft, die unseren Seelen so fern war, wie man sich nur irgend vorstellen kann. Aber zwischen mir und ihr bestand der Unterschied, daß ich dort auf dem Fußballplatz zu Hause war, vollkommen die Komödie des sportbegeisterten Jugendlichen zu spielen verstand (der ich andererseits auch war), während sich in ihr der Schmerz verschärfte, da sie mich abgelenkt sah. In Wirklichkeit suchte ich verzweifelt mit den Augen umher, um Bruno auszumachen. Ich sah ihn schließlich, unter den eisigen Strichen des Regens, in seinem eleganten dunkelblauen Festtagsanzug und den weißen Kniestrümpfen. [...]

Das war mein erster Liebesversuch. Keiner von denen, die normal leben, kann vermuten, welches Gefühl von Wunder ich mit dem, was mir geschah, verband. Es war für mich wirklich das Absurde der entzweigeteilten Ewigkeit, das sich konkretisierte. Es war ein strahlender Tag im späten Frühling; das Gras sog sich voll mit glühender Sonne, die ersten Vögel sangen mit schrillem und seltenem Mißklang der Stimmen, und an den Maulbeerbäumen glänzten die schon fast ausgewachsenen Blätter. In jenem Übermaß so flüssigen und reinen Lichts brach ich von zu Hause auf zu meinem Abenteuer, an das ich nicht glauben wollte; und die Bücher unter dem Arm drohten schon der wahre Grund für meinen mittäglichen Landausflug zu werden, da ich allmählich, je näher ich Brunos Dorf kam, immer weniger auf die Verwirklichung des Unverwirklichbaren hoffte. Als ich aus der tropfenden Unterführung heraustrat, bog ich verstohlen ab, den Damm hinunter, ins Gebüsch, innerlich hoffend, daß mich niemand beobachten und über mein absonderliches Benehmen Vermutungen anstellen würde. Die Schafe waren nicht da, Bruno war nicht da. In der brutalen und unerschütterlichen Stille schien alles natürlich für meine Enttäuschung vorbereitet oder für meine Bestrafung, ich weiß nicht; gewiß für meine Einsamkeit. Zwischen den häßlichen Sträuchern, auf dem schmutzigen Gras war ich konkret, nicht mehr von meinem Wissen her *allein*. Als Symbole eines Schicksals, das beschlossen war und sich pünktlich vollzog, hörte ich das Pfeifen und Schnaufen einer Lokomotive, die auf dem Erdwall umherirrte... und die Stimmen der Eisenbahner... und sogar der Geruch nach Kot breitete sich perfide zwischen dem Schutt und dem Unrat der Böschung aus. Doch jener Tag sollte nicht sein wie die anderen; die Schafe voran, kam Bruno mit nacktem Oberkörper, die Hüften und Beine bedeckt von einem Paar fettiger, schwerer Hosen, und zwei klobigen Holzschuhen an den Füßen. Mit seinem unregelmäßigen Schritt und seinem verbrannten, unliebenswürdigen Gesicht näherte er sich mir und ließ sich am Arm und dann an der Hüfte drücken, da schon auf wunderbare Weise von ihm beschlossen war, daß es zwischen uns beiden keine Zurückhaltung mehr geben sollte. Auf dem trocknenden, aber noch schlammigen Grund des Gerinnes machten wir uns köstlich verschworen zu einem versteckten Ort auf. Bruno lag sehr viel an größter Heimlichkeit, und er war überaus sorgfältig beim Aussuchen der Verstecke, wo er seinen Begierden freien Lauf ließ. Das Bachbett führte uns ins Herz jenes wilden Ortes, der direkt an den Bahndamm grenzte; die Brombeerranken, die über das Gerinne herunterhingen, waren an jenem Sonnentag schon dicht mit Knospen besetzt und bildeten fast Nester, Schlupfwinkel an dem rissigen Ufer. Doch Bruno hatte es nicht eilig, er kletterte sogar noch gelassen auf eine Pappel, um ein Kohlmeisennest voller Eier auszunehmen. Dann drehte er sich eine seiner Zigaretten, ließ sich dabei immer streicheln von mir, der ich die absurde Freiheit nutzte. Vielleicht war es diese liebende [*freigelassene Stelle*], die mich hinlänglich den Kopf verlieren ließ, damit die Begierde, als wir uns schließlich zwischen zwei dichten Sträuchern niederlegten, sich des Bewußtseins ihrer selbst entledigte; und ich beinahe die uneingeschränkte Hingabe erfahren konnte.

Jene Stunde war nicht die erste einer Reihe ähnlicher Stunden (wie ich so gierig hoffte); Bruno, launisch und niederträchtig, verfiel gleich wieder häufig in seine Ausweichmanöver;

ich durchstreifte immer weiter jeden Tag sein Dorf, suchte hartnäckig mit dem Blick den Pfad zwischen dem Bahndamm und dem Gerinne ab, wo zum Zeichen seiner Anwesenheit die Schafe hätten weiden müssen; Dutzende von Tagen, und mehrmals am Tag, ging ich jenen Pfad entlang, um ihn auszukundschaften. Bruno war nicht da; er war auf sichtbare, provozierende Weise abwesend. Ganze Stunden verbrachte ich in jener Trostlosigkeit, während die Pfiffe der rangierenden Wagen und ein unbestimmter, übler Fäkaliengestank meine Eifersucht, meine glühenden Proteste einlullten. Dann wechselte die Szene, in der ich eine so demütigende Rolle hatte: es wurde Sommer. Man ging wieder an die Fonde zum Schwimmen. Die Jungen veranstalteten wieder ihr unerträgliches, beeinträchtigendes Spektakel. Bruno ließ sich häufig sehen; aber nur selten gehorchte er einem verständnisinnigen Blick von mir oder ließ sich durch mein Drängen überzeugen. Meistens wartete ich Stunden um Stunden auf ihn, mit meinem Tommaseo oder meinem Tasso auf einer herrlichen, von einer Reihe Rebstöcke und einem vor Bäumen ausufernden Graben umschlossenen Wiese sitzend. Der Sommer vollbrachte dort seine stillen Wunder: oben auf die Baumwipfel setzte er mit bezaubernder Weichheit und Kostbarkeit leuchtende Lichter, während er unten goldene [*durchgestrichene Wörter*] Schatten vor der Leere des Gerinnes hingleiten ließ. Tausende von Vögeln sangen in verschiedenen Tonlagen, lösten sich ab oder überlagerten sich und zerrissen einmal mit menschlich-melodischen Klängen, einmal mit tierischem Trillern und abgehackten Lauten sanft die Stille. All dies lenkte mich ab; aber diese Ablenkung war keineswegs geeignet, mich aus dem Zustand ständiger Erwartung und aus dem Neid auf die Wiesen, die Bruno mit seinen bloßen Füßen trat, herauszuholen. Oft war mir, als hörte ich eine menschliche Stimme im vieldeutigen Netz des Vogelgesangs; und dann erhob ich mich zitternd in der absurden Einbildung, es sei Bruno, der mich riefe. Etwa ein Jahr später erfuhr ich von Pina, daß sie mich

in jenen Tagen oft in der Nähe der Fonde suchte; diesmal war
die Ausrede, daß sie jene Wiese sehen wollte, die ich so sehr
rühmte; und unter diesem Deckmantel erfuhr ich von jener
Einzelheit ihres Lebens: und ich stelle mir vor, daß jener Ruf,
den ich über die Felder hin vernahm (ein Ruf, der verklang
wie eine Sternschnuppe, so wehmütig, daß es mir dann schien,
als entstehe er in Wirklichkeit *in* meiner Brust), von Pina kam.
Gewiß birgt diese arglose Entdeckung von mir eine zumindest
poetische Realität. Aber damals zählte für mich nur die Intimität mit Bruno.«

Als die ersten Bombenangriffe erfolgen und tags und nachts immer wieder Fliegeralarm gegeben wird, flüchten die Dorfbewohner auf die Felder, weit weg von der Staatsstraße und dem Bahnhof. Susanna und Pier Paolo bringen ihre Habe in Sicherheit: Eine Handtasche voll Schmuck, von dem man noch nicht weiß, wie wenig er wert ist; Pier Paolo eine Ledertasche mit seinen Kladden; die letzte enthält den Text eines Dramas auf friaulisch *I Turcs tal Friul* [dt.: *Die Türken in Friaul*] und die Notizen für die Doktorarbeit über Pascoli. Bei der Menge der nächtlichen Flüchtlinge sind stets auch Pina und ihre Angehörigen dabei.

Wenn es ruhig ist, kommt Pina jeden Tag ins Haus Pasolini, um Pier Paolo Geigenunterricht zu geben, und danach spielen sie zuammen ein Duett, das sie mit sichtlicher Emotion zu Ende bringen; abschließend spielt Pina allein Bach:

»Vor allem interessierte mich der ›Siciliano‹, weil ich ihm einen Inhalt gegeben hatte, und jedesmal, wenn ich ihn wieder
vernahm, stellte er mich mit seiner Zärtlichkeit und Qual vor
jenen Inhalt: ein unbeirrbar gesungener Kampf zwischen dem
Fleisch und dem Himmel, zwischen einigen tiefen, verschleierten, warmen Noten und einigen schrillen, klaren, abstrakten
Tönen. Wie hielt ich es mit dem Fleisch! Wie fühlte ich, daß
diese sechs Noten mein Herz stahlen, und durch eine naive
Überlagerung von Bildern *stellte ich mir vor*, sie würden von
einem jungen Sizilianer mit bronzefarbener, glühender Brust

gesungen. Und wieviel Verweigerung fühlte ich dagegen bei den himmlischen Tönen! Es ist offensichtlich, daß ich auch da an Liebe litt; aber auf jene intellektuelle Ebene gehoben und als christliche Liebe verkleidet war meine Liebe nicht weniger grausam.«

Er schreibt eine *Studie über die Bach-Sonaten*, mit vielen literarischen Vergleichen, fast eine Suche nach Äquivalenten, zum Beispiel zwischen einigen Tönen einer Sonate und dem Anfang des *Nächtlichen Gesanges eines in Asien umherziehenden Hirten*. Zusammen mit Pina organisiert er mit den Dorfjungen ein kleines Volkstheater. Sie lassen einen Chor alte und neue friaulische Villotten einstudieren, andere Jungen rezitieren die friaulischen Dialoge, die Pasolini im *Stroligùt* veröffentlicht hat, Pina und eine Pianistin spielen klassische Musik; Rico De Rocco malt die Bühnenbilder. So kommt ein Programm zustande – eine »Hohe Zeit der Kunst« –, das vor dem Dorfpublikum aufgeführt wird, zweimal auf der kleinen Bühne des Kindergartens von Casarsa und einmal in Zoppola.

»Ich fühlte die Notwendigkeit einer direkteren Berührung mit den Gebräuchen und dem ländlichen Leben ›rund um den Kirchturm‹ und das Bedürfnis nach einem unmittelbareren, kindlichen Ausdruck: lauter Dinge, die sich dann als verkehrt erwiesen und im übrigen nur eine kurze Phase darstellten. Diese Erfahrung, die ja etwas mehr dialektorientiert war, nützte mir dennoch, um das ›Casarsesische‹ besser zu begreifen und seine Vorzüge zu erkennen...« (*Rote Hefte*, 1946)

Was sein Bedürfnis nach Identifikation mit der Welt von Casarsa weckt, ist auch der Krieg mit seinen entfremdenden Schrecken; und in den Kampfpausen der Wunsch zu spüren, wie die Kraft und Lustigkeit des einfachen Volkes sich ausdehnt, deren demütige Bannerträger diese *spetaculùs* in jenen Jahren gewesen sind. Begebenheiten aus dem Volksleben, die schließlich eine von Pasolinis Neigungen erhellen:

»Die Eigenschaft, die Pasolini in selten hohem Maße besaß, war also nicht die Demut, sondern etwas, das viel schwerer zu fin-

den ist: die Liebe zum Geringen, ich möchte geradezu sagen, Kompetenz in Demut.« (G. Contini)
Es gelingt Guido ab und zu, der Mutter Briefe zukommen zu lassen, die er zur Vorsicht mit ›Amelia‹ unterzeichnet:

»Durch einen seltsamen Zwang kehrt mein Gedanke zu Pier Paolo zurück; auch in den vergangenen Tagen habe ich intensiv an ihn gedacht...was macht er? Warum schreibt er mir nie? Zuweilen quält mich die Vorstellung, daß er mit einer gewissen bitteren Ironie an mich denkt: davor schaudere ich... Ist es möglich, daß ich so leide, deshalb?

Ich habe das Buch bekommen: ich bin sehr froh darüber, schick noch mehr und vor allem, wenn Du kannst, ein paar Texte von Pier Paolo...

Es kommt mir ganz unwirklich vor, daß ich nach soviel Wanderschaft nun hier zwischen freundschaftlichen Gesichtern sitze: allerdings wird es ein kurzer Zwischenaufenthalt sein: bis morgen gleich nach Mittag bin ich in Freiheit. Dort oben, wo ›ich‹ beschlossen habe, mich dem Wintersport zu widmen, wird es in wenigen Tagen schneien: ich brauche *unbedingt* Winterausrüstung, Pullover, Mütze, Handschuhe aus Wolle, Kniestrümpfe und noch ein Paar Skistiefel (die, die ich habe, sind in einem erbärmlichen Zustand). Deshalb müßtet Ihr, entweder Du oder Giannina, zusammen mit Fräulein Pina alle diese Sachen so bald wie möglich bringen, ihr wißt ja, wohin! Die Reise bereitet einer Frau keinerlei Schwierigkeit, Pier Paolo soll sich beruhigen ...«

Als dann im September und Oktober das faschistische Heer Bekanntmachungen mit Todesdrohungen für all jene veröffentlicht, die sich dem Einberufungsbefehl nicht stellen, die Luftangriffe schon fast zum Alltag gehören und eine Razzia der Deutschen das Dorf einige Tage in Belagerungszustand versetzt hat, beschließen die Pasolini, endgültig in Versuta Zuflucht zu suchen. Vor dem Umzug besuchen Susanna und Pina Kalč Guido im Gebirge. Er hat, zur Erinnerung an Ermes Parini, den Decknamen Ermes angenommen.

Nach dieser Begegnung – der letzten – schreibt er weitere Briefe, die von Hand zu Hand weitergegeben werden, bis sie heimlich in Versuta eintreffen:

»*Liebste Cicciona*«, so nannte er seine Mutter zärtlich, »›Liebste große Dicke‹, endlich komme ich zu Dir, mit meinem berüchtigten Lächeln auf den Lippen. In all meinen Gliedern spüre ich ein Gefühl von Wohlbefinden und Frieden... ich sitze nämlich zwischen den lieben Menschen (die Du gut kennst und die mich mit Aufmerksamkeiten überhäuft haben, was mich, der ich sehr primitiv und rauh geworden bin, in große Verlegenheit gebracht hat...) etc. etc.

Wenn es von mir abhinge – das mußt Du mir glauben –, würde ich Dir jeden Tag schreiben, aber der ›Arzt‹ hat es mir verboten (›Arzt‹, nicht Arzt). Ich habe Pier Paolos Brief erhalten. Er hat mir einen großen Frieden in die Seele gesenkt; ich bin ihm wirklich dankbar dafür. Das Gedicht hat außerordentlich gut meine Stimmung an gewissen windigen, durch die Sonne mildern Tagen ausgedrückt: ich stand dort oben, auf einem hohen Gipfel, und unter mir die Ebene bis zum Meer, bis nach Istrien, und die Dörfer (rot die Dächer der Häuser) füllten die noch grüne Ebene (blaß jedoch das Grün ...). Ich folgte mit angstvollen Augen dem weißen Flußbett des Tagliamento: an einer gewissen Stelle trübte das Land sich in einem leichten blauen Nebelhauch..., dort wart Ihr und dachtet vielleicht an mich. Bitte Pier Paolo, mir nochmal zu schreiben, wenn er Zeit hat, es macht mir große Freude.«

Am 27. November schreibt Guido an Pier Paolo einen Brief, der das wichtigste Dokument seines Leidensweges und der Ereignisse bleiben wird, die später als »Die Ereignisse von Porzùs« bekannt werden.

»*Liebster Pier Paolo*,

was ich Dir in diesem Brief schreibe, wird Dich sehr erstaunen: ›Das geht mich doch nichts an!‹ wirst Du am Ende mit einer untröstlichen Handbewegung sagen ... Und ich bin vollkommen einverstanden. Da jedoch eine überaus quälende und

ernste Situation eine Stimmung in mir auslöst, in der man die unbedingte Notwendigkeit verspürt, sich jemandem anzuvertrauen, und ›wir‹ andererseits überzeugt sind, daß Du uns mit einigen Artikeln eine große Hilfe sein kannst, und ich außerdem dazu ermächtigt worden bin, teile ich Dir unumwunden unsere Lage mit, so wie sie sich heute, am 27. November, darstellt. Sag Mama nichts: sie würde sich wegen nichts und wieder nichts erschrecken ...
Chronik der Ereignisse vom 29. Juli bis heute:
3000 Deutsche und Faschisten beginnen an selbigem Tag eine Razzia im Gebiet der 1. Brigade Osoppo-Friuli (meiner). Beginn der Operationen 5.30 morgens: überraschender Angriff des Feindes (von Prosenicco kommend) im Gebiet von Subit. Eine slowenische Brigade (die 128.?), die die präzise Aufgabe hatte, dem Feind in diesem Sektor den Weg abzuschneiden (da sie die Rückendeckung unseres Kampfverbandes darstellt), zieht sich zurück, ohne einen einzigen Schuß abzufeuern! Ergebnis: zwei unserer Maschinengewehrposten in beherrschender Stellung über Subit leisten bis 4 Uhr nachmittags heroisch Widerstand (60 Tote bei den Deutschen). Als die Munition ausgeht, ziehen sich die Männer auf den Carnizza zurück, der von unserem Bataillon Udine besetzt ist.
Inzwischen war auch am Fuß des Carnizza gekämpft worden. Zu beachten, daß auf der anderen Seite des Carnizza die II. Brigade Garibaldi ihren Standort hatte.
Nach fünf Stunden Kampf treffen 5 Garibaldiner mit einem englischen Maschinengewehr (Bren) am Schauplatz ein: sie feuern von weitem ein paar Salven ab. Am Spätnachmittag kommt eine 30 Mann starke Patrouille, auch Garibaldiner, aber die Deutschen hatten inzwischen schon von dem Angriff auf den Carnizza abgelassen. Ergebnis der Operationen: 200 gefallene oder verwundete Deutsche oder Faschisten (alle seitens der Osoppo). 1 Leichtverletzter auf unserer Seite. Nach so langer Zeit erfahren wir nun zu unserem großen Erstaunen, daß die 30 Garibaldiner, die ankamen, als alles vorbei war, das

Geschick der Schlacht zu unseren Gunsten gewendet hatten ... (aber das ist noch gar nichts ...).

Die Brigade reorganisiert sich: in kurzer Zeit erreichen wir die 600 Mann im Attimis-Subit-Tal. Man nimmt mit den Brigaden Garibaldi Verbindung auf, die unsere Stellung flankieren: es bildet sich die Division Garibaldi-Osoppo, man unterzeichnet einen Freundschaftspakt mit den Slowenen, die unlautererweise begonnen hatten, in dem von uns besetzten Gebiet slowenische Propaganda zu machen. Per Radio kommt eine Nachricht, die die Situation verschärft: in den befreiten Gebieten entwaffnen die Engländer die Partisanenverbände. Uns von der Osoppo läßt diese Nachricht kalt: ›Wenn Italien erst befreit ist...‹ Bei manchen Garibaldinerkommissaren dagegen scheint die Sache Feuer in den Adern zu entfachen. Vanni (von keinem ermächtigt), Divisionskommissar, brüllt auf dem Marktplatz von Nimis (bei einer ebenso emphatischen wie substanzlosen Rede) folgende Worte: ›Ich versichere euch, daß weder Russen (das Wort ist flüchtig dahingesagt) noch Amerikaner oder Engländer (hier spricht er mit Donnerstimme) die Division Garibaldi-Osoppo entwaffnen werden.‹

In denselben Tagen trifft eine von Tito abgesandte Mission ein: es wird vorgeschlagen, daß unsere Division in der Slowenischen Armee aufgehen soll; sie geben uns außerdem zu verstehen, daß wir nicht entwaffnet würden, wenn wir Teil des slowenischen Heeres wären. Der Divisionskommandant Sasso (ein Garibaldiner) schwankt, der Stellvertretende Kommandant Bolla (Osoppo) lehnt mit Nachdruck ab. Die Slowenen ziehen unzufrieden ab. Kommandant Sasso verspricht Bolla (also unserer Brigade) feierlich, daß von der Sache nicht mehr die Rede sein solle. Aber die Slowenen (es ist offensichtlich, daß ihnen die Angelegenheit sehr am Herzen liegt) lassen nicht locker und machen einen erneuten Vorstoß. Bolla in seiner Haltung weiterhin energisch und entschlossen, Sasso zweideutig (offensichtlich von Vanni aufgestachelt), der geneigt zu sein scheint, anzunehmen. Bolla weist darauf hin, daß die Brigade Osoppo sich aus der Division ausgliedern werde, falls das Abkommen mit den Slowenen zustande käme (das für uns viel schlimmer wäre als eine verlorene Schlacht). Wir sind in den letzten Septembertagen: die militärische Lage ist bedrohlich. Die Stellung der zu weit vorgerückten Division (wir sind fast in der Ebene) ist schwach.

Neunhundert Mann der Brigade Osoppo halten die Stellung auf dem Hügelkamm: Croce-Paß (von Garibaldinerabteilungen gehalten) – Savorgnano – Ravosa – Racchiuso. Die erste Brigade Garibaldi (1200 Mann) deckt Nimis zu unserer Rechten. Die 11. Garibaldi (1000 Mann) deckt Faedis zu unserer Linken. In der Nacht vom 26. auf den 27. September wird von der deutschen Artillerie ein wütendes Kanonenfeuer auf uns eröffnet (ein Panzerzug zwischen Reana – Tricesimo, 2 Batterien vom Fort in Trigesimo, 2 Batterien in Pavoletto). Am folgenden Tag greifen zwei deutsche Divisionen gleichzeitig Nimis und Faedis mit Panzern an. Am Abend desselben Tages (27.) rücken schwere Panzerwagen in die beiden Dörfer ein. Wir, in der Mitte der Stellung, wissen von nichts. In der Nacht hält das Trommelfeuer der Artillerie unaufhörlich an. Am Morgen des 28. geht der deutsche Druck auf unsere Flügelstellungen wieder los: von Faedis aus auf Racchiuso, von Nimis aus auf den Croce. Das Gros der Garibaldinerabteilungen setzt sich ab, wir von der Osoppo, immer noch über alles im unklaren, erwarten den Feind auf unseren nunmehr sehr weit vorgeschobenen Stellungen. Gegen 3 Uhr nachmittags sind die Deutschen auf dem Croce, zielen auf Attimis! (Wir sind beinahe umzingelt.)

Inzwischen ein weiterer sehr schwerwiegender Vorfall: deutsche Verbände halten von Prosenicco auf Subit mit dem Ziel, nach Attimis herunterzusteigen und somit dem Rückzug den Weg abzuschneiden.

Die Slowenen (beauftragt, uns im Rücken zu schützen) ziehen sich zurück, ohne einen Schuß abzugeben! Unsere Bedeckungsposten oberhalb von Subit werden von dem zahlen- und

PPPs Bruder Guido

waffenmäßig überlegenen Feind überwältigt. Das Dorf fällt dem Feind in die Hände, gleichzeitig fällt auch der Croce-Paß. Ein verstärktes Bataillon von uns geht zum Gegenangriff über: mit heldenhafter Kampfeswut schlägt es die Deutschen hinter das Gebirge zurück. (Der Weg für den Rückzug ist offen.)
Aber die Dinge hatten sich schon überstürzt: Garibaldiner, die sich abgesetzt haben, verbreiten mit tausend falschen und übertriebenen Nachrichten Panik in unseren Reihen, nachdem wir endlich den Befehl zum Rückzug erhalten haben. (›Nichts zu machen, die Deutschen sind in Racchiuso und Attimis.‹ ›Werft die Waffen weg, die Kommandanten sind in Zivil abgehauen‹ etc. etc.). Viele setzen sich ab, vielen gelingt es, nach Attimis, dann nach Forame und Subit zu kommen. Die letzten, die zurückweichen (darunter auch ich und mein Kommandant Romolo), verlassen Attimis, als die Deutschen, vom Croce heruntergekommen, dort einmarschieren: ein paar Streugarben sausen pfeifend über unsere Köpfe weg.
Zwecklos, daß ich Dir den dramatischen nächtlichen Rückzug beschreibe (noch einmal getäuscht!): auf dem Monte Joannes (östlich von Carnizza) sollte ein Garibaldinerstandort sein: tatsächlich finden wir dort die deutschen Truppen aufgestellt

wie ein Erschießungskommando (in einer Reihe vor uns, die Waffen im Anschlag): unser Brigadekommandant Feruccio fällt mit 17 Kampfgenossen. Dem stellvertretenden Divisionskommandanten Bolla dagegen gelingt es, mit 100 Mann durchzukommen: die anderen setzen sich ab, darunter ich und Romolo. Es beginnt die Odyssee der Versprengten auf der Suche nach ihrem Kommandanten. Die Garibaldiner Schutztruppen (die wir unterwegs getroffen haben) tun alles, um uns zu demoralisieren und uns zu bewegen, die Trikolore-Abzeichen abzunehmen. In Memicco setzt mir ein Garibaldiner Kommissar die Pistole auf die Stirn, weil ich ihm ins Gesicht geschrien habe, daß er keine Ahnung hat, was es bedeutet, ein ›freier Mensch‹ zu sein, und daß er wie ein faschistischer Verbandsführer daherrede (in den Reihen der Garibaldiner steht es einem nämlich ›frei‹, den Kommunismus gutzuheißen, sonst wirst du als ›Feind des Proletariats‹ behandelt (darunter tun sie's nicht!) oder als ›Idealist, der dem Volk das Blut aussaugt‹ (hört, hört!)).

Hocherhobenen Hauptes erklären wir, daß wir Italiener sind und für die italienische Fahne kämpfen, nicht für den ›roten Fetzen‹ ...

Die Slowenen nutzen unterdessen die Lage und treten in Verhandlungen mit dem Garibaldinerkommandanten ein (die Rede ist wieder von dem alten Plan, daß unsere Verbände auf slowenischer Seite eingegliedert werden sollen). Bolla schlägt Lärm, aber er hat inzwischen nicht mehr die Autorität, die ihm neunhundert zu allem bereite Männer verliehen ... Der slowenische Beauftragte gibt Bolla zu verstehen, daß seine Anwesenheit bei den Besprechungen nicht erwünscht ist. Bolla ruft seine Männer zusammen und entfernt sich würdevoll.

Wir erreichen den Abschnitt Prosenicco – Subit – Porzùs und reorganisieren uns dort. Es vergehen etwa zwanzig Tage. Inzwischen läßt Enea (als Beobachter in Codromaz geblieben) uns wissen, daß die Garibaldiner ihn beruhigt haben (die Nachricht von dem Abkommen mit den Slowenen wird feierlich demen-

tiert) ... Er stößt in Porzùs zu uns: wir haben den 2. November.
Am Tag danach trifft der Kommandant der Division Garibaldi,
Sasso, bei unserem Kommando ein. Er hat eine lange Unterredung mit Bolla (dementiert erneut feierlich die Nachricht von dem Abkommen mit Tito und verspricht, daß nie mehr davon die Rede sein soll), versucht, sich mit der inzwischen reorganisierten Brigade Osoppo zu versöhnen ...
Am 7. November, dem Jahrestag der Russischen Revolution, wird in allen Garibaldinerabteilungen die Vereinigung mit den slowenischen Truppen gefeiert. Das Abkommen war noch vor den feierlichen Dementis unterzeichnet worden!!!
Ein großer Teil der Garibaldiner wollte das Abkommen allerdings nicht (das von wenigen Männern beschlossen wurde), viele weinen vor Wut und wollen den Trikolore-Stern nicht mit dem roten Stern vertauschen. Manchen wird gestattet, in die Reihen der Osoppo überzugehen, und sie erzählen uns, daß die Garibaldinerkommissare eine Einschüchterungskampagne in den verschiedenen Verbänden gestartet hätten ...
Eine der Klauseln des Abkommens mit den Slowenen lautet folgendermaßen: Die Garibaldinerverbände verpflichten sich, eine loyale Propaganda zugunsten der Slowenen zu betreiben und die männliche Bevölkerung in den von ihnen kontrollierten Gebieten zu mobilisieren. Die Mobilisierten dürfen nicht in italienische Formationen eingegliedert werden, sondern müssen in slowenische Verbände eintreten!
Vor vier Tagen erscheint der berüchtigte Kommissar Vanni bei unserem Kommando: er erklärt unserem Kommandanten Bolla: ›Auf Befehl des Marschall Tito, die erste Brigade Osoppo muß den Abschnitt räumen‹ (slowenischer Einflußbereich), außer sie willigt ein, in die slowenischen Verbände einzutreten.
Wir sind also auf dem Höhepunkt der Parabel angelangt: wie wird sie ausgehen? Udine ist 12–16 km entfernt.
Unsere Losung ist bis auf weiteres, auf eine unlautere slowenische Propaganda mit überzeugenderer Propaganda unsererseits zu antworten. Wir haben unter anderem eine neue Zei-

tung gegründet: ›Quelli del Tricolore‹ [Die von der Trikolore],
Du müßtest ein paar passende Artikel schreiben (es fehlt uns
ja nicht an Argumenten und noch viel weniger an ›Schriftstellern‹: ich bin überzeugt, daß Du uns eine große Hilfe sein
kannst ...), mit einigen Gedichten, wenn's geht, auf italienisch
und friaulisch (mit Übersetzung), einigen Liedern auf bekannte Melodien, auch italienisch und friaulisch, etc. etc.
Versuche, die oben angedeuteten Argumente in den Artikeln
nur eben zu streifen: Du mußt ein Italiener sein, der zu den
Italienern spricht.
Ich vergaß: die Garibaldinerkommissare (die Nachricht haben
wir aus nicht überprüfter Quelle erhalten) beabsichtigen, eine
(bewaffnete) Sowjetrepublik Friaul zu gründen: Ausgangsbasis
für die Bolschewisierung Italiens!
Ich schicke Dir eine Kopie des Programms der Aktionspartei,
in die ich mit Begeisterung eingetreten bin (alle, die ich von
der AP kennengelernt habe, sind sehr aufrichtige, sanfte und
loyale Menschen: echte Italiener: Enea ähnelt Serra sehr).
Natürlich hat Dich diese ganze Tirade unheimlich gelangweilt,
aber es ist gut, daß Du weißt, wie die Lage aussieht, auch weil
ich Deine Ratschläge brauche, wenn sonst nichts.
Ich begreife vollkommen, daß Du höchstwahrscheinlich weder Zeit noch Lust haben wirst, die oben angedeuteten Artikel
auszuarbeiten, wenn Du sie aber doch schreiben willst: tue es
so schnell wie möglich und gib sie Berto in einem verschlossenen Kuvert und verständige (das kann auch Mama machen)
Elda Paravano von der erfolgten Übergabe, sie wird dann ihrerseits alles in Udine abholen etc. etc.
Wenn sonst nichts, schreib wenigstens mir ein paar Zeilen ...
Ich küsse Dich mit größter Zuneigung

Guido

PS. Sag Mama, falls sie mir etwas zu schicken hätte (Handschuhe, Kniestrümpfe, Naphtalin), soll sie ein Tuch in den Farben
der Trikolore und ein grünes dazulegen ... Grüß alle, und wenn
Du Renato siehst, deute ihm an, was ich Dir geschrieben habe ...

Ich habe keine Zeit, den Brief nochmal durchzulesen, ich muß *sofort* ins Gebirge aufbrechen.«

Am 16. Oktober richten sich Susanna und Pier Paolo in dem Zimmer in Versuta ein.

»Unsere Nachbarn hießen Ciol: Sie ließen uns als erste die Freuden des Exils kosten, indem sie uns Obst und Schweinefleisch etc. schenkten. Was uns jedoch am meisten rührte, war das Interesse von Felice, dem Familienoberhaupt, einem sehr merkwürdigen Dickwanst und durchtriebenen Lügenbold, mit dem Gesicht eines Wilderers, archaisch, wenn ich mich in einer literarischen Sprache ausdrücken dürfte, würde ich sagen, daß er auf gutmütige Weise, aber noch mit einem Anflug von Schrecken den Hühnerdieb-Homunkulus verkörperte, von dem ich als Knabe im Morgengrauen träumte. Mit der Stimme eines Menschenfressers sang er uns in jenen ersten Tagen die Vorrede zu dem Poem vor, das unsere Begegnung mit der Bauernseele werden sollte. Eine sehr schwierige Seele, Produkt einer von der unseren verschiedenen Zivilisation, die ohne Möglichkeit des Austauschs neben uns herlebt! Wir nähern uns ihr mit zuviel Eifer (wenn es uns gelingt, die üblichen, aufs Landleben bezogenen Perversionen zu vermeiden), und es ist Schicksal, daß unsere Liebeswaffen an ihrer eingefleischten Gleichgültigkeit stumpf werden. Ich habe nie konsequentere Skeptiker kennengelernt als die alten Bauern; freiwillig durchbrechen sie jene Form von Würde, die ihr Skeptizismus darstellt, nur im Namen zweier Gewohnheiten, die sie fast leidenschaftlich pflegen: Kirche und Wein. Allem übrigen halten sie ihr Lachen entgegen, das wie Mißtrauen wirkt und doch nichts anderes ist als Bewußtsein der eigenen Unfähigkeit, denn sie ist ein übergroßes Element ihres Lebens geworden. ›Wir sind ungebildete Tölpel‹, so lautet ihr monotoner Refrain zum andauernd wiederholten Rückfall. In der Tat geht ihr Niedergang rasch: Mit fünfzehn sind sie bezaubernde Idole, mit einer Schamhaftigkeit, Zärtlichkeit, Lebhaftigkeit geschmückt, die nicht zu sagen sind; mit achtzehn ist ihre vielversprechende Anmut (ohne Zukunft), die sie nach Leben dürsten ließ, schon gehemmt, und ihre reizende Schüchternheit hat dunklere, monotonere Farben angenommen; es bleibt ihnen noch, die Neugier des Fleisches zu befriedigen, und dies macht sie verletzlich, das heißt leidenschaftlich; aber mit zweiundzwanzig ist das Spiel gemacht: Ihnen wird klar, daß sie alles, was sie von dieser süßen Welt kennenlernen konnten, schon kennengelernt haben; und sie wissen in ihrer Enttäuschung nicht, wie sie neue Quellen der Illusion auftun sollen, sie lassen sich verkommen zu dem Zynismus des ›Ich bin ein unwissender Tölpel‹, ohne mehr einen Finger zu rühren, um sich zu retten, und mit der Reife werden sie die absolute Undifferenziertheit nur auf zwei Arten überwinden können: mit der Lustigkeit des Betrunkenen oder dem Ernst des Frömmlers. Als ich aus dem Himmel meiner Gewohnheiten in Versuta landete, wußte ich noch nichts von alldem; deshalb beging ich eine Unmenge Fehler: Zum Glück haben Fehler dieser Sorte keine Folgen, und außerdem rettete mich immer die Unschuld meines Benehmens.

Ich war also in dem Alter, in dem die jungen Bauern beginnen zu verkommen, das letzte Herzklopfen und die letzte Scheu zu verlieren: ja hatte ich denn nicht genug Klarsicht, um es mir zu sagen? Ich war mitten in der Krise, gefangen in der Krise, und lebte sie wehrlos, denn mein *Bewußtsein* war damit beschäftigt, andere Seiten meiner Seele in den Vordergrund zu stellen, die ich damals mit gutem Grund für wichtig hielt: Zum Beispiel die Dichtung. Jene Krise war ausgelöst durch den Verlust meiner Jungfräulichkeit; nun muß ich gestehen, daß ich keinerlei zufriedenstellende Definition dessen zu geben wüßte, woraus die Jungfräulichkeit eines Mannes besteht, doch mir scheint, als sei sie nichts anderes als die Einsamkeit des Heranwachsenden, der Narzißmus als allen Heranwachsenden gemeinsamer *Tatbestand;* so sehr sie auch, einmal mehr, einmal weniger von den Phantasien des erregten Gehirns geprägt, die Unreinheit einer hergestellten (?) Lust des Fleisches suchen, kommen sie doch nie soweit, zu *sündigen*. In den Stunden ohnmächtiger Begierden, in ihren Handlungen [*freigelassene Stelle*] bleibt eine bewegungslose, unbeirrte Reinheit bestehen.

Ich also hatte endlich gesündigt, hatte jenen Verlust erlitten, den die Unreinheit darstellt: ich begann zu verhärten. Doch die sogenannte Erfahrung ist nichts als eine Art der Gewohnheit; während die Unerfahrenheit, das Leben, unerschöpfliche desorganisierende Formen hat. Die Welt behält weiterhin ihren Zauber für mich, aber einen Zauber, der sich zu *zersetzen* beginnt; in der Tat war die Schönheit der Landschaft, des Mondes, des Flusses nichts weiter als die Transposition der *einzigen* Schönheit...; das Geheimnisvolle an gewissen Gesängen, die ich an Sommerabenden vernommen hatte, an gewissen Lichtverhältnissen (ich stand im Morgengrauen auf, nur um zu sehen, wie die Sonne ihr Rosa verströmt!), an gewissen, in einem idealen Ausschnitt fixierten Landstrichen, wozu mich eine lange poetische Erfahrung befähigt hatte, war nichts weiter als eine Form des *einzigen* Geheimnisvollen... Nun, da ich teilweise auf der anderen Seite stand, nun, da ich zumindest einen Blick hinter die Grenzen jener Schönheit und jenes Geheimnisses geworfen hatte, begann die Natur rückwärtszugehen, sich in ihre reine Funktionalität einzuschließen. Dieser Zersetzungsprozeß dauerte lange; erst jetzt, im Sommer '47, spüre ich den Zauber der natürlichen Welt nur noch kalt, aber damals, in der Krise, begannen die Schönheiten um mich herum – sie waren bescheiden, wahrhaftig, aber für mich, der ich sie entdeckt hatte, sogar unbezahlbar – ein körperlicheres, aufdringlicheres, unreineres Licht auszustrahlen. Auch die *menschliche* (für mich: griechische) Schönheit der Knabenkörper war irgendwie natürlicher geworden, mit dem Ergebnis, daß sie meine Begierden wirklichkeitsnäher und gebieterischer machte; denn der berühmte Verlust meiner Einsamkeit, also kurz: meine wunderbare Erfahrung, hatte mir keinerlei Erleichterung gebracht. Die Notwendigkeiten der Liebe waren nun weniger schmerzlich, weniger verzweifelt, aber direkter:

ich kannte den Geschmack des Getränks und sündigte naschhaft. [...]

Jene Einsamkeit war, da meine Intelligenz leicht über die wehrlose Pina und meine anderen Freunde triumphierte, besonders geeignet, mich schlechter zu machen. Es ist klar, daß die Verschlechterung nur marginal war; aber noch heute erröte und ärgere ich mich bei dem Gedanken an jenen Sieg der Umstände über mich... Muß ich es überhaupt noch sagen, daß als Ergebnis all dessen mittelmäßige Verse in Hochsprache herauskamen, mittelmäßig gerade als Sprache, obgleich der Zustand innerer, absoluter Individuation meiner selbst mir doch so viele Garantien dafür bot, viel mehr als mittelmäßig zu sein? Ich schrieb, das ist wahr, einige gute Verse auf friaulisch, aber vermischt mit der übermäßigen, ausufernden Hervorbringung eines Friaulischen, das zu sehr zur Rührung neigte.« (*Rote Hefte*, 1947)

Auch Pina und ihre Angehörigen haben eine Notunterkunft in Versuta gefunden und schicken sich gemeinsam mit den Freunden Pasolini an, die unvorhersehbaren, vielleicht unendlichen Gefahren der letzten Phase des Krieges zu bestehen und sich dabei gegenseitig zu trösten.

»Die Wiederherstellung meiner Reinheit geschah plötzlich: In Versuta gab es etwa zwanzig Jungen, die wegen der Gefahren nicht die Schule in San Giovanni besuchen konnten. Ich und meine Mutter wurden ihre Lehrer; mit welchem Zittern, mit welch *realem* Interesse packte ich dieses Vorhaben an. Ich entsinne mich der ersten Schulstunden so im Zeichen einer [*freigelassene Stelle*] Jungfräulichkeit, während ich schlau mit der Begeisterung spielte und aus der Aufregung so etwas wie eine rhetorische Figur machte, die dazu dienen sollte, meine Rede mit Pausen zu [*freigelassene Stelle*], mit Verschweigungen, mit heimlichen Ausrufezeichen – lauter Säften, die schließlich einen gedachten Skandalton zum Gären brachten, welcher die Neugier anregte. Meine Spannung teilte sich den Schülern mit, die zum ersten Mal den zweideutigen Geschmack der Ironie kosteten und mit ihr die zwingende Sicherheit der klar umrissenen Tatsachen. Sie waren mit solcher Leidenschaft bei der Sache, daß unsere Schule keine Schule mehr war, sondern eine Art Künstlerkreis, in dem ich meine besten, rein gebliebenen Energien gab. Ich begann bei der Vorgeschichte: Ich dachte an Vico, und sie an gewisse ideale Märchen; so waren wir uns einig, von einer gleichen Glut erfaßt. Ich unterstrich mit berechnender, aber alles andere als kalter List die unbedeutenden Einzelheiten, ließ die wesentlichen Daten in die Leere einer verblüffenden Gleichgültigkeit fallen, spielte mit ihrer Aufmerksamkeit, enttäuschte sie, entmutigte sie, um sie an einem noch jungfräulichen Punkt ihres Interesses zu treffen. Kurz, ich gestaltete meinen Unterricht beinahe dramatisch, gab manchmal sogar ungerechte schlechte Laune vor, unter der ich unversehrt die [*freigelassene Stelle*] Lustigkeit weiterschäumen ließ, mit der ich mich zu ihnen in Beziehung setzte. Sogar die trockenen Grammatikstunden waren zu einem Spiel voll jener Gegensätze (der Gute und der Böse, der Sieger und der Besiegte) geworden, von dem die Kinder mit ihrem abenteuerlichen Wesen niemals abließen, nicht einmal wenn sie aßen oder sich wuschen.

Schule hielt ich, wie schon gesagt, in unserem einzigen Zimmer, wo man sich rund um den Schreibtisch und zwei kleine Tische drängte; die Schüler waren acht oder neun, dann kam Gianni dazu. […]

Es war, wie ich schon sagte, eine große Zerstreuung für mich und wurde schließlich eine Freude. Ich glaube nicht, daß ich mich je den anderen mit so viel Hingabe gewidmet habe wie jenen Knaben (die übrigens sehr dankbar dafür waren) während des Italienisch- und Geschichtsunterrichts… Ich machte sie mit einer Art Jargon, einer Art ›Clan‹ vertraut, der aus poetischen Enthüllungen und aus moralischen Lehren bestand (allerdings etwas zu vorurteilslosen): zuletzt unterhielt ich mich sogar beim Erklären der Grammatik königlich! Man stelle sich erst die beiderseitige Begeisterung bei der Lektüre von Gedichten vor: ich wagte es, ihnen Verse von Ungaretti, Montale, Betocchi beizubringen (und sie verstanden sie bestens).« (*Rote Hefte*, 1947)

Die Schule in Versuta und die Erneuerung des bäuerlichen Geheimnisses durch einen direkteren Kontakt, die pädagogische Leidenschaft für die Jungen, die bei zweien von ihnen in Liebesleidenschaft übergeht – Metamorphosen einer grausameren Süße: Dies sind die Themen anderer Geschichten, die auf den handgeschriebenen Seiten der *Roten Hefte* gefühlvoll und ineinander verschlungen erzählt werden und später »mit größerer Erfindungsfreiheit« in die Seiten von *Unkeusche Handlungen* einfließen.

Während auch die intimen Dinge sich im Milieu von Versuta im Rhythmus des dörflichen Lebens allmählich entwickeln, wird die Freundschaft mit Pina von den üblichen Ungewißheiten und von Ablehnungen gebremst, die auf sich beruhen bleiben. Pina wohnt in einem Haus in der Nähe, auf der anderen Seite der Viersa. Auch ihre Person wird ständig in *Unkeusche Handlungen* und mit bedeutungsvolleren Implikationen im Tagebuch dargestellt.

»In Versuta, einer winzigen, zwischen den Feldern verlorenen Ortschaft, war ich in eine unmenschliche Verfassung gekommen; die Einsamkeit, der Stolz, das Grauen vor dem Tod waren ein Überbau, der mich veränderte und schlechter machte. Deshalb habe ich Pina mehr als nötig leiden lassen. Außerdem muß ich den kürzlichen Verlust meiner Jungfräulichkeit eines Heranwachsenden hinzufügen, der mir viel von meiner Treuherzigkeit und von meinem Wunsch nach Güte genommen hatte. Ich entsinne mich mancher schrecklicher Abende, an denen jeder noch so geringe Gegenstand in eine Grabesstimmung getaucht zu sein schien. Es war Winter. Der halbgetaute Schnee gefror nachts und umschloß alles mit einem brüchigen Kleid aus Glas. Wenn der letzte Alarm vorbei war, aß man zu Abend, entsetzt bei dem Gedanken, daß in Kürze die ersten Geräusche der nächtlichen Flugzeuge zu hören sein würden. Gleich nach dem

Abendessen verließ ich das einzige Zimmer, das ich mit meiner Mutter bewohnte, um in die Küche hinunterzugehen, zu den Hausleuten, den anderen Evakuierten und ein paar Nachbarn. Die Frauen spannen. Es entstand eine verderbte und schwüle Atmosphäre, in der die Angst vor dem Tod sich mit dem banalsten Geschwätz, mit zuweilen offen obszönen Reden mischte. Tage um Tage zu leben, ohne sich je wegzubewegen, hatte uns alle schlechter werden lassen, und die natürlichen kleinen ehrgeizigen Regungen waren erbärmlich geworden. Oft kam Pina, die kaum hundert Meter entfernt wohnte, uns besuchen und brachte die Geige mit. Eines Abends stieg ich, obwohl ich sie doch gern hatte, früher als sonst in die Küche hinunter, da ich ihren Besuch vorhersah, und setzte mich mit den anderen um die Feuerstelle. Ich blieb in einer Ecke, die ein wenig im Schatten lag, und hielt Gianni auf den Knien. Ich sprach und scherzte mit ihm, der an jenem Abend weniger wild war als sonst. Er antwortete auf meine Scherze und starrte mich aus seinen zwei dunkelblauen Seen gleichen Augen an. Sie kam, und ich verfolgte Schritt für Schritt, Wort für Wort, wie sie sich im oberen Zimmer mit meiner Mutter unterhielt. Ich spürte das Eis ihres Fleisches, ihre Verzweiflung, den Schatten, in den sie sich stürzen, in dem sie sich ertrinken fühlte. Ganz genau stellte ich mir ihre befangenen Gesten vor, die übermäßige Weisheit in ihrem Reden, das umsonst für einen nicht vorhandenen Zeugen versuchte Lächeln. Dennoch war ich zu sehr an Gianni gebunden und tat, als hätte ich sie nicht bemerkt. Gianni war wundervoll, mit vom Herdfeuer geröteten Wangen, und Augen, die mich *bewußt* ansahen. An jenem Abend hatte ich mit ihm ein Spiel erfunden, das darin bestand, uns in die Augen zu schauen, ohne zu lächeln. Ich war ganz von den Sinnen erfaßt. Und da vernahm ich auf einmal ein, zwei Akkorde der Chaconne, sie waren aus der 14. Variation, klagend, quälend, einer menschlichen Stimme gleich. Pina rief mich. Ich fuhr fort, dem Jungen in die Augen zu sehen und ihn an meine Brust zu drücken. […] Auch wenn sie spielte, fühlte sich Pina nicht frei von mir; es bedarf einer gewissen *Grausamkeit*, diese Behauptung aufzustellen, wenn ich bedenke, daß sie glaubte, sie finde in der Musik ihre Einsamkeit und ihre Unabhängigkeit. Ich verhielt mich ihr gegenüber, wie bestimmte Gefährten aus meiner Kindheit sich mir gegenüber verhielten, indem sie mich unter ihrer Grausamkeit leiden ließen, durch gewisse ›Pausen‹ außerhalb meines Lebens, in denen ich sie mit Verwandten von ihnen, die mich einschüchterten, ein Vesperbrot essen oder lachen sah, lauter Dinge, um derentwillen sie gelangweilt oder zerstreut das Geheimnis bewahrten. Doch ich war zu beschäftigt mit der Schwierigkeit, Stunde um Stunde zu leben, mit den bedrohlichen Unsicherheiten meiner Existenz. (Ich habe mich gefragt – sehr selten –, wie ich mein Verhalten vom Standpunkt der Kirche her beurteilen könnte. Es ist sofort klar, daß ich der Frage auf den Grund gehen müßte, bis zum Elementarsten; und dort würde ich sofort meine Sympathie für das Christentum des heiligen Augustinus erklären und ohne viele Bedenken den Katholizismus der Gegenreformation und den Thomismus überspringen… In einer mystischen Nacktheit, jener Nacktheit der Seele, die Entsetzen auslöst, könnte ich vielleicht eine Möglichkeit finden, mich zu rechtfertigen: ich *mußte* sündigen, das heißt, den Weg des Christen rückwärts gehen. Man weiß, daß der normale Bekehrte einen Punkt zu überwinden hat: den Zustand der Schuld. Ich hätte zwei, um von einer erzwungenen Unschuld zu einer freiwilligen Unschuld zu gelangen. Das kann schon entmutigen.) Doch Pina hätte mir meine Grausamkeit bestimmt verziehen, wenn sie den Unterschied zwischen ihrem Zustand (in dem sie *mich* sah, *mich* hörte, mit *mir* sprach) und meinem Zustand hätte ermessen können; mein Zustand war der absoluter Entbehrung, in dem ein treuloser Zufall mir ab und zu ein [*unleserlich*] Gespenst in die Arme warf.« (*Rote Hefte*, 1947)

DER PARTISAN ERMES
1945

Am ersten Januar schreibt Guido an die Mutter seinen letzten Brief unter dem Decknamen ›Amelia‹.

»Mach Dir nicht zu viele Gedanken um mich: ich bin auf bestmögliche Weise versorgt! Um Dir eine Vorstellung davon zu vermitteln: An Weihnachten (das ich sehr gut verbracht habe, abgesehen von bestimmten unabweislichen ›sentimentalen‹ Anwandlungen) habe ich 2 köstliche Kuchen bekommen (außer einem ausgezeichneten Festessen); nachmittags um fünf Tee mit Brotschnitten mit Butter und Marmelade; nach dem Abendessen einen ausgezeichneten Kaffee ... Auf die gleiche Weise verbringe ich gerade Neujahr.

Wie Du siehst, wäre ich für viele beneidenswert. Ich warte ungeduldig auf einen Schrieb von Pier Paolo ... Vergiß nicht, mir in jedem Deiner Briefe ein Gedicht von ihm abzuschreiben.«

Am 12. Februar stirbt er in Navacuzzi (Prepotto) in der Provinz Udine in einem »Kampf gegen irreguläre Streitkräfte«.

Pier Paolo beschreibt sein Ende:

»Im Januar '45 war er mit Bolla und Enea in Porzùs, wo sich die Osopper nach der katastrophalen Razzia im November allmählich reorganisierten. An dem Tag, an dem Bolla und Enea umgebracht wurden, befand er sich in Musi mit dem Freund D'Orlandi wegen irgendeiner Mission; und sie waren gerade zusammen auf dem Rückweg nach Porzùs. Da warnten einige ihrer Gefährten (die, in einer Alm weiter unten ausgelagert, den Verrat bemerkt und den Rückzug angetreten hatten) die beiden Jungen vor der Gefahr. Doch sie wollten nichts davon hören, umzukehren und rannten vielmehr eiligst nach Porzùs, um den Freunden Hilfe zu bringen! [...] Oft denke ich an das Stück Weg zwischen Musi und Porzùs, das mein Bruder an jenem grauenvollen Tag entlanglief; und meine Vorstellung wird zum Leuchten gebracht von ich weiß nicht welchem blendenden Schneeweiß, welcher Reinheit des Himmels. Und Guidos Gestalt ist so lebendig.«

Guido und seine Gefährten sind von italienischen Partisanen mit Beihilfe der Slowenen getötet worden. Nach dem Versuch, die Reste der von den Razzien dezimierten Division Osoppo in der Division Garibaldi aufgehen zu lassen, haben diese kommunistischen Partisanen beschlossen, den Widerstand der Osopper gegen das Vorhaben, die friaulischen Gebiete an Slowenien anzuschließen, auf diese Weise zu brechen.

Guidos Schicksal wird erst viele Wochen nach Kriegsende bekannt, als allmählich erste ungenaue Nachrichten über die Vorfälle, die noch in widerstrebendes Schweigen gehüllt sind, durchsickern.

Susanna, die den ganzen Winter über im Morgengrauen erwacht, hört eine Meise zwitschern und träumt, dieser Vogelgesang bringe ihr die Botschaft von der bevorstehenden Heimkehr des Sohnes.

Am 18. Februar wird in Versuta die *Academiuta di lenga furlana* gegründet. Ihre Mitglieder sind die Freunde Cesare Bortotto, Pina Kalč und Rico De Rocco, dazu eine Gruppe Schüler, von denen einige die kleine Schule in Casarsa besucht hatten: Bruno Bruni, Ovidio und Ermes Colussi, Fedele Ghirart, Nico Naldini.

Wahrzeichen ist ein Büschel ›ardilut‹ [Feldsalat] mit dem Motto »O cristian furlanut / plen di vecia salut« [etwa: O friaulischer Christ / voll des alten Heils]. Als Dichtersprache wird das Westfriaulische verwendet, mit einer Schreibweise, die an der von der schriftlichen Tradition kodifizierten Veränderungen anbringt. Als Contini im folgenden davon abrät, wird sie sofort verworfen.

»Uneingeschränkte Friulanität, romanische Tradition, Einfluß der zeitgenössischen Literaturen, Freiheit, Phantasie« sind einige der ästhetischen Ansätze des Casarseser *félibrisme* [Literarische Bewegung zur Pflege der provençalischen Dialekte im 19. Jahrhundert, Anm. d. Ü.]. Die Zusammenkünfte finden jeden Sonntagnachmittag in dem Zimmerchen in Versuta statt, und jedes der Akademiemitglieder liest seine neuen Gedichte vor; Pina spielt Geige und Pier Paolo liest Verse aus einem Poem in Oktaven, *Il Tancredi*, einem der vielen unveröffentlichten Werke, die in der bekannten Truhe verschwanden.

»Doch welche entzückenden Sonntage verbrachten wir in jenem Winter und Frühling dank der friaulischen Poesie und der Musik von Pina. Ich und mein Cousin Nico entsinnen uns ihrer, hoffe ich, als der schönsten, die wir je erlebt haben (obgleich dabei jedesmal mindestens ›gut gezählt sechs Lebensgefahren, die drohten und Stunde um Stunde eintreten konnten‹, auszumachen waren). Man versammelte sich in meinem Zimmer, oder in dem kleinen Raum hinter der Küche der Cicuto, wo unsere Freunde beherbergt waren, oder zuletzt in dem Häuschen, in dem ich Schule hielt. Niemand kann mich nun davon abbringen, daß dies unser Decamerone gewesen ist oder, konkreter, der [*unleserlich*] meiner damaligen inneren Einsiedelei, in die wir uns zu flüchten verstanden und wohin nicht einmal ein Echo jener entsetzlichen Explosionen drang, die Tag und Nacht die Erde erschütterten. Wir diskutierten über Musik, über Dichtung; aber mit größter Heiterkeit, mit viel Gelächter, mit vielen Unterbrechungen, in denen wir über unsere gemeinsamen bürgerlichen Freunde aus Casarsa lästerten. Sie halfen uns sehr, mir und Pina, Zugang zu den versperrten Herzen der Bauern zu finden, die uns aufgenommen hatten: es ist seltsam, wir sprachen hauptsächlich davon. In Sachen Dichtung war ich der angenommene Führer; und es war für mich überaus süß, darüber zu sprechen, denn während mich meine Schüchternheit (die von meiner Melancholie verursacht wird) gewöhnlich schlecht sprechen läßt, besitze

Nico Naldini im Kiesbett des Tagliamento, Sommer 1946 (Photographie von PPP)

ich, wenn ich lustig bin, alle Elemente der Beredsamkeit: ich werde sogar brillant. Ich erinnere mich an unsere damaligen Dichterzusammenkünfte gern wie an eine Art Arkadien oder, mit größerer Freude, wie an eine Art wahrhaftig sehr ländlichen literarischen Salon. Man denke nur, daß an einem jener Sonntage unser friaulischer *félibrige* geboren wurde! Bei jenen Zusammenkünften war mein Cousin Nico dabei, der von der Mühle in San Giovanni herüberkam, wo er mit seiner Familie evakuiert war, und eine lange Wegstrecke nicht unbedeutenden Gefahren trotzend, langte er freudestrahlend in seinem schwarzen Mantel mit Ungaretti unter dem Arm bei uns an. Er war damals erst sechzehn Jahre alt und stand in der Blüte seiner ruhigen Frühreife: wenn er seine Gedichte vorlas (die keineswegs langweilig waren wie meistens die Gedichte von Heranwachsenden), so gehörte das zu den reinsten Augenblicken unserer Zusammenkünfte. Ovidio Colussi und sein Bruder Ermes waren dabei, die zu jenem verzweigten Geschlecht sehr katholischer ›kleiner Grundbesitzer‹ in Casarsa gehörten, zwei empfindsame, offene Jungen; De Rocco war dabei, mein alter Freund aus San Vito und gediegener Maler; und viele andere Schüler. Die Freude, mit der wir uns zusammenfanden, gab unseren Sonntagnachmittagen also ein besonderes, beinahe rührendes Gesicht; und all dies bestätigt mir noch einmal, daß ich in einem Zustand unveränderter Fröhlichkeit *leben würde* (oh, dieser Konditional!).«

Am 5. März stürzt durch einen nächtlichen Bombenangriff in Casarsa die Hälfte der Häuser ein, und auch das Haus der Colùs wird halb zerstört.

Als die schöne Jahreszeit einsetzt, zieht die kleine Schule in ein Häuschen mitten in den Feldern um.

»Es war sehr klein, und wir paßten kaum hinein; aber oft wurde der Unterricht auf die Wiese verlegt, unter zwei riesige Pinien, die der Wind umstrich. Nun erscheint mir alles aus jener Zeit vollkommen, auch die Bombenangriffe (von meiner Gegenwart beschützt, fanden die Jungen das furchtbare Kreisen der Jagdbomber unterhaltsam, begeisterten sich geradezu über die Sturzflüge, die das Land an der Wurzel erschütterten; die Brücke, Madonna di Rosa und das sehr nahe Casarsa wurden andauernd getroffen, zerstört, geschleift von den Bomben, deren Rauchschwaden den Horizont verdunkelten). Nicht einmal die Erinnerung an die Bombengeschwader, die kaum mehr als einen Kilometer von uns entfernt vor unseren Augen gleich sechsmal Casarsa bombardierten, ist mir unangenehm; wir sahen vor der Türe unserer poetischen kleinen Schule zu. Doch schon seit Januar probten wir gemeinsam eine dramatische Fabel von mir, *I fanciulli e gli elfi* [Die Knaben und die Elfen], die wir bei Kriegsende aufführen wollten (ich überlasse es einem jeden, sich ihre leidenschaftliche [*freigelassene Stelle*] vorzustellen). Gianni, Pinas Neffe, Alfredo und Cesare Spagnol waren die Knaben; Bepino, Dante Spagnol und Tonuti waren die Elfen. Ich hätte den Oger abgeben sollen.«

Pina arbeitet nach ihrer Teilnahme an den Casarseser ›spetaculùs‹ auch an der Inszenierung dieses Kindertheaters mit; und die Erinnerung daran ruft weitere hervor und führt zu einem erneuten Versuch, in den *Roten Heften* ihre Gefühlsbeziehung zu beschreiben:

»Sie war sehr klug und erfahren, bewahrte sich aber die Seele (oder den Körper?) eines Mädchens. Inzwischen hatte alles, was sie tat, um in mein Leben einzutreten, die gewöhnlichen Maße von vernünftig oder unvernünftig, von naiv und von hintersinnig verloren. Eines Abends überreichte sie mir einen Brief, in dem sie ihre Liebe erklärte. Es war kein üblicher Liebesbrief. Sie hatte von mir durch die vielen Gedichte, die wir zusammen lasen, eine Art literarisches Italienisch gelernt, sie sprach von mir, von meinem Körper, wie ich von einem Knaben gesprochen hätte, der mich bewegte. Sie sprach von meiner Stirn ... Ich beantwortete jenen Brief nicht, aus diesem Grund: ich stellte mir vor, sie wüßte, wie zwecklos jener Brief gewesen sei, und betrachtete ihn daher, wie ich es tat, als eine beliebige Art, sich zu trösten. Aber ›zwecklos‹ in zweifacher Hinsicht: Erstens weil mir die Liebe, die sie mir erklärte, schon bekannt war; zweitens weil ich sie niemals hätte erwidern können. Sie litt entsetzlich, nicht nur, weil ich ihr nicht geantwortet hatte, sondern weil ich mich verhalten hatte, als hätte ich ihn nie bekommen. Dennoch ist sicher: daß sie es weder bereute noch [*freigelassene Stelle*], mir jene Seiten ausgehändigt zu haben. Es war eine Geste wie all die anderen, die sie mir gegenüber machte: eine Geste, die sogleich von einem Wind erfaßt und verweht, hinter uns gelassen wurde.«

Andere Seiten der *Roten Hefte* drehen sich um die ersten Monate des Jahres 1945:

»Ich lebte in einer ständigen Gefahr, das Leben zu verlieren; mehrere Monate lang erschien es sogar *sicher*, daß es nur eine absurde Hoffnung war, lebend aus jenem Inferno herauszukommen. Das gab mir ein ständiges Gefühl *für meine Leiche*, was sich gewiß nicht wohltuend auf den Ablauf meines Innen-

lebens auswirkte – es war zum Stillstand gekommen. Zu genau dieser Zeit hatte ich auch das Gefühl jener ›Grenze‹, jenseits derer nicht mehr ich da war, sondern ein anderer. Derart tief war meine religiöse Krise (nicht so naiv wie die pascolianische und ästhetische von '43) daß sie mich dazu führte, hic et nunc einzusehen, wie die Existentialisten sagen, daß ich in jenen Monaten sozusagen die Bedeutung des Wortes ›mystisch‹ wiedergefunden hatte. Dies wird besser begreiflich, wenn man beachtet, in welch realer Einsamkeit ich lebte, denn meine Gedanken konnten keine beliebige Auflösung finden, sie häuften sich aufeinander und bildeten eine Art Humus, in dem ich das Gefühl für das Wirkliche verlor, das Maß und Ergebung (und auch Scheinheiligkeit) ist. Ich war übertrieben in allem. [...]
Es war eine echte Krankheit meines Geistes; aber der Geist wurde dadurch außerordentlich geschärft. Ich verbrachte Stunden vor einem Blatt oder einer Hand, um *sie zu verstehen,* das heißt, um die Grenze oder die Naht zu überwinden, wo ich endete und der andere begann: das Blatt, der Baumstamm. Ich dachte nicht direkt an Gott, sondern an den Anderen, etwas für mich sehr viel Wichtigeres. Mit der Entdeckung dieser neuen Dimension glaubte ich schließlich an Wunder und Prophezeiung.«

Das Ende des Krieges verstärkt die Angst um Guido, von dem seit vielen Wochen jede Nachricht fehlt; und wie durch eine Doppelbödigkeit des Lebens fällt in jene Zeit auch das Glück der Liebe zu dem zweiten Jungen aus Versuta.

»Ich habe beschlossen, heute über die glücklichste Zeit meines Lebens zu schreiben; sie verschwimmt, in meiner einsamen Erinnerung, mit dem unschuldigen Mondschein, in den die Felder von Versuta bis San Giovanni getaucht waren. Diese Erinnerung ist die verzerrteste meiner ganzen Geschichte mit T., ich weiß nicht mehr, ob jene Spaziergänge vor dem Mai stattfanden (so viel Glückseligkeit stellten sich logischerweise die Schrecken des Krieges entgegen, der seinen Höhepunkt erreicht hatte) oder nach dem Mai (dann wäre jene Glückseligkeit mit Guidos Tod unvereinbar). Ich weiß nicht mehr, ob sie sich oftmals wiederholten oder nicht mehr als drei- bis viermal; ich bin mir nicht klar, ob T. schon mein geworden war oder noch nicht... Jene Spaziergänge, die wir eng umschlungen bis zu den ersten Häusern von San Giovanni unternahmen (T. lehnte seinen Kopf an meine Schulter), stellen für mich das Symbol einer Glückseligkeit ohne Vollkommenheit dar, welche gerade deshalb um so begeisternder ist.« (*Rote Hefte*, 1947)

Ende Mai kommt die offizielle Nachricht von Guidos Tod, während sofort ein historischer Streit um das »Blutbad von Porzùs« einsetzt, der sich dann mit zwei Prozessen, einem in Brescia, einem in Lucca, in die Gerichtssäle verlagert, wo die Mörder schuldig gesprochen werden.

Susanna und Pier Paolo bleiben einige Tage zu Hause; das ganze Dorf lebt ihren Schmerz mit, und alle Familien schicken ihre Kinder, um Taschen voll Lebensmittel und andere Gaben zu bringen. Guido wird am 21. Juni in Casarsa begraben.

Nach einigen Tagen Trauer nehmen Susanna und Pier Paolo den Unterricht mit den Schülern wieder auf, und auf der Wiese vor dem Häuschen gehen die Proben für die Aufführung von *Die Knaben und die Elfen* weiter. Zwei Jahre später schreibt er in den *Roten Heften*:

»Ich wage es gewiß nicht, von unserer Trauer damals zu sprechen, vor der ich noch immer eine unüberwindliche Schwierigkeit wie vor etwas Unfaßlichem empfinde. Dennoch fuhren wir, wie es so geht – obgleich es absurd und grausam erscheint –, fort, unsere Schüler aus Versuta zu unterrichten, was eine Ablenkung bedeutete. Ich liebte jene Jungen sehr, die mich auch ihrerseits leidenschaftlich ins Herz geschlossen hatten.«

Unter Pinas Leitung reorganisiert sich auch der alte Knabenchor von Casarsa, da die bevorstehende Aufführung in zwei Teile gegliedert werden soll: den Chor von Casarsa und das Theaterstück der Jungen aus Versuta.

Es werden die Bühnenbilder, die Kostüme, die Masken entworfen, und im Juli findet zuerst eine Premiere im kleinen Theater des Kindergartens in Casarsa statt, das zwischen den Trümmern der anderen Häuser erhalten geblieben ist, dann eine Aufführung in San Giovanni. Die zweite Vorstellung ist schwieriger als die erste, weil es Pier Paolo kaum gelingt, Pina zurückzuhalten, die so schnell wie möglich abreisen möchte, nachdem sie ein Angebot erhalten hat, in Jugoslawien zu arbeiten:

»Sie wollte sich von jenem Hindernis freimachen, das ich in ihrem Leben darstellte, von jenem Wundbrand, der, in meinem Körper, ich weiß nicht, in meinen Augen entstanden, langsam auf die ganze Landschaft und auf alle Leute von Versuta übergegriffen hatte.«

Seit Pier Paolos neue Liebe unter Pinas Augen stattfindet, gibt es keinen Aufschub, keine Zerstreuungen mehr, die ihre Beziehung erträglich machen können.

»Ich war so gewöhnt, mich zu hassen, daß zwischen meinem Selbsthaß und meinem Selbstmitleid kein Zeitunterschied mehr bestand: sie fielen zusammen. Was ich natürlich herausstellte, war meine Unschuld (eine allgemeine, diffuse Unschuld, die mir aus der Zeit der Jungfräulichkeit oder, besser gesagt, der Adoleszenz geblieben war), während ich das *Verdorbene* verbarg. (Nur die Frauen riechen diese Verdorbenheit und lassen sich nicht weiter rühren von meinem kindlichen Charme...) [...]

Die Unwissenheit von Pina, die doch sonst so erfahren und ›zivilisiert‹ war, über den wirklichen Stand meiner [*freigelassene Stelle*], rief in mir unerwartet Gefühle, Befürchtungen, Vorurteile wieder wach, die ich in mir schon ganz verschwunden glaubte. Ich fand den Sinn des Wortes ›Korruption‹ wieder; ich konnte noch einmal die Zukunft überdenken, die mich und jenen Jungen vermutlich erwartete. Ich war schrecklich beunruhigt darüber. Bisher rechtfertigte ich mich, indem ich mir sagte, daß meine Sünde in mir war, bevor ich geboren wurde, daß es ungerecht war, daß ich das Leben *allein* verbringen sollte... Doch von jenem Moment an schienen mir diese beiden Argumente nicht mehr ausreichend, weil sie nicht auch

T.s Leben betrafen. Ich bin nicht der einzige lebende Mensch auf der Welt. Dann wurde T. krank, und das bestürzte mich so sehr, daß mich zum ersten Mal nach vielen Jahren die Gottesfurcht packte. […]
Erst als ich T. krank sah, dachte ich unerbittlich an die Gegenwart Gottes. Ich sah, wie die Dinge mit so viel Präzision und Folgerichtigkeit in eine vorbestimmte Bahn gelenkt wurden, daß ich keinerlei Zweifel hegte, dies sei einer göttlichen Überwachung zu verdanken. Es war weder Güte noch Gerechtigkeit, es war reine Fatalität, Konsequenz. T. mußte von der unglaublichen [?] Schuld befreit werden, in die er, so gesund und gläubig, durch meine Leidenschaft mit hineingezogen wurde. Und Gott befreite ihn, indem er ihn sterben ließ, ihn mir fortnahm, aber ohne sich darüber zu freuen. […]
Ich verhielt mich Pina gegenüber wie die Gestalt eines Dramas, die ihre Zukunft schon kennt. […]
Eines Tages, als sie schon alles wußte, ging sie so weit, mir vorzuschlagen, sie wolle mein Schutzschild gegen das Gerede der Leute werden. Ein absoluteres Opfer kann man sich unmöglich vorstellen. Wäre ich scheinheiliger gewesen, hätte ich nicht die Tränen zurückgehalten, die mir bei diesem Vorschlag in den Augen glänzten. Aber auch in diesem Fall ließ ich zu, daß sie es sich vorstellte.«
Pina reist Ende Juli ab, und kurz darauf folgen ihr ihre Verwandten. Im August erscheint die erste Nummer von *Il Stroligùt*, der mit der Numerierung von vorn beginnt, um sich von den beiden vorhergehenden *Stroligùt di cà da l'aga* zu unterscheiden. Sie ist der Auftakt der Publikationen nach den neuen Richtlinien der *Academiuta di lenga furlana*, die am Anfang dieses Heftes bekanntgegeben werden. Außer Gedichten und Prosastücken der üblichen Mitarbeiter erscheinen friaulische Übersetzungen von Tommaseo, Wordsworth, Verlaine, Jiménez.
Zur gleichen Zeit kommt der Gedichtband *Poesie* [dt.: *Wie eine Viole in Casarsa*] heraus, mit dem die Reihe der ›Tagebücher‹ mit italienischen Versen beginnt; ein Büchlein – wie die

Zeitschrift und die folgenden Bändchen auf Kosten des Autors gedruckt – in einer Auflage von 105 Exemplaren, von denen keines im Handel ist, dazu weitere zwanzig Exemplare für die engsten Freunde, bei denen im Anhang drei Liebesgedichte an den Jungen aus Versuta hinzugefügt sind.

Im September ist Pasolini in Bologna, zu Gast bei Serra, um die letzten Prüfungen an der Universität abzulegen; am 26. November erhält er nach der Diskussion seiner Doktorarbeit über Pascoli, *Antologia della lirica pascoliana: introduzione e commenti* [Anthologie der Lyrik Pascolis: Einführung und Kommentar], die Doktorwürde »magna cum laude«.

In Bologna trifft er Carlo Alberto, der aus der Gefangenschaft in Kenia zurückkommt, und gemeinsam fahren sie im Anschluß an das Doktorexamen nach Versuta zurück. Der alte Pasolini – »Tyrann, der keine Macht mehr hat« – schließt seine Frau wieder in die Arme und paßt sich dem Leben in der neuen Situation an, indem er das Gefangenenlager mit Versuta vertauscht, das er nur als weiteres Gefängnis betrachten kann. Seine Gesundheit ist von den vielen Jahren Haft und dem während der Gefangenschaft getrunkenen gepanschten Alkohol angegriffen, die Widrigkeiten des Krieges, der Schmerz um Guidos Tod haben ihn gebeugt und ein Stück weit resignieren lassen.

Gleich nach seiner Ankunft zieht die Familie Pasolini in die zuvor von Pina und ihren Verwandten bewohnten Zimmer um, um dort den Wiederaufbau des Hauses in Casarsa abzuwarten, der sich zwei Jahre lang hinzieht.

Die bäuerliche Welt der Nachkriegszeit ist noch genau so wie vor hundert oder zweihundert Jahren, die neuen Zeiten haben nur einige oberflächliche Veränderungen gebracht. Jedes Dorf hat seinen Tanzboden, wo Boogie-Woogie, langsamer Walzer nach englischer Art getanzt wird, und die jungen Leute ziehen von einer Kirchweih zur anderen, als wollten sie die verlorene Zeit wettmachen. Für abendliche Streifzüge bilden sich kleine Gruppen, die sich mit anderen Gruppen treffen in einem Reigen sonntäglicher Glückseligkeit. Die Gruppe aus Versuta, bestehend aus einigen großgewordenen Schülern und anderen jungen Männern des Ortes, zieht nie ohne Pier Paolo los. Sie fahren mit dem Fahrrad nach San Giovanni, doch dann dringen sie auch in entlegenere Orte vor, bis nach San Vito, Ligugnana, Gleris, Ramuscello hinunter; oder hinauf nach Castiòns, Arzene, Domanìns. Der »kollektive einheimische Eros« ist überall gegenwärtig, alle sind festlich gestimmt und spät nachts betrunken während der Heimkehr auf den eisigen Straßen.

Die abendlichen Ausflüge werden manchmal bis nach Udine ausgedehnt, um die ersten neorealistischen Filme zu sehen, und *Rom, offene Stadt* war »ein echtes Trauma, an das ich noch heute mit Rührung zurückdenke«.

Anfang Herbst beginnen im Rathaussaal von Casarsa die Proben für ein Theaterstück auf friaulisch, *La morteana*, das wegen verschiedener technischer Schwierigkeiten dann nicht aufgeführt wird.

Am 30. Oktober tritt Pier Paolo dem »Verein für friaulische Autonomie« bei:

> »Mit der Gründung dieser Region an den Grenzen zu Österreich und Jugoslawien würden die Grenzen gestärkt, nicht etwa geschwächt. Es ist ja in der Tat nicht zu übersehen, daß ein ethnisch und sprachlich stärkeres Friaul (wenn seine Würde anerkannt und praktisch bestätigt würde) sehr viel stabiler, friaulischer und somit italienischer wäre als ein anonymes, umherirrendes, von Venetien angegriffenes Friaul ohne Bewußtsein. [...] Nichts ist besser, als der schleichenden slawischen Ausbreitung eine selbstbewußte friaulische Region entgegenzusetzen, die von der ihr zu Recht wegen ihrer eindeutig verschiedenen Sprache, Gebräuche und Wirtschaft verliehenen Würde entflammt ist.«

Bei Kriegsende wird der Briefwechsel mit den Freunden aus Bologna wiederaufgenommen: Serra, Farolfi, Silvana Mauri; und hinzu kommt die Korrespondenz mit einigen friaulischen Schriftstellern, dem Görzer Dichter Franco De Gironcoli, dem Udineser Mario Argante, dem Philologen Gianfranco D'Aronco und dem gleichaltrigen Sergio Maldini, der Erzählungen und Romane verfaßt.

Silvana ist nach Mailand umgezogen, wo sie im Verlag ihres Onkels Valentino Bompiani arbeitet. Von Silvana gedrängt, interessiert Bompiani sich für Pasolinis Werk in Versen, und am Jahresende schickt Pier Paolo ihm das neue Manuskript der *Poesie a Casarsa*, »korrigiert und verdoppelt«.

Zu Beginn des neuen Schuljahres schreiben sich einige Schüler aus Versuta in den öffentlichen Schulen ein, doch die meisten beenden ihre Schulzeit, um auf dem Feld zu arbeiten, mit einer großen Sehnsucht nach dem Freundschaftsbund mit ihrem Lehrer. Tonuti Spagnol erinnert sich:

»Wir waren noch Buben, als der Krieg die Grenzen des Friaul in Flammen aufgehen ließ und die Schulen leerstanden wegen der Bombenangriffe. Pasolini, auch er evakuiert bei jenen ländlichen Familien in Versuta, sammelte uns in einer kleinen, vergessenen und im Grün versteckten Bauernhütte, die als Schulzimmer diente. Ohne jeden Komfort unterrichtet er uns auf weise Art, mit Hilfe seiner Mutter, nicht nur wie ein Lehrer, sondern wie ein Freund, der uns vor dem Schicksal der Unwissenheit bewahren will. Stets werden wir uns an ihn in den Feldern von Versuta oder in jenem wilden, zu einem Hort der Kultur umfunktionierten Klassenzimmer erinnern.«[71]

AMOR DE LONH
1946

Im Januar erscheint im Rahmen der Edizioni dell'Academiuta das Bändchen *I Diarii* [Tagebücher]. Montale wählt einen Text daraus aus und veröffentlicht ihn noch einmal in der Florentiner Zeitung *Mondo*, während das Warten auf eine Antwort des Verlags Bompiani wegen der *Poesie a Casarsa* sich hinzieht, bis eine unausgesprochene Ablehnung daraus wird.

Im selben Monat schreibt Pasolini an Contini, ob er die alte Rezension über *Poesie a Casarsa* wiederveröffentlichen darf. Sie erscheint in der Nummer 2 des *Stroligùt* mit einer Anmerkung: »Dieser Text, erschienen im ›Corriere del Ticino‹ am 24. April 1943, wird hier ungekürzt abgedruckt; doch mehr als für die Zeilen, die sich um die *Poesie a Casarsa* drehen, hätten wir gern, daß sich die Friauler für die überzeugenden Ausführungen zur Vorgeschichte und eventuellen Geschichte einer uns eigenen Literatur interessieren.«

In einem Aufruf »An den friaulischen Leser« wird an die kleine Geschichte der Casarseser Zeitschriften erinnert, es folgt die Nachricht von der Gründung der *Academiuta* mit dem neuen Programm, die philologischen und poetischen Interessen auch auf die anderen rätoromanischen Sprachen auszudehnen, sowie die Bekräftigung der friaulischen Autonomie als »Problem, das eng mit dem poetischen verknüpft ist«. Und zuletzt: »In diesem Heft, das nicht mehr nur dem Casarseser oder dem friaulischen Leser vorbehalten ist, geben wir bekannt, daß unsere *Academiuta* nach dem Namen eines Märtyrers benannt ist, Guido Pasolini, der uns, kaum zwanzigjährig in den Bergen Julisch Venetiens umgekommen, ein Vorbild an untröstlichem Heldentum und stummer Begeisterung ist.«

Gleich nach Erscheinen des Heftes läßt Carlo Pasolini mit den Arbeiten für den Bau eines kleinen ebenerdigen Salons im Anbau des Hauses in Casarsa beginnen, der dann Sitz der *Academiuta* wird.

Im April ist Pier Paolo zum ersten Mal nach dem Krieg in Rom, zu Gast bei Gino Colussi, dem Bruder seiner Mutter. Aus Rom schreibt er an seine Mutter und an Tonuti, und die ganze Reise über sehnt er sich nach den Dingen, die er in Versuta zurückgelassen hat.

Im Mai fängt er an, die *Roten Hefte* zu schreiben.

Das erste beginnt mit einem Widmungsbrief *An Stendhal*:

»Sehr geehrter Herr, seit 1830 sind genau hundertsechzehn Jahre vergangen, ein hinlänglicher Zeitraum also, um die Geschehnisse jener Epoche in unseren Augen lächerlich erscheinen zu lassen ...«

Insgesamt drei sofort wieder ausgestrichene Seiten, die folgendermaßen enden:

»Datum und Ort, an dem diese Zeilen geschrieben wurden, sollen Ihnen mit einer Anspielung, deren tragische Bedeutung Sie nicht erfassen können, sagen, wie wenig sie wert sind und wie viel Einsamkeit sie voraussetzen. Casarsa, 20. Juni 1946 [Die Überführung von Guidos Leichnam nach Casarsa jährt sich zum erstenmal, Anm. d. Ü.].«

Die vierte Seite beginnt mit einem Titel in Großbuchstaben »PAGINE INVOLONTARIE (romanzo)« [Unfreiwillige Seiten (Roman)] und einem absichtlich unvollständig gelassenen Datum: »23. Mai 19..«.

Es folgt das Tagebuch, das die drei danach kommenden Hefte füllt (das vierte ist nur auf den ersten vier Seiten beschrieben), datiert vom Mai 1946 bis zum 8. August 1947: »Tagebuch, das ich *gegen meinen Willen* schreibe (wäre dies, nicht anderes die Strafe Gottes).«

Am Anfang des fünften Heftes steht wieder ein Titel in Großbuchstaben: »Il ROMANZO DI NARCISO – terza parte – CON ALCINA« [Der Roman von Narziß – dritter Teil – mit Alcina] und das Datum »7. Oktober 1947«. Diese fünf Hefte sind, und sei es auch mit manchen Verschleierungen – die Bezeichnung als Roman, die zuweilen abgekürzten Namen von Orten und Personen –, das Gefühlstagebuch Pasolinis in den Jahren '46 und '47, mit Rückbesinnungen auf die Kindheit, die ersten Jahre in Casarsa, den Krieg, die Evakuierung nach Versuta und den Tod des Bruders. Die meisten Seiten halten die Realität des Augenblicks fest:

»*24. Mai 1946.* Mittagsläuten. Die tiefhängenden grauen Wolken entsenden schwache Blitze. Wie oft in meinem Leben habe ich mich in einer dieser ähnlichen Lage befunden. Der Kopf müde vom zu vielen Lesen, die Sinne erfüllt vom Küchengeruch, Himmel und Land rundum überzogen mit einem schweren, farblosen Schleier. Es ist grauenhaft: blitzartig geht mir ein Zusammenhang durch den Kopf: der Titel des Buches auf dem zerknitterten Umschlag (›Sagesse‹), der Sonntag, die Freundschaft mit einigen jungen Bauern. Aus diesen Dingen besteht mein Leben? Zum Glück ist es nicht möglich, jede Einzelheit zu erkennen oder herauszugreifen: Vieles bleibt verschwommen in dem vertraulichen Geheimnis, das wir, rasch und nur uns selbst gegenüber, ›meine Existenz‹ oder einfacher ›Ich‹ nennen. [...]

1. Juni. Welch vollkommener Tag! Ich habe meine vorübergehende Ruhe mit der Ruhe der Schöpfung verwechselt. War es kein Zufall, daß ich mich am Flußufer befand – der Fluß ohne Wasser, ein endloses, glühendes Kiesbett? Ich lag nackt auf dem Zement des Dammes. Die [*freigelassene Stelle*] Einsamkeit hatte mich langsam jeder menschlichen Norm entrissen. Ich war wahnsinnig; das ist sicher, und Geste für Geste kostete ich meinen kalkulierten Wahnsinn aus. Laut konnte ich schreien ›Feuerblumen...‹ und aufstehen, den Damm entlanggehen zwischen ozeanischen Grasflächen. Ich begann

Blumen zu pflücken. ›Da ist meine Poetik‹, dachte ich. Ich riß jedes noch so winzige Blatt von den Stielen ab, so daß einzig und allein die Blüte am oberen Ende übrig blieb. Zuerst wählte ich nur rote und violette Blumen. Dann wollte ich die felsige Vollkommenheit trüben, indem ich Gelb und Weiß dazumischte.
2. Juni. Dieser beständige Gang führt mich ins Herz, das ich von Mal zu Mal ›Gegenwart‹ nenne. Nun bin ich so tief drinnen in meinem Leben, daß ich mich auf die Zehenspitzen stellen muß, um seine Horizonte zu sehen. Nichts berührt im übrigen mehr ›dieses mein überaus gleichgültiges Ich‹ (Foscolo). Ich liebe das Leben – das reine Leben –, sonst nichts.
Kirchweih in San Giovanni, eine Menge bekannter Gesichter. Im halbleeren Casarsa, wo die Trümmer in den stürmischen Himmel ragen – absolute Langeweile ...«

Im August ist Pasolini in Macugnaga bei den Mauri zu Gast, die um seine Anwesenheit gebeten haben, damit er die Stimmungszustände seines Freundes Fabio beeinflußt, der von einer religiösen Krise gebeutelt wird.

Von Macugnaga fährt er nach Domodossola weiter, um Gianfranco Contini zu treffen:

»Zum ersten Mal besuchte er mich, wenn ich es recht zusammenbekomme, im Jahr '46 (lang nach der Zäsur, die für sein ganz tragisches Leben der Tod des Bruders Guido – massakriert im Partisanenkrieg – bedeutet hatte; und auch damals brachte ihn eine dramatische Angelegenheit her, nämlich der Besuch bei einem geisteskranken Freund in der Nähe meiner Stadt). Ich glaube nicht, daß ich jemals eine solche Entfaltung von Schüchternheit erlebt habe: so, daß ich an einem bestimmten Punkt, um uns von der Bürde des Gesprächs zu befreien, einen Erkundungsstreifzug durch die umliegende Natur vorschlug, die heute ökologisch gesehen sehr heruntergekommen ist, damals aber noch unverfälscht war. Zu jener Zeit konnte ich mir nicht genau darüber im klaren sein, und im Grunde verstehe ich es erst jetzt, da eine umfassende Bilanz möglich ist, vollkommen: entweder der Zufall oder der Instinkt hatten mich zu der Lösung veranlaßt, die Pier Paolo Pasolinis herausragender Tugend am meisten lag, nämlich seiner Liebe zum Geringen und Authentischen; und so war die Landschaft um uns herum, ›doch da ich dort einen Großteil der Kindheit und des Knabenalters und die Herbstferien der frühen Jugend verbracht habe (es ist die Vorsicht, die aus dem Autor von *Fermo e Lucia* spricht), muß ich bedenken, daß es unmöglich ist, ein unbeteiligtes Urteil zu fällen über die Orte, an die die Erinnerungen jener Jahre geknüpft sind‹.«

(G. Contini)

Contini bringt ihn mit dem katalanischen Dichter Carles Cardó in Verbindung, den Pasolini bittet, eine kurze Anthologie der katalanischen Dichtung zusammenzustellen. Sie soll in der nächsten Nummer der Zeitschrift der *Academiuta* erscheinen, deren Titel von *Stroligùt* in *Quaderno romanzo* umgewandelt wird, um darauf hinzuweisen, daß das Programm nicht nur auf die Dichtung, sondern auch auf die Philologie aller rätoromanischen Sprachen ausgedehnt wurde. In der Tat möchte Pasolini gleich nach den Katalanen und ebenfalls mit Hilfe Continis zu den Graubündner Rumantsch-Dichtern Kontakt aufnehmen, um in seiner Zeitschrift jene ideale und abstrakte Region der ladinischen Mundarten nachzuschöpfen, die Ascoli vorgezeichnet hatte. Während er Contini das Manuskript der friaulischen Gedichte zuschickt, das die »Verdoppelung« der *Poesie a Casarsa* darstellt, schickt er gegen Jahresende zum Poetikwettbewerb der Luganer Tageszeitung *Libera Stampa* – bei dem Contini zu den Juroren zählt – seine italienische Sammlung *L'usignolo della Chiesa Cattolica* [dt.: *Die Nachtigall der Katholischen Kirche*], vervollständigt durch den zweiten, 1946 geschriebenen Teil *Il pianto della rosa* [Die Klage der Rose].

Im Jahr '46 schreibt er auch ein Drama in drei Akten, *Il Cappellano* [Der Kaplan], das er Contini im darauffolgenden Jahr zum Lesen zuschickt mit der Bemerkung, er hoffe, daß irgendein Theatermann es inszenieren werde. Dieses Drama – das noch mehrere Fassungen und verschiedene Titel erlebt: *Storia interiore, Venti secoli di gioia* [Innere Geschichte, Zwanzig Jahrhunderte der Freude] – wird dann schließlich 1965 als *repêchage* längst vergangener Phantasien unter dem Titel *Nel '46!* [Im Jahre '46!] aufgeführt.

Die poetischen Veröffentlichungen der *Academiuta* und die theoretischen Ansätze, die sie stützen, rufen zugleich mit den Sympathien auch die ersten Polemiken in den kulturellen Kreisen von Udine hervor, die sich nicht sonderlich verändert haben, seit Pasolini 1943 einen Blick darauf geworfen und ihnen in einem im *Setaccio* erschienenen Artikel einige Zeilen gewidmet hat:

> »Keiner wird behaupten können, daß die friaulische Hauptstadt sich rühmen kann, kulturell eine Avantgardestellung einzunehmen, mit ihrer schmächtigen und rückständigen Gruppe von Literaten (die im ›Popolo del Friuli‹ ihre mageren und konfusen Kenntnisse verbreiten) und ihrem alten philologischen Zentrum, das eine rigorose Tradition überlebt hat und – wie der müde ›Ce Fastu?‹ beweist – nun schlechte Zeiten durchmacht.«

Im Augenblick geht es in diesen Polemiken noch um das Symbol, das durch Pietro Zorutti verkörpert wird, den Udineser Dichter des 19. Jahrhunderts, der den einheimischen Ohren sehr teuer ist. Pasolini verweigert sich der Aufgabe nicht, sie mit milder Zähigkeit zu bekehren, und während er auf der einen Seite die rationalen Voraussetzungen der administrativen Autonomie des Friauls gegen die sentimentalen und rückschrittlichen Argumente der Kirchturmpolitik vertritt, macht er auf der anderen die dichterischen Fortschritte der Casarseser *Félibrigebewegung* gegenüber der heimischen Tradition geltend.

Am 31. Dezember beginnt ein in der Tageszeitung des Nationalen Befreiungskomitees *Libertà* veröffentlichter Artikel, der sich mit der Frage der Autonomie auseinandersetzt, mit dieser Erklärung: »Da auch wir Kommunisten sind«. Die Kommunistische Föderation Udine publiziert sofort ein Communiqué, in dem sie zwar diese Erklärung begrüßt, aber klarstellt, daß Pasolini nicht Mitglied der KPI ist. Sein förmlicher Beitritt erfolgt dann einige Monate später; mit größerer Wahrscheinlichkeit Anfang 1948.

Wenn die Casarseser Mundart auch die Grundlage seiner poetischen Sprache bleibt, hat Pasolini doch schon im Bereich des westlichen Friauls von Dorf zu Dorf, von Ortschaft zu Ortschaft die Variationen der dort gesprochenen Mundarten erfaßt, in denen sich Temperamente, Physiognomien und soziale Bedingungen der bäuerlichen Welt der kleinen Grundbesitzer und der Tagelöhner widerspiegeln. Nachdem sie einige ihrer Geheimnisse für dichterische Spiegelungen preisgegeben hat, zeigt sich diese Welt nun auch in ihrer gesellschaftlichen Realität, wo der Klassenkampf, der nach dem Krieg begonnen hat, Pasolini politisch gänzlich ungewappnet überrascht; aber im Unterschied zu anderen Intellektuellen ausgestattet mit außergewöhnlicher Kenntnis und Erfahrung der verschiedenen Seinsweisen der friaulischen Bauern, was Mentalität, Seele, Sexualität betrifft. Angesichts dieses Klassenkampfes, der nie dramatische Formen annimmt, weil eine uralte Befangenheit auch bei den jüngeren Bauern die Fähigkeit zur Auflehnung hemmt, kommt zu Pasolinis altem kulturellen und ästhetischen Antifaschismus eine neue Leidenschaft hinzu, die als populistisch und humanitär bezeichnet werden wird. Eine Leidenschaft, deren Wurzeln in die frühe Kindheit zurückreichen, in die Rivalität mit dem Vater und der ganzen kleinbürgerlichen Welt, »mein Haß auf das Bürgertum ist nicht dokumentierbar oder diskutierbar, er ist einfach so«; und diese Leidenschaft erhält, auch wenn sie nur von außen aktiv werden kann, Authentizität und Gültigkeit durch die Liebe zu den einfachen Leuten und die Kenntnis ihrer Lebensweise, durch den Populismus eben, den Pasolini auch viele Jahre später noch positiv als Antriebskraft der zukünftigen Geschichte empfinden wird: »Für mich sind Populismus und Humanitarismus zwei reale geschichtliche Fakten..., sie sind einfach Teil eines unvermeidlichen Übergangs von der bürgerlichen Klasse, in die man hineingeboren wurde und die einen geformt hat, bis zur Wahl einer anderen Ideologie, der Ideologie einer anderen Gesellschaftsklasse«. Daraus erwächst eine größere dichterische Hingabe, die zu einem stärkeren politischen Engagement führt.

Die großen Gelegenheiten bieten sich immer im Sommer, wenn die Ausflüge zum Tagliamento wieder beginnen, das Umherstreifen mit dem Fahrrad auf den endlosen staubigen Landstraßen, von einem Dorf zum anderen, um Stimmen, Namen, Gestalten zu verfolgen, die alle neue Perspektiven und Bedeutungen im großen Entwurf der Wirklichkeit aufzeigen. Eine erfüllende Zeit, in der sich zur Genüge verwickelte Situationen ergeben, nie langweilig, voll glücklichem Bangen bei jedem Anzeichen von Veränderung und Neuheit, geduldig bis zu den härtesten Erkenntnissen. Poetische Sprache und politisches Bewußtsein haben den gleichen Zugang und den gleichen Sinn: Sie sind bestimmend für die Zukunft.

Bei seinem Bruch mit den rückständigsten friaulischen Kreisen erhält er teilweise auch Zustimmung von den Sprachhistorikern und Volkskundlern, die sich um die Friaulische Philologische Gesellschaft und ihr periodisch erscheinendes Blatt *Ce Fastu?* sammeln: Ercole Carletti, Gaetano Perusini, Chino Ermacora, Gianfranco D'Aronco, Don Giuseppe Marchetti; von dem alten Dichter Argeo, den Pasolini wiederentdeckt hat, und von anderen Dichtern, die nach dem Krieg bekanntgeworden sind – Franco De Gironcoli, Novella Aurora Cantarutti – und die eingeladen werden, an den kleinen Casarseser Zeitschriften mitzuarbeiten. Er knüpft Freundschaften zu anderen jungen Männern, die auf italienisch schreiben, dem Dichter Dino Menichini, den Erzählern Sergio Maldini, Elio Bartolini. Er lernt die Maler Anzil und Giuseppe Zigaina kennen, mit denen er auch das neue politische Engagement teilt. In dieser Periode beginnt er eine publizistische Tätigkeit, die sich in den folgenden Jahren noch verstärkt, er schreibt über Themen der Autonomie, der italienischen und friaulischen

Dichtung, gesellschaftliche Problematiken, und gibt auch erste Proben seiner Erzählkunst. Er beendet die ersten beiden *Roten Hefte*, die dann als Entwurf für den Roman *Unkeusche Handlungen* dienen – ein schon erzählerisch gestaltetes Tagebuch seiner Liebesbeziehungen in Versuta:

»Ob der Frühling die Erde erblühen läßt, ob der Winter sie mit Frost umfängt oder ob Bombenangriffe sie erschüttern, die Liebesbeziehungen im ›wundervollen‹ (dieses Adjektiv kehrt immer wieder) Wechselspiel der Verweigerungen und zärtlichen Kapitulationen bleiben die einzige Realität. Daraus erwächst eine Feierlichkeit, die spürbar von einem Grundton ›masochistischen Moralismus‹ durchdrungen ist, aber nicht derart, daß er die Musik verändern würde, die mit glühender Anteilnahme und schon nostalgisch den ›unsäglichen Zauber‹ von Tagen und heidnisch-katholischen Nächten beim flüchtigen Fest der Jugend besingt. Die ›grünen Paradiese‹ oder die ›grünen Höllen‹?« (A. Bertolucci in *Amado mio*)

Am 21. November schreibt er im zweiten der *Roten Hefte*:

»Noch mehr Zeit ist vergangen, noch immer bin ich in Versuta, immer mehr darüber ›entsetzt, an meinem Fall die allgemeine Regel sich erfüllen zu sehen‹.

Es ist Herbst, schon kommt der Regen, der im schlammigen Hof seufzt, einige Käuzchen, die im Flug unbestimmte Lockrufe ausstoßen.

Heute war Fest in San Giovanni: ein düsteres und mißratenes Fest. Und nun, da es Nacht ist, befinde ich mich in meinem Zimmer, verzweifelt, habe nicht mehr die Kraft, an mich selbst zu denken, mich zu rühren oder zu weinen, denn in meiner Verzweiflung ist keine Reinheit, keine Naivität mehr.

Zu oft habe ich mich in dieser Lage befunden, dabei immer eine winzige Hoffnung gesucht, und sei es auch nur, indem ich mich rückhaltlos in die Verzweiflung stürzte […]. Nun bin ich eine ganz erforschte Wüste: es gibt kein Mittel mehr, mich zu retten. Ich bin ganz Bewußtsein.«

Er malt einige Bilder und zeichnet viel. Er schreibt den Text für den Katalog einer Gemäldeausstellung, die ein Freund der Familie, Paolo Weiss, veranstaltet. In den Editionen der *Academiuta* veröffentlicht er das Bändchen *I pianti* [Die Totenklage], die poetische Chronik des Todes seiner Großmutter Giulia in siebenundzwanzig kurzen Epigraphen. Er schreibt das kleine Poem *Europa*.

Im Oktober unternimmt er eine zweite Reise nach Rom, wo er einige Literaten und Schriftsteller kennenlernt, unter anderem Ennio De' Concini, Chefredakteur der *Fiera letteraria* [Literarische Rundschau].

Diesmal zieht Rom ihn an mit seinem »intellektuellen und gesellschaftlichen Leben, das – leider – in Versuta einfach nicht verwirklichbar ist«.

ROTE HEFTE
1947

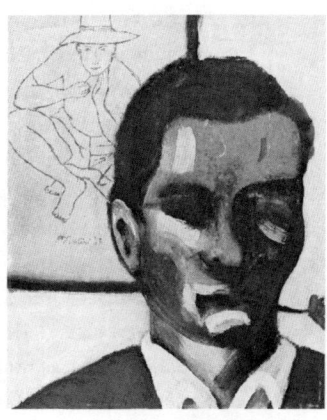

Selbstporträt, 1947

Auf einer Seite der *Roten Hefte* zeichnet er sein Selbstporträt, als sähe er sich durch die Augen eines Jungen:

»Er war ein junger Mann von neunzehn, zwanzig Jahren; mit einem dunkelblauen zweireihigen Jackett, wie schon gesagt, und einem weißen Hemd. Er war eher klein von Wuchs; doch er bewegte und verhielt sich sehr elegant, wie eine gebildete Person, obgleich er fast wie ein Kind mit seinen Gefährten scherzte. Seine Haare waren kastanienbraun, gewellt, und zeigten unter dem Licht blonde und stumpfe Reflexe; ein seltsames Gesicht, das von vorne gesehen beinahe schön war, mit einem zärtlichen und offenen Blick in den braunen Augen; von der Seite gesehen, verwandelte sich das Gesicht mit jenen vorstehenden Jochbögen und der kleinen Nase: es nahm den Ausdruck eines Piraten oder eines Collie an, ich weiß nicht. Seine Stimme war sanft mit seltsamen Färbungen, die neugierig machten und bezauberten.«

Und eine Seite weiter vorn im dritten »Heft«, wo die Autobiographie sich von der Zeit der *Unkeuschen Handlungen* zu der von *Amado mio* fortentwickelt:

»Ich bin fünfundzwanzig, ein Alter, in dem Gozzano der Jugend Ade sagte: doch ich kann sagen, daß ich mich nicht dieser grausamen Notwendigkeit [*durchgestrichen*] ausgesetzt finde, wenn mein Aussehen weiterhin das eines Heranwachsenden bleibt. Gewiß ist ein ähnlicher [*freigelassene Stelle*] nicht vorgesehen in dem, was man als normale Ordnung der Dinge bezeichnet: aber die absichtlich unterschlagene Süße meines Zustands wird weitgehend durch eine wirkliche Süße ausgeglichen – die Neugierde, die Bereitschaft, die Leichtigkeit, mit der [*freigelassene Stelle*] auch in meinen Tagen. Wenn meine ewige Jugend eine Krankheit ist, so ist sie wahrhaftig eine sehr heitere Krankheit. Häßlich ist ihre Kehrseite, das heißt mein gleichzeitiges Alter. [...] Eines Tages sagte ich mir, daß alle Menschen eine gleiche Menge Leben vor sich haben und daß es daher, da ich es mit größerer Gier verschlinge als ein Teil der anderen, in der Logik der Tatsachen liege, daß ich recht früh sterben müsse. Diese Strafe hat sich vielleicht bewahrheitet, nicht physisch, im zeitlichen Sinn, sondern in ihrem System: in der gegenwärtigen Gleichgültigkeit, ausgelöst durch jene Operation, die sich selbst und das Leben zerstört; die Erfahrung gibt mir eine Art Tod: und ich bin in der Tat recht jung. Wir haben das Jahr 1947: dies war das Jahr, in dem die *Natur* ihren Wert für mich verlieren sollte. Jetzt sitze ich zum soundsovielten Mal am Flußbett des Tagliamento; da sind die Sandadern durch die endlosen Kiesbänke, die sich an dem trüb blau gefärbten Horizont emporziehen und dabei den Himmel streifen. Da ist, rund um mich, das Ufer mit seinem verdorrten Gras; seinem Staub, seinen in der schwachen Brise ächzenden Pappeln. All dies ist nicht geheimnisvoll genug, um mich nochmals zu verführen: es ist, als hätte ich es schon tausendmal gezeichnet, so oft, daß ich die Formen mit geschlossenen Augen wiederholen könnte. Die Beunruhigung durch die sonntäglichen Glockenklänge, die von den verschiedenen Kirchtürmen herüberwogen, welche im Umkreis mehrerer Kilometer hier und dort rund um den Fluß aufragen, und im unermeßlichen Kiesbett widerhallen, wo sich die blendende Masse der Sonne staut – jene Beunruhigung ist einfache Kenntnis: ich kümmere mich nicht darum, sie wahrzunehmen. So fühle ich, daß ich nun nach so viel ehrgeizigem Streben

nach Absolutem nichts weiter als ein ›Fall‹ werde: der Ruhm, den ich auf ein so heiteres Bild meiner selbst begründen wollte, strandet in diesem steinigen Fluß. [...]
Ich bin wie ein Reisender, der, nachdem er sich in der Wüste verirrte, nun all seine Vorräte aufgezehrt hat und, da ihm nichts mehr bleibt als einige Statuen, deren Porphyr- oder Alabasterglieder begehrt.«

Die Nachtigall der katholischen Kirche hat nur eine Auszeichnung erhalten, nachdem sie *An den Ufern des Ceresio* »geschlagen« hatte – Gewinner war Sereni –, aber in dem von Contini verfaßten Protokoll wurde sie erwähnt. Und Contini selbst bietet an, er wolle einen Verleger dafür finden, vielleicht Vallecchi. Mit dem kleinen Poem *Europa* nimmt Pasolini am Poesiewettbewerb Cesena teil und hofft dabei auf das günstige Urteil Montales, der in der Jury sitzt.

Am 19. Januar unterzeichnet er mit Chino Ermacora, Gianfranco D'Aronco und anderen das Gründungsmanifest der Friaulischen Volksbewegung für Regionale Autonomie.

Im Karneval 1947 ist Silvana Mauri zu Gast im Bauernhaus in Versuta:

»Ich nahm eiskalte Züge, um zu ihm nach Casarsa zu fahren, zwölf, manchmal zwanzig Stunden Reise von Mailand. Ich landete auf dem hartgefrorenen Gras der Ebene und dann in der warmen Küche seiner Mutter in Versuta, wo zwei Feldbetten neben dem Feuer standen. Tagsüber fuhren wir trunken vor Glück, gedankenlos, wie mit Flügeln, auf dem Fahrrad am eisigen Tagliamento-Ufer in die umliegenden Dörfer zu irgendeinem kleinen Gemeindekino, oder um auf den Dorftanzböden hemmungslos Tango, Polka und Foxtrott zu tanzen (unermüdlich und virtuos waren wir als Tänzer), oder um die bäuerlichen Mysterienspiele des Karnevals zu verfolgen (ein als Junge verkleidetes Mädchen sprach mit der Fastenzeit, einem als Frau verkleideten Jungen, beunruhigende Verkleidungen), oder von Haus zu Haus, um Wein zu trinken und Polenta zu essen.

Silvana Mauri

Ich war der Widerschein all dessen, was ihm gehörte, und mir war, als wohnte ich nicht in einem wirklichen Dorf, sondern direkt in seinem Herzen. Auch Pier Paolo war damals noch glücklich: ›vielleicht muß ich aus dieser meiner unaussprechlichen (und lächerlichen) Heiterkeit herauskommen, zu der die Felder von Casarsa, mein zu jugendliches Aussehen beitragen‹. Auch seine Homosexualität war noch ein süßes Spiel unter Jungen, ein rotes Heft, das ihm aus der Tasche hervorsah und um das wir uns spielerisch balgten. Dann aber war sein Gesicht plötzlich verwüstet von der Begierde, den plumpen Bewegungen der zarten Bauernjungen zu folgen, den jugendlichen ›Pappeln‹, wie wir sie unter uns nannten, im Gegensatz zu den ›Königs-Stämmen‹, was die schwarzen knotigen Maulbeerbäume waren und die schwarzen alten Bauern.« (S. Mauri)

Sie treffen sich Mitte März in Rom wieder, aber das »süße Spiel unter Jungen«, das er den *Roten Heften* anvertraut, ist noch unausgesprochen. Mit Silvana kann man sich noch dem geheimen Einverständnis der reinen Freundschaft und der Intelligenz hingeben, auch wenn gerade mit ihr in Kürze die schmerzlichsten Fragen aufkommen werden.

»Wie ist es geschehen, daß ich, ein bürgerliches Mädchen, ohne Dialekt, ohne dörfliche Wurzeln, heterosexuell, und er, damals ganz durchdrungen und gefesselt von Casarseser, mütterlicher Dichtung, weltunerfahren, erschreckt von dem, was er nicht kannte, ganz bedrückt ›von seinem unbekannten Innern‹, mit seinem starken, genialen Geist eines lerneifrigen Studenten, homosexuell, wie kommt es, daß wir einander das ganze Leben verfolgt, uns geschrieben, erzählt, getroffen haben, wenn und sowie es möglich war im Rahmen seines Lebens, das sich immer mehr von meinem entfernte, angefüllt war mit hektischer Arbeit, tausend anderen Begegnungen, Verfolgungen und Provokationen? Wenn ich nun seine Briefe wiederlese, verstehe ich ihn. Neben seiner Mutter, der einzigen Liebe seines Lebens, die jedoch eine starre und symbolische Figur war und deren kindliche Unschuld er immer bangend beschützen wollte, war ich der Ort ›seiner lebenswichtigen Zuversicht‹, der rote Faden einer völligen Akzeptanz.« (S. Mauri)

In Rom lernt er andere Literaten kennen: Falqui lädt ihn ein, an der Zeitschrift *Poesia* mitzuarbeiten; Giorgio Bassani nimmt sich vor, einen Verleger für seine Gedichte zu finden; die Mitarbeit an der *Fiera letteraria* beginnt.

Sowohl auf der Hin- als auch auf der Rückfahrt macht er in Bologna Station – »wie schön und sanft es mir erschienen ist!« –, um die alten Freunde wiederzusehen und einige Prüfungen an der Philosophischen Fakultät abzulegen, bei der er sich gleich nach dem Abschluß in Literaturwissenschaft eingeschrieben hat. Er hat eine Doktorarbeit über die »Beziehungen zwischen Existentialismus und zeitgenössischen Poetikströmungen« im Sinn, aber nach den ersten Prüfungen bricht er den Kurs ab.

Dann kehrt er in das »düstere« Zimmerchen in Versuta zurück. Am 29. März wird in Venedig bei einem Wettbewerb der Mundartdichtung dreier Venetien sein Gedicht *Vea* [Wache] prämiert. In einer venetischen Gemeinschaftsausstellung in Udine stellt er drei Selbstbildnisse aus. Im Juli fährt er nach Florenz zu den Treffen der Kommunistischen Jugend. In der Abteilung für Dramatische Kunst stellt er die erste Szene des zweiten Aktes von *Il Cappellano* vor, in der er selbst die Figur des Eligio spielt, des Jungen, der vom Pfarrer geliebt wird; der Freund Adalberto Accorsi aus San Vito spielt den Kaplan.

Am 18.–20. August schreibt er Contini, daß er vielleicht beim Wettbewerb von *Libera Stampa* den Roman *Pagine involontarie* [Unfreiwillige Seiten] oder, mit anderem Titel, *Casarsa*, einreichen will: Es handelt sich um die *Roten Hefte,* schon teilweise umgeschrieben zu einer Übergangsfassung zwischen den originalen Heften und dem Text, der dann mit den Titeln *Unkeusche Handlungen* und *Amado mio* publiziert werden wird.

Es ist der letzte Sommer in Versuta; der Flügel des Hauses Colùs, der bei den Bombenangriffen zerstört worden war, ist wieder aufgebaut und, nach drei Jahren, für die Rückkehr der Familie Pasolini bereit. Im Anbau befindet sich der kleine Saal der *Academiuta*, wo mit Treffen, Vorführungen von Filmklassikern und einer kleinen Bibliothek schon die Kulturarbeit begonnen hat; in einem Glasschränkchen sind die Veröffentlichungen der *Academiuta* aufgereiht. Im Juni kommt das *Quaderno romanzo* Nr. 3 (die Numerierung schließt an den letzten *Stroligùt* an) heraus, in dem zwischen den friaulischen Texten die von Carles Cardó besorgte Anthologie der katalanischen Dichter erscheint:

»Die Orientierung war [...] so etwas wie eine félibristische Internationale, für deren Zustandekommen ich die Vermittlung zu den noch zum Exil gezwungenen katalanischen Dichtern übernommen hatte.« (G. Contini)

In den *Roten Heften* schreibt Pier Paolo 1947:

»*7. Oktober.* Gestern abend kamen die Jungen von Versuta, meine Freunde, zweimal vorbei und riefen nach mir, und da sie mich nicht antrafen, zogen sie ohne mich nach Rosa los. Ich war am Bahnhof von Casarsa gewesen, um zwei meiner Freunde, den Dichter Menichini und den Maler Zigaina, wegzubringen, die über den Sonntag zu mir gekommen waren.

Ich aß rasch zu Abend, klopfte mich ab und stieg in den Hof hinunter, wo T. und Alfredo, von den Gefährten vergessen, auf mich warteten. Gemeinsam brachen wir zur Kirmes nach Rosa auf. Ich war in freudiger Stimmung, wie oft, wenn ich mich in eine Welt *versetze*, die extra für mich gemacht zu sein scheint: die metallene Nacht mit einem Mond, der mit seinen fließenden Rosatönen die Finsternis durchbrach, die lange, in die Reinheit des Staubs getriebene Straße... Ich sprach voller Freude mit T. [...]. T. erinnerte sich auf einmal, durch ich weiß nicht welchen Einfluß des Gesprächs darauf gebracht, an den Tag seiner Firmung, an dem er, aus der Kirche getreten, das Büdchen mit den Süßigkeiten sah, das jedes Jahr am Tag

der Muttergottes wieder nach Gian Giovanni kommt, und sich einen *colàs* (Süßigkeit) kaufte.
›Warum‹, sagte ich zu ihm, ›schreibst du kein Gedicht?‹
Er wurde verlegen und antwortete, glaube ich: ›Das kann ich nicht, es gelingt mir nicht.‹ Doch ich bestärkte ihn mit der Bemerkung, nach mir und meinem Cousin sei er der beste Verseschreiber in ganz Friaul. Wir lachten alle drei darüber; aber ich hoffe, T. hat verstanden, daß ich die reine Wahrheit sagte. [...]
Rosa war mitten im Kirmestaumel. Wenn man die Brücke überquert hat, teilt sich die Straße; die Gabelung war das Herz jener sonntäglichen Glückseligkeit, an dem linken Sträßchen entlang war das große Podest aufgebaut, wo schon getanzt wurde: dicht an dicht beleuchteten schwache Lichter jene ganze Holzszenerie mit den sich drehenden Paaren sowie die eigentliche Menschenmenge, die sich rund um den Lattenzaun drängte, um zuzusehen.
Einige Jungen, die auf dem Zaun beim Orchester saßen, hatten nichts Verführerischeres als ihr Alter. Und wie zerstreut sie außerdem waren! Man las in ihren Augen die Gesamtheit und Lebhaftigkeit ihrer Interessen; sie waren gewalttätige Kerle. Aber unter die Menge gemischt und doch allein sah ich einen Knaben, den ich beim ersten Mal, als ich im Tanz an ihm vorbeiglitt, kaum bemerkte. Bei der zweiten Runde eroberte er mich schon. Ich hätte ihn für einen Fremden gehalten, aus Rom oder (meine rückhaltlose Phantasie!) aus Syrakus...
Mein kleiner Grieche aus Syrakus stand da, die Ellbogen auf den Lattenzaun gestützt, und ich verstand sein Schweigen sofort.
Nein, es war kein normales Schweigen, es verbreitete sich um ihn wie ein violetter und [*unleserlich*] Nebel, der mein Herz sogleich mit Eiseskälte überzog.
Trotz meiner Erfahrungen achtete ich nicht auf die Ratschläge jenes Schweigens und näherte mich ihm, geduldig abwartend, bis der junge Bursche, der neben ihm stand, fortging,

um gleich seinen Platz einzunehmen. Er ging schließlich, weil meine Steuerung es so vorsah, es ihm auferlegte; der Schutzengel meines Knaben war vielleicht abgelenkt. Als ich ihm nahe war, schwieg auch ich und beobachtete ihn. Er spürte sofort in mir den Feind; und mein Schweigen behütete ihn wie eine Wüste, in deren Herz er noch versuchte, seine Aufmerksamkeit mit gleichem Interesse auf die Tanzenden und die Musik zu richten wie vorher. Die Schüchternheit wurde in ihm Verzweiflung. Mein kleiner Grieche war also krank! Doch nicht einmal das entmutigte mich; außerdem wollte ich nichts von ihm, als ihn ansehen ...

Lieber Leser, ich bin nunmehr, im Oktober '47, ganz ohne Hemmungen, geradezu ein Heide, wenn Angelo Dus für einen Knaben aus Syrakus gehalten zu haben nicht bedeutungslos ist. Es ist nicht wahr; obgleich weltlich, ja mehr noch, irreligiös, bin ich ständig mit meiner endlosen religiösen Krise beschäftigt. Vor wenigen Tagen habe ich den letzten Teil eines Buches mit Gedichten fertiggeschrieben, der den Titel ›Eine Seele‹ trägt: ich sage den Engeln, daß ich die Absicht habe, in Ruhe gelassen zu werden, daß ich der ungestrafte und rückfällige Täter sein will, daß der Eingriff des Gottes, der sie entsendet [*freigelassene Stelle*], und wenn er mich also unbedingt will, soll er machen, daß ich ihn in mir fürchte, nicht in seinen Unschuldigen; daß er, wenn er mir so viel Begeisterung, Gutgläubigkeit, Intransigenz mitgegeben hat, nun gut, daß er mich nun mit diesen Begabungen überraschen soll; daß das einzige, was ich wirklich fürchte (weil meine *einzige* Aufmerksamkeit auf anderes gerichtet ist als auf ihn), ist, daß ich, wenn die gegenwärtige Jugend und Frische nicht mehr in mir vorhanden sind, die Fäden der Freude verliere und sich in mir mein Gespenst entfesselt, mein Automat; dann kommt für mich in meinem, in diesem Leben das *Dies Irae*, und ich würde von Gott nur meine Tage, meine Vergangenheit erflehen. All dies ist jedoch nur zu einem einzigen Zweck geschrieben worden: dem, eine *Ermächtigung* zu erhalten. Ich verlangte von Gott, mich zur Sünde zu ermächtigen! Es wäre eine ungeheuerliche Naivität, wenn es nicht so menschlich wäre. Ich bin es leid, so unberührbar als Ausnahme außerhalb des Gesetzes zu stehen: nun gut, meine Freiheit habe ich gefunden, ich weiß, was sie ist und wo sie ist; ich weiß es, das kann man ab fünfzehn Jahren sagen, aber auch vorher... In der Entwicklung meines Individuums, der Verschiedenheit, bin ich sehr frühreif gewesen; und es ist mir nicht, wie Gide, passiert, daß ich auf einmal ausgerufen habe ›Ich bin anders als die anderen!‹, mit unerwarteter Angst; ich habe es immer gewußt. Die Autorität suche ich erst jetzt, vielleicht will ich, wenigstens vorerst, eine Ermächtigung... Was Gott angeht, müßte er logisch sein, müßte mir alles erklären; welche Mühe es mich kostet, daran zu denken! Ich verzichte lieber darauf, mich zu erklären, und fahre fort, mich zu interessieren; so falle ich zurück in die entsetzliche Horizontalität des Lebens dessen, der die zahllosen Dinge des Lebens nicht außerhalb, sondern innerhalb des Lebens löst, womöglich in der Verzauberung einer ›anderen Form‹ oder, kurz gesagt, im Rhythmus meines Lebens, das zur Legende wird. Ich bringe also alles zum Schweigen, ich bin, nach einem kurzen Besuch auf dem Kalvarienberg, durch den Garten der Schande in die Gefilde Alcinas übergegangen und fühle mich dort wohl.

9. Oktober. Gestern abend bin ich mit Nico nach Castiòns gegangen: da Mittwoch war, gab es nur dort Kino; und das war der Vorwand für unseren romantischen Abend. Denn was uns verführte, war der Gedanke an das Publikum, das roh gezimmerte Parkett, die schwüle Stimmung von schwerer und zerstreuter Liebe, die von dem rohen Parkett ausging, jene jungen Männer und Halbwüchsigen, die während der Pausen ihr wildes Treiben durch manch wundervollen Haarschopf, manch aufmerksamen Blick besänftigten ... Die Erwartung all dessen brachte mir nicht das gewohnte Unbehagen (oder Furcht vor übermäßigem oder schlecht gesteuertem Herzklopfen); ich hatte ja Angelo. Ich konnte nicht umhin, mit Nico davon zu sprechen: ich erzählte ihm von meinem Abstecher nach Rosa und von der Entdeckung Angelos als Maler. Die Aufregung überwältigte mich, als ich Nico meine Hoffnungen auseinandersetzte, aus Angelo einen Künstler zu machen, einen großen wohl gar. ›Mein Giotto!‹ rief ich lachend aus. Nico unterstützte meine Hoffnungen und sprach zu mir von meiner Fähigkeit, eine Art poetisches Flair auszustrahlen, was wiederum in demjenigen, der mir nahe ist, gewisse Saiten berührt und Anmut und Lust auf Poesie in ihm erweckt. Er bot sich selbst als Beispiel an und nannte noch viele andere. Dies (vermutlich stimmt es) verfehlte nicht, mein geheimes Wohlergehen zu steigern bis zur süßen Glut; und in solchem Zustand sang und [*unleserlich*] Angelo geradezu in mir.«

Die neue Wohnsituation in Casarsa gibt der Zukunft einen festen Rahmen.

Zu Beginn des Schuljahres wird Pier Paolo als Lehrer für die erste Klasse Mittelschule in Valvasone eingestellt, einer Außenstelle der Mittelschule in Pordenone.

Von Casarsa nach Valvasone sind es sechs Kilometer, die Pasolini jeden Tag zusammen mit seinem Kollegen Sergio Vaccher mit dem Fahrrad zurücklegt. Mit den Jungen aus Valvasone macht er seine dritte Erfahrung als Lehrer, diesmal eingeteilt in Stunden- und Lehrpläne unter der Aufsicht der Schulbehörde. Aber sofort ähnelt auch diese erste Klasse Mittelschule den früheren Schülergruppen.

Andrea Zanzotto, ein unbekannter Kollege jener Jahre, schreibt:
»Man denkt an Pasolini in der Schule, an seine pädagogische Leidenschaft, an seinen eigensinnigen und glühenden Willen, in der allerersten Nachkriegszeit die ›aktiven Methoden‹ anzuwenden, sozusagen die von Carleton Washburne und der Deweyschen ›Aufrichtigkeit‹. Als der Rektor Natale De Zotti, dem Pasolini unterstand, die Kollegen auf seine Experimente hinwies, bezeichnete er ihn als ›bewundernswerten Lehrer‹, und so bezeichnete er ihn auch später immer, wenn er auf ihn zu sprechen kam. Trauer bei dem Gedanken an die Begeiste-

PPP mit seinen Schülern

rung jener Zeiten unter dem Motto ›Erziehung und Demokratie‹, das so viele junge Lehrer (Fahrrad, nur eine Mahlzeit am Tag, ungeheiztes Zimmer) miteinander teilten. Es waren Lehrer, die ganz verschieden dachten, die aber, fast erstaunt darüber, von der Regierung Geld zu erhalten, mit dem sie sich Brot und Käse kaufen konnten, und benommen vor Seligkeit, sich in einem freien Land lebendig zu fühlen, ihre ganze Kraft daran setzten, es dem aus dem Widerstand geborenen Staat zu vergelten und ›aktive und demokratische Erziehung‹ zu leisten. Sogar die erstarrte kleine Lateingrammatik zu aktivieren, das *rosa-rosae* zu echten Rosen werden zu lassen. Pasolini kümmerte sich um den Garten im Hof der Schule und lehrte die lateinischen Namen der Pflanzen; er malte Schautafeln mit bunten Figuren (er hatte immer gut gezeichnet und gemalt: man erinnert sich an eine geheimnisvolle Heilige) und erfand Fabeln wie die von dem Ungeheuer Userum, damit die Kinder Spaß hätten beim Erlernen der Substantivendungen der zweiten Deklination, *-us, -er, -um*.

Er besaß, was man eine pädagogische Berufung nannte, in der die unruhige Genialität des jungen Lehrers zum Tragen kam. Eine entwaffnende, ›ruhige‹ pädagogische Haltung.«¹²
Er wird Mitglied der kommunistischen Zelle in San Giovanni. Im Unterschied zu Casarsa, wo kleinbäuerlicher Grundbesitz vorherrscht und die Bauern strenge Katholiken sind, die die Früchte des Feldes ohne allzu viel Hunger und Elend unter den Kindern aufteilen, gibt es in San Giovanni und den umliegenden Dörfern – und noch mehr in San Vito und Umgebung – Großgrundbesitz mit Halbpächtern, Tagelöhnern und einer kleinen subproletarischen Arbeitersiedlung. Dieser Beitritt zur Kommunistischen Partei, zu dem er sich in seiner Lage als kleinbürgerlicher Intellektueller, der sich an Gramsci weitergebildet hat, entschlossen hat, ist als Angelpunkt der Vermittlung zwischen den Klassen gedacht und zielt ab auf eine revolutionäre Perspektive der bäuerlichen Welt. Jener bäuerlichen Welt, in der er nunmehr so viel Erfahrung und Wissen gesammelt hat, daß er meint, er könne sie in seine Universaltheorien mit hineinnehmen, ohne daß er dabei versucht, den gefühlsmäßigen Aspekt zu verbergen, der die Wirklichkeit und den Traum von dieser Welt miteinander verknüpft hält.
Wer ihn an den Tod des Bruders Guido durch die Hand der Kommunisten erinnert, erhält ein wissendes Schweigen als Antwort. In seiner innersten Überzeugung bleibt jener Tod ein Ausnahmefaktum, der Logik der aktuellen Umstände fremd, unter denen der Kommunismus als einziger »eine ›echte‹ neue Kultur liefern kann, eine Kultur, die Moralität und alles umfassende Interpretation des Daseins ist«.
Viele Jahre später, 1971, wird er noch einmal die Außergewöhnlichkeit der Umstände heraufbeschwören, die dem Mord an dem Bruder und seiner unumstößlichen idealistischen Welt vorausgingen:
»Ich glaube, es gibt keinen Kommunisten, der die Handlungsweise des Partisanen Guido Pasolini verurteilen könnte. Ich bin stolz auf ihn, auf seine Großmut, auf seine Leidenschaft,

die mich dazu verpflichtet, den Weg weiterzuverfolgen, den ich gehe. Daß er so umgekommen ist, in einer komplizierten und dem Anschein nach schwer zu beurteilenden Situation, läßt mich keineswegs zögern. Es bestätigt mich nur in der Überzeugung, daß nichts einfach ist, nichts ohne Änderung und Leiden geschieht; und daß vor allem anderen der klare kritische Verstand zählt, der die Wörter und Konventionen zerstört und den Dingen auf den Grund geht, hinein in ihre geheime und unveräußerliche Wahrheit.«

Für einige regionale Tageszeitungen – *Libertà, Il mattino del popolo, Il messaggero veneto* – schreibt er Erzählungen, Rezensionen, linguistische Anmerkungen; für die *Fiera letteraria* Buchbesprechungen; in Heft VIII von *Poesia* veröffentlicht er den Essay *Sulla poesia dialettale* [Über Dialektdichtung]. *Die Nachtigall der katholischen Kirche* wird vervollständigt mit dem dritten Teil *Lingua* [Sprache]. Die friaulische Gedichtsammlung, um die neuesten Gedichte bereichert, heißt jetzt *Ciants di un muàrt* [Gesänge eines Toten]. Im Juli schickt er das Manuskript an Contini, während er schon keine Hoffnung mehr hegt, einen Verleger zu finden. Für den Preis *Libera Stampa* reicht er anstelle des autobiographischen Romans *Pagine involontarie* die Sammlung italienischer Gedichte mit dem Titel *Diarii* ein, die im Protokoll der Jury lobend erwähnt wird, ein Urteil, das anonym, aber wohl dem großen Kritiker zuzuschreiben ist, der seit Jahren seine unveröffentlichten Sachen liest:

»Es ist bewunderungswürdig, wie Pasolini, obgleich belastet von einer narzißtischen Störung beziehungsweise dem, was klinisch mit dem Fachausdruck Infantilismus bezeichnet wird, nach und nach immer deutlicher sein bleibendes Thema erkannt hat; schrittweise hat er sich ihm angenähert, getragen von den unterschiedlichsten literarischen Erfahrungen (Mundartdichtung, poetische Prosa, Epigraphe, Drama, vielfältige lyrische Techniken, insbesondere: von Pascoli und den Crepuscolari bis hin zu Saba und zu Penna), aber mit einem recht ungewöhnlichen Überfluß an lyrischer Ader.«

DIE BESTE JUGEND FRIAULS
1948

Die zwei Jahre, die Carlo Pasolini in Versuta verbrachte, beschäftigte er sich mit häuslichen Dingen, um die Langeweile zu mildern.
Nachdem die Familie dann endgültig wieder nach Casarsa gezogen ist, verfolgen ihn Bitterkeit, Langeweile, die nie gelöste Beziehung zu seiner Frau. Mit einem halben Liter Weißwein vor sich verbringt er einsame Stunden in den Dorfschenken und brütet über seinen Obsessionen. Nachts hat er endlose Wutanfälle, die Susanna zwingen, aus dem ehelichen Schlafzimmer auszuziehen. Ein Psychiater, vom Sohn aus Udine gerufen, wird brutal vor die Tür gesetzt. Nach dem wenigen, das er beobachten konnte, stellt der Psychiater eine Diagnose auf »paranoisches Syndrom« und »ethischen Verfall«. Oft ist die Spannung in der Familie für alle unerträglich, und Pier Paolo deutet dies manchmal in seinen Briefen an die Freunde an. Das ist die einzige dunkle Note in seinem Dasein, denn die Schule in Valvasone ist ihm ein »gehaltvolles Vergnügen«, während er das »gewohnte Leben mit obsessiven Freuden« und »strahlenden Sonntagen« führt.
Am 7. Januar findet in San Vito eine von der Arbeitskammer und den Linksparteien organisierte Kundgebung statt, gefordert wird die Anwendung der Verordnung De Gasperi, die Arbeitsplätze für die Arbeitslosen verspricht und Zuschüsse für die Halbpächter, die im Krieg Schäden erlitten haben.
Die jüngsten unter den Demonstranten stürmen einen Palast, dessen adelige Besitzer in Rom wohnen. Nach einigen Stunden

werden sie von der Polizei vertrieben, manche werden festgenommen und vor Gericht gestellt. Pier Paolo, der inzwischen zum Sekretär der Kommunistischen Sektion von San Giovanni ernannt wurde, ist in San Vito auf dem Platz dabei. In den Pausen zwischen den Zusammenstößen mit der Polizei sammelt sich um ihn, wie gewohnt, das Grüppchen der sonntäglichen Kirmesfreunde, die heute das rote Halstuch umgebunden haben. Der Traum von der revolutionären Perspektive für die Bauern erscheint in diesen Tagen so realisierbar wie nie zuvor. Auf dieser Gefühlswelle beginnt Pasolini einen Roman über jene Ereignisse zu schreiben.

Doch genau wie einem Verfasser realistischer Romane in anderen Epochen genügt es ihm nicht, die kleine Revolution in San Vito mit eigenen Augen gesehen, mit Anführern und Mitläufern gesprochen und dann in der Parteizelle noch lange darüber diskutiert zu haben. Im Laufe der verschiedenen Fassungen des Romans – zuerst heißt er *I giorni del lodo De Gasperi* [Die Tage der Verordnung De Gasperi], dann *La meglio gioventù* [Die beste Jugend] (dieser Titel wird in der Folge an die Sammlung friaulischer Gedichte abgetreten) und zum Schluß *Il sogno di una cosa* [dt.: *Der Traum von einer Sache*] – bittet er über Jahre hinweg immer wieder Protagonisten und Zeugen, die an jenem Tag dabei waren, um Erlebnisberichte.

Dino Peresson, einer der Jungen aus *Der Traum von einer Sache*, erzählt:

»Er kam zu mir oder zu jemand anderem hier; er war immerzu in San Vito: zwischen San Giovanni, Casarsa, San Vito; aber mehr in San Vito als in Casarsa, weil er, glaube ich, diese Bauernkämpfe liebte, denn er liebte die Bauern, das weiß ich. Er liebte sie wirklich in besonderer Weise; und natürlich war er bei diesen Sachen dabei […]. Warum er die Bauern so liebte, könnte ich gar nicht sagen. Aber meiner Ansicht nach hat er durch die Studien, die er über das bäuerliche Leben gemacht hat, etwas Besonderes bei den Bauern herausgefunden, denke ich, nämlich daß sie jemanden brauchten, der ihnen hilft, diese Leute anregt, damit sie diesen Bauern unter die Arme greifen [...]. An uns Jungen gefiel ihm, meine ich, die Aufrichtigkeit und die Demut, die man bei uns hatte ...«[13]

»*Der Traum von einer Sache*, der eigenständig ist, aber, wenn man so will, diese friaulische Sage von einem Diptychon auf ein Triptychon erweitert, erzählt von den Jungen aus *Unkeusche Handlungen* und *Amado mio*, die, um es mit Penna zu sagen, ein wenig an Alter zugenommen haben, und von ihren Familien, die in die Bauernkämpfe verwickelt sind, Kämpfe – wenn man heute zurückdenkt – von archaischer Einfachheit, mit dem Ziel, die Anwendung der Verordnung von De Gasperi zu erreichen. [...] In jenem armen, um sein Recht ringenden Friaul lachen auf den Pasolinischen Seiten ›die abbröckelnden Hausmauern, das verrostete Metall der Fahrräder, die verknitterten Stoffe der Fahnen ...‹« (A. Bertolucci)

Im Februar teilt er dem Sekretär der Friaulischen Volksbewegung, Gianfranco D'Aronco, seinen Rücktritt mit, nachdem er gesehen hat, daß in der Frage der regionalen Autonomie die provinzorientierten Tendenzen zur Introversion und zum sentimentalen Autonomismus gegenüber dem ganz logischen und funktionalen Charakter, den er der Bewegung hätte geben wollen, überwogen.

Die Wahlen 1948 erfordern organisierte Militanz, sowohl innerhalb der Parteizelle in San Giovanni als auch auf Provinzebene, mit Kundgebungen, Diskussionen, Zeitungsbeiträgen, Wahlkampfstrategien, während die Feindseligkeit seiner Gegner zunimmt. Auch die Freunde wechseln; manche entfernen sich, abgestoßen von seinen politischen Ideen, manche diskutieren sie öffentlich. Andererseits festigen sich neue Freundschaften, mit Zigaina und weiteren kommunistischen Intellektuellen.

»Zum ersten Mal besuchte er mich« – entsinnt sich Zigaina – »in Capo di Sopra di Villa Vicentina, wo ich damals wohnte, im März 1948 (ich weiß noch, daß gerade die Knospen an den Weiden herauskamen, deshalb sage ich mit Sicherheit März). Gemeinsam fuhren wir mit dem Fahrrad noch einmal alle

Wege meiner nächtlichen Streifzüge während der Verdunkelung im Krieg ab: die Dämme des Torre und des Isonzo. In den kleinen Ortschaften hielten wir an, und er näherte sich den Buben, um friaulisch mit ihnen zu sprechen. Wenn wir dann heimkamen, schrieb er sich alle Endungen etc. auf.

Er kam noch öfters nach Capo di Sopra, und bei einem dieser Besuche gingen wir nach Ruda, um eine Friedenskundgebung abzuhalten (von der KPI organisiert). Es muß im Herbst '48 oder im April '49 gewesen sein. Pier Paolo spricht davon in *Quadri friulani* [Friaulische Bilder]«.[14]

Die Versammlungen der Zelle San Giovanni in dem Zimmer über dem Gasthaus des ENAL (Nationaler Arbeiterfürsorgeverein) sind häufig; um einen klapprigen Tisch werden unter dem Kruzifix und dem Bild Stalins die Kundgebungen organisiert und mit der Hand die Manifeste abgeschrieben, die in der Loggia im Dorf aufgehängt werden sollen.

Einige Jungen aus Ligugnana wandern nach dem Nachspiel der Demonstration im Januar heimlich nach Jugoslawien aus. Dino Peresson berichtet:

»Wir sind übers Gebirge gegangen, zu Fuß. Irgendwo in der Grenzgegend haben uns dann die Slawen aufgegriffen und in der Nähe von Caporetta in eine Art Kaserne gebracht; dort sind wir etwa vierzehn Tage gewesen, und dann kamen wir an unseren Bestimmungsort: einer nach Rijeka, einer nach Sarajewo, einer nach Belgrad und noch andere Orte Jugoslawiens; wir wollten lieber in der Nähe von Italien bleiben, weil wir ja auch die Sprache nicht konnten. Und so haben wir die paar Monate im Torpedowerk von Rijeka verbracht. Wir waren auf der Suche nach dem Traum von einer Sache, und leider hat er sich nicht bewahrheitet, denn wir sind sehr enttäuscht zurückgekommen. Pasolini hat mich aufgesucht und mir gesagt, er wolle dieses Abenteuer, wenn man es so nennen will, aufschreiben, es sei doch ein recht schönes Abenteuer, weil es in meinem Alter nicht leicht ist, solche Abenteuer zu erleben. Ich war gern bereit und habe gesagt: ›Ja, warum nicht?‹ Ich habe ihm die kurze Zeit geschildert, die ich in Jugoslawien verbracht habe. Das ist meiner Ansicht nach die Grundlage dieses Buches.«

In *Der Traum von einer Sache* sind noch mehr wirkliche Abenteuer eingeflochten, die in jener Zeit geschahen. Archimede Bortolùs (dem später das Gedicht *Viers Pordenon e il mond* [Pordenone und die Welt sehen] gewidmet wird) wandert in ein Schweizer Dörfchen aus – von wo er einen Abstecher nach Fribourg macht, um Contini Grüße von Pasolini zu überbringen –, und bei seiner Rückkehr nach einigen Monaten verfaßt er auf Pasolinis Auftrag hin einen Erinnerungsbericht über seine Abenteuer, der mit leichten Veränderungen im Roman auftaucht.

Wenn *Der Traum von einer Sache* in seinem Verlauf die *chanson de geste* der »besten Jugend« Friauls widerspiegelt, so birgt dieser Sommer noch andere geheimere Ereignisse, die ebenfalls einem Echo gleich beim Schreiben eines Romans nachklingen.

Amado mio ist die chronologische und existentielle Fortsetzung von *Unkeusche Handlungen* und hat wie diese seine ersten Ursprünge in den *Roten Heften,* die Ende '47 abbrechen. Es ist ebenfalls eine Sommererzählung mit Badenachmittagen, Kirmessen und Herzensfreundschaften, »die immer mit den Fäden bittersüßer Sympathie an einen Ort binden«, und diese Orte tauchen aus fernen Erinnerungen an Nievo auf: Gleris, Cintello, Saletto, Morsano, Teglio, Malafiesta, Cordovado, Bagnarola. Zwischen diesen letzten beiden Dörfern liegt ein weites Quellwasserbecken, der Pacher. In den frühen Nachmittagsstunden beleben sich seine Ufer mit Gruppen von Jungen aus den umliegenden Dörfern, und aus ihren Reden hört man jeweils die Besonderheiten der Mundarten heraus. An den Ufern des Pacher gelernt, bilden diese Mundarten dann das linguistische Mosaik von *El testament Coran* [Corans Testament], das den zweiten Teil der friaulischen Gedichtsammlung eröffnet.

Er schreibt eine Reihe von »friaulischen Bildern«, in denen unter dem Titel *I Parlanti* [Die Sprechenden] einige Seiten aus den *Roten Heften* erzählerisch wiedergegeben werden.

In den Editionen der *Academiuta* veröffentlicht er unter seiner Herausgeberschaft das Bändchen mit friaulischen Gedichten und Übersetzungen spanischer Dichter *Seris par un frut* [Abende für einen Knaben] von Nico Naldini.

RAMUSCELLO
1949

Auf die Frage eines französischen Interviewers antwortend, hat Pasolini 1970 erklärt:

»Sowohl um bestimmte Mißverständnisse aufzulösen als auch um gewisse Etikettierungen loszuwerden, möchte ich betonen, daß ich etwa ein Jahr lang in der Kommunistischen Partei war, im Zeitraum '47 – '48 … Dann habe ich es gemacht wie eine ganze Reihe von Genossen, ich habe den abgelaufenen Mitgliedsausweis nicht verlängert.«

Eine summarische Erklärung, die sein Verhältnis zur KPI vage und ungenau darstellt. Die genaue chronologische Abfolge ist ihm bei dieser wie bei anderen Gelegenheiten nicht präsent, denn er neigt dazu, die Gründe für seinen Ausschluß aus der KPI, die in dieser Zeit nah und real sind, zu verschleiern.

Vielleicht, weil er sie nach über zwanzig Jahren für einen einfachen Zwischenfall hält, durch den sich so oder so nichts am Endergebnis geändert hätte; oder, weil er diesen Ausschluß für ein anachronistisches Gespenst hält, das keine Erwähnung verdient. Seine Militanz in der Kommunistischen Partei geht mit großem Engagement einen großen Teil des Jahres 1949 weiter; er nähert sich dem Marxschen Denken, indem er eine vereinfachte Zusammenfassung des *Kapitals* liest, doch wichtiger als Marx bleibt für ihn die Gramsci-Lektüre.

Pasolini ist in der sozialen Welt Friauls eine öffentliche Gestalt geworden: Er nimmt als exponiertester Intellektueller der Linken an den politischen Kongressen teil, er ist fest für die

Parteizelle San Giovanni verantwortlich, und er schickt sich an, eine kulturelle Linie der Partei zu entwerfen. Im Februar nimmt er am ersten Kongreß der Kommunistischen Föderation Pordenone teil; im Mai fährt er nach Paris zum Friedenskongreß.

Für die Schule in Valvasone hat er große Pläne, nachdem sein Rektor den Schulrat auf ihn aufmerksam gemacht und vorgeschlagen hat, aus seiner Klasse »eine Art Experimentalschule« zu machen.

»Ich schreibe, ich arbeite, aber für wen?«: Seine Literatur befindet sich in einer Krise. Die letzte Einsendung von Gedichten zum Wettbewerb *Libera Stampa* hat ihm erneut eine Erwähnung eingetragen, aber sein Wunsch, die Verse zu veröffentlichen, stößt bei den Verlegern auf taube Ohren; die Romane sind alle drei »in fieri«, im Entstehen.

Dennoch gelingt es ihm auch von Casarsa aus, einige literarische Beziehungen anzuknüpfen. Mit Vittorio Sereni, der ihn einlädt, an der Zeitschrift *La Rassegna d'Italia* [Italienische Rundschau] mitzuarbeiten:

»Als ich zum ersten Mal *Die Nachtigall der katholischen Kirche* las, habe ich sofort an eine Art zweiten Rimbaud gedacht. Ich werde mich jetzt nicht darüber auslassen, um zu rechtfertigen, was damals ein Eindruck war – zum Teil literarisch, zum Teil auch nicht – und was heute nur mehr die Erinnerung eines Eindrucks ist...« (V. Sereni)[15]

Und mit Giacinto Spagnoletti, der ihn, nachdem er ihn »in der hintersten Provinz« aufgestöbert hatte, auffordert, ihm seine italienischen Gedichte zu schicken, da er eine Auswahl für seine *Antologia della poesia italiana* [Anthologie der italienischen Dichtung] treffen will. Contini schickt er wie immer seine Manuskriptsammlungen.

1949 erscheint *Dov'è la mia patria* [Wo meine Heimat ist], friaulische Verse in verschiedenen Mundarten des rechten Tagliamento-Ufers, die später *El testament Coran* bilden, den ersten Nukleus des zweiten Teils von *La meglio gioventù* [Die beste

Jugend]. Die kleine Casarseser Ausgabe ist mit Zeichnungen von Giuseppe Zigaina illustriert.

Nach dem »wundervollen Frühling in der Bassa« spielt sich der Sommer '49 vor den gleichen Szenerien ab wie die vorhergehenden: Bäder im Pacher und im Tagliamento, aber weiter unten, gegen Carbona und Malafiesta zu; und dann Kirmessen, Tanzabende und neue Freundschaften.

> »Ich lebe von entzückenden Heimlichkeiten, vollkommen glücklich darüber, versteckt zu sein.«

In Wirklichkeit ist dieser Sommer von undeutlichen Drohungen überschattet, von Erpressungen aus dem Lager der politischen Gegner, denen keinerlei Gewicht beigemessen wird; im Gegenteil, sie sind erregend wie eine Herausforderung und machen das Glück des Eros noch obsessiver.

Zu Hause steht es schlimm, der Vater lebt in einem permanenten gespenstischen, sich wiederholenden Selbstgespräch, das von heftigen Wutanfällen begleitet ist.

Am Abend des 30. September trifft Pier Paolo in Ramuscello, einem Ortsteil von Cordovado, der wenige hundert Meter von dem kleinen Pacher-See entfernt liegt, auf der Sabinen-Kirchweih einen Jungen, den er schon kennt, zusammen mit zwei Freunden. Im Verlauf des Festes verstecken sie sich im Gebüsch. Am 22. Oktober wird er bei den Carabinieri von Casarsa wegen Verführung Minderjähriger und Unzucht in der Öffentlichkeit angezeigt. Am 28. Oktober veröffentlichen die Zeitungen die Nachricht, und am nächsten Tag gibt die kommunistische Tageszeitung *L'Unità* seinen Ausschluß bekannt; den Kommentar schreibt Ferdinando Mautino von der Föderation Udine:

> »Wir nehmen die Ereignisse, die ein schwerwiegendes Disziplinarverfahren zu Lasten des Dichters Pasolini nach sich gezogen haben, zum Anlaß, um noch einmal auf die verderblichen Einflüsse gewisser ideologischer und philosophischer Strömungen der diversen Gide, Sartre und anderer dekadenter Poeten und Literaten hinzuweisen, die sich als Progressisten

gebärden wollen, in Wirklichkeit aber die schädlichsten Seiten der bürgerlichen Verkommenheit auf sich vereinen.«

Anfang November schreibt Nico Naldini an Fabio Luca Cavazza: »Heute morgen habe ich von Serra einen sehr besorgten Brief erhalten; also ist die Bombe auch in Bologna geplatzt. Die Situation ist folgende: man erwartet, daß die Anzeige ihren Lauf nimmt und das Ermittlungsverfahren beim Amtsgericht einer Kleinstadt hier in der Nähe (San Vito) eröffnet wird. Vermutlich wird es glimpflich ausgehen, weil man hofft, daß die Eltern der Jungen eine Klageverzichterklärung unterzeichnen. So könnte vielleicht alles einschlafen: ich sage könnte, weil es natürlich Unwägbarkeiten gibt. Wenn alles gutgeht, wird Pier Paolo in einigen Wochen zu unserem Onkel nach Rom ziehen, wo er Arbeit suchen wird.

Die Tatsachen haben sich folgendermaßen abgespielt: bei einem Fest in einem Dorf unweit von Casarsa hat PP abends drei Jungen getroffen und sich mit ihnen ohne jedes käufliche Angebot in die Felder entfernt, und dort haben sehr einfache erotische Beziehungen stattgefunden: eine Masturbation. Nun mag diese Tatsache einem Beobachter von außen fast ungeheuerlich vorkommen, doch wer die Jungen aus unseren Dörfern kennt, kann sich weder darüber wundern noch sie ernstlich verurteilen. Die Jungen haben ein paar Tage später gestritten, warum, weiß man nicht, und sich diesen Kontakt gegenseitig vorgeworfen. Irgendeine Person, die zugegen war, hat einen anonymen Brief an den Wachtmeister des Ortes geschrieben, der nach Befragung der Jungen eine Anzeige aufgesetzt hat, da die Sache allgemein bekannt geworden war. PP hat hier wegen seiner politischen Tätigkeit viele Feinde unter den Christdemokraten, die sofort die Gelegenheit genutzt und alles unternommen haben, damit diese Begebenheit, die keinerlei – und ich sage das mit der Hand auf dem Herzen – Bedeutung hat, den Skandal auslöst, der ihn dann für sein ganzes Leben ruinieren würde. All das ist eingetroffen: sie waren von diabolischer Geschicklichkeit.

Nach Erhalt der Anzeige hat der Wachtmeister von Casarsa PP verhört, der es für angebracht hielt, zu gestehen und außer dem Zustand der Trunkenheit noch die Gründe anzuführen, die ihr aus dem ›Candide‹ kennt (›ich entsinne mich, eine erotische Erfahrung literarischen Charakters und Ursprungs versucht zu haben, angeregt durch die Lektüre eines Romans von Gide, der von Homosexualität handelt‹); sie waren für den Wachtmeister gedacht, der sich bei erotisch-literarischen Sonderbarkeiten vom Typ D'Annunzio sehr verständnisvoll gezeigt hatte. PPs Aussage ist sofort den Christdemokraten in Udine zugespielt worden, die es sich zur Aufgabe gemacht haben, sie zusammen mit dem Wortlaut der Anzeige den Redaktionen aller Zeitungen der Region zukommen zu lassen. Beachte, daß schon drei Monate vor dem Vorfall ein sehr wichtiger Prälat aus Udine PP hatte ausrichten lassen, falls er seine politische Tätigkeit nicht einstellen würde, würde er alles tun, um ihn zu ruinieren, und ein mit mir befreundeter christdemokratischer Abgeordneter hat uns diese Absichten dann bestätigt. Dies sind die Tatsachen, deren Folgen überaus gravierend waren. PP hat nämlich sofort seine Lehrerstelle verloren, und ich glaube nicht, daß er viele Möglichkeiten hat, sie wiederzubekommen. Ihr könnt Euch nicht vorstellen, wieviel Propaganda im Friaul gemacht worden ist und wie es uns alle schmerzt.
Entschuldige das Durcheinander meiner Darstellung: ich hätte Euch die subtile Niedertracht der Drahtzieher dieses Skandals gern besser geschildert.«
Mit dieser zweifachen Katastrophe – dem Verlust der Lehrerstelle und dem Ausschluß aus der Partei – endet das Jahr 1949. Der Vater hat endlich etwas Objektives gefunden, woran er seine Obsessionen abreagieren und bis zu einem gewissen Grad entschärfen kann. Doch kaum ist die erste Wirkung des Skandals vorüber, treten sie wieder stürmischer auf als zuvor. Susanna ist so verzweifelt, daß sie die Ungerechtigkeit von Guidos Tod mit dieser weiteren Ungerechtigkeit vergleicht, die sich an Pier Paolo vollzieht. Sie bleibt den ganzen Tag im Bett, weint

und führt lange Gespräche mit ihrem Sohn, während die Verwandten zwischen den Rechtsanwälten und den Eltern der Jungen hin und her laufen, damit sie auf eine Klage verzichten.
Pier Paolo verbringt die letzten Monate, die er noch im Friaul lebt, indem er tagsüber arbeitet und abends manchmal hinausgeht in eine seltsame, verbotene Welt ohne die festlichen Menschenmengen von früher. Die alten Freunde, Jungen, die nun zwanzig Jahre alt sind, sind fast alle ausgewandert, manche nach Australien, manche nach Südamerika. Auch die Dörfer verändern sich, nachdem die »beste Jugend« fort ist.
Einige Altersgenossen, wie Zigaina und Bartolini, besuchen ihn, andere schreiben, um ihm Mut zu machen; doch der größte Teil der Bekannten hat sich schweigend von ihm zurückgezogen, während er von ein paar Unbekannten mit anonymen Briefen und satirischen Zuschriften verfolgt wird.
Paolo Volponi schreibt später:

»Das ganze Dorf liebte ihn, hielt ihn für einen richtiggehenden kleinen Propheten. Doch plötzlich ist das ausgebrochen, was später zum Drama seines Lebens geworden ist. Da hat sich das ganze Dorf, das ihn so geliebt hatte, empört und wutentbrannt gegen ihn aufgelehnt.«[16]

Das stimmt, aber mit einer Einschränkung: Die Jungen sind weiter seine treuen Freunde geblieben; Casarsa hat sich in ein Schweigen gehüllt, das mehr der Barmherzigkeit als der Entrüstung entsprang; Ferdinando Mautino sollte noch viel Zeit haben, um seinen verurteilenden Kommentar zu bereuen; und vielen anderen Kommunisten im Friaul verursacht diese Verurteilung einen »Schuldkomplex«, der sich in den folgenden Jahren auswirkt. Die Literaten und Politiker aus Udine, die sich zu seinem Ruin beglückwünschen, sind schon lange in Vergessenheit geraten.
Während Pasolini noch am *Traum von einer Sache* arbeitet, sind andere Texte schon vollendet: das kleine Poem *L'Italia,* das in Spagnolettis *Anthologie* veröffentlicht wird; die letzten drei Abteilungen der *Nachtigall*: *Paolo e Baruch* [Paulus und Ba-

ruch], *Tragiques* und *La scoperta di Marx* [Die Entdeckung von Marx] – die in dieser ersten, umfangreicheren Fassung noch den Titel *Die Suche nach meiner Mutter* trägt – und einige friaulische Dichtungen, die die *Suite furlana* [Friaulische Suite] aus *La meglio gioventù* ergänzen.

Für seine Gedichtsammlung *L'unica divinità* [Die einzige Gottheit] wird er zum drittenmal beim *Libera Stampa*-Wettbewerb erwähnt, ebenso beim Poesie-Preis Saint-Vincent.

ZUKÜNFTIGES ABENTEUER
1950

»Falls ich jemals Lebenskraft besessen habe, fühle ich sie jetzt auf meiner Haut wie einen neuen Anzug.«
Am 28. Januar um fünf Uhr früh gehen Susanna und Pier Paolo zum Bahnhof von Casarsa, um den ersten Zug nach Rom zu nehmen. Susanna wirkt wie ein junges Mädchen auf seiner ersten Reise, während sie an Pier Paolos Arm die Straße entlanggeht. Was in der letzten Zeit geschehen ist, ist fast wie weggewischt von ihrem Gesicht, und um die Zukunft sorgt sie sich nicht: Auf jeden Fall wird es ein Leben zusammen mit dem Sohn sein. Die Art und Weise, wie sie sich von dem Haus entfernen, in dem Carlo, über die plötzliche Abreise nicht unterrichtet, zurückgeblieben ist, deutet auf erste Anzeichen von Erleichterung nach den letzten Ausbrüchen des Vaters hin. Sie haben nur das Allernötigste dabei und das Täschchen mit Susannas Schmuck, der sich bald als wenig hilfreich herausstellen wird. Wie sie es nach Gesprächen voller Unsicherheit beschlossen hatten, treffen sie im Haus ihres Bruders Gino in Rom ein. Nach einigen Wochen findet Susanna eine Arbeit als Gouvernante; ohne zu zögern bringt sie ihrem Sohn dieses Opfer. Pier Paolo wird in einem Untermieterzimmer an der Piazza Costaguti untergebracht, wenige Meter von dem Haus entfernt, in dem die Mutter arbeitet.
Die Briefe, die in diesem Zeitabschnitt hin und her gehen, drehen sich alle um die Nachwirkungen des Casarseser Unglücks und die Schwierigkeiten der Gegenwart: Silvana Mauri sucht

Unterstützung für ihn und Susanna; Sereni und Spagnoletti, die über das Vorgefallene auf dem laufenden sind, leisten ihre Hilfe, indem sie sich verstärkt für die zu veröffentlichenden Schriften einsetzen. Nach einem neuerlichen Vorstoß bei Bompiani hat Pasolini das Manuskript der *Nachtigall* an Mondadori geschickt, wo Sereni, Berater für die Lyrik-Reihe *Lo Specchio*, es wärmstens empfiehlt. Spagnoletti begeistert ihn nach der Wahl des Zyklus *L'Italia* für seine *Anthologie* mit der Prognose, sein »zukünftiges Abenteuer« bestehe darin, ein Dichter zu sein.

Die Piazza Costaguti liegt im jüdischen Ghetto, wenige Schritte vom Tiber entfernt, und da beginnt sein römisches Leben, obgleich er noch unsicher ist, ob er auch anderswo Arbeit suchen soll. Jeden Abend trifft er seine Mutter, und sie gehen mit einem Kind an der Hand spazieren; am Sonntagnachmittag gehen sie ins Kino.

Hinterher ist Susanna benommen und glücklich, sie wirkt, als sei sie in die Bologneser Zeit zurückgekehrt, in ihrer ironischen Leichtigkeit, mit der sie die Unwägbarkeiten des Schicksals annimmt.

Die Scham wegen seines Unglücks – »ich winde mich in einem elenden Leben, in einer Kette von Beschämungen« – hindert ihn, sofort Beziehungen zu den Literaten aufzunehmen, die er schon kennt.

Einsam lebt er in seinem Untermietzimmer, nimmt sich die »Kladden« wieder vor und arbeitet bis zu zehn Stunden täglich an seinen friaulischen Träumen, die er nun in ihrer Zeit als abgeschlossen empfindet, ohne ihnen nachzutrauern. Er arbeitet an einer dritten romanhaften Niederschrift von *Unkeusche Handlungen* und *Amado mio*; er schreibt weiter an *Der Traum von einer Sache* und bittet die friaulischen Freunde um zusätzliche Informationen – richtiggehende Protokolle – über die berühmte Bauernrevolte.

Statt der Literaten trifft er einen Dichter, der jeden Abend am Lungotevere spazierengeht und mit grenzenloser Offenheit für nächtliche Überraschungen »die Brücken überquert«. Bissigen

Klatsch erzählt er, zuweilen bösartig bis zur Niedertracht: Es ist der Dichter Sandro Penna. Jeden Abend kommt er aus seiner Wohnung in der Via della Mola de' Fiorentini, kennt alle Jungen, die an den Fluß kommen, handelt mit allem möglichen, von Gemälden bis zu Füllfederhaltern, und arbeitet nie. Penna hat in seinen Gedichten mit unnachahmlicher Magie all jene Aspekte der ersehnten Stadt ausgemalt, die sich nun konkret vor den Augen des »aus dem Friaul Verbannten« darbieten, und er findet, was er dort suchte: mediterranes Klima und heidnische Freiheit. In einem »von absoluten Neuheiten bluttriefenden Rom« brummt ihm der Kopf von den Rufen am Campo de' Fiori, das Trauma des Übergangs von der Vergangenheit zur Gegenwart ist sehr stark: die ländliche Luft im Friaul und die barocken Lichter Roms; die in Versuta zitternden Herzens ausgetauschten Grüße und die Ausrufe des römischen Pöbels; das verborgene Geschlecht der friaulischen Jungen, über das man Tränen vergießt, und die Schlange, die sich »gallertartig und unbestimmt wie ein Duft« mitten durchs Heilige Jahr windet. Die Straßen am Tiber, schwarz von Pissoirs, der Giannicolo mit den Nutten, der Hafen, schwarz von Kot und Präservativen, Ciriola mit seinen unverfrorenen Jungen, die sich gleich beim ersten Blick hingeben, daraus besteht Rom für ihn im Jahr 1950, visionär und voll Musik.

»Ein Leben, bei dem nur die Muskeln zählen, umgestülpt wie ein Handschuh, absolut bar jeder Gefühlsduselei, und dabei sind diese menschlichen Organismen so sinnlich, daß sie fast mechanisch wirken.«

Nach Penna begegnet er dem Dichter Giorgio Caproni:

»Lange Zeit haben wir uns beinahe jeden Tag gesehen. Er kam mich in der winzigen Sozialwohnung besuchen, in die ich gerade erst eingezogen war – sie lag gegenüber der luxuriösen Wohnung von Bertolucci –, und ich war unwiderstehlich angezogen von seinem eckigen – angespannten – Gesicht und seinen funkelnden und doch so sanften Augen, in denen man zwar leicht eine gewisse Trostlosigkeit lesen konnte, aber auch eine äußerste Entschlossenheit.

Er war genauso arm wie ich: vielleicht noch ärmer als ich, der ich nicht einmal einen Stuhl besaß, den ich ihm hätte anbieten können.

Er zeigte mir die Straßenbahnfahrkarte und las Weissagungen aus der Seriennummer heraus, ohne sich je über seine Armut zu beklagen. Denn unter der scheinbaren Unschlüssigkeit und Schüchternheit besaß er ein eisernes Vertrauen. Er hoffte, daß ich ihm ein wenig Arbeit verschaffen würde, ich, dem es nicht einmal gelungen war, mir selbst welche zu verschaffen.«[17]

Seinen Briefpartnern ruft er zu: »Rom ist göttlich!«, aber ohne Mittel zum Überleben ist er hin- und hergerissen zwischen den Versuchungen jener »Göttlichkeit« und dem Selbstmord. Er tritt in die Statistengewerkschaft in Cinecittà ein; Ennio de' Concini empfiehlt ihn einem Produzenten »für kleine Nebenrollen«, aber er muß noch lange warten, bis er zwei Tage arbeiten darf. Vergeblich bietet er überall an, Nachhilfestunden zu geben; er liest Fahnenkorrektur bei einer Zeitung und verkauft im äußersten Fall auch einmal seine Bücher.

Nach vagen Angeboten, bei Zeitungen mitzuarbeiten, gelingt es ihm ab Mai, einige Artikel – Rezensionen, Erzählungen und »Verschiedenes« – in den katholischen und rechtsextremen Tageszeitungen *ll quotidiano*, *Il popolo di Roma*, *Libertà d'Italia* zu veröffentlichen.

Unmittelbar nach der Entdeckung Roms tritt mit jener »heftigen, geballten Lebenskraft«, die seine Existenz und sein Schreiben wie ein einziges Experiment trägt, seine neue Berufung als Erzähler zutage:

»Ich habe meine Romane spät geschrieben, weil ich mich in neuen Situationen befunden habe, in denen das Milieu vor allem ›romanhaft‹ für mich war. Romane zu schreiben hat für mich bedeutet, im Schreiben die romanhafte Situation der Wiedererkennung des Anderswo zu erleben.«

Er schreibt die ersten »Skizzen« für *Ragazzi di vita*: *Squarci die notti romane* [Schlaglichter auf römische Nächte], *Il Biondomoro* [Der Blondschwarze], *Gas* [Gas], *Giubileo* [Jubiläum].

Rom ist nicht nur ein Gegenstand, den es zu beschreiben gilt, sondern auch ein bestimmtes Weltgefühl. Man braucht viel Energie, um ihm hinterherzujagen: Tagsüber auf den schwimmenden Badeanstalten am Ponte Garibaldi und am Ponte Sisto, abends auf den Tiberstraßen, zusammen mit

Sandro Penna und PPP

Penna, der es als erster poetisch umsetzt. Nach Pennas im römischen Zentrum und in Trastevere angesiedelten kristallklaren Erinnerungen dringt Pasolini sofort in das unbekannte Land einer ganz anderen Stadt vor, »die nur derjenige ausdrücken kann, der sie in völliger Bewußtlosigkeit erlebt«. Während er dieser Entdeckung auf der Spur ist, bezeichnet er sich selbst mit bemerkenswerten Namen, die in ihrer eindrucksvollen geballten Metaphorik interessant sind: Villon, Scheißerei, Ungeübter Tölpel, Je, Schaf, der Leidenschaftliche, Leautréamont, der Reporter, François. Jeder einzelne und alle zusammen sind: »Dieser Abzug, dieser Abfluß, dieser Sende- und Empfangsapparat, durch den das unaussprechliche Rom einen Weg findet, sich auszudrücken.«
Von den »fiebernden Tiberstraßen« aus dringt er in andere Stadtteile vor, das »sagenhafte San Paolo«, Testaccio, Monteverde, Primavalle, »verdreckt mit Schwindsüchtigen, Dieben und Nutten«. Es ist das Heilige Jahr, und »die Huren von Bonichi verbrannten auf Freudenscheiterhaufen ihre päpstlichen Schleier«. Die Jungen tragen ihr Haar ›alla ghigo‹, mit viel Pomade zurückgekämmt, sind braun wie »im Schlamm steckende Statuen«. Im Sommer trifft er sie auf der schwimmenden Badeanstalt von Orazio am Ponte Sisto:

»Nach einer halben Stunde, wieder auf dem Sand, sah ich Nando, der ans Geländer des Schwimmfloßes geklammert war und mich rief:

›Heda‹, sagte er zu mir, ›kannst du ein Boot lenken?‹ ›So einigermaßen‹, antwortete ich. ›Was kostet es?‹ fragte er. Der Bademeister würdigte ihn keines Blickes; es war, als spräche er zu dem Wasser, über das er gebeugt stand, und noch dazu wütend: ›Hundertfünfzig eine Stunde, für zwei Personen.‹ ›Verdammte Tat‹, sagte Nando mit seinem kleinen, stets lachenden Gesicht. Dann verschwand er in den Umkleideräumen. Er tauchte neben mir auf dem Sand wieder auf, wie ein alter Freund.

›Ich hab' hundert Lire‹, sagte er zu mir.

›Du Glücklicher‹, erwiderte ich, ›ich bin völlig blank.‹ Er verstand nicht.

›Was bedeutet *blank*?‹ fragte er.

›Daß ich nicht einen Groschen habe‹, erklärte ich.

›Wieso? Arbeitest du nicht?‹

›Nein, ich arbeite nicht.‹

›Ich dachte, du arbeitest‹, bemerkte er.

›Ich studiere‹, sagte ich zu ihm, der Einfachheit halber ...«

Außer Energie braucht man auch viel Gesundheit, um Tag und Nacht durch diese Welt zu streifen, und in der Tat stellt er der ersten römischen Erzählung dieses bei Sainte-Beuve entnommene Motto voran: »Das Schönste, das Heiligste, das Poetischste auf der Welt ist, gesund zu sein.«

Im August gewinnt er mit den friaulischen Versen von *El testament Coran* den zweiten Preis des Lyrikwettbewerbs von Cattolica *Calendario del Popolo*. Susanna ist in Montecassiano in der Provinz Macerata in einer Villa der Familie, bei der sie arbeitet. Sie schreibt ihm am 27. August:

»Wenn Du sehen könntest, was für ein schönes Dörfchen Montecassiano ist! Es gleicht einer Miniaturstadt. Es steht auf einem Hügel, ist von hohen Mauern umgeben und besitzt einen hübschen kleinen Platz zwischen zwei Stadttoren. Von der Terrasse aus sieht man in etwa zehn Kilometern den Hügel, auf dem Recanati erbaut ist. Jetzt ist es in Reichweite, jeden Abend sehe ich dort die Lichter angehen. Ich würde sehr gern hinfahren. Um diese Zeit würde ich mit Dir spazierengehen, wäre vielleicht etwas benommen, falls der Film langweilig war, aber noch einige Stunden zufrieden. Ich hoffe, daß Deine Angelegenheit, wie Du sagst, im September geregelt wird; schreib mir bitte auf jeden Fall, bevor Du losfährst, und wenn Du in Casarsa bist, wirst Du Guido besuchen und sein Grab küssen, auch für mich, und bring ihm einen Strauß Blumen, wenn Du kannst. Brauchst Du Geld?«

Die »Angelegenheit«, auf die Susanna anspielt, ist der Prozeß wegen der »Tatbestände von Ramuscello«. Im Dezember endet der Prozeß am Amtsgericht in San Vito mit einer Verurteilung zu drei Monaten mit Bewährung wegen Unzucht, während der Anklagepunkt der Verführung Minderjähriger mangels Klage weggefallen ist.

Die Trennung hat die Beziehungen zum Vater verbessert, vielleicht ist auch jetzt schon im Gespräch, daß er bald zu ihnen nach Rom übersiedeln soll.

Nach der ersten Zeit, in der Pier Paolo das Literatenmilieu gemieden hat, stellt er nun einige Beziehungen her: zu Velso Mucci, Enrico Falqui, Libero Bigiaretti, Giorgio Bassani, Attilio Bertolucci, Carlo Muscetta.

Bassani versucht, ihm zu helfen, indem er ihn der Fürstin Marguerite Caetani, die die Literaturzeitschrift *Botteghe Oscure* leitet und finanziert, als Bibliothekar vorschlägt, aber sein jugendliches Alter verhindert seine Einstellung.

Muscetta fragt ihn nach den friaulischen Gedichten, um sie dem Verleger Einaudi vorzulegen.

Er schreibt Gedichte, die dann, unter dem Titel *Roma 1950 – Diario* [Rom 1950 – Tagebuch] zusammengefaßt, im Jahr 1960 bei Scheiwiller erscheinen werden.

VERFOLGT, VERBANNT UND AUSGESTOSSEN
1951

Neujahr 1951 feiert er mit dem Schriftsteller Giovanni Comisso und dem Cousin Nico Naldini in Chioggia. Nachdem ihm eine Bande betrunkener Jungen die Brieftasche gestohlen hat, wird er, das Opfer, von den Carabinieri in die Sicherheitszelle gesteckt. Das kürzlich ergangene Urteil hat ihn zum »Verfolgten, Verbannten und Ausgestoßenen« gemacht.
Als er Anfang Januar nach Rom zurückkehrt, muß er wegen Beckenbruchs nach einem Sturz einen Monat lang das Bett hüten. Die Briefe an die Freunde klingen weiterhin angstvoll, handeln von Arbeitslosigkeit und Armut, während er das zweite Jahr des römischen Lebens beginnt.
»Dieses Geschick, so neu / daß man vor Staunen aufschreit«, führt ihn von seinen Streifzügen im Zentrum an die Peripherie:
> »Was die Stadt angeht, gehört ihr Gleichnis zum Unbekanntesten, was man sich vorstellen kann. Wir waren Eroberer aus der Provinz à la Balzac (oder D'Annunzio) gewohnt, die sich beim Anblick der ihnen zu Füßen liegenden Hauptstadt vornehmen, ihr den Hals umzudrehen und sie zu zähmen: ›A nous deux, maintenant!‹ Pasolini kommt als Ausgestoßener nach Rom (ich erinnere mich an seine Briefe aus Ponte Mammolo, an das Elend, das seine Mutter mit Aufopferung lindern half) und lernt die Stadt von der Verworfenheit und Verwahrlosung der Peripherie her kennen.«

> »Dem Flaubertschen Kanon des ›Erhabenen von unten‹ gehorchend, auf den sich der scharfsinnigste der Kritiker Pasco-

lis berief, setzte Pasolini ihn inzwischen in die Tat um, indem er mit unantastbarer Reinheit schlicht unter das menschliche Niveau abstieg: der Pasolini der Romane über die Borgate schließt sich rigoros in einen Horizont von ›monnezza‹, von Abfall und Abschaum, ein. Bemerkenswert ist, daß die Kenntnis dieses Elendskosmos, dieser Grenze des Menschlichen, durch Glossare erleichtert wird, die den lexikalischen Tafeln, welche Pascoli für seinen bäuerlichen Stoff, die Garfagnana, zusammenstellte, durchaus vergleichbar sind. Es ist eine Abkehr von der Norm, ein Auseinanderklaffen, das ursprünglich dem vom Dialekt begründeten verwandt ist.«

(G. Contini)

Im Juni veröffentlicht er in *Paragone* die Erzählung *Il ferrobedò,* die dann, mit Varianten, das Anfangskapitel von *Ragazzi di vita* bildet. (Ferrobedò ist die römische Verstümmelung von »Società Ferro Beton«, dem Namen einer großen Stahlbetonfabrik in der Borgata Donna Olimpia, »die Matrix, das Milieu, in das die Kindheit von Riccetto und den anderen eingebettet ist«.) Der geplante erste Roman, der sich vor einem immer weiteren Horizont herausbildet und nach und nach alle Kreise der Hölle der römischen Borgate [Vorstädte, Anm. d. Ü.] mit einschließt, besteht vorerst, neben einigen schon geschriebenen Erzählungen und »Skizzen«, aus einer Reihe von Anamnesen und aus Karteikarten, Gedächtnisstützen, um Tag für Tag unmittelbar nach der Erfahrung Ausdrucksweisen, Milieus und Physiognomien festzuhalten.

»So begann ich, nachdem ich den Dialekt vorher aus subjektiven Gründen, als rein poetische Sprache verwendet hatte, nach meiner Ankunft in Rom, den Dialekt des römischen Subproletariats gerade umgekehrt in objektiver Weise zu benutzen, um eine möglichst exakte Beschreibung der Welt zu erreichen, die ich vor mir hatte. [...]

Die dialektalen Jargonausdrücke brauche ich unbedingt, um zu schreiben ..., sie geben mir die Heiterkeit, die ich brauche, um meine Personen zu verstehen und zu schildern. [...]

Die mimetische Operation schließlich bedarf der geschicktesten und beharrlichsten stilistischen Recherchen (da ja notwendig eine Kontamination der Ausdrucksweisen stattfindet, der des Erzählers und der der Personen, eine Kontamination von Hochsprache und Dialekt etc.)..., sicherlich muß man die Dinge direkt, unmittelbar sprechen lassen: doch um ›die Dinge sprechen zu lassen‹, muß man ›Schriftsteller sein, sogar auf hervorragende Weise Schriftsteller‹.«

In den Borgate lebt die Vorstadtbevölkerung, aber außer den kürzlich Zugewanderten leben hier auch Leute, die zwanzig Jahre vorher im Herzen Roms ansässig waren. Ihre Geschichte ist die Geschichte von den Übergriffen des Faschismus, der das Volk mit Gewalt aus seinen angestammten Vierteln Borgo Pio, Trastevere und San Lorenzo vertrieben und in der Borgata Giordani, in Pietralata und Tiburtino III versprengt hat, dort überlebt es mit seinem alten Bellischen Witz, mit seinem Ehrenkodex und der Vornehmheit einer Kaste, zu der dieser Pöbel sich zusammengeschlossen hat, und zwar mit einem Dünkel, den »ein Bourgeois sich gar nicht vorstellen kann«.

Abtrünnig und ausgestoßen wie die Menschen jener Welt, läuft er Tag und Nacht durch die Borgate, wo es »viel Sonne, viel Lustigkeit« gibt; und wo der plebejische Narzißmus seine erotischen, heiter schrankenlosen Kontrapunkte hat.

An einem Sommertag trifft er auf dem Kiesbett des Aniene Sergio Citti, einen achtzehnjährigen Tüncher, der ›Il Mozzone‹ [Der Kippenraucher] oder auch ›Er pittoretto della Maranella‹ [Der Malerbub aus Maranella] genannt wird:

»Diese Begegnung kommt mir vor wie ein Traum, wenn ich daran denke«, erinnert sich Sergio Citti, »wir blieben den Abend zusammen, saßen die ganze Nacht auf den Stufen einer Schule und unterhielten uns. Pier Paolo redete und redete, ich redete auch, er sagte Sachen über das Leben, und ich begriff, daß ich diese Sachen auch in mir hatte, aber ich begriff, daß ich, hätte er sie nicht gesagt, niemals kapiert hätte, daß ich sie auch in mir hatte.«[18]

»Was hätte ich gemacht, wenn ich Paolo nicht getroffen hätte? Arbeiter zu sein hatte ich schon satt ... Ich wäre bestimmt ein Dieb geworden! (Und wer weiß, ob ich das nicht noch schaffe ...)«[19]

Pasolini erinnert sich:

>»Ich glaube, er hatte nur die ersten drei Klassen Mittelschule gemacht, in einem Heim (einem jener Heime, die im allgemeinen die echten gefährlichen Verbrecher ausbilden unter dem Vorwand, sie umzuerziehen: das heißt, sie lehren sie die bürgerliche Moral, damit sie die dann ausnützen oder vorheucheln können). Sergio ist natürlich unversehrt aus dieser Umerziehung hervorgegangen. Die einzige negative Spur, die vielleicht von dieser mißlungenen Schulbildung in ihm zurückblieb, ist eine gewisse Verschärfung des Sadismus, der, wenn man so will, seine Grenze ist. Andererseits entstand sein Sadismus durch die in der Kindheit erlebten Tragödien, die in einer Familie aus dem Volk eben vorkommen und auf die er ansonsten sofort mit philosophischem Gleichmut reagierte. [...]
>Er lebt das Leben seiner gesellschaftlichen Klasse, nämlich das eines römischen Proletariers, der eng mit dem Subproletariat in Berührung steht und dessen Ideologie übernimmt, indem er die Welt der Arbeit als bedeutungslose Notwendigkeit betrachtet, sich dessen aber dennoch durch atavistischen Einfluß bewußt ist (Großvater und Vater waren Anarchisten).«[20]

Sergio wird sofort sein »lebendes Lexikon« für römischen Dialekt, berichtet ihm über Gaunersprache und Bandenjargon der Borgate, mit der Promptheit seiner scharfsinnigen Intelligenz und einer Authentizität, die keine Manipulationen zuläßt.

Die Wohnung, in der die Familie Pasolini seit Juli 1951 wieder gemeinsam lebt, liegt im Viertel Ponte Mammolo; einer etwas zivilisierteren Borgata, bewohnt von Arbeitern und kleinen Angestellten.

>»Als er nach Ponte Mammolo umzog, in eine erbärmliche Vorstadt, die viele Kilometer von meiner Wohnung entfernt war, lernte ich dort seine Mutter, die überaus sanfte Susanna, ken-

Von rechts nach links: Gadda, PPP, Ungaretti

nen, die ein unverdientes Vertrauen in mich zu setzen begann.

Bei unseren gegenseitigen Besuchen gingen Pier Paolo und ich, in Ermangelung von Sprit, diese ganzen Kilometer zu Fuß; wir sprachen wenig dabei, beobachteten jedoch viel, in einer wegen des Krieges noch zerstückelten Landschaft.« (G. Caproni)

Nachdem er den kleinen Saal der *Academiuta* an einen Photographen vermietet hat, ist der Vater mit Möbeln, Büchern und Hausrat von Casarsa nach Rom übergesiedelt. Alter und Einsamkeit haben sein Wesen noch bedrückter gemacht:

»Und mein Vater sitzt immer da, allein in der armseligen kleinen Küche, die Ellbogen auf den Tisch gestützt und das Gesicht zwischen den Fäusten, reglos, böse, voll Schmerz; er füllte den kleinen Raum aus mit der Größe, die toten Körpern eigen ist.«

Er überlebt sich selbst, läßt aber unvorhersehbarerweise seine besten Seiten hervortreten. Von jetzt an ist er – wenn auch mit häufigen Krisen – der Sekretär des Sohnes, kümmert sich um alltägliche Aufgaben und nimmt an jedem Schritt seines beginnenden Ruhmes teil.

Der Dichter Carlo Betocchi schreibt ihm am 23. September:

»Als ich den Artikel und Ihren Namen sah, kamen Sie mir sehr lebhaft wieder in den Sinn, so wie ich Sie vor Lombardis Geschäft in der Via della Gata kennengelernt hatte: und der Ausruf meiner Frau, die sich, als sie Sie mit dem Fahrrad in der Hand dastehen sah, plötzlich an die schönen Ebenen Venetiens, das zauberhafte Friaul erinnerte und sagte: er ist ein echter Friauler.

In der Zwischenzeit hatte ich, die nächtliche Ruhe einer Reise nach Mailand nutzend, alle Büchlein gelesen, die sie mir daließen, denn bisher hatte ich nicht einmal die sehr freundlichen Widmungen gelesen. In mir wurde wieder der Wunsch wach, jenen Artikel zu schreiben: und dies ist nun der erste Tag, den ich frei habe, nach dem, an dem Sie herkamen. Nach der Lektüre Ihrer Gedichte und des an Interessen so reichen Heftes möchte ich angesichts der Beweise einer so scharfsichtigen Zivilisiertheit hoffen, daß der Artikel mir nicht nur vom Herzen und von der langgewohnten Zuneigung, die ich für Ihre Region und deren Menschen hege, diktiert wird, sondern daß er jene Überlegungen wiederbelebt, die ich mit Ihnen über Dialekte und Sprachen teile. Eure Initiative war ganz klar und wunderschön: schade, daß sie an ihrem angestammten Platz, den Heften aus Casarsa, verstummen mußte.«

Unter den wenigen friaulischen Freunden, die sich an ihn erinnern, ist Luigi Ciceri, ein Arzt und Literat aus Udine; er bietet ihm eine finanzielle Hilfe an, indem er ihm vorschlägt, ein Büchlein mit friaulischen Versen drucken zu lassen, das dann zwei Jahre später mit dem Titel *Tal còur di un frut* [Im Herzen eines Knaben] erscheint.

Im August macht er eine Reise nach Apulien und schreibt, für den üblichen mageren Journalistenlohn, eine Reportage aus Bari. Im Oktober gewinnt er ex aequo den Dichterpreis *Sette Stelle Sinalunga*. Spagnoletti schreibt ihm am 19. Oktober:

»Nie geben sie Dir mal einen Preis von einer halben Million, verdammt noch mal! Ich hab's gelesen und einen Wutanfall gekriegt. Das Wesentliche wäre, daß Du eine Anstellung, eine Arbeit findest, wie auch immer. Es ist wirklich unglaublich, daß man Dir heute in Rom nichts anbietet.«

Während er weiterhin trotz großer Skepsis nicht die Hoffnung aufgibt, die italienischen Gedichte bei Mondadori veröffentlicht zu sehen, nimmt er sich vor, »eine reifere und knappere Auswahl« daraus zu treffen; doch trotz Serenis und Spagnolettis Fürsprache bleibt der Bescheid, schlimmer als eine Absage, einfach für immer in der Schwebe.

Im Dezember erfolgt die heißersehnte Einstellung als Lehrer in der staatlich anerkannten Mittelschule in Ciampino; der abruzzesische Mundartdichter Vittorio Clemente hat bei der Schulbehörde als Vermittler schützend die Hand über ihn gehalten.
Die Reise von Ponte Mammolo nach Ciampino nimmt jeden Tag dreieinhalb Stunden in Anspruch: Eine Unternehmung, die anfangs noch in den Autobussen und Vorortzügen ihre angenehmen Augenblicke hat. Während der Fahrt liest er nacheinander alle bedeutsameren Werke der Mundartdichtung des 20. Jahrhunderts. Nachdem der erste Verlagskontrakt seiner Karriere zustande gekommen ist, stellt er für eine von Attilio Bertolucci geleitete Reihe des Verlags Guanda eine Anthologie der Mundartdichtung zusammen.
Er verkehrt im Hause Ungaretti, lernt in der Redaktion des Italienischen Rundfunks Carlo Emilio Gadda kennen. Der Ingenieur, der gerade *Quer pasticciaccio brutto de Via Merulana* [dt.: *Die gräßliche Bescherung in der Via Merulana*] schreibt, ist von der Sprache der neugebauten Vorstädte angezogen und dringt manchmal bis Ponte Mammolo vor, wo er zusammen mit Bertolucci und Caproni bei Susanna, einer ausgezeichneten Köchin, zu Gast ist.
Er schreibt das kleine Poem *L'Appennino* [Der Apennin], das *Le ceneri di Gramsci* [dt.: *Gramsci's Asche*] eröffnen wird, und die römischen Erzählungen: *Notte sull' Es, Studi sulla vita del Testaccio, Appunti per un poema popolare*, die in *Alì dagli occhi azzurri* erscheinen werden [Nacht über dem Es, Studien über das Leben in Testaccio, Aufzeichnung für ein volkstümliches Poem, dt.: *Alí mit den blauen Augen* (Auswahl)].

DER ARMSELIGE LOHN EINES SCHULLEHRERS
1952–1954

Er schickt dem Verlag Guanda die Sammlung friaulischer Verse mit dem vorläufigen Titel *Romancero*, der dann umgeändert wird in *La meglio gioventù*.
Spagnoletti schreibt ihm am 9. Januar:
> »Ich habe Guanda vor ein paar Tagen am Rockaufschlag gepackt und ihm gesagt, daß er um jeden Preis Deine wunderschönen friaulischen Gedichte veröffentlichen muß, und zwar sofort. Ich sah sie auf seinem Tisch liegen und habe sie gelesen. Gut so, Pier Paolo!«

Der Verleger aus Parma bleibt auch tätlichen Aufforderungen gegenüber taub. Anna Banti macht Pasolini im April ein konkreteres Versprechen für die Reihe *Paragone*.
Er pendelt nach Ciampino und arbeitet nachmittags in dem »tristen, über dem Schlamm der Straße thronenden Maurerzimmer« in Ponte Mammolo; abends trifft er seine Freunde Bertolucci und Caproni oder fährt nach Tor Pignattara zu Sergio Citti, dem er unzählige Fragen zu Situationen und Sprache in der Welt des römischen Dialekts stellt.

> »Sergio Cittis Stimme ist immer tief und heiser, und was er sagt, klingt immer, als stünde es in Klammern, wäre nur unter Vorbehalt hingehaucht (ins Nichts: es ist der einzige würdige Gesprächspartner; ins Nichts, das sich gewöhnlich rechts vom zufälligen realen Gesprächspartner befindet...). Man muß ein geübtes Ohr haben, will man die Bemerkungen verstehen, die er, je nach Inspiration, zwischen Heiserkeit und Schmunzeln

jener Luftgestalt zuflüstert, welche sich rechts von uns etwas unterhalb unserer Schulter befindet: an diese wendet sich auch Sergios schwarzes Puttenauge mit schurkisch-grausamem Blitzen: unwandelbare Bezeugungen einer stoisch-epikuräischen Teilnahmslosigkeit, zwar neugierig auf das Leben, aber ohne jede Illusion darüber.«[21]

Pasolini verwendet Sergios Antworten nicht dazu, zwei unvereinbare Welten verbinden zu wollen – seine eigene und die des Jungen aus der Borgata –, also jene Antworten wie eine Intarsie volkstümlicher Ästhetik aufscheinen zu lassen. Sergio ist auch keine »tranche de vie«, sondern das antizipierende oder direkt entziffernde Subjekt einer Realität, die durch die komplizierten milieubestimmten und psychologischen, luftigen und untergründigen Raster der Welt der Borgate zu Pasolini dringt; und zwar nachdem er mit dieser Welt unendliche Komplizenschaften eingegangen ist und diese Komplizenschaften – die ja sein ästhetisches Prinzip verkörpern – zwischen eigener »innerer Verkommenheit (aber nicht totalem Verderben)« und der »brutalen Vitalität der Außenwelt (dem subproletarischen Milieu) stattfinden: zwei Eiter, die sich mischen, mit goldenen Reflexen«.

Im April ist in Pordenone die letzte Station des Leidensweges erreicht: Der Prozeß wegen der Vorfälle in Ramuscello endet mit Freispruch aus Mangel an Beweisen, auch was den Vorwurf der Unzucht in der Öffentlichkeit betrifft.

Als er auf der Fahrt zum Gericht die alten friaulischen Orte wiedersieht, steigen widerstreitende Gefühle in ihm auf: visionäre Sehnsüchte, die im ländlichen Frühling mitschwingen, und Langeweile, Groll auf jene provinzielle Kultur, deren Beschränktheit noch seine Erinnerungen trübt. Über diesen dem wirklichen Leben fremden, aber permanent und obsessiv empfundenen Aspekt schreibt Pasolini gerade ein seltsames Pamphlet mit dem Titel *Il disprezzo della provincia* [Die Verachtung der Provinz], eine Erzählung, die nur aus Dialog und Aktion besteht und mit ausgesuchter Objektivität die Linien bestimmter

Kreise und die Profile bekannter Persönlichkeiten nachzeichnet. Dem Projekt, das gleich nach der Niederschrift des ersten Kapitels wieder fallengelassen wird, ist folgende Stelle aus einem frühen »Tagebuch« Ascolis vorangestellt:

»Oft sorgen wir uns so sehr um den Schein, daß wir ihm gar das Wesen opfern, und zwar, damit die anderen nicht der Sache gewahr werden, die uns schmerzt. Dies muß in dem entsetzlichen Verdacht begründet sein, daß die anderen unser Leid genießen; bring unsere Feinde nicht zum Lachen, schrieb mir meine Mutter kürzlich, und diese schrecklichen Worte fanden am Grunde meines Herzens bereitwilliges Echo. Doch man braucht Kraft; Verachtung oder Mitleid für die Bosheit; und die erlangt man, wenn man sich der Tugend zuwendet.«

Im Mai bekommt er den *Premio Taranto* für die Erzählung *Terracina – Operetta Marina*. Während des »Sommers ohne Gehalt« jagt er weiteren Literaturpreisen nach und nutzt seine Beziehungen, so gut er kann. Mit dem – zwischen '48 und '51 verfaßten – Essay über Ungaretti *Un poeta e Dio* [Ein Dichter und Gott] bewirbt er sich um den *Premio delle Quattro Arti* in Neapel, wo Luciano Anceschi zu den Jurymitgliedern gehört. »Ich wünsche mir, Dich als Sieger bei dem Wettbewerb für den kritischen Essay zu sehen«, schreibt ihm Spagnoletti am 26. Juni.

Alberto Moravia und Elsa Morante beim Premio Strega, 1952

»Es dürfte unseren Freunden nicht schwerfallen, unter allen anderen Deine großen Fähigkeiten auszumachen. Mit Anceschi habe ich schon in diesem Sinne gesprochen.« Er gewinnt zusammen mit Leone Piccioni und Franco Rizzo. Er arbeitet bei der von Roberto Longhi und Anna Banti herausgegebenen Zeitschrift *Paragone-Letteratura* mit; bei der Literatursendung *Approdo letterario* der Rai; bei Mario dell'Arcos Blättchen für Mundartdichtung *Orazio* und *Il Belli*; er schreibt das Vorwort zu *Il fiore della poesia romanesca* [Die Blüte der römischen Dichtung], herausgegeben von Leonardo Sciascia. Er verbringt die »roten und öden« Sommermonate unterwegs in den Vorstädten, im Schlamm des Tibers, während er an *Ragazzi di vita* weiterarbeitet: »Wenn man vom Leben alles aufgezehrt hat, bleibt noch alles.« Am Ende des Jahres kommt der Abschluß des Romans in Sicht; nach mehr als zwei Jahren Arbeit erwarten ihn zwei weitere Jahre, in denen er korrigiert und feilt: »Ich habe wieder weiterarbeiten und an meine Arbeit glauben können.«

Zu Beginn des Schuljahres beginnt wieder das Hin und Her zwischen Wohnung und Ciampino, um sich »den armseligen Lohn des Schullehrers« zu verdienen. Im Dezember kommt die Anthologie *Poesia dialettale del Novecento* [Dialektdichtung des 20. Jahrhunderts] heraus, auf deren Frontispiz vor dem seinen der Name von Mario dell'Arco erscheint, die Arbeit aber hat er ganz allein gemacht, »auch im manuellen Sinn«. Die »umfangreiche Anthologie«, die mit einer langen Einführung vierundvierzig Dichter aus ganz Italien versammelt, findet großen Anklang. Denkwürdig unter den Rezensionen die von Montale im *Corriere della Sera* vom 15. Januar 1953:

»Pasolini, Bologneser, schreibt Verse im mütterlichen Dialekt, nämlich nach dem von Casarsa im Friaul, und auch italienische Verse, die heute mit zum Interessantesten gehören und noch nicht in einem Band zusammengefaßt sind. [...] Nur ein junger Dichter konnte ein derartiges Werk mit so viel sicherer Intuition und einer so festen Überzeugung zu Ende führen, daß die Dichtung – ob gebildet oder ungebildet, in Italienisch oder in Dialekt – alles andere als von der Welt verschwunden ist.«

Er beginnt *Il canto popolare* [Der Gesang des Volkes], der zwei Jahre später in einer von Vittorio Sereni herausgegebenen Reihe veröffentlicht wird.

Nach der Anthologie der Mundartdichtung beauftragt ihn Attilio Bertolucci, im Namen des Verlegers Guanda, eine zweite Anthologie zusammenzustellen, die der italienischen Volksdichtung gewidmet ist; sie erscheint 1955 unter dem Titel *Canzoniere italiano* [Sammlung italienischer Volkslieder].

PPP

Im Jahr '53 kommt das Bändchen mit friaulischen Versen *Tal còur di un frut* heraus. Luigi Ciceri gibt es in Tricesimo für die Editionen *Friuli di lingua friulana* [Friaul auf friaulisch] mit einer Notiz von Andreina Ciceri und einem Widmungsbrief Pasolinis »An den Verleger« vom 22. Dezember 1952 heraus.

Ab Februar arbeitet Pasolini an der neuen, von Giancarlo Vigorelli geleiteten Illustrierten *Il Giovedì* mit Rezensionen und Poesieessays mit, die später zum Teil zu dem Band *Passione e ideologia* [Leidenschaft und Ideologie] zusammengefaßt werden.

Im April trifft er den Verleger Livio Garzanti, dem Bertolucci die Erzählung *Il ferrobedò* in *Paragone* gezeigt hat. Garzanti bietet ihm an, den Roman zu veröffentlichen.

Er trägt weiter Texte der Volksdichtung zusammen und bittet dafür in mühevoller Kleinarbeit die Bibliotheken ganz Italiens um Leihgaben.

An Radiobeiträgen steht eine Hörspielfassung der Erzählungen von Bandello in Zusammenarbeit mit Carlo Emilio Gadda in Aussicht; leider kommt sie nicht zustande.

Er bewirbt sich, ohne Erfolg, mit dem Einführungsessay der Anthologie der Mundartdichtung um den *Premio Viareggio*.

Im September bekommt er den zweiten Preis beim *Pordenone* mit *Lied* [Deutsch im Original, Anm. d. Ü.], einer im Friaul angesiedelten Erzählung, die dann in *L'Approdo lettarario*

(April–Juni 1954) erscheint und später, umgearbeitet, in *Der Traum von einer Sache*.

Er nimmt mit drei friaulischen Gedichten am Poesiewettbewerb der Friaulischen Philologischen Gesellschaft teil, wo er im folgenden Jahr mit Scheinargumenten abgelehnt wird.

Nachdem er die ab 1945 geschriebenen italienischen *Diarii* [Tagebücher] noch einmal in die Hand genommen und eine Auswahl davon an Sereni geschickt hat, wird die Veröffentlichung von *Il canto popolare* [Der Gesang des Volkes] beschlossen, einem in den Jahren 1952 und 1953 verfaßten »Gedicht in Balladenform«, das im darauffolgenden Jahr erscheint. Die Verlagsbanderole des Bändchens kündigt eine baldige Gedichtsammlung an: »Einige veröffentlichte und unveröffentlichte kleine Dichtungen werden in Kürze bei einem Mailänder Verlag unter dem Titel *L'umile Italia* [Das Italien der Armen] erscheinen.« Es handelt sich um den Zyklus *Gramsci's Asche*, der 1957 zusammen mit den bis 1956 verfaßten Gedichten erscheint.

Von der großen anthologischen Ausstellung in der Galerie für Moderne Kunst in Rom inspiriert, schreibt er das kleine Poem *Picasso*, das in *Botteghe oscure*, Heft XII, herauskommt. *Der Gesang des Volkes* und *Picasso* erscheinen dann mit Abwandlungen in dem Band *Gramsci's Asche*.

Er schreibt die beiden Gedichtzyklen *I Colùs* [Die Colùs] und *Il vecchio testamento* [Das alte Testament], die in der Abteilung *Romancero* am Schluß von *La meglio gioventù* erscheinen.

Im Oktober veröffentlicht er in *Paragone* die Erzählung *Ragazzi di vita* – ein »formidabler Gegenstand«, wird Contini sagen –, und nimmt sie dann mit einigen Varianten als viertes Kapitel in den Roman auf, der im Dezember fast fertig ist, »ganz klar in meinem Kopf«.

Neue Briefpartner sind: Der Mundartdichter aus Grado, Biagio Martin; der Bologneser Freund Francesco Leonetti, den er zwölf Jahre nach dem Freundschaftsbund der *Eredi* wiedergefunden hat, »vom ›Gefühl der Jahre‹ erfaßt, habe ich beinahe geweint«.

»Als ich das erste Drehbuch angenommen habe, war ich wortwörtlich am Verhungern.«

Im März beginnt er, zusammen mit Giorgio Bassani, die Arbeit am Drehbuch für den Film von Mario Soldati *La donna del fiume* [dt.: *Die Frau vom Fluß*] mit einer Ortsbesichtigung im Lagunengebiet von Comacchio.

»Die Arbeit eines Schriftstellers, der für das Kino schreibt, kann wunderbar sein: abstrakt gesehen halte ich sie einfach für wunderbar. Leider arbeitet man unter lauter ungebildeten, dummen Leuten, die nicht wissen, was sie wollen. Ein Drehbuchautor dürfte gar nicht wissen, daß es eine Produktion oder einen Verleih gibt: er müßte mit dem Regisseur arbeiten und basta...«

Diese unerwartete Arbeit, von der er »aus Gewinnsucht« seit Jahren geträumt hatte, verschafft »dem mühsamen Leben meiner Familie etwas Luft«.

Die finanzielle Besserstellung gestattet es der Familie, den Schlamm von Rebibbia hinter sich zu lassen und an einen »entzückenden und würdigen Ort« umzuziehen, eine Wohnung in Monteverde Nuovo, in der Via Fonteiana 86:

»Wo ich dann das Glück hatte, ihm zu begegnen und ihn kennenzulernen« – schreibt Paolo Volponi – »so daß ich in seinem Haus verkehrte und auch zu seinen Eltern Zuneigung faßte. Auch zum Vater, der sich finster abseits hielt, mir aber immer voller Stolz Pier Paolos veröffentlichte oder übersetzte Gedichte zeigte. [...]

Oft kam es vor, daß wir sonntags zusammen zu einigen Gemüsegärten hinausgingen, die Leute aus den Marken jenseits der Casilina, jenseits Tor Pignattara angelegt hatten, weil Pasolini eben interessiert war, bestimmte Milieus, Wörter, Ausdrucksweisen in Wirklichkeit zu sehen und zu verstehen: zum Beispiel, um Hinweise und Namen zu bekommen, die er damals für seinen ersten Roman brauchte: *Ragazzi di vita*. Dort hatte er die Brüder Citti kennengelernt, die später seine Schüler und Mitarbeiter werden sollten.

[…] Zu jener Zeit, in der er nach und nach bekannter wurde, führte er ein Leben, das nicht unglücklich, sondern sogar recht ruhig und heiter war, mit jener charakteristischen Milde, die ihn nie verlassen hat.«

Und Giorgio Caproni:

»Als er, schon betuchter, in die Via Fonteiana zog, ins selbe Mietshaus wie Gadda und zwei Schritte von seiner Via di Donna Olimpia entfernt, wo viele *ragazzi di vita* hausten, wurden unsere Begegnungen einfacher, und ich hatte Gelegenheit, den Vater kennenzulernen, den Oberst, dessen Gesicht Schweigen umschloß wie eine Sturmhaube.

Neben seiner Susanna, die sanft in einem Eckchen saß, um sich farbenfrohe Bilder, gemalt von ihm selbst und anderen, schrieb Pier Paolo damals an *Gramsci's Asche*, und es machte mir Spaß, seine unglaublich kleine Schreibmaschine aus schwarzem Gußeisen zu betrachten, die etwa so alt war wie eine Pyramide, ein echtes Museumsstück.

Ab und zu las er mir eine Strophe vor, die er – wie gewohnt – auf Blätter getippt hatte, die nicht größer als Heftseiten waren. […]

Er wurde sicherer, obgleich er seine diskrete und – fast möchte ich sagen – verhaltene Art bewahrte, sich gierig in die Stadt (in das Leben) stürzte und mir liebevoll vorwarf, daß ich, mit Absicht, draußen blieb aus dem großen Vogelbauer.

Einmal, als er mich in Quattro Venti, wo ich wohnte und wo damals noch die Schafe weideten, einen Brief einstecken sah, sagte er zu mir: ›Aber nein! Du mußt die Briefe im Zentrum einwerfen. Du darfst Dich nicht in der Peripherie abkapseln.‹ Ein Satz, der enthüllte, daß er schon damals fest entschlossen war, die *monedita del alma* in allem als Protagonist und nicht bloß als Statist auszugeben.«

Im Juni erscheint in der Reihe von *Paragone* der gesamte Corpus der friaulischen Gedichte *La meglio gioventù*, mit der Widmung »Für Gianfranco Contini – con amor de lonh«.

»Dies ist als mein erstes veröffentlichtes Werk zu betrachten.«

PPP bei einer Veranstaltung

Am 7. August schreibt Giacinto Spagnoletti ihm:
»Als ich Dein Buch gesehen habe, habe ich mich gefragt, ob es echt sei oder ob ich es mir mit den Augen der Phantasie selbst fabrizierte. Jenes Buch, das ich mehr als einmal am Horizont habe auftauchen und wieder verschwinden sehen, lag da, rund und fest: es wirkte wie ein Kind aus Fleisch und Blut. Und Du wirst sehen – das sagt mir das Herz –, daß es die ewige Jugend eines Epheben haben wird.«

Der Gesang des Volkes und *Dal Diario (1945–1947)* [Aus dem Tagebuch (1945–1947)] erscheinen.

Bevor er aus Ponte Mammolo wegzieht und bevor er mit *Ragazzi di vita* fertig ist, sieht er eines Abends »blitzartig« die Handlung von *Una vita violenta* [dt.: *Vita violenta*] vor sich:
»Es gibt eine Stelle auf der Tiburtina, auf der Höhe von Pietralata und kurz vor Tiburtino II und Ponte Mammolo (wo ich damals wohnte), die ›Forte‹ [Festung] heißt. Man sieht dort eine Kaserne, eine Bar, eine Fabrik, eine Anhöhe, ein halbkahles, infernalisches Hügelchen, den ›Monte Pecoraro‹ ... Es regnete oder hatte gerade zu regnen aufgehört. Die Luft war fauligfeucht und

schmerzend, mit jenem düsteren, zu leuchtenden Grabesblau, das man hinten am Horizont entdeckt, wenn das Wetter gegen Abend aufklart, es aber schon zu spät ist. Ich ging durch den Schlamm. Und dort, an der Haltestelle, wo der Bus nach Pietralata abbiegt, habe ich Tommaso kennengelernt. Er hieß nicht Tommaso: aber er war genauso, vom Gesicht her, wie ich ihn dann wiederholt in den Seiten von *Vita violenta* gezeichnet habe, und er war auch gleich gekleidet: in einen zerlumpten, aber ›ordentlichen‹ Anzug mit weißem, womöglich schmutzigem Hemd und violetter, abgewetzter schmaler Krawatte. Wie es die jungen römischen Männer oft machen, faßte er gleich Zutrauen: und in wenigen Minuten erzählte er mir seine ganze Geschichte: die Episode, die ich dann im ersten Kapitel erzählt habe, und seine Krankheit im Forlanini.

Dann verschwand er. Ich habe ihn nicht wiedergesehen. Weder in Pietralata noch in Tiburtino; in keiner dieser armseligen Straßen, die Dis' Stadt umgeben ...«

Zusammen mit Paolo Volponi gewinnt er in Marina di Pietrasanta den *Premio Carducci* für *La meglio gioventù*.

Am 3. August schreibt Sereni ihm:

»Vor meiner Abreise habe ich [Carlo] Bo gesehen, der mir vom ›Carducci‹ erzählt hat und von Mondadori, der Dir einen Vertrag für die Reihe ›Specchio‹ versprochen hat. Diese Verleger! Als wären Deine Sachen nicht schon vor vier, fünf Jahren vorgestellt und außerdem vom Unterzeichneten, dem man sie zu lesen gegeben hatte, wärmstens empfohlen worden!«

Im September macht er zusammen mit Giorgio Bassani auf den Spuren von Giotto und Piero della Francesca eine wunderschöne Reise im Auto durch Mittelitalien, die ihn dann zu den ersten Versen des zweiten Teils von *La ricchezza* [Der Reichtum] inspiriert.

Nach einem »dürren, wirklich unglücklichen« Sommer beginnt Anfang Oktober wieder die Qual der Schule; doch in diesem Jahr ist sie kürzer als sonst, weil Pasolini Ende Dezember endgültig das Lehramt niederlegt.

Am 28. Oktober schreibt ihm Francesco Leonetti:
> »Nach elf Jahren, und auch diese Zeitspanne ist, zum Teil, Anzeichen für meine schreckliche Ernsthaftigkeit (aber heute bin ich ja wieder ein ›Mann von Welt‹ geworden), sage ich: Nun ist der Punkt gekommen, an dem man eine Zeitschrift machen muß.«

Es ist die erste Ankündigung von *Officina*; und Pasolini antwortet ihm: »Ich glaube, daß es eine interessante Sache wird.« Er schreibt die kleinen Poeme *Comizio* [Parteikundgebung], die in *Botteghe Oscure*, Heft XIV, mit dem Titel *Notte a Piazza di Spagna* [Nacht an der spanischen Treppe] erscheinen; *L'umile Italia*, in der Aprilnummer von *Paragone* und *Le ceneri di Gramsci*, die dann mit Varianten in dem Band *Gramsci's Asche* zusammengefaßt werden.

Er schreibt die Erzählungen *Dal vero* [Nach der Wirklichkeit] und *Mignotta (Relazione per un produttore)* [Mignotta – Aufzeichnung für einen Produzenten], die in dem Band *Alí mit den blauen Augen* zusammengefaßt werden.

William Weaver übersetzt das Gedicht *Der Apennin,* das in der amerikanischen Zeitschrift *Folder* veröffentlicht wird.

Neue Briefpartner sind: der Dichter Vittorio Bodini, Herausgeber der Zeitschrift *L'esperienza poetica* in Lecce; Antonio Altoviti, Filmausstatter in Rom, der Verleger Livio Garzanti.

›RAGAZZI DI VITA‹
UND ENTSTEHUNG DER ZEITSCHRIFT ›OFFICINA‹
1955

Sergio Citti schreibt Pasolini einen Brief ohne Datum:
»*Lieber Paolo,*
ich weiß nicht, ob Du Dich noch an mich erinnerst, ich bin Sergio il Mozzone, ein herzl. Freund von Dir. Ich weiß nicht, ob Dir mein Brief angenehm ist. Ich hoffe, ja.
Also, lieber Paolo, ich arbeite jetzt in Fiuggi, und mein Bruder Franco hat mir gesagt, daß Du mich besuchen wolltest und ich im Gefängnis war, wo ich 40 Tage abgesessen habe. Glaub nicht, daß ich ein Verbrecher bin, ich bin immer noch der gleiche Junge, den Du gekannt hast. Deswegen glaube ich, daß Du immer noch mein Freund bist. Paolo, ich habe eine Erzählung geschrieben, und glaub mir, sie verdient es, von Dir angehört zu werden, damit Du sie beurteilst, denn ich glaube, sie ist wirklich schön. Ich hab sie im Gefängnis geschrieben. Nun Paolo schreib mir gleich, um mir mitzuteilen, wie es Dir geht und warum Du Dich von mir fernhältst. Ich lasse Dich jetzt, weil ich keine langen Briefe schreiben kann.«
Wenig später erlebt Sergio die Überraschung, viele der Geschichten und viel von dem Jargon, den er aus der Bar in Maranella kennt, in Pier Paolos Roman *Ragazzi di vita zu* lesen, und reklamiert einen Teil des Erfolgs auch für sich: »Hör mal, Paolo, wenn du kommst, dann tu mir den Gefallen und bring die Zeitschrift mit, wo du gesagt hast, daß mein Name drinsteht.«
Nach seinem Versuch, sich in Fiuggi niederzulassen, kehrt Sergio

PPP mit Sergio Citti

nach Torpignattara zurück; am lebhaftesten sind die Abende in der Bar sonntags, wenn über Fußballspiele diskutiert wird:

»Ich bin nicht für den AS Rom und auch kein Lazio-Anhänger. *Ich bin für Bologna.* Sergio ist für den AS Rom, und am Tag des Lokalderbys Lazio – Rom sagt er gleich nach dem Spiel: ›Die Leiche hat schon gestunken, als wir aus dem Stadion rauskamen. Und die stinkt noch die ganze Woche!‹«

In den ersten Monaten des Jahres hat *Ragazzi di vita* den letzten Schliff bekommen, und nach der Abgabe an den Verleger muß er Mitte April noch einmal Streichungen vornehmen, Wörter ändern, Buchstaben durch Pünktchen ersetzen, da man ihm auferlegt hat, »das Sprachmaterial zu kastrieren«: zu »unflätige Wörter« haben in diesen Roman Eingang gefunden, der es wagt, den »italienischen Rassenhaß« zu belauschen.

Die ersten Reaktionen der Buchhändler, die den Vorabdruck gelesen haben, weckten beim Verleger derartige Bedenken, daß die Veröffentlichung in Frage gestellt wurde, konnten aber schließlich durch die besprochenen und peinlich genau ausgeführten Korrekturen zerstreut werden. *Ragazzi di vita* erscheint

Ende Mai. Eine noch im Juni vergriffene Auflage und das positive Urteil vieler Kritiker deuten auf den ersten Erfolg seiner Karriere hin:

> »Es war auf der Piazza San Silvestro; ich ging, da hörte ich, wie mich plötzlich von weitem jemand rief: ›A Pa', a Pa'!‹ Ein etwa sechzehnjähriger Junge mit schwarzen lockigen Haaren lief quer durch das Gedränge auf mich zu und rief dabei fröhlich immer weiter: ›A Pa', a Pa'!‹ Er holte mich ein und drückte mir freudestrahlend die Hand, als wären wir alte Bekannte. ›Ich hab deinen Roman gelesen, a Pa'‹, sagte er sogleich zu mir. Und eine halbe Stunde lang stand ich verwirrt und eingeschüchtert da, als wäre nichts dabei und hörte ihm zu, wie er mein Buch zusammenfaßte und, um es wiedererstehen zu lassen, bei den Episoden verweilte, die ihm am ›schärfsten‹ erschienen. Dann ging er, leicht und erfahren wie die Römer sind, nach getaner Pflicht ganz fröhlich davon.«

Auch die »mißgünstige und bösartige« Rezension Emilio Cecchis, die am 28. Juni im *Corriere* erschien, hat letztendlich zum Erfolg beigetragen. »Wenn ich mir die Verkaufszahlen anschaue«, schreibt Livio Garzanti, »muß ich sagen, es ist wohl das erste Mal, seit Cecchi im ›Corriere‹ schreibt, daß sich durch ein Urteil von seiner Seite ein Buch verkauft. Danken Sie Cecchi doch dafür.«

Pasolini wiederum möchte den bissigsten Satz der Rezension in einen Werbespruch ummünzen:

> »Ein kluger Leser sagte zu mir, er habe bei *Ragazzi di vita* die ganze Zeit an *Cuore* von De Amicis denken müssen. ›Aber wie das?‹ fragte ich ihn ein wenig verblüfft. ›Ganz einfach‹, antwortete er: ›*Arcades ambo* [etwa: Brüder im Geiste, Anm. d. Ü.]. Das eine ist *Cuore in rosa* [Herz in Rosa]. Und das andere ist *Cuore in nero* [Herz in Schwarz]‹.«

Anfang Juli kommt er bei der Endrunde des *Premio Strega* »mit besonderer Unterstützung der Damen« und vorgestellt von Ungaretti und Carlo Bo auf den vierten Platz; Preisträger wird Giovanni Comisso.

Mit Vorbehalten und Beschuldigungen reagiert dagegen ein Teil der marxistischen Kritik.
Carlo Salinari schreibt:
> »Pasolini wählt scheinbar die Welt des römischen Subproletariats als Thema, doch den wirklichen Inhalt seines Interesses bildet ein morbider Geschmack am Schmutzigen, am Verworfenen, am Unanständigen und am Trüben...«[22]

Und Giovanni Berlinguer:
> »Alles verrät Verachtung und Mangel an Liebe für die Menschen, oberflächliche und verzerrte Kenntnis der Realität, morbide Freude an den trübsten Seiten einer komplexen und vielschichtigen Wahrheit [...] Es ist richtig, einer verfälschten Chronik die wahre Chronik entgegenzuhalten, die wahre Geschichte der römischen Jungen aus dem Volk.«[23]

Auch die negativen Artikel von Adriano Seroni und Gaetano Trombatore, veröffentlicht in der Parteipresse,[24] tragen dazu bei, jene kritische Haltung mitzubestimmen, die auch ein Teil der offiziellen kommunistischen Kultur Pasolini gegenüber einnimmt und die in den folgenden Jahren eine Reihe literarischer und ideologischer Streitigkeiten entfacht.
Vorerst sind Pasolinis Erwiderungen die entwaffnenden Erklärungen eines jungen Dichters, der dank seiner Erfahrung schon die veraltete und grobe Rhetorik seiner Zensoren umgeht.
> »Ich bin, sozusagen, ›Gramscianer‹... Ist diese Definition möglich? Wie auch immer, meine Unabhängigkeit ist weder gewollt, noch liebe ich sie: sie ist zwingend und schmerzlich. Ich würde gerne wählen können. [...]
> Die Literaten müssen am politischen Leben teilnehmen, mit ihren Mitteln..., versteht sich, das heißt, eher mit Tendenzen zur Betrachtung als zur Tat. Sich nicht wenigstens in einem Versuch zu *verstehen* zu engagieren, deutet außerdem auf einen Mangel an Liebe und Demut hin, setzt eine Mystik und eine ontologische Moral bei der Literatur voraus, die vor dem Krieg durchaus hätten angehen können.«

Am 21. Juli weist das Büro für Schauspiel und literarisches Eigentum des Ministerrats in einer anscheinend von Innenminister Fernando Tambroni ausgehenden Initiative die Mailänder Staatsanwaltschaft auf *Ragazzi di vita* hin wegen dessen »pornographischen Charakters«. So kommt das zweite von dreiunddreißig Strafverfahren gegen Pasolini in Gang.

»Sowie ich ein wenig Zeit habe, werden wir ein Weißbuch mit einem Dutzend gegen mich erlassener Urteile veröffentlichen: kommentarlos. Es wird eines der komischsten Bücher der italienischen Publizistik sein.«

Ab Anfang Juli ist Pasolini mit Giorgio Bassani in Ortisei, wo seine erste Arbeit für das Kino entsteht: das Drehbuch des Films *Il prigioniero della montagna* [dt.: *Flucht in die Dolomiten*] von Luis Trenker, spezialisiert auf »Bergfilme«, ein Genre, das im deutschen Film der vierziger Jahre sehr *en vogue* war. Das Drehbuch beschäftigt die beiden Freunde den ganzen Juli und die ersten Augusttage. Sie arbeiten in herrlicher alpiner Abgeschiedenheit, machen Ausflüge und gehen in Luxushotels zum Tanzen, aber der Wunsch, nach Rom zurückzukehren, wird immer dringlicher. Die »schüchtern« mit Bassanis Hilfe begonnene Tätigkeit beim Film verspricht nun zu einer dauerhaften Arbeit zu werden.

Am 8. August, in einer Radiosendung über »Zehn Jahre Literatur: '45–'55«, spricht Contini von *Ragazzi di vita:*

»Monotonie, Dürftigkeit und dazu zweifelhafte erzählerische Konsistenz sind auch die Einwände, die, wie es scheint, gegen den bis heute letzten Schlag jenes genialen Essayisten, der Pasolini ist, gegen das römische Schelmenepos *Ragazzi di vita* vorgebracht wurden. Eigentümlich ist, daß gewöhnlich nachsichtige Spürnasen sich in der Pflicht geglaubt haben, hier besonderes Unheil zu wittern. Es ist kein Roman? In der Tat ist es eine unbeirrbare Liebeserklärung, die in ›Erzählfragmenten‹ erfolgt: innerhalb derer Abschnitte durchaus mit der angesehensten erzählerischen Tradition, wie der des 19. Jahrhunderts, in Einklang stehen. Beschränkter Horizont? Ich wiederhole, eine linguistische Aufgabe dieser Art setzt notwendig einen elementaren und vielleicht sogar etwas groben Ansatz voraus. Diese unsere Zeitgenossen wollen ja schließlich nicht Virginia Woolf Konkurrenz machen.«

»Auch die Redaktion der Zeitschrift ›Officina‹ beschäftigt mich sehr.«

Das Projekt, zusammen mit Francesco Leonetti und Roberto Roversi, den »lieben Freunden aus dem Norden, deren Wahlverwandtschaft süß wie das Leben ist«, eine Zeitschrift zu machen, hat sie in den ersten Monaten des Jahres mit Briefwechseln und Treffen in Atem gehalten. Am 15. Januar hat Leonetti ihm geschrieben: »Wann soll die Gründung der Zeitschrift der Jahrhundertmitte stattfinden?«; und einige Tage später: »Hast Du soviel absurden guten Willen, dieses Unternehmen mit uns zu wagen? Oder welkt alles dahin?«

PPP mit Giorgio Bassani im Val Gardena, 1955

Der von Pasolini vorgeschlagene Titel »Secondo Novecento« erscheint am aussichtsreichsten. Dann haben Leonetti und Roversi, angeregt durch einen berühmten Titel von Roberto Longhi, einen anderen vorgeschlagen: »Officina Bolognese«, zur gleichen Zeit, als Pasolini schon auf ein einfaches *Officina* gesetzt hatte. »Ich bin heute voll Vertrauen, voll schöner Hoffnung«, schreibt Roversi ihm am 3. März. »Wir werden die Drachen auseinanderjagen mit unserer eifrigen Geduld und unserer Arbeit.« Druck und Verwaltung sind der antiquarischen Buchhandlung Palmaverde anvertraut, deren Eigentümer Roversi ist, und Mitte Mai kommt die erste Nummer des »zweimonatigen

Hefts für Poesie« in einer Auflage von sechshundert Exemplaren heraus.

»Von Anfang an ist ›Officina‹ darum bemüht, sich eher als kulturelle Gruppe zu organisieren denn sich als große literarische Bruderschaft, als Stätte der mehr oder weniger zufälligen Begegnung einzelner Individuen darzustellen. Leonetti vor allem setzt sich sehr in diesem Sinn ein, betreibt die Protokollierung der Treffen, fördert Briefwechsel und Informationsaustausch und versucht auch, Streitigkeiten und Meinungsverschiedenheiten zu entschärfen. Im allgemeinen bleiben die drei Redakteure eng miteinander in Verbindung, kommen häufig zusammen, korrigieren sich gegenseitig ihre Texte (Essays und Poesie) und entscheiden kollegial über den Ansatz der verschiedenen Nummern. Gleichzeitig jedoch wahren sie den ›offenen‹ Charakter der Zeitschrift: wie Aufnahme einiger fester Mitarbeiter und vor allem die regelmäßige Anwesenheit zahlreicher ›Gäste‹ beweisen.« (G. C. Ferretti)[25]

Angelo Romanò und Gianni Scalia sind die ersten Mitarbeiter, die an der Zeitschrift von der ersten Nummer an mitwirken, ebenfalls aufgefordert wurden Franco Fortini, Italo Calvino, Giorgio Caproni, Attilio Bertolucci, Vittorio Sereni, Paolo Volponi und einige Dichter der *Vierten Generation*.

»Die Freunde, mit denen ich arbeitete, und ich«, erklärt Pasolini Jahre später, »versuchten zu definieren, wie der neue Typ des Intellektuellen in diesen Jahren aussehen könnte, das heißt in dem Moment, in dem der vom Widerstand geprägte Geist im Untergang begriffen war und sich auf dem Höhepunkt der Involution in Italien neue, unvorhersehbare und dringliche Notwendigkeiten abzeichneten. […] Schematisch ausgedrückt: die neue Verpflichtung bestand in der Suche nach einer kritischen Methodologie, im streng literarischen Bereich, und in größerer Rationalität – bezüglich des emotionalen und humanitären Impetus des Widerstandes – beim Angreifen ideologischer und historischer Probleme. Wir waren also mitten in der Entwicklung…«

Die Redaktion der Zeitschrift ›Officina‹: von links: Leonetti, PPP, Roversi, Romanò, Scalia und Fortini

Die aufgeforderten Schriftsteller werden alle »Gäste« in der *Officina*, auch Sereni, der ihr bei der letzten Krise etliche Verse gewidmet hatte. Calvino veröffentlicht ab Januar 1957 in Fortsetzungen *I giovani del Po* [Die jungen Leute vom Po], und an derselben Nummer hat zum ersten Mal auch Fortini mitgewirkt, der *Officina* anfänglich »wegen ihres Antihermetismus und nicht mehr neorealistischen, voluntaristischen Anti-Novecentismus und ihrer Wiederaufnahme der Noventaschen Linie Interesse entgegengebracht hatte«.[26]

Im Anhang der ersten Nummer erscheint die erste Folge von Carlo Emilio Gaddas *Il libro delle Furie* [Das Buch der Furien], das vor der Veröffentlichung als Buch mit dem Titel *Eros e Priapo* [Eros und Priapos] noch einmal überarbeitet wird. Im Augenblick der Abgabe an Pasolini schwankt der »gewaltige Text« Gaddas zwischen zwei Titeln, *Autoerotia di Priapo* [Autoerotik des Priapos] und *Il (primo) libro delle Furie* [Das (erste) Buch der Furien]. Die Redakteure von *Officina* ziehen den zweiten vor, und Leonetti und Roversi schreiben Gadda am 5. April:

»*Hochverehrter und lieber Herr,*

wir sitzen hier verblüfft und erschreckt vor Ihrem außerordentlichen Text, denn: im ersten Heft unserer Zeitschrift läßt er alles andere verschwinden. Haben Sie lebhaftesten Dank für Ihre Freigebigkeit.

Und erlauben Sie uns, eine Bitte an Sie zu richten: wollen Sie uns nicht den einfach klassischen und doch aufsehenerregenden Titel *Das (erste) Buch der Furien*, Verfolgerinnen, so weit wir wußten, oder ähnliches, gestatten anstelle von *Autoerotik des Priapos*, was viel ausgefeilter und meisterlicher ist, aber nicht so entrüstet und rührend? Und sei es auch nur übergangsweise, natürlich, für die Zeitschrift (für die ja andere Überlegungen gelten als für ein Buch).

Die ersten Fahnen werden wir Ihnen voraussichtlich gleich nach Ostern schicken.

PS. Zur 1. Folge anmerken?

›Die in diesem Werk enthaltene Symbolik spiegelt satirisch den Faschismus und bestimmte Laster der italienischen Sitten.‹«

Gadda antwortet am 12. April mit einem Brief an Roversi:

»*Lieber Roversi,*

ich habe Ihren Brief vom 5., der auch von Leonetti unterzeichnet war, erhalten, dann das Geschenk Ihrer Bücher und ... des meinen, schließlich Ihr Kärtchen und die Fahnen. Mögen Sie (und ebenso möge Leonetti) mir die verspätete Antwort verzeihen. Die Arbeit, und zu einem kleinen Teil die Ferien, sind dafür verantwortlich.

Ich hoffe, daß die hier beigelegten Fahnen noch rechtzeitig kommen. Danke für den schon weitgehend korrigierten Text. Als Titel nehme ich Ihren Vorschlag an: *Das Buch der Furien*. *Erste* würde ich lieber weglassen, denn es handelt sich um das *zweite* Buch (circa 150 Seiten) einer sehr langen Schrift, die den Titel *Eros e Priapo* trug und per Vertrag Mondadori versprochen war. Die zweite Folge werde ich rascher korrigieren und zurücksenden.

Ich bitte Sie, auch Francesco Leonetti meinen Dank auszusprechen und ihm die Bitte zu übermitteln, die ich auch an Sie richte, mich Gadda zu nennen (lieber Gadda, wenn Sie meinen), und ein Adjektiv wegzulassen, von dem ich sehr bezweifle, daß es mir zusteht.«[27]

Pasolini hat auch an Mario Luzi geschrieben und ihn zur Mitarbeit an *Officina* aufgefordert.

Das Erscheinen der ersten Nummer von *Officina* fällt in die Zeit des Erfolgs von Pasolinis Roman:

»Mein (Tennis-)Freund Gandino, der lange schon in Rom lebt«, schreibt ihm Leonetti am 21. Juni, »berichtet mir von der letzten Woche, daß das Buch Thema aller von ihm besuchten Salons und Treffpunkte war (keine literarischen Kreise, zwischen Großbürgertum und Adel) und daß alle jungen Mädchen aus guter, wohlhabender Familie, darunter seine ›Verlobte‹, es verschlungen hätten; die gängige Definition: beeindruckend.«

Ragazzi di vita macht auch bei den Verlegern im Ausland die Runde, viele interessieren sich dafür, aber William Weaver, der erste amerikanische Übersetzer der Gedichte von Pasolini, sieht sofort »riesige Schwierigkeiten« voraus. Über diesen Schwierigkeiten zögern die Verleger dann mehr als ein Jahrzehnt, denn die erste französische Ausgabe, die 1959 bei Correa mit dem Titel *Les ragazzi* erscheint, ist wegen der Unzuverlässigkeit der Übersetzung nicht maßgeblich.

Am Ende des Sommers kommt bei Guanda die Anthologie der Volksdichtung *Canzoniere italiano* heraus, sie ist dem Bruder Guido gewidmet: »Gefallen '45 auf den Bergen Julisch Venetiens für ein neues Leben des italienischen Volkes.«

Giuseppe Ungaretti schreibt ihm am 23. September:

»Ich komme gerade aus Sardinien, die Volksbräuche verschwinden, und das ist fatal, denn die Dichtung ist uralt, nicht die der ›paroliers‹. Erinnern Sie sich an Nerval? Er gebrauchte das Wort ›paroliers‹, um genau den Unterschied zu machen, der gemacht werden muß. Denn das Uralte an einem Volk vergeht mit dem Verschwinden seiner Volksdichtung. Doch wie soll man sie am Leben erhalten? Jedenfalls ist die Anthologie

La Spezia, 1955, von links: Moravia, PPP, Ottiero Ottieri, Giulio Einaudi, verdeckt im Schatten Fabio Mauri, Ginevra Bompiani und Matilde Crespi

angebracht, und etwas wird sie auch beitragen können, damit jene Urform der Poesie in Italien nicht gänzlich verlöscht.«
Und Calvino in denselben Tagen:
»Doch vor allem anderen wollte ich Dir schreiben, um Dir zu sagen, wie sehr mir das Vorwort zur *Volksdichtung* gefallen hat. Mir scheint, daß Deine Interpretation im wesentlichen richtig und teilbar ist. Wenn ich bei dem Vorwort zur Anthologie[28] viele Vorbehalte hatte, was die allgemeine Geschmacksausrichtung betrifft, scheint mir hier, daß Deine Positionen weitgehend mit denen übereinstimmen, die meine sein können.«
Auch die Arbeit im »Filmchaos« ist angewachsen, wie er gehofft hatte, aber mit einigen Enttäuschungen. Nach dem Drehbuch für den Trenker-Film sollte Pasolini nach Indochina reisen, um das *treatment* eines Modebuches, *Il sole nel ventre* [Die Sonne im Bauch], vorzubereiten, doch der Plan fällt ins Wasser. Zusammen mit Giorgio Bassani schreibt er ein Sujet nach *Il Dio*

di Roserio [Roserios Abgott] von Testori, aber auch aus diesem Film wird nichts. Was klappt, ist die baldige Zusammenarbeit mit Mauro Bolognini. Film und Literatur bilden allmählich einen Doppelbegriff, in dem Pasolini seine »übliche Experimentierwut« spürt, auch wenn von manchen Freunden der Vorwurf laut wird, er verrate die Literatur.

Auch die römischen Beziehungen haben sich gefestigt, und es sind einige rare Freundschaften entstanden, die das ganze Leben dauern werden:

»Die Freunde treffen sich oft abends in der Trattoria. Moravia und Elsa Morante aßen täglich außer Haus zu Abend. Pasolini nahm die Gewohnheit an, sich zu ihnen zu gesellen, und von Mal zu Mal waren auch Bassani, Penna, Parise, Bertolucci, Augusto Frassineti mit von der Partie.

Im Winter aßen sie meistens im Campana in der Via della Campana, oder im Bolognese an der Piazza del Popolo; auch im Carbonara am Campo de'Fiori; in Trastevere im Pastarellaro oder bei Carlo. Im Sommer gingen sie am liebsten in eine Trattoria an der Via Appia Antica, gleich hinter der Porta San Sebastiano jenseits der Stadtmauer: es war ein Lokal, das unter einem Vordach im Freien ein paar rohgezimmerte Holztische und Bänke stehen hatte; die Eisenbahn führte ganz nah vorbei, die Linie Rom – Genua. Die Freunde nannten es ›die kleinen Züge‹ und gingen vor allem hin, um Bandnudeln und Lammkoteletts ›alla scottadito‹ [zum Fingerverbrennen] zu essen.

Es gab Wortgefechte zwischen Elsa Morante und Moravia, zwischen Bassani und Elsa. Pier Paolo schaltete sich plötzlich ein, mit einer trockenen, bissigen oder noch häufiger mit einer sanft paternalistischen Bemerkung.

Er war nie sehr redselig: er drückte seine Mißbilligung aus, wenn es angebracht war, aufrichtig, ins Gesicht hinein. Er liebte die Komik bei anderen Menschen, auch wenn es sich um geschwätzige Komik handelte.« (Enzo Siciliano)[29]

Im Lauf des Jahres erscheinen mit zweimonatigem Abstand weitere drei Nummern von *Officina* mit Beiträgen einiger illustrer

»Gäste«, Bertolucci, Fortini, Luzi, Bassani, während in den zukünftigen Inhaltsverzeichnissen schon die »Gefährten der zweiten Runde« stehen, deren erster Paolo Volponi ist.

Der lebhafteste Briefwechsel besteht bisher zwischen Pasolini und Leonetti, der ihm in seinen Briefen die mit Roversi geführten Diskussionen zusammenfaßt:

> »Vergiß nicht, daß Du – wir nicht – Dich gegenüber den jüngeren Generationen schon durch Deine Arbeit und mit der Zeitschrift natürlich als ›führend‹ darstellst. Diese jungen Leute, die lanciert werden sollen, denken wir uns dann ehrlich gesagt als ›Jetons‹: man muß sie sehr gut auswählen ... Vittorini tritt für uns ein, indem er sagt, ›Officina‹ werde zur wichtigsten Zeitschrift Italiens, und besonders für Dich teilt er mir mit, er halte ›I campi del Friuli‹ [Die Felder Friauls] für Deine beste Sache, sie seien an manchen Stellen wundervoll: davon sind ja auch wir überzeugt.«

Unter den Mitarbeitern ist Gadda derjenige, der die Bologneser Redakteure am meisten in Atem hält, da die Fortsetzungen von *Il libro delle Furie* auf sich warten lassen und Pasolini so zu überaus taktvollen Mahnbriefen an den Ingenieur gezwungen ist. Leonetti schreibt ihm am 19. Dezember:

> »Die unüberwindliche Schwierigkeit der Mitarbeit Gaddas – die offen gestanden beinahe unglaublich und absurd erscheint – stellt uns (auch weil es bei allen menschlichen Dingen eine Grenze gibt, was die Fähigkeit angeht, ständig in Angst, Sorge und Erwartung zu sein) vor das Problem, wie wir schweren Herzens darauf verzichten oder sie zumindest im Bedarfsfall nicht schlecht ersetzen können.«

Und tatsächlich ist die endgültige Unterbrechung des *Libro delle Furie* nahe, von dem nur vier Folgen erscheinen.

Am 9. Oktober, nachdem auch die Hoffnung auf den *Premio Viareggio* fehlgeschlagen war, bei dem *Ragazzi di vita* auf den zweiten Platz kam, zeichnet eine Jury unter dem Vorsitz von Giuseppe De Robertis das Buch mit dem *Colombi-Guidotti* aus, einem Preis, mit dem des acht Monate zuvor verstorbenen

Schriftstellers aus Parma gedacht werden soll. Allerdings ein Sieg, der »unter Verschweigungen und etlichen Gereiztheiten« errungen wurde.

»Es hat mich amüsiert zu sehen« – schreibt ihm Leonetti –, »wie Du von kleinen Richtern mit zusammengebissenen Zähnen prämiert wirst: menschlich klein, meine ich, denn die Großzügigkeit *ist* die der Menschen, nicht des geschriebenen Wortes. Du Glücklicher – rufen wir –, der Du Deine Feinde zum Platzen bringst. Was uns am besten gefällt, ist die Ankündigung Deiner neuen Bücher, hintereinander weg...«

Lob erhält der Roman auch aus den akademischen Kreisen der Sprachforscher: Alfredo Schiaffini leitet eine Debatte in der *Società Letture critiche* [Gesellschaft für kritische Lektüre]; Alberto M. Cirese schreibt ihm am 19. November: »Kürzlich an einem Abend sagte mir Prof. Vidossi, den Sie vielleicht kennen, viel Gutes über *Ragazzi di vita:* er hatte es aus seinen linguistischen Interessen heraus angesehen, aber dann die Kunst darin gefunden und geschätzt.«

Am 8. Dezember hält Pasolini in Urbino bei der Veranstaltung zum hundertsten Geburtstag von Pascoli den Eröffnungsvortrag *Pascoli e la nostra storia* [Pascoli und unsere Geschichte], in dem er die kritischen Thematiken seines in der ersten Nummer von *Officina* veröffentlichten Artikels übernimmt. Der Hinweis des Ministerratsvorsitzes bezüglich des pornographischen Inhalts von *Ragazzi di vita* ist von der Oberstaatsanwaltschaft von Mailand aufgenommen worden, und am 29. Dezember ergeht eine Vorladung »zum Schnellverfahren« gegen Garzanti Aldo und Pasolini Pier Paolo, angeklagt der Veröffentlichung obszöner Schriften, mit Angabe der Sätze und der entsprechenden Seiten, deren Inhalt »vornehmlich obszön« ist.

Livio Garzanti, der sich anstelle des Vaters für die Veröffentlichung verantwortlich erklärt hat, informiert Attilio Bertolucci über die Anzeige. Bertolucci trifft Pasolini auf einem kleinen Platz auf halbem Weg zwischen ihren Wohnungen. Das Bedauern, mit dem er ihn von der Anzeige unterrichtet – das Braun voll »falscher Heiterkeit seiner Augen« – bilden die ersten Teile des Gedichts *Recit*, das in jenen Tagen geschrieben wurde.

In *Nuovi Argomenti* (November 1955 – Februar 1956) veröffentlicht er das Gedicht *Gramscis Asche*. Er arbeitet an *Una vita violenta*.

Neue Freunde sind Renato Guttuso, Cesare Garboli, Nicolò Gallo, Pietro Citati, Adriana Asti, Laura Betti, Elsa De Giorgi. Neue Briefpartner sind Franco Fortini, Giuseppe De Robertis, Luigi Russo, Mario Costanzo, Massimo Ferretti. Ferretti ist ein zwanzigjähriger Junge aus Jesi, der seit seiner Kindheit an rheumatischer Endokarditis leidet. Ihre Beziehung begann mit der Einsendung einer Reihe von Versen, die Pasolini sofort an die Redaktion von *Officina* weiterleitet, wo sie ebenso gut aufgenommen werden. »Ausgezeichnet« –, schreibt ihm Leonetti – »Deine große Aufmerksamkeit und Nachforschung verdiente die Entdeckung von Ferretti. Und es freut uns sehr, daß wir mit Deiner Wahl so einverstanden sind.« Pasolini beginnt, diese seine literarische Entdeckung zu pflegen, die sich in den folgenden Jahren auch existentiell auseinandersetzungsreich entwickeln wird. Fortini ist die erste Einladung zugesandt worden, an *Officina* mitzuarbeiten; dann kommt seine Rezension von *Ragazzi di vita*[30] und anschließend ergibt sich ein Briefwechsel, der die gesamten sechziger Jahre hindurch andauert, von heftigen Zustimmungen und heftigen Meinungsverschiedenheiten geprägt.

»So kurz und leidenschaftlich die [Briefe] von Pasolini waren, so nervös und zugleich rigide waren meine.

Was ich versuchte ihm nahezubringen, erwuchs, das ist mir heute klar, aus einem psychologischen Fehlurteil meinerseits: ich verstand nicht, oder besser, wollte nicht verstehen, daß er seinen inneren Dämonen gehorchen mußte und daß jegliche Disziplin, auch die einer ganz kleinen Gruppe, ihm fremd war. Mir ist auch klar, daß Pasolini mit der Gewalt eines fatalen Irrtums dazu neigte, jede Kritik an seinem ideologischen Verhalten mit einer moralischen Voreingenommenheit gegen sein Anderssein gleichzusetzen.« (F. Fortini)[31]

WEGGENOSSE
1956

Die ersten Betrachtungen über den Zustand der italienischen Sprache werden zufällig durch die Umfrage einer Wochenzeitschrift ausgelöst.[32] Die »Obsession«, in jeder Weise und unter allen Umständen Zeugnis abzulegen, trifft hier auf die illusorische Phase eines Prozesses,[33] der wenige Jahre später Lügen gestraft wird, kennzeichnet aber eine Periode voller Begeisterung und Sicherheit in der Zeit zwischen *Ragazzi di vita* und *Una vita violenta*.

»Es treten Phänomene auf, die eine bestimmte Entwicklung des Italienischen vermuten lassen. Eines dieser Phänomene ist, daß sich das Römische weiter verbreitet (vorrangig, möchte es scheinen, zum Schaden des Neapolitanischen, in der Funktion als künstlerische oder, wenn wir so wollen, ›mandolinistische‹ Sprache). Die Sache geschieht ohne offizielle Weihen: und man beachte, daß Träger dieser Verbreitung vor allem der neorealistische Film gewesen ist; dieses Produkt der ›nationalen Improvisation‹ und zugleich der ›nationalen Knappheit‹. Zwei wesentliche Faktoren, um das Phänomen zu verstehen (und nicht, um zu urteilen, was nicht nötig ist): So kommt es, daß Rom in aller Bescheidenheit eine Hauptstadt vom Typ Paris wird, die Sprache zentralisiert und ausstrahlt.«

Die große politische und ideologische Krise von 1956 (Chruschtschows Rede auf dem XX. Parteitag der KPdSU, die den Umsturz der stalinistischen Ära einleitete und Hoffnung auf eine Erneuerung der kommunistischen Welt weckte, wozu die Vorfälle in Ungarn und Polen sofort in krassem Gegensatz standen) bildet den Hintergrund, vor dem die Schriften aus jener Zeit entstanden, die letzten Teile von *Gramscis Asche* und *Vita violenta*.

Auf einer unmittelbareren, persönlichen Ebene fühlt sich Pasolini auch zu einer eingehenden Beschäftigung mit den jüngsten Tatsachen gedrängt, da manche kommunistische Intellektuelle in bezug auf *Ragazzi di vita* verständnislose und ablehnende Positionen bezogen hatten.

Er veröffentlicht in der Aprilnummer von *Officina* ein »Artikelchen«, das er nicht einmal zeichnen möchte, gegen »die vom ›Contemporaneo‹«, Carlo Salinari und Gaetano Trombatore.[34]

»Was die sozusagen ›taktische‹ Stellungnahme der Kommunisten oder, im speziellen Fall, der ›Unità‹ oder des ›Contemporaneo‹ angeht, so wäre es gemein, wollte man in diesem Augenblick über sie herfallen. Die Roheit und die ideologisch-taktische Härte Salinaris und anderer war angesteckt von dem, was Lukács – in einem Interview, das er einem Korrespondenten der ›Unità‹ während der Arbeiten des Parteitags der KPdSU gegeben hatte – ›Perspektivismus‹ nennt. Die naive und fast analphabetische (und auch bürokratische) theoretische Zwanghaftigkeit rührte von der Überzeugung her, daß eine realistische Literatur sich auf jenen ›Perspektivismus‹ gründen müsse: während in einer Gesellschaft wie der unseren der Zustand von Krise, Schmerz, Spaltung nicht einfach im Namen einer als Perspektive gesehenen Gesundheit verdrängt werden kann.«

Diese Stelle wird von den direkten Adressaten als »schwerwiegende Provokation« aufgefaßt. Sie antworten Pasolini mit einer redaktionellen Mitteilung im *Contemporaneo*, die Carlo Salinari zugeschrieben wird und in der Pasolini seinerseits »recht engherzige Schlußfolgerungen« und Mißverständnisse erkennt.[35]

Der Beginn dieser Polemik fällt zusammen mit einer weiteren philologischen Charakters in derselben Zeitschrift: Eingeleitet wird sie mit der Rezension, die der sizilianische Mundartdichter Vann'Antò, ein Volkskundeexperte, dem *Canzoniere italiano* gewidmet hat.[36] Auf den Artikel von Vann'Antò folgt alsbald eine zweite »Attacke« gegen Pasolini, diesmal gezeichnet von Vincenzo Talarico, wegen der Fußnoten-Übersetzungen in der *Anthologie der Dialektdichtung*.[37]

Auf diese zweite Polemik beginnt Pasolini mit einem Brief an den Herausgeber[38] zu antworten, in welchem er sich, nachdem er sich gegen Vann'Antòs philologische Akribie (bezogen auf den Wortlaut des sizilianischen Gedichts *La Baronessa di Carini* [Die Baronesse von Carini]) gewehrt hat, in einer Klammer des Postskriptums an die Verantwortlichen der kommunistischen Kulturzeitschrift und ihren Herausgeber Antonello Trombadori wendet:

> »Aber Ihr? Worauf wollt Ihr hinaus? Die Tatsache, daß in ›Il Contemporaneo‹ eine derartig organisierte Kampagne läuft, um mich in Mißkredit zu bringen, läßt mich vermuten, daß Euch meine Ideen oder jedenfalls meine Arbeit als Kritiker nicht genehm sind. Aber warum diskutiert Ihr nicht direkt darüber? Warum dieser scheinheilig objektive Umweg über die Philologie?«

Die darauffolgende Nummer des *Contemporaneo* bringt einen Brief von Italo Calvino, einen zweiten Brief von Pasolini und Salinaris Antwort an Calvino.[39] Das Thema der Diskussion, die sich mit Calvinos Eingreifen auf Pasolinis gesamtes Werk ausweitet, setzt bei der kürzlichen Veröffentlichung des Gedichts *Gramsci's Asche* an. Calvino schreibt:

> »Vor einigen Monaten geschah eines der wichtigsten Ereignisse der italienischen Literatur der Nachkriegszeit und gewiß das wichtigste im Bereich der Lyrik: die Veröffentlichung von Pasolinis Poem *Gramsci's Asche*. Es ist das erste Mal seit wer weiß wie vielen Jahren, daß in einem breit angelegten dichterischen Werk mit außerordentlich gelungener Erfindungsgabe und Anwendung der formalen Mittel ein Ideenkonflikt ausgedrückt wird, eine kulturelle und moralische Problematik angesichts einer sozialistischen Weltanschauung. ›Il Contemporaneo‹ hat es mit keinem Wort erwähnt.

Persönlich befinde ich mich in entschiedener Polemik mit der in diesem Gedicht zum Ausdruck gebrachten Anschauung (die im Grunde zurückführbar ist auf einen Gegensatz zwischen revolutionärem Rigorismus und panischer Liebe zum Leben, einen Gegensatz, den es nicht gibt und nicht geben darf) und habe mit Pasolini eine briefliche Diskussion geführt. Aber gerade weil das endlich ein Gedicht ist, das zur Diskussion anregt (und viel ist mündlich darüber diskutiert worden, besonders unter den linken italienischen jungen Literaten und allgemein gerade unter den Leuten, die das Publikum von ›Il Contemporaneo‹ ausmachen) und zudem ein überaus schönes Gedicht, das die Lehren der italienischen Tradition bürgerlicher Dichtung, des wissenden Umgangs mit dem Wort der Meister des Hermetismus und der jüngsten Erfordernisse des Realismus zusammenfaßt und übertrifft, bin ich überzeugt, daß mit *Gramscis Asche* eine neue Epoche der italienischen Dichtung anbricht.«

Calvino fährt fort, indem er sich den Kritiken zuwendet, die ausschließlich vom philologischen Standpunkt her am *Canzoniere italiano* geübt worden waren, ohne daß dabei auch die Auswahl und der Einführungsessay zur Sprache gekommen wären, der doch

»grundlegend [ist] bei der Diskussion über das Thema (ein Thema für Spezialisten, aber voller ›allgemeiner‹ Anregungen) und eingebettet in eine Arbeit kritischer Überprüfung, die wir gewiß (wenn nicht marxistisch im engeren Sinne) sozialistisch nennen können. Ich hätte gern gesehen, daß daraus eine Diskussion erwächst, gerade im Sinne einer kritischen sozialistischen Einschätzung. […] Auch ich bin gegen *Ragazzi di vita* aus Gründen der Position, der Poetik, die ich für falsch und aussichtslos halte, und ich glaube, daß es ein ›unbedeutenderes Werk‹ P.s ist, daß der wahre P. der Dichter und der Kritiker ist, einer der stärksten aus der neuen Generation und dem Lager der ›Linken‹.«

Pasolini erinnert in seinem Brief, nachdem er eine »freiere und ruhigere« Antwort in der nächsten Nummer von *Officina* angekündigt hat, die Mitarbeiter des *Contemporaneo* daran, mit welcher Wildheit die gesamte faschistische, schwarz-katholische, rückständige und akademische Presse gegen *Ragazzi di vita* aufgestanden ist; daß dies aber für ihn nichts ist im Vergleich zu dem Bedauern, nicht bei Gegnern, sondern bei Freunden unverstanden geblieben zu sein, und in diesem Unverständnis sieht er den »wesentlichen, grundlegenden Fehler von literarischen Sitten, die sich den politischen Sitten angeglichen haben, von ideologischem Empirismus und eben jener a priori formulierten Ermahnung zum ›Perspektivismus‹, an der sich diese Polemik entzündet hat«.

Italo Calvino

In der Antwort auf Calvinos Brief erklärt Salinari, er teile Calvinos Urteil über das Gedicht *Gramscis Asche*, und schlägt vor, es als »ein großes literarisches Ereignis« anzukündigen, betont aber nochmals, daß die Gründe für Pasolinis Polemik über den »Perspektivismus« auf »groben und vorschnellen« Urteilen beruhen.

Die versprochene Antwort Pasolinis erscheint in der Novembernummer von *Officina*. Es handelt sich nicht um einen polemisch kommentierenden Text, sondern um ein Gedicht, *Una polemica in versi* [Polemik in Versen], in dem Pasolini, an eine Begegnung mit Antonello Trombadori zurückdenkend, die Desorientierung der militanten Kommunisten nach dem »Zwanzigsten Parteitag« und ihre Unfähigkeit, sich ihres »Fehlers« schuldig zu bekennen, beschreibt.

Mit der *Polemik in Versen* (und der Antwort, die Fortini mit einem weiteren poetischen Text, *Al di là della speranza* [Jenseits der Hoffnung], in der folgenden Nummer von *Officina* darauf geben wird) finden Pasolinis Erklärungen gegen die vom *Contemporaneo* vertretene kommunistische Intelligenz vorerst ihren Abschluß.⁴⁰

Auch seine Freunde haben den journalistischen Disput sehr aufmerksam verfolgt. Attilio Bertolucci schreibt:

»Ich habe im ›Contemporaneo‹ Calvinos Brief gelesen (schön, aber komisch [*unleserliches Wort*] der Erzähler, der den Dichter schätzt, weniger den Konkurrenten) und Deinen und, oh Götter, den von Salinari, der, nachdem er nun gewohnt ist, von Chruschtschow Fußtritte ins Gesicht zu kriegen, auch von Calvino welche einsteckt. Unglaublich, und vielleicht pathetisch.«

Etliche Jahre später erinnert Salinari anläßlich anderer Polemiken in einem Brief an Pasolini an diese ersten Zusammenstöße:

»Schon in der Vergangenheit (im unvergeßlichen Jahr 1956, wenn ich nicht irre) hatten wir Gelegenheit, heftig zu polemisieren, und ich konnte Dich darauf aufmerksam machen, daß Du einen häßlichen Charakter hast, reizbar ›wie der eines kleinen Jungen‹. Ich werde diese Behauptung heute nicht wiederholen, weil Du sehr gewachsen bist, nicht nur an Jahren, sondern auch an Bravour und Ruhm: es bleibt jedoch dabei, daß Du sehr empfindlich bist...«

Am 4. Juli findet in Mailand der Prozeß wegen *Ragazzi di vita* statt. Der Anwalt der Verteidigung, Professor Giacomo Delitala, beruft als Sachverständige Pietro Bianchi und Carlo Bo. Pasolini hatte auch De Robertis, Contini und Ungaretti gebeten, bei dem Prozeß auszusagen.

Ungaretti kann nicht aus Rom fort und sendet dem Gericht folgenden Brief:

»Ich habe *Ragazzi di vita* gelesen und halte es für eines der besten Bücher erzählender Prosa, die in diesen Jahren in Italien erschienen sind. Diese meine Überzeugung habe ich unter Beweis gestellt, indem ich den Roman zuerst beim *Premio Strega*, dann beim *Premio Viareggio* unterstützte und dann bei der Gesellschaft ›Letture Critiche‹, deren Vorsitzender ich bin, eine öffentliche Debatte über den Roman veranstaltet habe. Die von Professor Schiaffini geleitete Diskussion schloß mit dem allgemeinen Zugeständnis, daß es sich um ein keusches Buch handle. Die jenen Jungen in den Mund gelegten Wörter sind die Wörter, die sie zu benutzen gewohnt sind, und es hätte, so scheint mir, geheißen, die Wahrheit zu beleidigen, sie wie Cicisbei reden zu lassen. Andererseits ist es die freie Aufgabe des Romanautors, die Wirklichkeit darzustellen, wie sie ist. Man kann von einem pflichtbewußten Schriftsteller nicht verlangen, sich zu benehmen wie der Vogelstrauß oder, schlimmer noch, wie ein Heuchler, angesichts gesellschaftlicher Mißstände, die um so notwendiger angeprangert werden müssen, da Kinder und Jugendliche die am schlimmsten davon betroffenen Leidtragenden sind. Pasolini hat nicht nur mit seltener Wucht der inneren Anteilnahme diese Pflicht gefühlt, sondern hat auch das Verdienst erworben, seiner Erzählung immer einen hohen Grad an Poesie zu verleihen.

Pier Paolo Pasolini ist der begabteste Schriftsteller, den wir heute in Italien besitzen. Jede seiner Tätigkeiten: Roman, Kritik, Wissenschaft, Dichtung, ist Beweis eines äußerst ernsthaften Engagements und bietet Ergebnisse, die einem jeden zur Ehre gereichen würden.«

Carlo Bo erklärt im Gerichtssaal:

»Das Buch hat einen großen religiösen Wert, weil es zur Barmherzigkeit gegenüber den Armen und Entrechteten aufruft. Ich habe nichts Obszönes in dem Roman gefunden. Die Dialoge sind Dialoge von Jungen, die sich nicht gut ausdrücken können; und der Autor hat die Notwendigkeit gefühlt, sie so darzustellen, wie sie in Wirklichkeit sind.«

Die Verteidigung unterbreitet dem Gericht auch die kritischen Aussagen von Contini, De Robertis und Alfredo Schiaffini. Am Ende der Verhandlung plädiert der Staatsanwalt selbst für Freispruch, weil »der Tatbestand keine strafbare Handlung darstellt«, und das Gerichtsurteil lautet auf Freispruch wegen erwiesener Unschuld und sofortige Freigabe des Buches, das ein Jahr lang beschlagnahmt worden war.

»Ich mache diese Arbeit sehr gerne. Und ich möchte auch sagen, daß ich glaube, daß das Filmmilieu trotz seiner Fehler das interessanteste, das lebendigste ist, was es in diesen Jahren in Italien gibt.«

Im August beginnt er das Drehbuch zu dem Film *Marisa la civetta* [Die kokette Marisa] von Mauro Bolognini und die Mitarbeit an *Le Notti di Cabiria* [dt.: *Die Nächte der Cabiria*] von Federico Fellini. Die Arbeit mit Bolognini basiert auf einem Einverständnis und einer Freundschaft, die sich als sehr dauerhaft erweisen werden, vor allem weil sich beide der Verschiedenheit ihrer künstlerischen Temperamente bewußt sind: die elegante Stilisierung Bologninis und der »fast zwanghafte« Realismus Pasolinis.

Heftiger, aber episodenhafter ist das Verhältnis zu Fellini. Nachdem er *Ragazzi di vita* gelesen hatte, ist der Regisseur von selbst auf Pasolini zugekommen, um mit Hilfe seiner Erfahrung das römische »Lokalkolorit« im Milieu und im Jargon der Malavita einzufangen. Der Beitrag, den Pasolini zu *Die Nächte der Cabiria* geleistet hat, bestand im Erfinden der Episode von der Göttlichen Liebe (die später zu einer Erzählung in *Alí mit den blauen Augen* wird) und in den Dialogen:

»Nur ein Teil davon ist beibehalten worden, da Fellini eine andere Auffassung von Dialekt hat als ich.«

Die Arbeit als Drehbuchautor muß nicht nur mit der Literatur vereinbart werden, sie zwingt auch zu einer Auseinandersetzung mit neuen Fragen der Ausdruckstechnik und zu einer Nutzung der Ergebnisse, die später in *Alí mit den blauen Augen* vorgestellt werden:

»Die durchschnittliche Arbeit eines Literaten beim Film scheint mir in der ehrlichen und passionierten Anwendung einer bestimmten Technik zu bestehen: es ist die Arbeit eines ›pasticheur‹, dessen Text die Aktualität der eigenen Schreibweise, die vorhanden und an sich gültig ist, mit ihrer Potenzialität verbinden soll, mit der Transzendenz, die dazu überleitet, sich in der nächsten, definitiven Phase auszudrücken.«

PPP und Giuseppe Ungaretti

Im Oktober zieht der Freund Paolo Volponi von Rom nach Ivrea um. Die Gewohnheit, sich zu treffen, miteinander ins Stadion zu gehen oder Volponi dazu zu bringen, seine römischen Spaziergänge auf die Lieblingsvorstädte auszudehnen, wird nun durch einen langen Briefwechsel ersetzt, in dem Volponi sich freundschaftlich aufteilt zwischen der Teilnahme an Pasolinis Leben und Erfolgen und der Dringlichkeit seiner eigenen Probleme. Er schreibt ihm aus lvrea:

17. Oktober:

»Ich hoffe, daß Dein Mexikaner aus Garbatella garstig und schön [sgarbato e bello] war, und wünsche Dir, daß Du immer noch jüngere und noch schönere findest.«

9. November:

»Wie beneide ich Dich um Deine Keckheit eines Mannes, der Glück hat in der Liebe. Ich schleppe mein Herz noch immer den Lungotevere degli Anguillara hinauf und hinunter, vor ein königliches Haustor, unter die großen Fenster und die eitle Pracht des hochherrschaftlichen Hauses.

So vertraut war mir der Ort, so fröhlich die Öffnung nach Trastevere hin, die Insel, das Denkmal, das ›Reale‹-Kino, mein Fenster, die Vogelschwärme auf den Bäumen, der 56er, der 60er [Buslinien], die ›biancona‹, der 44er, die zufälligen Begegnungen mit Dir oder Bertolucci, der umlagerte Zeitungskiosk, der überquellende Gemüsestand, die Leute, die heiß wie aus dem Backofen von den Straßenbahnen ausgespuckt werden, die Apotheke, der Ausschank, die unterirdische Bedürfnisanstalt, die schönen Mädchen, die man überall trifft, ganz Farben und Blicke, während sie auf die Gassen zugehen oder beim Einsteigen in die Straßenbahn den wohlgeformten Hintern zeigen, bevor sie ins Gedränge eintauchen, das sie verschluckt. Statt dessen arbeite ich in einem gläsernen Büro zwischen faden Topfpflanzen, die von elektrischem Strom zu leben scheinen; das ganze Zimmer vibriert vor Spannung, durchzogen von subtilen, unaufhörlichen Botschaften, von Farben und Nickel wie ein Vorzimmer zum elektrischen Stuhl.

Ab und zu schmuggle ich ein Lyrikblatt oder ein Buch herein. Ich habe Dein *Recit* gelesen; wie gern wäre ich der gewesen, der Dich in der Sonne und der Luft ohne Glanz nach Hause begleitet. Du schlägst in Deinen Gedichten immer einen weiten Bogen, wo in der Fülle die Einzelheit zählt, weil sie von der Liebe Deiner Augen, die alles sehen, emporgehoben wird; von Deiner Liebe, da Du in Deiner Empfindung alles aufsaugst und alles kostest. Entschuldige diese konfuse kritische Bemerkung, die emphatisch und aufrichtig ist wie die ersten Liebesworte.«

Die Freundschaft mit Laura Betti dagegen hat einen ungesicherten Beginn:

»Obgleich Laura den Punkt verdrängt«, schreibt Fabio Mauri, »der übrigens ja auch gleichgültig ist, stellte ich sie ihm 1956 oder '57 in Rom in der Via dell'Oca 27 vor, als sie schon Schauspielerin und schon auf geistreiche Weise verrückt war.«

Oder wie Enzo Siciliano schreibt:

»Die enge und dauerhafte Freundschaft mit Laura Betti begann etwa 1958. Sie wurde durch Lauras Beharrlichkeit nach

und nach gefestigt und immer wieder erneuert, denn in ihrer unersättlichen Begeisterung für Intellektualität und Erfolg konnte sie nicht anders, als hingerissen sein vom Pasolinischen *progress*.
Lauras Aggressivität riß Pier Paolo mit. Umgekehrt riß seine Aggressivität, sein blitzartiges Zurückschlagen bei den Polemiken, die um ihn entbrannten, Laura mit: Und dies war zu Anfang ein Spiel, das sie dazu trieb, sich beim Aufleuchten eines Blitzlichts bei ihm einzuhängen und herausfordernd zu sagen – aber mehr als gegen sich selbst gerichtete Herausforderung –, öffentlich, ich wiederhole es, zu sagen: ›Das ist mein Mann.‹«[41]

Laura Betti

Fünfzehn Jahre nach ihrer ersten Begegnung schreibt Pasolini einen falschen »Nachruf« auf sie (eine Idee, auf die er vielleicht durch Lauras eigene Provokationen gekommen ist), der folgendermaßen endet:

»Ihr großes Glück ist gewesen, daß sie es vermeiden konnte, in einer der vielen Diktaturen zu leben, die es auf der Welt gibt; und vor allem, nicht in einem der möglichen Konzentrationslager zu enden. Was für ein erschreckendes Opfer sie gewesen wäre!
Aber in einem Nachruf sagt man solche Sachen nicht!
Bei einer oberflächlichen Analyse schrieben viele ihr im Leben einen provinziellen Willen zur Herabsetzung von Idolen zu. Nein, es war nur der Sadismus einer Person aus der Provinz, die, nachdem sie ins Zentrum gekommen ist, wo die Idole wohnen,

Vergnügen daran findet, sie zu entweihen und zu entheiligen: in dieser schmerzlichen Handlungsweise lag ihr Bedürfnis, gleichzeitig ›eine‹ und ›eine andere‹ zu sein, ›eine‹, die anbetet, ›eine‹, die mythisiert, und ›eine andere‹, die herabsetzt. Aber es war keine Ambiguität, ich wiederhole es. Ihr Spiel war sonnenklar. Da sie sich vor allem, als eines der Hauptgebote ihres Verhaltenskodexes, vorgenommen hatte, niemals und unter keinen Umständen Mitleid zu erwecken, hat sie natürlich, aus Spaß am Widerspruch, auch immer Mitleid erregen wollen und es auch zugegeben. Aber das Mitleid wurde nicht durch die eine oder die andere ihrer Handlungen oder durch Situationen, in denen sie sich befand, hervorgerufen; nein, es wurde stets durch die übergroße Deutlichkeit ihres Spiels verursacht. So ist also durch das Mitleid, das sie ihrer Person gegenüber hervorzurufen gezwungen war, ihre Großzügigkeit zum Vorschein gekommen: das heißt etwas Heroisches.
Dies ist nämlich der Nachruf einer Heldin. Es muß gesagt werden, daß sie sehr witzig war, und eine ausgezeichnete Köchin.«
Er schreibt das Gedicht *Il pianto della scavatrice* [dt.: *Die Klage der Baggermaschine*], das in *Gramsci's Asche* erscheinen wird:
»In Rom war die Erfahrung, die persönlich genannt wird, grundlegend. Und in welcher Hinsicht, das bringe ich im zweiten Teil der ›Klage der Baggermaschine‹ zum Ausdruck.«
Ab Oktober ist er Kritiker für Lyrik bei der Wochenzeitschrift *Il Punto*, die in Rom von Vittorio Calef herausgegeben wird.
Neue Briefpartner sind die Schriftsteller Alberto Arbasino, Ottiero Ottieri, Antonello Trombadori, Herausgeber der Zeitschrift *Il Contemporaneo*.

›GRAMSCI'S ASCHE‹ UND DIE NEUEN PLÄNE
1957

»Entsetzlich beschäftigt«, arbeitet er weiter mit Fellini und mit Bolognini und beteiligt sich außerdem am Drehbuch für einen amerikanischen Film nach Hemingways *In einem anderen Land.* »Du sitzt fest im Sattel in den Sümpfen des Verdammten«, schreibt ihm Leonetti; und Volponi: »Ich habe gelesen, daß Du sogar für Selznick, Huston, Jones etc. arbeitest. Weiter so und viel Glück. Eines Tages werde ich kommen und ans Tor Deiner Villa klopfen.«

Pasolini übergeht die Vorwürfe der Freunde und die Mahnungen seines Verlegers, weil er sich vom Kino hat ködern lassen, und findet zurück zu »Reinheit und Freude« bei der Arbeit an *Una vita violenta,* dessen Niederschrift zur Hälfte gediehen ist.

Nach Gaddas Ausscheiden veröffentlicht das Feuilleton von *Officina* einen Prosatext von Italo Calvino, einen »heteronymen, paratraktischen kleinen Roman«, wie er ihn nennt, mit dem Titel *I giovani del Po* [Die jungen Leute vom Po].[42]

Calvino schreibt Pasolini:

»Ich bin überzeugt, daß das Buch gescheitert und nur mit wissenschaftlichen Absichten lesbar ist, und hoffe, Du teilst meine Meinung.«

Calvinos Brief schließt mit diesem Postskriptum:

»Am Mailänder Bahnhof gehörter Dialog zwischen einem Priester mit Baskenmütze und einem Zeitungsverkäufer:

PRIESTER: ›Haben Sie Verbrannte Jugend von Pasolini, erschienen bei Mondadori?‹

ZEITUNGSVERKÄUFER: (nachdem er in der Reihe Medusa/Ausländische Literatur nachgeschaut hat): ›'s ist doch nicht etwa Pavone?‹
PRIESTER: ›Ja ... ja ... Pavone ...‹
ZEITUNGSVERKÄUFER: ›Nein, dann hab ich's nicht.‹
PRIESTER: ›Kann man nichts machen ...‹ (geht).«
Die *Officina*-Rechnung geht nicht auf. Die Bilanz der ersten sieben Monate ist katastrophal: »›Verkauf gleich null, Rückgaben fast total.« In Bologna wird beschlossen, die Seitenzahl und die Auflage zu verringern, während Pasolini eine Reklamebeilage mit bezahlten Anzeigen vorschlägt. Sie hoffen auf einen illusorischen Geldsegen, während dagegen das Programm der Veröffentlichungen immer dichter wird.
Am 18. März schickt er das frisch korrigierte Manuskript von *Gramscis Asche* an den Verleger Garzanti, ganz ungeduldig, es in dessen neuer Reihe veröffentlicht zu sehen, auch um den Preis, die vertraglichen Verpflichtungen gegenüber Mondadori und dieser »grauenhaften Reihe Specchio« zu umgehen, was zu einem langen Streit mit gerichtlichen Folgen führt.
Einige schon bekannte Gedichte lassen das Buch mit Spannung erwarten: Es erscheint am 6. Juni. Zwischen 1951 und 1956 verfaßt, stellen die elf Gedichte die Neuheit jener »stilistischen Freiheit« dar, die, noch einmal die traditionellen Möglichkeiten der bürgerlichen Dichtung des 19. Jahrhunderts durchquerend, zugleich den verschlossenen Garten der hermetischen Dichtung des 20. Jahrhunderts hinter sich gelassen hat. Da er sich der Krise der Kultur bewußt war, die ihm durch ein Übermaß an Poesielastigkeit zuungunsten des Rationalen und Historischen vorausging, wollte Pasolini die Dichtung in demütigere und menschlichere Grenzen zurückführen, wobei er in die politische Empfindung seine ganze Lebens- und Denkweise mit hineinlegte. Hieraus ergab sich die Notwendigkeit des neuen Stils, der durch einen ideologischen, wenn auch leidenschaftlichen und unentschlossenen Akt zustande kam.
Volponi schreibt ihm am 24. Juni:

»Zu Anfang, und das ist ein Diskurs wie 1954, kann man beeindruckt sein von der Neuheit der Motive und der Machart, überrascht von der überwältigenden Bravour: also beeindruckt angesichts eines objektiven, neuen literarischen Faktums, fast einer Operation. Doch dann trittst Du hervor, leidenschaftlich, und sogar noch mitten in den kristallklaren Terzinen schüchtern in den Empfindungen: Du, der Du die Leute liebst bis zum Verderben, dem es gelingt, die Welt ganz zu sehen, sie zu verstehen, ihre Probleme zu benennen, in Deinem Herzen die Hoffnungen aller zu spüren. Entschuldige meine Verwirrung und meine kritische Ungeschliffenheit, die vor allem von den Sportgazetten kommt; doch wisse, daß ich für Dich bin wie für Coppi und Bologna.«

Ende Juli reist Pasolini im Auftrag der Wochenzeitschrift *Vie Nuove* nach Rußland zum Festival der Jugend, das im Moskauer Lenin-Stadion stattfindet:

»Moskau ist wie eine riesige Garbatella [römisches Stadtviertel]: nämlich eine Mischung aus Jugendstil und 20. Jahrhundert, mit kolossalen Fassaden und gitterartigen Fenstern. Häufig jedoch mit Reihen niedriger, ein- bis zweigeschossiger kleiner Häuser, wie man ihnen in den Provinzstädten im Norden begegnet: in Vicenza, Treviso oder Udine. In dieser – riesigen und vertrauten – urbanen Landschaft schwimmen ab und zu ein paar Wolkenkratzer – jene ›gräßlichen‹, von Chruschtschow verdammten Gebäude. Aber sie sind nicht unerträglich. Sie wecken sogar Sympathie. Sie sind rührend, wie alle Bemühungen der Geringen, groß zu erscheinen. Moskau ist eine Stadt von Bauern ...«

Am 26. August fährt er mit seinem ersten Auto, einem Fiat 600, den Fellini ihm während der Dreharbeiten zu *Die Nächte der Cabiria* geschenkt hat, nach Viareggio. Der *Premio Viareggio* für Dichtung wird zwischen Sandro Penna, Alberto Mondadori und Pasolini geteilt. Paolo Volponi schreibt ihm am 29. August:

»Sei nur ganz sicher, daß für alle, die ein klein wenig Interesse an Literatur haben, und vielleicht auch für viele andere, Du der einzige Gewinner bist. [...] Hebe einen Teil der Million für Fußballspiele auf, denn dieses Jahr werden wir glücklich die Triumphe von Bologna verfolgen: welch schöne Sonntagnachmittage mit gesicherten Ergebnissen auf den Anschlagtafeln der Cafés, und dem AS Rom untendurch ...«

Auch Sandro Penna ist in Viareggio. Die Million des Preises hat ihn, der Rom so gut wie nie verläßt, zu der Reise veranlaßt, aber er ist schon unglücklich in Viareggio angekommen. Bei der Preisverleihung versucht er, als er auf die Fragen eines Interviewers antwortet, seine Trauer um das Verschwinden eines geliebten Jungen zu schildern, wird aber sofort zum Schweigen gebracht, während Pasolini hineineilt und ihn umarmt.

Am 29. August schreibt Marin ihm aus Triest:

»Saba ist gestorben. Ich habe eine greifbare Ahnung bekommen, wie wenig die Dichter im Bewußtsein unseres Volkes und auch in dem der Literaten zählen. Nicht ein Mensch ist gekommen, um ihm nach seinem Tod die letzte Ehre zu erweisen. Und seine Beerdigung war wie bei einem beliebigen Bürger der Stadt. Die, die geblieben sind, sagen anscheinend: es war Zeit.«

Edoardo Sanguineti schreibt ihm am selben Tag:

»Wollen Sie meine aufrichtigsten Glückwünsche für Ihre verdientermaßen preisgekrönten *Ceneri di Gramsci* entgegennehmen: [...] gewisse offensichtliche Unterschiede und Brüche zwischen Ihrer und meiner (si parva licet ...) Poetik und Poesie (mit denen parallel Unterschiede und Brüche in Temperament und Charakter einhergehen) hindern mich nicht (und werden mich, hoffentlich, niemals hindern, denn leider bzw. zum Glück, versteht sich, sind wir ja Menschen), in Ihrem Werk all das zu bewundern, was es an Würdigem, Intelligentem, wirklich Wichtigem enthält, und ich hoffe, daß wir noch lange miteinander streiten werden, was für unsere Freundschaft der sicherste und fruchtbarste Weg sein wird, zu bestehen und von Nutzen zu sein, mir und (wenn Sie gestatten) auch Ihnen.«[43]

Bei *Gramsci's Asche* wiederholt sich der Erfolg von *Ragazzi di vita*: Eine ganze Auflage ist in vierzehn Tagen vergriffen, und die kritische Debatte ist heftig und kontrovers, immer wieder wird vergleichend auf die friaulischen Gedichte, den Roman *Ragazzi di vita* und die kritische Intelligenz seiner Essays Bezug genommen.

»Es ist ein Buch« – schreibt ihm Sereni am 29. Dezember –, »das endgültig eine Situation durchbrochen hat und über das ich zu anderen Zeiten eiligst irgendwo etwas geschrieben hätte. Ich hätte schreiben mögen, daß sich von jenem Augenblick an auch für mich etwas änderte, nicht bei meiner spärlichen Arbeit, sondern in einer gewissen Denkordnung und Reaktionsfolge; daß ich darin zugleich einen naturgegebenen (Reise-?) Gefährten und einen naturgegebenen Antagonisten erkannte. Ich habe aber in dem Augenblick nicht einmal die Möglichkeit zu finden verstanden, Dir für die Sendung zu danken, und dafür möchte ich mich – da ein Tag der Freiheit und Ruhe gekommen ist und beinahe zur Feier des heutigen Sieges der Inter-Mannschaft in Rom – entschuldigen.«

Im September wird über das Schicksal von *Officina* diskutiert. Zu den drei ursprünglichen Redakteuren waren, in Versammlungen und Briefwechseln, weitere drei hinzugekommen: Fortini, Romanò und Scalia. Die finanziellen Probleme der Zeitschrift und die Notwendigkeit einer größeren Pünktlichkeit und eines besseren Vertriebs verlangen, daß man sich auf die Suche nach einem Verleger begeben muß. Nach einer Zusammenkunft in Mailand, bei der Pasolini abwesend war, schreibt Romanò ihm am 18. September:

»Wir sind alle (einschließlich Fortini, der den Brief nicht mit unterschrieben, aber eine Kopie davon erhalten hat) einverstanden mit dem, was Leonetti sagt. Unsere Vorstellung wäre im wesentlichen, nach Beendigung der Serie von ›Officina‹ eine Zeitschrift ins Leben zu rufen, die den Ton und die Grundsätze von ›Officina‹ beibehält, aber anders ist bezüglich Form, Themen (vielfältiger, konkret und von aktuellem Interesse) und Publikum; was eine ganz unterschiedliche Organisation mit sich bringt: und diese Organisation kann nur von einem Verleger kommen.«

Die ersten Vorstöße werden bei den Verlagen Longanesi und Garzanti gemacht, aber die alte Serie von *Officina* erscheint noch zwei Nummern lang, bis ein neuer Verleger gefunden wird. Im Oktober beginnt Pasolini gleichzeitig mit der Niederschrift der Gedichte *A un ragazzo* [An einen Jungen], die Bertoluccis Sohn Bernardo gewidmet sind, und der von *La religione del mio tempo* [Die Religion meiner Zeit].

Er beendet einen Einakter, den Monolog *Un pesciolino* [Ein Fischlein], der für das Ensemble des Teatro dei Satiri in Rom bestimmt ist, aber nie zur Aufführung kommt. Nach zehn Jahren nimmt er wieder das Drama *Il Cappellano* zur Hand, das chamäleonartig den Titel wechselt, bis es schließlich *Nel '46!* heißt. Während seine enge Zusammenarbeit mit *Punto* anhält, beginnt er nun, mit einer Rezension über *Arturos Insel* von Elsa Morante, auch in *Vie Nuove* zu schreiben. Er veröffentlicht Teile aus dem Gedicht *La ricchezza* [Der Reichtum] im *Contemporaneo* und das Gedicht *Domenica all'Acqua Acetosa* [Sonntag in Acqua Acetosa] im Katalog einer Ausstellung von Anna Salvatore. Er schreibt die *Nota su »Le Notti«* [Bemerkung zu den »Nächten« (Film von Fellini, Anm. d. Ü.)].

Am 12. Dezember trifft er in Rom zum ersten Mal Massimo Ferretti.[44] Nachdem der Junge aus Jesi seine Gedichte an die *Officina*-Redaktion gesandt hatte, war eine persönliche Beziehung in Gang gekommen, und das Mitleid wegen seines Gesundheitszustandes und der Schwierigkeiten und Qualen, die er in der Familie, der Provinz und der lustlos besuchten Universität durchlebte, hatte sie noch freundschaftlicher gestaltet. Mit liebevoller Geduld versucht Pasolini, Ferrettis verdrehteste Seiten, die Chimären seiner Egozentrik, die Obsessionen der Einsamkeit in der Provinz aufzuklären. In diese natürliche pädagogische Berufung fließen jene literarischen und affektiven Motive mit ein, die schon seit den Zeiten der Schule in Casarsa zu großen Erwartungen für die Zukunft seiner Schüler geführt hatten.[45]

Ferretti hegt, naiv wie er ist, recht wirre Vorstellungen über Homosexualität. Eine familiäre Plauderei hat ihm Pasolinis Homo-

PPP und Bernardo Bertolucci

sexualität offenbart, und im Juni hat er einen Brief geschrieben, der nicht wiedergefunden wurde, weil Pasolini ihn hastig an die Freunde von *Officina* geschickt hat, und dessen Inhalt man sich in etwa vorstellen kann, wenn Pasolini befürchtet, daß er dem Vater in die Hände fällt. Vielleicht hat Ferretti darin willkürliche Phantasien und Interpretationen über Homosexualität und seine Verbindung mit Pasolini geäußert – wer weiß, in welcher Weise sie mit seinen eigenen Verdrängungen zusammenhängen. Der leise scherzende Antwortbrief umschreibt den Zwischenfall dieser Enthüllung und behandelt ihn mit den zweckmäßigen Klarstellungen. Doch das Thema der »Profanisierung des Helden« ist zu einladend für Ferrettis jugendliche Frustrationen und die Projektionen seiner Phantasie, als daß die Möglichkeit zu einer endgültigen Aussprache gegeben wäre. Und in der Tat ist es dann gleich nach seiner Rückkehr aus Rom und auch späterhin Quelle verzerrter Interpretationen, führt zu Mißverständnissen und Folgerungen, die Pasolinis Geduld noch öfter auf die Probe stellen.

EIN ALTES BUCH MIT VERSEN
1958

Im Januar arbeitet er mit glücklicher Hand an *Una vita violenta* und verspricht dem Verleger Garzanti, das Buch im März zu vollenden; aber die Arbeit wird bald durch eine neue Filmverpflichtung unterbrochen, das erste ganz von Pasolini ausgedachte und geschriebene Drehbuch, *La notte brava* [dt.: *Wir von der Straße*]. Eine Geschichte von »ragazzi di vita und Nutten«, die, von Mauro Bolognini verfilmt, eine seiner eigenständigsten Filmschriften bleiben sollte.

»Es schmerzt mich, daß Sie es nicht geschafft haben«, schreibt ihm Garzanti im April. »Arbeiten Sie doch beharrlich weiter, damit es bald fertig wird. Verschwenden Sie keine Zeit an den Gedanken, das Manuskript dann auf dem Speicher lagern zu müssen. Die Jahreszeiten sind bei uns ein wenig wie in der Landwirtschaft: manchmal reifen die Pfirsiche früher, manchmal etwas später. Vielleicht könnten sie dieses Jahr länger brauchen. Ich sehe, daß Sie groß in Form sind mit Arbeit und Projekten. Das freut mich sehr.

Il rio della grana scheint mir ein außerordentlicher Titel ...«
Il rio della grana ist der dritte, gleichzeitig mit *Ragazzi di vita* und *Una vita violenta* gedachte Roman. Während letzterer im April zu zwei Dritteln fertig ist, gibt es *Il rio della grana* nur in der Phantasie, und die wenigen geschriebenen Seiten bleiben im Stadium eines Entwurfs oder Exposés stecken. Die idiomatischen Wendungen, die ausdrucksstarken, lebhaften Spitzen, die Jargonlexeme aus erster Hand, den Sprechenden vom Mund

abgeschaut – Stoff, der sich schon bewährt hat, aber, da er sich in jeder Saison und in jedem Ambiente erneuert, ununterbrochener Aufbereitung bedarf –, werden rasch notiert, während er die Vorstadtviertel durchstreift, die nicht mehr sind wie 1950, sondern sich gerade in amorphe Peripherie verwandeln. Oder er greift, wie immer, auf Sergio Citti zurück, »der bisher nie versagt hat bei meinen Fragen, auch den subtilsten«.
Im Februar wird er von *Vie Nuove* nach Belgien in die Lager der italienischen Bergarbeiter geschickt. Bei seiner Rückkehr antwortet er auf Roberto De Monticellis Fragen:
»Ich habe das Friaulische vorgezogen, und jetzt ziehe ich das Römische vor, morgen werde ich das Neapolitanische vorziehen oder das Italo-Französisch der italienischen Bergarbeiter in Belgien. Ich bin keinem bestimmten Kirchturm verpflichtet und keinem Dialektkult. […]
Ich glaube nicht, daß man meine Dichtung ›civile‹, bürgerlich, nennen kann; definitionsgemäß ist sie das nicht, da es oppositionelle, fortlaufende, fast aprioristische Dichtung ist: während die ›civile‹ Dichtung, wie sie bisher verstanden und gemacht wurde, immer Dichtung in Konsens mit den Institutionen oder in reformistischer Opposition war. Gegenüber der Dichtung des Novecento ist meine Dichtung gewiß anders: sie setzt das Logische anstelle des Analogischen, das Problem anstelle der Anmut.«[46]
Im April werden mit Erscheinen der Nr. 12 von *Officina* in Erwartung des neuen Verlegers die Veröffentlichungen der alten Serie eingestellt. Die Korrespondenz hält unterdessen unvermindert an mit Analysen, Vorschlägen und »Berichten« der verschiedenen Redakteure, während man die Fühler bei anderen Verlegern – Lerici und Bompiani – ausstreckt.
Ende Juni hat der Verlag Bompiani in die Veröffentlichung von *Officina* eingewilligt, und Leonetti präzisiert: »ohne weitere Verpflichtungen unsererseits«.
Im Juni kommt Bologninis Film *Giovani mariti* [Junge Ehemänner] heraus, an dessen Drehbuch Pasolini mitgearbeitet hat.

Paolo Volponi schreibt ihm:

»Kann ich noch auf Deine Freundschaft zählen, oder haben das Kino, die Liebesgeschichten und der stets wachsende Ruhm (an dem ich Anteil nehme wie am Ruhm eines Bruders, auf den man ehrgeizige Wünsche und Hoffnungen überträgt) Dich abgelenkt? Komplimente für den Erfolg von *I giovani mariti* von einem, der die Kastanienbäume in Lucca befühlte und nicht die Mädchen, und der immer den Frühling geliebt hat, wenn es auf helle Baumwollkleider regnet.«

Im selben Monat erscheint bei Longanesi *L'usignolo della Chiesa Cattolica* [dt.: *Die Nachtigall der katholischen Kirche*] zusammen mit Gedichtsammlungen von Elsa Morante und Sandro Penna. Am 10. Juli schreibt Italo Calvino ihm:

»Die Lektüre Deines neuen Buches mit alten Versen legt eine Neubestimmung der literarischen Gattungen nahe: der Dichtung in Versen kommt heute das zu, was früher Stoff der autobio-bildungs-psycho-ideologischen Romane war, während der erzählenden Prosa jene Übersetzung der eigenen subjektiven Welt in objektive Bilder, musikalischen Rhythmus und linguistische Chiffren zufällt, die einmal Thema der Dichtung in Versen war. Was sehr richtig ist.«

Und Volponi, am 3. September:

»Ich habe *Die Nachtigall* gelesen, ein wunderschönes Buch, seine Poesie ist so umfassend, mit dem auf dem Land empfundenen Schmerz, der an den Kirchen klebt wie die Spatzen, daß sie Dir, hättest Du sie nicht kulturell überwunden, noch weitere hundert Jahre wunderschöne Verse eingegeben hätte.«

Im September nimmt er am zweiten Kongreß italienischer und sowjetischer Dichter in Moskau teil.

Den ganzen Herbst arbeitet er an *Una vita violenta,* worauf Garzanti immer noch ungeduldig wartet. Im November korrigiert er die »häßlichen Epigramme«, die unter dem Titel *Umiliato e offeso* [Gedemütigt und beleidigt] in der nächsten Nummer von *Officina* erscheinen sollen. Nachdem er sie den alten und neuen Redakteuren zum Lesen geschickt hat, schreibt

Fortini ihm am 14. Dezember:
»Gestern abend und heute morgen habe ich Deine Epigramme gelesen, die mir einen starken Eindruck gemacht haben und die ich sehr schön und richtig finde, mit Deine besten Sachen, und die ›Dir gut anstehen‹. Dasselbe kann ich nicht über das Romankapitel sagen, das ich im ›Contemporaneo‹ gelesen habe, nein ganz im Gegenteil: tot habe ich es gefunden, mechanisch, im Vergleich zu der Erinnerung an *Ragazzi*. Wahrscheinlich muß man es auf Entfernung beurteilen, und nicht nach einem Stück. Doch läßt, vielleicht seltsamerweise, nach dem Lesen jener Seiten die Verzahnung von Hochsprache und Argot einen Augenblick lang erneut wieder den Verdacht aufkommen, daß Leute wie Citati recht haben, die sie so bewundern, im Gegensatz zu Deinen Gedichten und Hochsprache ... wegen dem, was an den *Ragazzi* nicht gut ist.«

Im Dezember findet in Mailand zur Vorbereitung der ersten Nummer der neuen Serie ein Treffen der Redakteure von *Officina* statt, bei dem Pasolini abwesend ist. Ein von der früheren redaktionellen Zusammenarbeit sehr verschiedenes Klima führt zu Zusammenstößen zwischen den Teilnehmern.

»Während dem Diskurs zu viert, in der ersten Serie, eine relative intellektuelle, psychologische und politische Harmonie eigen gewesen war, wird der Diskurs zu sechst konfliktgeladen. Fortini insbesondere bringt sehr starke Spannungen hinein, und Scalia versucht eine Vermittlung und Neudefinition der Konfliktebenen. Was auch zu Fortschritten führt, aber das Gewebe der Zeitschrift zeigt sich als ingesamt zu schwach, um diese Spannungen auszuhalten, mit dem Ergebnis, daß auch unter den vieren ein Konflikt aufbricht, der zuvor latent geblieben war.« (A. Romanò)[47]

Fortini schreibt an Pasolini im selben Brief vom 14. Dezember:
»Ich habe eine Nacht und einen Tag entsetzlicher Diskussionen über die Texte der Nummer hinter mir, zum Magengeschwürkriegen. Recht und schlecht kommt die Nummer heraus, meiner Ansicht nach eher schlecht als recht. Ein ›organischer

›Ragazzi‹, Ende der fünfziger Jahre

Vortext‹ von Dir wäre willkommen. Um aufrichtig zu sein, ich fürchte, daß noch ein großer Abstand besteht zwischen dem, was Leonetti meinen Hang zu Selbstverstümmelung, Kälte, Langweiligkeit, Legalismus, Klärerei, Pedanterie, Moralismus nennt, meinem antiexpressionistischen kritischen Ideal und der Sprache von Leonetti-Scalia; und dann, im Grunde, Unstimmigkeiten der Prinzipien, zwischen ihrem fast zufriedenen, positivistisch angehauchten Historizismus und Rationalismus und meinem Lukácsismus mit existentialistischem *frisson*... Und dann, mein Gott, ständig dabei, Fubini, Citati oder gar Bigongiari zu widerlegen mit dem albernen Getue eines Professorenkonsiliums... Si nous montions (alle) d'un degré... Aber es ist auch meine Schuld, Schuld meiner absurden Ansprüche. Ich will einfach nicht, daß Citati recht behält, wenn er sagt (mit offensichtlicher, ausdrücklicher, gemeiner Anspielung auf die Beziehungen zwischen Dir und uns von ›Officina‹), daß es in Italien sowieso keine Literatur gibt, sondern nur ein paar gute Literaten. Ja, es ist besser, es Dir zu sagen, ich frage mich, ob es für Euch und ob es für mich ein Gewinn ist, mich zu den Redakteuren zu zählen. Ich habe große Befürchtungen.«

Leonetti schreibt am 19. Dezember:

»Ich müßte es, aber mir ist nicht danach (außer mündlich, wenn die Gelegenheit kommt), Dir zu erklären, was in Mailand passiert ist. Mit ›Officina‹ ging es wirklich den Bach runter, so unglaublich das ist, und vielleicht kann man es

Von links: Alberto Moravia, Attilio Bertolucci und PPP

nur mit Fortinis ›Unbewußtem‹ erklären. Romanò, der lange still darunter gelitten hatte und zu dem Schluß gekommen ist, sich zurückzuziehen, muß Dir geschrieben haben, wenn auch maßvoll. Ich, eine Nacht und einen Tag unter Inquisition, habe nicht lockergelassen: aber ich war geängstigt; ich denke, daß Roversi, der in diesen Fällen von luzidester Entschlossenheit ist, recht gehabt hat mit dem Vorschlag (eingebracht von uns dreien; Scalia, bis zum Vortag anwesend und in Bologna über das Weitere unterrichtet, erklärt, daß es ein unvermeidliches Übel war) von Fortinis Ausschluß. Lieben wir ihn aus der Ferne. Du müßtest, wenn du willst, Deine eigene Meinung und eventuelle entsprechende Handlung noch aufschieben; es versteht sich, daß wir, wie wir Fortini gesagt haben, wünschen, daß seine ›innere Opposition‹ (die weder Maß noch Verständnis für andere kennt, gegen jede gemeinsame Arbeit ist und auf eine Substitution der anderen durch sich selbst hinausläuft, die, wie ich ihm gesagt habe, unehrlich bzw. ›gentilianisch‹ ist) mit der größtmöglichen Teilnahme stattfinden soll, abgesehen von der gegenseitigen redaktionellen Kontrolle.«

In der Nacht vom 19. Dezember kommt Pasolini gerade noch rechtzeitig nach Hause, um seinen Vater sterben zu sehen. Er litt an Leberzirrhose, und anstatt sie zu behandeln, trank er nach wie vor viel. Sie lassen seinen Leichnam nach Casarsa überführen, um ihn auf dem Friedhof neben seinem Sohn Guido beizusetzen. »Er hörte nicht auf mich und meine Mutter, weil er uns verachtete«, sagt der Sohn später. Doch es ist schwierig, diese Verachtung zu begreifen, denn auch in den letzten Jahren war es dem alten Pasolini gelungen, seiner stolzen Verehrung für den Sohn Ausdruck zu verleihen, indem er Spuren seiner Schrift auf den weißen Rändern der vielen Artikel hinterließ, die Pier Paolos Erfolge dokumentierten und die er fleißig datierte und an die Verwandten sandte.

Marin schreibt am 14. Januar 1959:

»Nun seid Ihr mehr allein, habt mehr Frieden. Und doch wiegt sein Hinscheiden schwer und hat Eure Seelen erschüttert. Er war so allein! Denn Deine Mutter hatte Dich, und Du Deine Mutter. Ich kann Euch nicht einmal dualisieren: Ihr seid in Wirklichkeit eine Einheit. Er aber, er, der doch auch seine Funktion hatte, er war allein.«

FILM
1959

Anfang Januar schreibt Marin ihm: »Ich habe Dich sehr deprimiert und fern gefunden.«
Nach Beendigung der letzten Durchsicht von *Una vita violenta* übergibt er das Manuskript Anfang März Garzanti, aber wie bei dem vorigen Roman ist noch ein zusätzlicher Arbeitsgang zu erledigen: »Selbstzensur« der heikelsten Abschnitte und Ausdrücke. Nach einer ersten Reihe von »Korrekturen« wird ein zweiter Durchgang nötig, bei dem die »Kinoepisode« zusammengestrichen wird, da sie für »in juristischer Hinsicht gefährlich suggestiv« erachtet wird.
Garzanti schreibt ihm am 25. Mai:
»Ich bin Ihnen sehr, sehr dankbar, daß Sie unsere Anregungen aufgegriffen haben. Ich glaube, daß der Wert Ihres Werkes in keinster Weise geschmälert wurde, und der Umstand, daß ich mich nun vollkommen beruhigt fühle, erlaubt mir, das Buch zu lancieren, wie es ihm gebührt.«
Una vita violenta, »das Werk, über das ich mich vollständiger ausgedrückt habe«, erscheint Ende Mai mit der Widmung: »Für Carlo Bo und Giuseppe Ungaretti, meine Zeugen im Prozeß gegen *Ragazzi di vita*.«
Die Widmung für Caproni lautet: »Exemplar Nr. 1. Für meinen alten Giorgio und in alter Zuneigung. P. P., Rom, 21. Mai 1959.«

PPP mit Goffredo Parise (links) und Paolo Volponi, 1958

»Es ist dieses ›Exemplar Nr. 1‹, das mich rührt und auch – ich bin nicht weniger eitel als die anderen – ein wenig mit Stolz erfüllt.« (G. Caproni)⁴⁸

Beim Lesen schreibt Caproni ihm ein Briefchen:

»Ich ›amüsiere‹ mich, wie sich vielleicht ein Zeitgenosse amüsierte, der den *Furioso* [*Orlando Furioso – Der rasende Ro-*

land –, Epos von Ludovico Ariosto, Anm. d. Ü.] las. Und welche Schuld haben wir, wenn unsere Helden die Deinen sind? Ich *lerne* jedoch auch etwas; was beim *Furioso* nicht geschieht (und nicht geschehen durfte). Du hast *Ragazzi di vita* übertroffen, und für mich bist Du wirklich ›groß‹.«

Die erste Nummer der neuen Serie von *Officina* erscheint Ende Februar mit dem Signet des Verlags Bompiani, das Redaktionssekretariat ist Fabio Mauri anvertraut worden. Außer den Vorbereitungssitzungen gibt es für die sechs Redakteure nun eine neue Beziehung zum Verleger, der, nachdem er mit Begeisterung das Unternehmen der Zeitschrift angenommen hat, jetzt eine Reihe von *Officina*-Bändchen plant, gestützt auf einen Vorschlag Pasolinis. Die Epigramme von *Umiliato e offeso* [Gedemütigt und beleidigt], darunter insbesondere *A un papa* [An einen Papst], haben in »juristischer Hinsicht« eine gewisse Bestürzung hervorgerufen, doch der Rechtsanwalt des Verlags hat Mauri über den beleidigenden Inhalt beruhigt.[49] Ende Mai dagegen kommt es zu einem ernstlichen Skandal. Der Verleger Bompiani, den man für verantwortlich hält für die Zeitschrift, wird von der kirchlichen Hierarchie vor allem für das Epigramm gegen Pius XII. gerügt, während der papstfreundliche Adel, der Bompianis Aufnahme in den Jagdklub erwogen hatte, nun eine klare Absage erteilt.

Bompiani schreibt am 5. Juni an Leonetti:

»Ich hatte gemeint, einer Gruppe junger Leute mit verschiedener Bildung bei der Veröffentlichung einer Zeitschrift mit literarischem und philologischem Charakter zu helfen. Vielleicht hat es einen Fehler bei der Einschätzung oder der Perspektive gegeben, doch ganz gewiß erwartete ich mir nichts dergleichen: der ›Gedemütigte und Beleidigte‹ bin ich, und ich wäre es auch gewesen, wenn die Veröffentlichung unbehelligt durchgegangen wäre.

Nicht nur das Epigramm ›An einen Papst‹, sondern auch die anderen Epigramme hätten Gegenstand einer gerichtlichen Klage sein können, die den Verleger zumindest in den Skandal mit hineingezogen hätte. Alles das hätte also nicht geschehen dürfen ...«

Bompianis Beschluß fällt mit einer sehr viel entscheidenderen Krise zusammen, die sich in der Redaktion selbst abspielt. Die Übernahme durch einen großen Verlag und die redaktionelle Neuorganisation waren, laut Roversi, »äußerer Anlaß für nochmaliges Überdenken und innere Überprüfung der ersten Serie; der Wechsel, trug dazu bei, objektive Widersprüche ans Licht zu bringen, die längst latent in der Zeitschrift schwelten.«[50]

Andere Verleger, Einaudi und Mondadori, boten sich an, die Veröffentlichung der Zeitschrift weiterzuführen, aber die inneren Meinungsverschiedenheiten, »mit Intoleranz oder wenig Geschmack an Toleranz bei manchen von uns«, schreibt Scalia an Pasolini, haben zu einem Engpaß geführt, wo »alles dazu beigetragen hat, uns, vielleicht, mit gegenseitigen Mißverständnissen wechselweise voneinander zu entfernen«.

In der »neuen Phase« der Zeitschrift sind sogleich jene Solidarität und der mutige Schwung abhanden gekommen, der sie in den vorangegangenen Jahren geleitet hatte, während ein Übermaß an Selbstkritik eingesetzt hat, an Diskussionen, die weit über den der Konkretheit der Programme angemessenen Umfang hinausgehen. Auch die Rückwirkungen des Skandals und die Art und Weise, Pasolini gegen die Angriffe, denen er wegen des Epigramms *An einen Papst* ausgesetzt war, zu verteidigen, schaffen Divergenzen.

> »Wir hatten begonnen, eine gute Schlacht zu schlagen«, schreibt Scalia im selben Brief, »für unsere Freiheit und die aller anderen, für ein neues Engagement, für eine ›wissenschaftliche‹ Erneuerung der Kritik und der Ästhetik und der Kunst (auch): für unsere Sauberkeit des Gehirns und des Herzens. Und diese Zeilen sind nicht... ›posthum‹, wenn auch mit viel Trauer geschrieben.«

Eine letzte Begegnung der Redakteure in Parma Anfang Juli, ohne Pasolini, hat keine neuen Verständigungsmöglichkeiten aufgezeigt.

Im folgenden Jahr liefert Pasolini seine abschließenden Überlegungen zu der *Officina*-Erfahrung:
»Was war die Funktion von *Officina*? Den noch übrigen Novecento-Mythos zu überwinden (der nun in Zeitschriften, die wie Pfarrblättchen wirken, wieder Blüten treibt: und nicht nur da, auch bei den Ungebildeten oder den jüngsten Arrivierten-Arrivisten kommt er wieder zu Ansehen und zieht sie in seinen Bann): und wieder einen Begriff von Dichtung als historisches und kulturelles Produkt zu vermitteln, auf das man auch in Momenten der Angst, völlig überschwemmt von der Finsternis des Intimen, oder auch ebensogroßer Freude kritisch und beschreibend Bezug nehmen kann: denn es gibt keine psychologische Emotion, die nicht gleichzeitig soziologisch ist. Dies, versteht sich, war ein Problem der Kritik: doch es wirkte auch in den Produkten in Form von Versen selbst, in den Redakteuren von *Officina* in ihrer Eigenschaft als Poeten. Häufig wurde eben dieses Problem in seiner Gesamtheit oder in seinen einzelnen Aspekten zum Gegenstand oder Inhalt jener Verse.
Wir bemühten uns darum, kulturell und poetisch einen Begriff von Realismus zu schaffen: der nicht der Realismus der Berichterstattung war, visuell, unmittelbar, wie der Neorealismus, sondern ein ideologischer, ein Realismus des Denkens. Und ist das nicht übrigens der einzig mögliche Realismus? ...
Die Verurteilung des italienischen Novecento war unwiderruflich (wenn ich italienisch sage, meine ich das Novecento, das auf *La Ronda*, auf Cecchi, auf die Prosaisten profaschistischer Kunst Bezug nimmt, gewiß nicht die vereinzelten Fälle von Dichtung, die auf die eine oder andere Weise in die Zentren der europäischen Kultur einmünden). Doch im Verhältnis zum europäischen 20. Jahrhundert, also der Dekadenzdichtung [...] wurde es schwieriger. Es war klar, daß eine Unmenge solcher dekadenter Elemente in uns fortbestand. [...]
Wie eine auswendig gelernte kleine Lektion habe ich Ihnen eine Zusammenfassung der Aufgaben von *Officina* hingeblättert: doch nun füge ich hinzu: *Officina*, erste Serie. Denn es hat

ja eine zweite Serie von *Officina* gegeben, die zwei Nummern lang durchhielt. In dieser zweiten Serie, in der wir einerseits unseren Willen zur marxistischen Kritik vertieften, wollten wir andererseits ein neues Problem angehen: das Problem der Methode. Daraus ist nichts geworden: wegen des plötzlichen Ablebens. Doch ich glaube, daß privat, und sei es nur im Denken, dies das Hauptproblem derjenigen bleibt, aus denen sich die Redaktion von *Officina* zusammensetzte: meines ganz gewiß.«

Und fünfzehn Jahre später faßt er jene Erfahrung noch einmal zusammen, im Spiegel der Gegenwart:

»Was an *Officina* ärgerlich und bedauerlich ist, ist ihre Naivität, die zugleich ihr Verdienst ist. Daß sie es nicht verstanden haben, den drohenden Neokapitalismus und die faschistische Renaissance vorherzusehen, ist für ihre Herausgeber demütigend. Und demütigend ist auch ihre ›Kritik‹ an den Werten – denen der Linken –, da man solche Werte im wesentlichen akzeptierte, ihnen fast huldigte. Es gab in *Officina* weder Ungehorsam noch Extremismus: es herrschte die Ruhe der Vernunft, die wiederaufbaut. Aber es war keine echte Ruhe: oder es war eine unberechtigte Ruhe. In Wirklichkeit waren die, die *Officina* redigierten – potentiell, nur potentiell –, im Begriff, den Platz derer einzunehmen, die sie lebhaft, streng, aber auch respektvoll kritisierten. Das heißt, sie schickten sich an, die Macht zu übernehmen ...«

Im Juni ziehen Susanna und Pier Paolo aus der Wohnung in der Via Fonteiana in die Via Giacinto Carini um, ins selbe Haus, in dem die Familie Bertolucci wohnt.

Im Lauf des Sommers unternimmt Pasolini im Auftrag der Monatszeitschrift *Successo* eine journalistische Reise entlang der italienischen Küste von Ventimiglia nach Triest. Unter dem Titel *La lunga strada di sabbia* [dt.: *Die lange Straße aus Sand*] erscheinen drei lange Folgen, »ganz kleine, stenographierte *Reisebilder* [Deutsch im Original, Anm. d. Ü.], in denen ich kaum unter die oberste Schicht vorgedrungen bin.«

Die ersten Leser von *Una vita violenta* sind die Freunde.
Calvino schreibt ihm am 9. Juni:
»Ich habe es ausgelesen. Es ist wunderbar. Mit deutlichem Vorsprung vor allen unseren sonstigen Büchern. Alles (oder fast alles), was ich will, das in einem Buch sein soll, ist drin. Es ist ein Buch, wie ich es gern selber geschrieben hätte (mit all den Sachen, und noch dazu so verschiedenen) und vielleicht nie schreiben werde, aber ich bin froh, daß es geschrieben worden ist, das heißt, daß die Literatur heute nicht allzu anders ist, als ich sie haben möchte.
Es ist ein qualitativer Sprung nach *Ragazzi di vita*, denn in *Ragazzi di vita* (auch wunderschön als lyrisches Poem) fehlte die individuelle Spannung, die Reibung mit der Welt, und die Menschheit war wie Marmelade. Hier gibt es keine austauschbare Marmelade mehr, die Menschen sind nicht mehr wie eine Menge Chinesen, hier gibt es Spannung, die unterschiedlichen individuellen Spannungen, nicht so sehr die Person, die uns nicht interessiert, sondern den Bogen, in dem die Lebensgeschichten verlaufen, den Sinn, der allmählich erwächst aus der Sinnlosigkeit der aufeinanderfolgenden Gesten. Auch bei Lello. Kurz, es gibt Gewalt, Anstoß, Epik, die Nacht in Kap. 2 ist großartig, in *Ragazzi di vita* gab es auch schon eine schöne Nacht unterwegs, aber sie reicht nicht an diese heran, und alle Schlachten sind wunderbar, genau das war nötig, ein Schriftsteller, der Schlachten beschreibt, und ich dachte, Du wärest einer, der immer gleich gerührt ist, statt dessen bist Du ein ausgezeichneter Beschreiber von Schlachten, bis hin zu der vom Forlanini, die sehr gut geworden ist, und außerdem eine erzählerische Lösung voller Bilder und Symbolik erster Ordnung. Kurz, man läuft in dieses Buch hinein wie in Stendhal, mit dem Unterschied, daß dort immer ein Wille, ein schwungvolles Ideal im Mittelpunkt stand, hier ist es ein völlig zum Stillstand gekommener Kopf, ein halber Trottel, aber die ganze moderne Literatur ist ja so, dreht sich um eine Leere, die sich bewegt, einen Hohlraum, nochmals Dank, daß sie sich bewegt,

was willst Du ihn außerdem schon denken lassen, das bißchen, was er dächte, wäre doch nur Blödsinn, was soll's also.

Um so mehr, als das einzige, was mir nicht paßt, diese Geschichte mit dem ›guten Jungen‹ ist. Es wirkt, als würdest Du wirklich glauben und behaupten, daß er ein ›guter Junge‹ ist, daß eine Erziehung und eine menschliche Entwicklung sich zum Ziel setzen kann, ein ordentlicher Mensch nach kleinbürgerlichem Muster zu werden, allerdings mit kommunistischem Parteibuch, und Du zeigst Dich hocherfreut, wenn er den guten Jungen herauskehrt, Du sagst: ›Na, seht ihr?‹ Nun, das ist falsch und häßlich. Dieses Ziel gibt es nicht, diese Möglichkeit besteht nicht. Man kann nur so weit kommen, die ganze historische und natürliche Gewalt auf sich zu nehmen und sie zu rationalisieren, um sie einem Sinn gemäß zu erleben: die kommunistische Moral erlangt man, indem man die Schrecklichkeit mit offenen Augen erlebt, für immer, weil jeder Fortschritt stets von einem Verlust begleitet ist und von einer andauernden Verschlechterung. Wer das erlebt, sei er ein Philosoph oder ein Analphabet aus dem Lumpenproletariat, hat etwas gelernt. Alles andere ist nichts, erbauliche Versuche, die nach Pfarrei schmecken, oder ›kommunistische Süßholzraspelei‹, was das Gegenteil der wahren kommunistischen Moral ist. Du scheinst ab und zu nahe dran, die ›kommunistische Süßholzraspelei‹ zu entlarven und die moralische Wahrheit des Kommunismus zu berühren, aber dann bist du immer wieder drauf und dran zu pratolinisieren [nach Vasco Pratolini, einem neorealistischen Schriftsteller, Anm. d. Ü.]. Kurz und gut, die Tugend darf *niemals* dargestellt werden, in gar keinem Fall. Außer, um zu beweisen, daß darunter noch mehr Grausamkeit und Egoismus verborgen ist als in ausdrücklicher Grausamkeit und offenem Egoismus. Oder die Erbarmungslosigkeit darstellen, um zu beweisen, daß sie eine Form von Tugend sein kann, wenn sie klarsichtig geübt wird.

Mit dem Mädchen, sehr gut, wie er redet und anders denkt, und man nicht weiß, was echt und was falsch ist, und die Sze-

ne mit der ausbleibenden sexuellen Erregung und der Schlägerei am Schluß. Denn da wird das tugendhafte Ideal entlarvt und deshalb kommen Wahrheit und echter Wert ans Licht.
Ich kann Dir nichts zu der Sprache sagen, die doch grundlegend ist. Allerdings gefällt mir Kap. 1 überhaupt nicht, denn da es sich um das Milieu dreht, wird alles auf die Wiederholung von Wörtern wie Schlamm, hocken, dreckig, weggeschmissenes Papier gesetzt, die milieubeschreibende Funktion haben; da wäre das Geheimnis gewesen, alle diese Wörter verschwinden zu lassen und als Schlüsselwort, was weiß ich?, Wörter der Stimmung und Bewegung einzusetzen. Das Geheimnis besteht immer darin, die echten Schlüsselwörter zu verbergen und auf andere zu setzen, indem man anderswo das Äquivalent oder das Gegenteil sucht.«

Im Juni nimmt *Una vita violenta* am *Premio Strega* teil, und Pasolini drängt einige Freunde, ihm ihre Stimme zu geben. Gewonnen wird der *Premio Strega* dann von Tomasi di Lampedusas *Leopard* und *Una vita violenta* bleibt auf dem dritten Platz. Vittorio Sereni schreibt Pasolini am 3. August:

»Kürzlich habe ich abends *Rom, offene Stadt* im Fernsehen wiedergesehen und sofort gedacht, daß der kleine, als Ministrant gekleidete Junge, der um sich tritt, während ihm seine Mutter umgebracht wird, gerade in der Art des Fühlens ein Bruder Deiner Personen (auch der in den Gedichten) ist: oder zumindest ist er das offenkundigste Äquivalent im Kino.«

Ende August versucht Pasolini sein Glück beim *Premio Viareggio*, wo er allerdings in den *Nuovi racconti romani* von Moravia [dt.: *Die Lichter von Rom. Neue römische Erzählungen*] einen gefährlichen Konkurrenten hat.

Attilio Bertolucci schreibt ihm am 12. August:

»Seltsame Gerüchte über eine Kandidatur Moravias in Viareggio kommen mir zu Ohren, die einzige, die Dir schaden könnte. Es scheint mir unglaublich: ich entsinne mich, daß mir Alberto in den Tagen, als ich in Rom Station gemacht habe, angedeutet hat, daß der Verleger sein Buch gern präsentieren würde. Er sah mich an, als wolle er meine Reaktion testen. Er fügte hinzu, daß er den Viareggio noch nie bekommen hätte, faselte aber irgendwas, wie um mir zu verstehen zu geben, daß ihm nichts daran läge, ihn zu bekommen...«

Moravia, der seine Kandidatur zurückgezogen hat, um Pasolini den Weg freizumachen, gibt folgende polemische Erklärung ab, als der Sieger dann Marino Moretti wird, während *Una vita violenta* »eine schwerwiegende und ausdrückliche Ablehnung seitens der Jury« (E. Siciliano)[51] erfahren hat:

> »Den Preis Pasolini zu geben hätte Mut bedeutet und wäre für die ganze italienische Literatur nützlich gewesen.«

Pasolini begrüßt »trotz der brennenden Enttäuschung« den Sieger:

> »Er ist ein guter Dichter; ein Schriftsteller, den ich schätze. Sie haben gut daran getan, einen Mann auszuzeichnen, der eine so lange literarische Karriere hinter sich hat. Vielleicht stimmt das, was manche sagen, nämlich, daß man ihn vor dreißig Jahren hätte preiskrönen sollen, aber besser spät als nie.«

Und an seine Mutter schreibt er:

> »Um die Wahrheit zu sagen, habe ich eine Nacht und einen Tag brennender Enttäuschung verbracht wegen des neuerlichen Verrats in Viareggio, aber jetzt ist es ausgestanden. Ich habe erfahren, daß der elende Repaci [Vorsitzender der Jury in Viareggio] daran schuld ist, der blöde, neidische Alte. Aber er wird an Blödheit und Neid sterben müssen.«

Am 2. September antwortet ihm die Mutter aus Casarsa, wo sie seit dem Tod ihres Mannes gewöhnlich die Ferien verbringt:

> »Ich hoffe von ganzem Herzen, daß Du nicht sehr unter der Enttäuschung gelitten hast und daß Du wieder heiter bist und auf die Gerechtigkeit vertraust... o weh.
>
> Ich hoffe, daß der *Alte* nicht viel Freude an seinem Verrat hat.«

Am 1. Oktober schickt Elsa Morante ihm ein Billett aus New York:

> »Dies ist nicht *eine* Stadt, sondern *die* Stadt, das Universum, das Firmament, der Bauch der Erde. Es würde Dir gefallen!

Millionen von Angelsachsen, Italienern, Spaniern, Chinesen, Schwarzen, Portorikanern, die auf den Straßen herumlaufen. Und jeder richtet das Wort an Dich, als kennte er Dich schon immer. Sie fragen, wie Du heißt, und reden sich dann sofort mit Vornamen an. Und rundherum Gebäude wie riesige Felsen, und Autos wie Sternschnuppen.«
Und Calvino aus derselben Stadt:
»Amerika hat keine großen Probleme, außer dem, wie sie es machen sollen (Pantheon?, Knopf?), Pasolini zu übersetzen. (Is it violent? Is it slang?) Und dem: Ist Pasolini ein Beatnik? Nein!, begehre ich auf, er ist das absolute Gegenteil, und dann erkläre ich es eine halbe Stunde lang.«
La notte brava [dt.: *Wir von der Straße*] kommt heraus, ein im Vergleich zum Drehbuch enttäuschender Film, weniger dramatisch und mit einer verharmlosenden Sicht der römischen Malavita: »Der Ästhetizismus ist etwas, das Bolognini hinzugefügt hat, ganz bewußt, denn er konnte den Film nur so machen.« Gleich darauf kommt *Morte di un amico* [dt.: *Und zu leicht befunden*] heraus, bei dem Franco Rossi nach einem in Zusammenarbeit mit Pasolini verfaßten Skript Regie geführt hat; »praktisch mein Werk«, aber es ist dem Produzenten gelungen, darin herumzupfuschen und die sentimentalen Szenen zu betonen. Pasolini nimmt sich vor, das Drehbuch unter dem Titel *Puzza di funerale* [Begräbnisgestank] als Erzählung zu veröffentlichen.
Ende November verbringt er einige Wochen in Mailand, um den ersten Teil des Drehbuchs für einen Film zu schreiben, der von drei improvisierten Personen bestritten wird. Pasolini widmet diesem Projekt viel Energie, mit langen Arbeitssitzungen und Dokumentationen über das Mailänder Milieu. Er nennt ihn »Polenta e sangue« [Polenta und Blut], aber der Film kommt erst viel später völlig zusammengeschnitten und ohne Pasolinis Namen mit dem Titel *La lunga notte del teddy boy* [Die lange Nacht des Teddyboy] heraus.
Am 6. November verleiht eine Jury, zu der Ungaretti, Debenedetti, Moravia, Gadda und Bassani gehören, *Una vita violen-*

ta den Literaturpreis der Stadt Crotone. Die Preisverleihung findet im Teatro Ariston statt, »eines der ernsthaftesten und rührendsten Spektakel dieser Art, die man erleben kann«; aber Faschisten, Liberale und Christdemokraten schüren die Polemiken gegen Pasolini und gegen den Preis.⁵²

Der dritte Roman der Trilogie in römischem Dialekt ist *Il rio della grana*; für Gian Carlo Ferretti, der ihn im November danach fragt, faßt er das Vorhaben so zusammen:

Elsa Morante

»Ich habe ihn noch nicht zu schreiben begonnen, sondern nur einige essentielle Notizen aufgezeichnet. *Il rio della grana* ist der Roman der römischen Zuwanderer ohne festen Wohnsitz, der unterentwickelten Gegenden und des sinkenden Bildungsstands im Subproletariat, vereint mit der Zuspitzung des alten Motivs vom herkömmlichen, klerikalen ideologischen Zwang. Ein Junge, Pietro, unverdorben, naiv, plump, auf ungeschliffene Weise moralisch und religiös, kommt in den Tagen, in denen Pius XII. stirbt, aus einem Dorf einer unterentwickelten Gegend (Abruzzen oder Kalabrien) nach Rom und wird zum neuen Papst gewählt. Geholt hat ihn der Bruder, der gleich nach dem Krieg nach Rom gegangen ist: er heißt Giovanni und lebt in Gelsomino, einem dreckigen Vorstadtviertel hinter dem Vatikan. Er lebt im traurigsten und verkommensten Milieu Roms, dem der Prostituierten und ihrer Zuhälter. Die ganze Geschichte handelt von der sich entwickelnden Beziehung zwischen Pietro und diesem Milieu. Nachdem er vom Entsetzen zur Anpassung, von der Anpassung zur Assimilation übergegangen ist, bleibt Pietro in Wirklichkeit innerlich noch unversehrt (er hätte ja in zwei Jahren auch gar nicht die Zeit, sich radikal zu ändern).

Sein süditalienisches moralistisches und religiöses, also fast biblisches Wesen verleitet ihn dazu, unter einem Vorwand, den er für Wahrheit hält, eine Prostituierte zu töten, als Symbol der Gesellschaft, die sie verdorben hat... Im ersten Teil werde ich eine starke Dosis abruzzesischen oder kalabresischen Dialekt verwenden, der dann allmählich im Römischen verlöscht.«[53]

Er übersetzt für das Theater die *Orestie* von Aischylos, die im folgenden Jahr von Vittorio Gassman inszeniert wird. Er beginnt mit der Übersetzung der *Äneis*. Außerdem ordnet er auch die Verse neu, die den nächsten Band bilden sollen; als Titel hat er an *La Ricchezza* gedacht, ihn dann in *La religione del mio tempo* [Die Religion meiner Zeit] umgewandelt.

»Ich liebe das Leben so wild, so verzweifelt, daß mir nichts Gutes daraus erwachsen kann: ich meine die physischen Gegebenheiten des Lebens, die Sonne, das Gras, die Jugend: das ist ein viel entsetzlicheres Laster als Kokainsucht, es kostet mich nichts und ist in grenzenlosem Überfluß ohne Einschränkungen vorhanden: und ich verschlinge und verschlinge... Wie das enden wird, weiß ich nicht...«

Der Umzug in die Via Carini hat die häuslichen Annehmlichkeiten erhöht, wenn Susanna auch so eifersüchtig über ihre Wohnung und ihren Sohn wacht, daß sie keinerlei Hilfe will. Pier Paolo ißt jeden Tag um zwei Uhr mit ihr zu Mittag, nachdem er einige Stunden gearbeitet hat. Gleich danach geht er weg und kommt sehr spät heim. Wie üblich geht er in die ärmsten Peripherien und, wenn auch nicht häufig, zu gelegentlichen Treffen mit Freunden, immer denselben, in einem Restaurant oder einer Privatwohnung. Ausnahmsweise taucht er auch einmal in den Salons der Bellonci, der De Giorgi, der Mastrocinque und der Astaldi auf.

Vorher und nachher bietet die römische Nacht eine erotische Szenerie von unendlicher Vielfalt, und ihre Verlockungen sind um so unwiderstehlicher, je verschwommener jene, die für wenige Augenblicke seine lustigen und willigen Gefährten waren, sich dann wieder im anonymen Dunkel verlieren.

Buchvorstellung in der Buchhandlung ›Ferro di cavallo‹; ganz links Laura Betti, hinter ihr Nico Naldini, rechts PPP; frühe sechziger Jahre

Ragazzi di vita und *Gramsci's Asche* sind die Bücher, die vielleicht zum ersten Mal ein Leserpublikum erreicht haben, das über die traditionelle Elite hinausgeht. Der Erfolg, der damit verbunden ist, wird, zusammen mit der ersten Bekanntheit in der Welt des Films, immer tückischer zum Erfolg einer »Figur«, wovor Pasolini sich zu schützen versucht.

»Ich will kein literarischer Fall sein. Ich will nicht auf einen Gegenstand reiner Aktualität, journalistischer Oberflächlichkeit reduziert werden.

Ich weiß sehr wohl, daß es seine guten Gründe hat, wenn dies versucht wird. Es werden nur die sekundären Aspekte meines

Werks herausgestellt, etwa die Sprache oder die Roheit, die meine Wahrheit beinhaltet. Eine elegante Art, um sich nicht vielmehr bei der sozialen Frage aufzuhalten, die für mich, in meinen Absichten als Künstler, die wichtigste ist.«[54]

Neue Korrespondenten sind der Verleger Giulio Einaudi, Luciano Lucignani, stellvertretender Direktor des Teatro Popolare Italiano von Vittorio Gassman, der Rechtsanwalt Ettore Trombetti aus Bologna, Laura Bettis Vater.

DIE TAGE VON ›ACCATTONE‹
1960

»Meine Absicht war, einen sozialistischen Roman zu schreiben.«

Die Debatte über *Una vita violenta* auf marxistischer Seite wird in der KPI durch einen plötzlichen »rappel à l'ordre« ihrer konservativsten Kräfte gestoppt. Der Senator Mario Montagnana, Togliattis Schwager, schickt einen Brief an den Herausgeber der kommunistischen Wochenzeitschrift *Rinascita*:

»Pasolini behält der Welt der armen Leute die Vulgaritäten und Obszönitäten vor, die Schimpfwörter. [...] Man hat das Gefühl, daß Pasolini die armen Leute nicht mag, daß er ganz allgemein die Bewohner der römischen Vorstädte verachtet, und mehr noch, daß er unsere Partei verachtet. (Ich finde kein anderes Wort.) [...] Ist das etwa nicht genug, um Dich zu empören?«[55]

In der nächsten Nummer antwortet ihm ein anderer maßgeblicher Kommunist, Edoardo D'Onofrio:

»Ich glaube, daß einer der Gründe, die manche unserer Genossen veranlassen, den Roman *Una vita violenta* von Pasolini nicht richtig einzuschätzen, großenteils davon abhängt, daß sie die politische und soziale Bedeutung des Vorhandenseins eines zahlreichen Subproletariats in Rom verkennen. [...] Pasolini verbirgt nicht die Wahrheit aus Liebe zur Partei; er sagt die Dinge, wie sie waren; und er gibt auch nicht vor, daß ein Teilaspekt der Entwicklung der Partei in den Vorstädten die ganze Entwicklung oder das Ergebnis der Entwicklung sei.«

Wenn auch mit vollkommen außerliterarischen Argumenten, ist es doch dieses letzte Urteil, das überwiegt, wobei die dichterischen Werte eines Romans, der sich mit vollem Recht als »sozialistisch« betrachten darf, als sicher vorausgesetzt werden.[56] Am 16. Januar bestreitet Laura Betti ganz allein einen Musikabend mit dem Titel *Giro a vuoto* [etwa: Leerlauf], bei dem sie Texte von befreundeten Schriftstellern und einige Lieder von Pasolini vorträgt.

»Die Wende der sechziger Jahre hatte schon begonnen. Laura Betti war in den Illustrierten ›die Jaguarin‹: kurzgeschnittenes platinblondes Haar, die Augen mit Schminke wie zwei Kommata bis zu den Schläfen hinaufgezogen. Sie war berühmt dafür, daß sie mit allen und jedem heftig stritt und manchmal überraschend in Liebe entbrannte. Nicht nur das Theater war ihre Bühne, sondern auch die Straße: Via del Babuino, wo sie wohnte, gehörte ihr, als wäre sie eine Königin.

Mit ihrer herben Stimme sang sie Lieder von Schriftstellern – Laura suchte sie auf und lief lärmend und schreiend hinter ihnen her; doch sie laufen auch ihr nach: und das gab ihr die heiß erstrebte Genugtuung.

Sie hatte eine neue Art von *Glamour* erfunden: eine andere Art und Weise, Primadonna zu sein, wobei sie eine Schocktechnik benutzte, um die Aufmerksamkeit der Reporter auf sich zu ziehen: Schmeichelei und Beschimpfung. Das war ihr Gesicht in der Öffentlichkeit. Privat bewahrte ihre Selbstironie sie davor, ihrem Klischee zwanghaft treu zu bleiben. Sie liebte es, bei sich zu Hause Abendessen zu geben, bei denen oft großes Durcheinander herrschte. Sie hatte zwei ineinandergehende Zimmer und eine Küche, rechts hinter der Eingangstür. Alles Mögliche ging hier aus und ein: Leute vom Film, Literaten, Journalisten, Modeschöpfer, Vorstadtjungen. Diese bunte Mischung war Zeichen für ein sich veränderndes Gesellschaftsleben: ein Leben, das darauf abzielte, mehr als einen Bruch mit den alten Regeln der mondänen Welt zu sanktionieren.

Pier Paolo amüsierte sich bei diesen Abendessen: Laura veranstaltete dabei manchmal Versteigerungen des Krimskrams, mit dem sie sich umgab ... Lauras ›Küche‹ wurde im Lauf der Jahre ein Ritus, und eine Metapher im Sprachgebrauch der gemeinsamen Freunde ...« (E. Siciliano)[57]

Organisiert von der Associazione Culturale Italiana hält Pasolini zusammen mit Moravia eine Reihe von Veranstaltungen zum Thema »Roman, Sprache und Dialekt« ab.

Die Azione Cattolica in Mailand zeigt *Una vita violenta* wegen Obszönität an, und das Gericht betraut mit dem »ästhetischen Gutachten« Alessandro Cutolo, Geschichtsprofessor und Kommentator kultureller Ereignisse im Fernsehen. Seine positive Beurteilung der »künstlerischen Objektivität« des Romans wird von den Richtern anerkannt und das Verfahren eingestellt.

Am 19. Mai inszeniert Vittorio Gassmans Teatro Popolare Italiano im Griechischen Theater in Taormina die *Orestie* in der Übersetzung von Pasolini.

Auf seinem Arbeitstisch liegen drei Drehbücher: *La giornata balorda* [dt.: *Wenn das Leben lockt*] für den Regisseur Bolognini; *Il carro armato dell'8 settembre* [Der Panzer des 8. September] für Gianni Puccini; *La lunga notte del '43* [dt.: *Die lange Nacht von '43*] nach einer Erzählung von Bassani für Florestano Vancini. Im August kommt noch *Il bell'Antonio* [dt.: *Bel Antonio*] nach einem Roman von Brancati für Bolognini hinzu.

Außerdem die Fahnen des Bandes mit kritischen Essays, *Passione e Ideologia* [Leidenschaft und Ideologie; dt. z.T. in *Literatur und Leidenschaft*], die Notizen für *Il Rio della Grana* – »auf den ich letztendlich alles setze« – und zwei weitere Romane, *Storia burina* [Vorstadtgeschichte] und *La mortaccia* [Die häßliche Tote]. Und auch Verse und Artikel, die »je nach den Pausen und Obsessionen der Berufung und des Berufs« geschrieben werden. Doch anziehender als alles andere – fast wie eine Wette mit sich selbst – ist das Projekt seines eigenen Films, *La commare secca* [Der Knochenmann], das Skript hat er schon fertig, und er will ihn selbst drehen, ohne Schauspieler, ohne *troupe*,

PPP, Laura Betti und Goffredo Parise beim Premio Strega, Valle Giulia, 1960

ohne Lampen. Praktischer Anstoß, um selbst Regisseur zu werden, ist die Enttäuschung über die nach seinen Erzählungen gedrehten Filme.

»Meine Leidenschaft für das Kino ist eines der wichtigsten kulturellen Elemente in meiner Bildung und Biographie, im Grunde genommen denke ich schon mein ganzes Leben lang ans Kino. […] Vor dem Krieg dachte ich, ich würde nach Rom kommen und das Centro Sperimentale [die römische Filmhochschule] besuchen, wenn ich könnte. Diese uralte Idee, Kino zu machen, ist dann im Sande verlaufen…«

Zwei Monate, nachdem er begonnen hat, für *Il Reporter* über filmische Themen zu schreiben, beendet der Herausgeber des Wochenblattes abrupt die Zusammenarbeit wegen eines »eklatant politischen« Artikels, und Maria Antonietta Macciocchi, die *Vie Nuove* leitet, hat ihn Ende Mai beauftragt, eine wöchentliche Kolumne der »Korrespondenz« mit den Lesern zu übernehmen. Am 28. Mai begonnen, dauert sie mit gelegentlichen Unterbrechungen und zeitweiligen Abwesenheiten Pasolinis in Sachen Film bis zum 30. September 1965.[58]

»Er kam in die Redaktion mit Bluejeans, die von einem breiten Ledergürtel mit Metallbeschlägen gehalten wurden, einem Hemd, das am Hals offenstand, einer leicht kanaillenhaften Miene, und all das stand im Gegensatz zu seiner Freundlichkeit und Schüchternheit, seiner Verlegenheit eines wohlerzogenen jungen Mannes. Zu meiner Erleichterung siezten wir uns, wie auch mit Malaparte, was meines Erachtens unsere Beziehung auf einem höheren Niveau hielt, ohne den kirchlichen Zwang zum ›du‹ [...]
Pasolini war der sanfteste, zartfühlendste, aufgeschlossenste Intellektuelle, der mir je begegnet ist. Er ließ sich leichter ›leiten‹ als der qualifizierteste Redakteur mit KPI-Ausweis. Außer der wöchentlichen Rubrik schrieb er Artikel, die ich zu den unterschiedlichsten Themen, wie zum Beispiel die Olympiade in Rom, bei ihm bestellte. Er fand immer einen Weg, um Tabus zu durchbrechen, Banalitäten und abgedroschene Ideen zu meiden. Er hatte ein eingefallenes Gesicht mit vorstehenden Jochbögen, das mich an Dostojewskij erinnerte. Er redete wenig, machte keine Schwierigkeiten, verlor, genau wie ich, am liebsten keine Zeit. Nach unseren wöchentlichen Treffen gingen wir anschließend gemeinsam die Via Sicilia hinunter und setzten uns in ein Café, und dort, an einem lackierten Eisentischchen, fragte ich ihn über das kulturelle Leben Italiens aus. Er wurde mein einziger Lehrer und sprach zu mir mit seiner leisen, zurückhaltenden, etwas tonlosen Stimme.«

(M. A. Macciocchi)[59]

Am Abend des 27. Juni werden im Open-Gate-Theater in Rom die Werke vorgestellt, die beim *Premio Strega* in die Endrunde gelangt sind. Unter anderem präsentiert Spagnoletti *La ragazza di Bube* [dt.: *Mara*] von Cassola, Pasolini *Il cavaliere inesistente* [dt.: *Der Ritter, den es nicht gab*] von Calvino. Nach Spagnolettis Ausführungen zieht Pasolini einige maschinengeschriebene Seiten mit einem poetischen Text in »scherzhaften Elfsilbern« aus der Tasche, der später unter dem Titel *In morte del realismo* [Zum Tode des Realismus] veröffentlicht wird.

Carlo Levi, PPP und Laura Betti im ›Ferro di cavallo‹, Rom 1961

»Und hier ereignete sich der Coup des Abends: Pasolini begann, mit schneidender und bewegter Stimme, jene Schmährede gegen Cassola vorzutragen, die berühmt werden sollte: in einer Rede, die in Versmaß und Metaphorik der Grabrede Antonius' über dem Leichnam Julius Cäsars in der Tragödie Shakespeares folgte, prangerte er den Tod des Realismus an […]. Einem verblüfften und in gewisser Weise faszinierten Publikum zeigte Pasolini die Leiche des Realismus, durchbohrt von Brutus Cassola, der ihn, seinen Worten zufolge, angeblich aus Gründen des schönen Stils und wegen der alten und neuen Laster unserer Kultur verleugnet hat. Auch ohne die Pasolinischen Ideen zu teilen, wurde man von jenem hämmernden Crescendo und jenen verhaltenen und vorpreschenden Shakespearschen Kadenzen in Bann gezogen… Calvino, dessen ›strahlende Liebe zur schwebenden und verwickelten Welt des Märchens‹ Pasolini gerühmt hatte, sagte beim Verlassen des Open Gate lachend, sein Fürsprecher habe ihn mindestens hundert Stimmen gekostet.« (M. Bellonci)[60]

Am 30. Juni wird er von der Polizei wegen Begünstigung angezeigt, weil er zwei in eine Schlägerei verwickelte Jungen aus Trastevere in sein Auto hat einsteigen lassen. In den Zeitungen erregt die Sache großes Aufsehen.

»Die Presse stürzt sich auf die Geschichte der Via Panico: auf der ersten Seite Photographien, vier- bis fünfspaltige Schlagzeilen.

Das Adjektiv ›pasolinisch‹ ist zu einer bei Journalisten üblichen Bezeichnung für Leute aus der Malavita und deren Milieu geworden. Die Streitenden aus der Via Panico sind zu ›pasolinischen Gaunern‹ geworden: einen Monat später verwandelt sich das römische Diebesviertel im Bericht über eine andere Schlägerei in ›das unruhige Milieu Pasolinis‹.

Ein Mechanismus ist in Gang gekommen, der die öffentliche Figur des Schriftstellers endgültig bestimmen wird: Wirklichkeit = Darstellung der Wirklichkeit = dargestellte Wirklichkeit, die zum Gegenstand von Skandalen wird. Es gibt Milieus wie in der Via Panico: Pasolini beschreibt sie und stellt sie dar: kraft der poetischen Sprache wird die Darstellung eloquenter und exemplarischer als ihr eigener Gegenstand der Verurteilung, wird nicht mehr die Wirklichkeit, sondern die Darstellung der Wirklichkeit. Immer mehr zwängt die Presse Pasolini allmählich in ein vorgefertigtes Schicksal, das ihn – über den Tod hinaus – in die Welt der Kriminalität verdammt.«[61]

»Eine Hypothese, die den italienischen Journalismus sozusagen entlastet; die verfolgungsartige, andauernde, schlüpfrige Unterstellung sexueller Unregelmäßigkeit (auch mit Photos, wie wir sehen werden), Homophilie, die ab 1960–61 einen guten Teil der Nachrichten über Pasolini begleitet und die Aversion des weniger aufmerksamen Publikums gegen den Schriftsteller, den Regisseur, den politischen Aktivisten, die Person ansteigen läßt, ist nicht wörtlich zu nehmen; sie ist vielmehr als Ventil der Aversion zu sehen, die Pasolinis eigene Konsequenz und Demut, sein Engagement und seine Aufgeschlossenheit bei einem breiten Teil des ›Meinungsjournalismus‹ auslöst, denn diese Eigenschaften können nur ›Wut‹ und ›Ärger‹ hervorrufen bei einer Schicht, die durch die harte historische Lage gezwungen ist, auf ganz andere Art, ständig zwischen Inkonsequenz und Eitelkeit, Frivolität und Gier schwankend zu leben, einer Art, die aus der gesamten Struktur der Ausbildung, Rekrutierung und Lebensunterhaltsbeschaffung des ›Meinungsjournalisten‹ in den fünfziger und sechziger Jahren, ja noch bis hin in jüngste Zeit resultierte [...]. Auf diese Weise konstruiert die Presse die Beweise für eine Vorstellung, die sehr weit entfernt ist von den kritischen Hypothesen über den mehr oder weniger beteiligten und dokumentarischen Charakter von Pasolinis Werken; die Presse schürt, indem sie nach allen Regeln der Kunst Pasolinis Präsenz in Situationen wie der in der Via Panico skandalträchtig aufbauscht, die Vorstellung von einer andauernden Vermischung zwischen den künstlerisch-literarischen Erfindungen Pasolinis und seinem persönlichen Privatleben.« (T. De Mauro)[62]

Der Prozeß wegen der »Tatbestände in der Via Panico« zieht sich hin, bis Pasolini dann am 16. November 1961 mangels Beweisen freigesprochen wird. Auf dieses erste Urteil folgt zwei Jahre später ein zweites, wonach die Schlägerei nie stattgefunden hat und Pasolini wegen erwiesener Unschuld freigesprochen wird. Seine Freunde befürchten nun, ihn zum Opfer einer organisierten Verfolgung werden zu sehen.

Leonetti schreibt ihm:

»Ich habe erst etwas im nachhinein bemerkt, daß Deine Sache schlimmer stand, als es mir in meiner Zerstreutheit vorgekommen war, und daß Sie Dich wirklich ›reinlegen‹ wollten, verdammte Kerle. Die Gefahr, die Du immer gefürchtet und, außerdem, leicht beiseite geschoben hast, so hätten sie auch noch gut abgeschnitten, technisch-juristisch. Mamma mia.«

Pasolini schreibt an die Leser der *Vie Nuove*:

»Dies ist eine Bosheit, die dem, den sie trifft, tiefen Schmerz verursacht: sie gibt ihm das Gefühl einer Welt voller Unverständnis, in der es sinnlos ist zu reden, sich leidenschaftlich einzusetzen, zu diskutieren; sie gibt ihm das Gefühl einer Gesellschaft, in der man, um zu überleben, nur böse sein, auf Bosheit mit Bosheit antworten kann ... Gewiß, das, was ich bezahlen muß, ist besonders belastend, manchmal überkommt mich ein richtiggehendes Gefühl der Verzweiflung, ich gestehe es Euch ehrlich.«

Am 24. August schreibt Fortini ihm:

»Ottieris Frau sagt mir, Du habest kürzlich schlimmen Ärger gehabt. Ich weiß nicht, ob meine Sympathie Dir irgendwie hilfreich sein kann. Dein letzter Brief, von vor über einem Jahr, beschuldigte mich meines bürgerlich fanatisierten Blicks auf die Homosexualität; ich wollte, Du hättest begriffen, vor allem aus dem, was ich im ›Menabò‹ geschrieben habe, daß meine Angst und mein Verdruß ganz woanders herkamen; ich meine parapolitische Haltungen. Kurz und gut, die einzigen, über die zu reden ich mir gestatte.

Ich nehme an, daß die einfachste Versuchung nun für Dich darin besteht, den poetischen Mythos des Ausgestoßenen wieder aufzugreifen. Doch wer, so wie ich, Dich verteidigt hat und Dich verteidigt, muß dich auch vor zu leichten Lösungen warnen. Entschuldige den unvermeidlichen Predigerton und glaube an die Freundschaft und die Hoffnung Deines Franco Fortini.«

Im Juli gerät die auf die Unterstützung der Faschisten angewiesene Regierung Tambroni ins Wanken, man befürchtet einen Staatsstreich von rechts, und es kommt zu Demonstrationen und Zusammenstößen mit der Polizei.

Am 4. August schreibt M. A. Macciocchi an Pasolini:

»Ich sende Ihnen die Platte von ›Vie Nuove‹ über die Ereignisse in Reggio Emilia und den Brief eines Lesers, der sich darauf bezieht. Ich bitte Sie, die Platte anzuhören: Sie werden sehen, daß es sich um eines der faszinierendsten Dokumente handelt, die es je von einem Volksaufstand gegeben hat. Ich bekam dieses Band in Reggio Emilia vom Verkäufer eines Stoffgeschäfts, der das Tonbandgerät mit dorthin genommen hatte, um die Kundgebung aufzunehmen: und statt dessen hatte er zum Schluß die grauenvolle Schießerei auf Band, die Sie hören werden, keinen Krieg, sondern ein eiskaltes Gemetzel.«

Pasolini antwortet in den *Vie Nuove:*

»Die Stilkritiker sagen, daß jedes Werk seine ›figürliche Ergänzung‹ habe: das heißt, jedes Werk ergänzt sich in dem Augenblick, in dem es geschrieben oder gelesen wird, Stück für Stück, Seite für Seite, Wort für Wort zu einer ihm immanenten Totalität, zu seiner eigenen idealen Schlußfolgerung, die ihm ständig Sinn und Einheit verleiht. So ist für diese Schallplatte – es ist entsetzlich, das zu sagen – die figürliche Ergänzung, die ihr beinahe eine ästhetische Würde verleiht, der Tod der jungen Arbeiter aus Reggio, die kalkulierte Brutalität der Polizei … Was vor allem Eindruck macht, wenn man diese Platte hört – außer der Aufregung, außer dem Mitleid –, sind zwei Sachen. Die erste ist die organisierte und beinahe mechanische Kälte, mit der die Polizei geschossen hat: Schüsse folgen auf Schüsse, Salven auf Salven, ohne daß etwas sie aufhalten kann, wie bei einem Spiel, fast mit der zerstreuten Wollust eines Vergnügens …«

In dieser zwiespältigen Situation, zwischen den dramatischen Ereignissen der rückschrittlichen politischen Entwicklung und den Hoffnungen, die auf die Volksaufstände folgen, legt Pasolini das Projekt der *Commare secca* beiseite und schreibt *Accattone* [dt.: *Accattone – Wer nie sein Brot mit Tränen aß*]:

»Die Geschichte von *Accattone* dauert einen Sommer lang, den Sommer der Tambroni-Regierung. Alles in meiner Nation schien in jenen Monaten wieder in seine ewigen Konstanten zurückgestürzt zu sein, in Grauheit, Aberglauben, Servilismus und sinnlose Vitalität.«

Der Entschluß, einen eigenen Film zu machen, weckt den Verdacht und Vorwurf, er wolle die Literatur aufgeben. Pasolini antwortet, er »brauche eine neue Technik, um etwas Neues zu sagen«. Doch diese Antwort stimmt nur zum Teil. Dahinter stehen andere Gründe, die, daß er der italienischen Sprache abschwört und zugleich, ganz allmählich, ihrer Literatur – zugunsten einer anderen linguistischen Erfahrung und eines eindrucksvolleren Mittels mit einer unbegrenzten Zahl von Adressaten; und letztlich die Möglichkeit, durch den Film seine kleinbürgerliche Herkunft und »alles, was italienisch macht« verleugnen zu können.

Ich protestierte, inszenierte, naiv, eine Abschwörung
die mich, da sie mich demütigte und kastrierte,
erhöhte. Doch noch war ich nicht
ganz ehrlich.
Denn das Kino ist nicht nur eine linguistische Erfahrung
sondern es ist, gerade als linguistische Forschung, eine
philosophische Erfahrung.

Produzent des Films sollte Federico Fellini sein, der nach dem großen Erfolg von *La dolce vita* [dt.: *Das süße Leben*] eine Gesellschaft für die Produktion von Filmen junger Talente gegründet hatte. Zusammen mit Sergio Citti hat Pasolini eine Szene von *La dolce vita* geschrieben und legt ihm nun die Drehbucherzählung *Accattone* vor. Er erklärt auch, wie er den Film drehen will: mit äußerster Klarheit, sehr vielen Groß- und Nahaufnahmen, absoluter Bevorzugung der Personen vor Landschaftsaufnahmen, großer Einfachheit, fast Roheit der Mittel. Als Vorbilder nennt er Dreyer, Mizoguchi, Charly Chaplin, »um sich auf ein Schema, eine Manier zu stützen«.
Spielen werden dieselben, die ihm die Handlung dieser Erzählung von Verzweiflung und subproletarischer Unbeschwertheit nahegebracht haben, eine Gruppe junger Leute aus Torpignattara und Sergios Bruder, Franco Citti. Das Mädchen, in das Accattone sich verliebt, ist schon immer in seiner Phantasie vorhanden, ein Mädchen aus dem Friaul, vor einigen Jahren nach Rom gekommen, um Schauspielerin zu werden. Fellini gibt ihm ausreichende finanzielle Mittel, um anstelle der üblichen Probeaufnahmen zwei ganze Szenen zu drehen. Anfang September fährt ein kleines Team zwischen der Via Formia in Torpignattara und der Via Fanfulla da Lodi im Stadtviertel Prenestino hin und her, wo Pasolini einhundertfünfzig Meter Film abdreht und zugleich einen schönen Packen Standphotos macht.

»Es waren herrliche Tage, und noch glühte der Sommer ganz rein, nur von innen war seine Raserei schon ein wenig ausgehöhlt. Die Via Fanfulla da Lodi, mitten im Pigneto, mit ihren niedrigen Hütten, den rissigen Mäuerchen war von grobkörniger Großartigkeit in ihrer äußersten Kleinheit; ein armseliges, elendes, unbekanntes Sträßchen, verloren unter der Sonne, in einem Rom, das nicht mehr Rom war. [...]
Als ich begonnen habe, *Accattone* zu drehen, kannte ich die Bedeutung des Wortes ›Panoramaschwenk‹ nicht, ich dachte, das sei so etwas wie eine lange Totale, erst danach habe ich erfahren, daß Panoramaschwenk eine bestimmte Kamerabewegung ist. Ich bin also effektiv mit großer innerlicher Vorbereitung zu *Accattone* gekommen, mit einer geballten Ladung filmischer Leidenschaft und ideellem Gespür für das filmische Bild, aber technisch vollkommen unvorbereitet, was allerdings durch meine Art, die Dinge zu sehen, ausgeglichen wurde. Ich hatte nämlich die Szenen des Films so deutlich im Kopf, daß ich keine technischen Einzelheiten brauchte, um sie umzusetzen, ich mußte nicht wissen, daß ein ›Panoramaschwenk‹ ›Panoramaschwenk‹ heißt, um mit der Kamera eine Bewegung zu machen, die die rissigen Mäuerchen des Pigneto zeigte.«
Fellinis Antwort nach Ansicht des vertonten und geschnittenen Materials ist vorsichtig und ausweichend; Photos und Film haben ihn nicht überzeugt. Einige Tage später sieht der Freund Bolognini auf Pasolinis Arbeitstisch die gleichen Photos liegen,
»er entdeckt das Material meines Films und ist völlig gebannt: die Gesichter meiner echten Personen – echt und absurd, echt und lächerlich, echt und verzweifelt – konfrontieren ihn unausweichlich mit der Tatsache, daß er sich bewegt fühlt.«
Mit Bologninis Hilfe findet *Accattone* einen neuen Produzenten, Alfredo Bini.
Der italienische Film ist in jenen Jahren eine abenteuerliche Welt, die ihre Adepten mit einer in der literarischen Welt undenkbaren finanziellen Großzügigkeit an sich fesselt. Pasolini widersteht oder gibt nach, je nach Gelegenheit, und findet sogar,

Franco Citti bei Dreharbeiten zu ›Accattone‹

während er seinen Film verfolgt, nebenbei noch Zeit, in Carlo Lizzanis Film *Il Gobbo* [dt.: *Der Bucklige von Rom*] als Schauspieler mitzuwirken.

Zwischen Fellinis Absage und dem endgültigen Vertrag mit Bini verstreichen einige Monate »narzißtischer Verletztheit«, die nach sofortiger Wiedergutmachung verlangt. Also schreibt er »wie ein Wahnsinniger« den dritten Akt des alten friaulischen Dramas. Er hat es Adriana Asti versprochen, auch Luciano Lucignani ist daran interessiert für Gassmans Teatro Popolare, aber diese Theaterarbeit bleibt dennoch »etwas monströs und verrückt«. Er rechnet damit, andere Projekte weiterzuentwickeln, unter anderem das Roman-Pamphlet *La Mortaccia*, eine Nachschöpfung von Dantes Inferno, dem eine *ragazza di vita* einen Besuch abstattet. Einem Leser von *Vie Nuove* antwortet er am 3. Dezember:

»In *La Mortaccia,* meinem neuen Buch, werde ich das gleiche linguistische Verfahren anwenden (wie in den vorherigen Romanen): aber mit naheliegenden Erweiterungen. Die Prostituierte

Teresa steigt in die Hölle hinab und folgt dabei Dantes Vision und Schema: und die Hölle ist immer ›so, wie sie sie sieht‹: also wird eine Verschmelzung zwischen ihrer Sprache – dem Römischen der Malavita – und meiner als Berichterstatter – dem literarischen Italienisch – stattfinden. Da aber in der Hölle Leute jeder Sorte anzutreffen sind – von christdemokratischen Ministern bis zu Stalin, von Dieben und Zuhältern bis zu Moravia, von den Neapolitanern bis zu den Mailändern –, ist es klar, daß in den einzelnen Geschichten dieser Leute unterschiedliche linguistische Kontaminationen stattfinden müssen.

Mein Werk wird komisch und satirisch sein: das Schema von Dantes *Hölle* ist ein komisches Element: es ist also explizit und erklärt: nicht mehr und nicht weniger als das, was in der Varietédarbietung vor einem Film passieren würde. [...] Mich interessiert vor allem, Dantes *Hölle* zu benutzen, um ein historisch objektives Urteil und eine marxistisch exakte Diagnose über unsere Gesellschaft abzugeben.«

Il Rio della grana, La Mortaccia und *Storia burina* entwickeln sich dann doch nicht zu Romanen. Wenige Seiten von jedem dieser drei Projekte erscheinen später in *Alí mit den blauen Augen,* weitere Seiten bleiben im Entwurfstadium bei den unveröffentlichten Schriften. Ihrer Verwirklichung steht eine Mischung aus praktischen Gründen, Überhandnahme der Filmarbeit und ideologischer Krise entgegen. Die Krise des Marxismus zu Beginn der sechziger Jahre und der Vormarsch der kapitalistischen Gesellschaft nehmen diesen Geschichten jede Lebendigkeit, lassen sie rasch veralten und datieren sie zurück in eine nunmehr unkenntlich gewordene Welt. Übrig bleiben die photogenen Dinge dieser Welt, und das Kino ist eben das neue Ausdrucksmittel, mit dem die alten Leidenschaften bezeugt werden. Der »instinktive« Übergang zum Film ist auf diese Weise auch eine Wiederaneignung der Vergangenheit – dort, wo es noch möglich ist, sie zu finden – und eine Projektion auf die Zukunft, in der die Fortführung irgendeiner Arbeit an Romanen ausgeschlossen zu sein scheint.

Am Ende des Jahres wird er mit der Übersetzung von *Antigone* fertig und ordnet die Verse von *La Religione del mio tempo* neu.

»Um halb zwölf muß ich Elsa Morante und Moravia abholen, dann fahren wir zusammen zu den Castelli.

Bis dahin habe ich eine Stunde Zeit: ich habe keine Lust zu arbeiten, weder an der Antigone-Übersetzung, die ich in diesen Tagen auf dem Tisch habe, noch an anderen Sachen, also kümmere ich mich endlich mal etwas um meine Geschäfte.

Ich befinde mich in einer Phase, in der sich plötzlich alles eingerenkt hat, wie nach einer Art doch noch eingehaltenem Plan; Überraschungen sind immer möglich, und Angsteinbrüche. Aber alles in allem liegen diese beiden Monate, Dezember und Januar, frei von dringenden Verpflichtungen vor mir, ich kann sie nebensächlichen Arbeiten widmen, die fast ein Vergnügen sind. Ich werde eine Reise durch Süditalien machen, dann eine ins Ausland, dazwischen werde ich *Antigone* beenden und das Gedichtbuch *La Religione del mio tempo* in Ordnung bringen, das im Frühjahr erscheinen soll.

Mit diesen schönen Plänen im Herzen – mit *Accattone* werde ich ja erst Anfang Februar beginnen – genieße ich endlich Tage ohne Termine: gestern, zum Beispiel, hatte ich keine einzige Verabredung. Und ich bin sehr spät heimgekommen, nach einer wundervollen Fahrt auf der Via Aurelia, die sich in einer feuchten, dampfenden und frischen Nacht verlor – einer jener Nächte, in denen die Sinnlichkeit auf dem Körper antrocknet, und die einzigen jungen Männer, die nachts noch unterwegs sind in den Dörfern, die die Dunkelheit geschluckt hat, sind bar jeder Sentimentalität, grausam, kompakt, innerlich ausgedörrt von ihrer eigenen, gierigen Jugend – und vielleicht bin ich auch deshalb heute morgen so ausgeruht und klar im Kopf.«

»Die liebste Freundin jener Jahre war Elsa Morante.«

(E. Siciliano)

»Was für ein Vergnügen; wir treffen uns fast jeden Tag, und sie zu treffen gibt mir ein Gefühl von Fest, es ist jedesmal, als kämen wir von langen Reisen zurück. Wir denken nicht daran, aber im Grunde ist es immer ein Wunder, sich zu treffen. Elsa sitzt hochaufgerichtet auf dem Rand des Sofas, in eine ihrer Unterseefarben gewickelt: mit Augen, deren Kurzsichtigkeit eine leichte Dunstschicht um die Pupillen, die Lider und das stürmische Gesicht legt. Ich sehe, daß sie heute abend sanft ist, jenseits des Territoriums der *Angst* [deutsch im Original (Anm. d. Ü.)]: auch sie ›quandoquidem dormitat‹: ein leichter, aggressiver und blitzender Katzenschlaf. Heute abend wird sie nicht mit eingelegter Lanze vorpreschen auf ihrem verrückten Pferd. Denn ich muß sagen, fast jeden Abend wirft sie mich auf dem Turnierplatz der literarischen Ideologie aus dem Sattel: Pum!, liege ich sogleich gestürzt im Staub, und sie, dort über der dampfenden Sturmwolke, zwischen den blau-violetten Schabracken, den wippenden Federbüschen, auf dem bretonischen Pferd, schaut mich an, noch wutschäumend, mit dem ersten Schatten eines Lächelns, das stechend den violetten Dunst um die Augen durchdringt. Dies in Fragen der literarischen Ideologie. Auf den anderen Gebieten läßt sie mich nicht nur reiten, sondern auf dem Hippogryphen fliegen.«

Zwei Gedichtsammlungen erscheinen: *Roma 1950; Diario e Sonetto primaverile* [Rom 1950. Tagebuch und Frühlingssonett]. Die Aufsatzsammlung *Passione e ideologia* und *La poesia popolare italiana* [Die italienische Volksdichtung], eine gekürzte Ausgabe des *Canzoniere italiano*, kommen heraus. In *Ulisse* veröffentlicht er *La reazione stilistica* [Die stilistische Reaktion].

Neue Briefpartner sind Lanfranco Caretti von der Universität Pavia und Lucio Villari, Assistent für Geschichte an der Universität Messina.

»EINE VERSTÄNDLICHE, MENSCHLICHE, BRÜDERLICHE WELT«
1961

Noch vor Neujahr reist er in Gesellschaft Moravias nach Indien, während Elsa Morante nachkommt. Sie fahren von Bombay nach Neu-Delhi, an die Malabar-Küste. In Kalkutta besuchen sie Mutter Teresa:

»Sie lebt in einem kleinen Haus nicht weit vom Stadtzentrum, in einer heruntergekommenen, von den Monsunwinden und atemberaubendem Elend ausgehöhlten breiten Straße. [...] Mutter Teresa ist eine ältere Frau, mit dunkler Haut, denn sie ist Albanerin, groß, hager, mit beinahe männlichem Kiefer, freundlichem Auge, das, wo es hinschaut, ›sieht‹. Sie ähnelt in beeindruckender Weise einer berühmten Heiligen Anna von Michelangelo.«

Im Februar fahren sie »frei, lustig, neugierig wie die Affen« nach Afrika weiter und besuchen Kenia. Die Reiseroute hat Moravia festgelegt, der Pasolini zum ersten Mal mit den archaischen Kulturen und den neuen Problemen der Dritten Welt in Berührung bringt.

»Während Moravia sich schlafen legt, laufe ich herum, verloren und allein, wie ein Spürhund auf der Fährte, dem Geruch Indiens hinterher... Nur allein, verloren, stumm, zu Fuß kann ich die Dinge erkennen.«

Für die Tageszeitung *Il Giorno* schreibt er eine Artikelserie über die Reise nach Indien, die später zu einem Buch zusammengefaßt wird.[63]

Im Mai erscheint die Gedichtsammlung *La religione del mio tempo* [dt. z. T. in: *Unter freiem Himmel*].

»*La religione* drückt die Krise der sechziger Jahre aus... Die neokapitalistische Sirene auf der einen Seite, die revolutionäre Flaute auf der anderen: und die Leere, die schreckliche, existentielle Leere, die daraus folgt. Wenn die politische Aktion nachläßt und unsicher wird, dann empfindet man entweder Lust auf Ablenkung, auf einen Traum (›Afrika, meine einzige Alternative‹) oder ein moralistisches Aufbegehren (mein Ärger über eine gewisse Scheinheiligkeit der Linken: weshalb man dazu neigt, die Wirklichkeit klassizistisch abzuschwächen: euphemistisch bezeichnet man die Stalinsche Tragödie als ›Fehler der Vergangenheit‹ etc.) ...«

»Wenn man einen Film dreht, lebt man mit der Sonne. Man befragt sie, man beschwört sie, man wütet gegen sie, man verflucht sie, man segnet sie unaufhörlich. Wenn ich an *Accattone* denke, denke ich an Sonnenglanz, zerknittert und schon ein wenig verblaßt im Gedächtnis: eine armselige, glühende Vorstadtsonne ...«

Anfang Juli ist der Film fast fertig gedreht:

»Gerade gestern habe ich den Ort ausgewählt, wo die letzten Einstellungen gedreht werden sollen. Außerhalb Roms, in der Gegend der Berge und Täler des südlichen Latium, genau zwischen Subiaco und Olevano: hauptsächlich setzte ich aber auf Olevano, als Ort, den Corot gemalt hatte. Ich erinnerte mich an seine leichten, verschwommenen Berge, grundiert wie lauter Eckchen erhabener, ungetrübter Gaze vor einem Himmel derselben Farbe. Ich mußte ein Tal wählen, das in einem Traum von Accattone – gegen Ende des Films, kurz vor seinem Tod – ein plumpes, greifbares Paradies darstellen konnte. Kurz, Accattone stirbt nicht nur, er kommt auch in den Himmel ...«

Er hat das Drehbuch geschrieben, ohne es jemandem von außen zur Zensur zu unterbreiten, hat die Hauptdarsteller ausgewählt, die er wollte, die Drehorte, die ihm gefielen. Immer hat Pasolini sich später für einen »privilegierten« Autor gehalten in der Welt

Szenenphotos aus ›Accattone‹

des Films, die so voller Flickwerk und willkürlicher Forderungen steckt.
Bei den ersten Einstellungen war er dann, da er die Objektive nicht unterscheiden konnte und auch sonst vom Set nicht viel Ahnung hatte, gezwungen, seine eigene Technik zu erfinden:

»Stilistisch hat sie sich in Kargheit und Strenge niedergeschlagen, das Elementare ist absolut geworden: genau das, was ich anstrebte, als ich das figurative Modell Masaccios auf das Kino übertrug.«

Bernardo Bertolucci war sein sehr junger Assistent:

»Ich hatte Pasolini drehen gesehen – besser gesagt, ich hatte sogar die große Emotion, das Filmen mit ihm zu entdecken: ich sage ›entdecken‹, weil Pasolini das Kino gerade zu erfinden schien; wenn er eine Fahrt mit der Kamera machte, wirkte es wie die Fahrt der ersten Filmgeschichte. [...] Wir brechen jeden Morgen gegen acht aus der Via Carini auf in Richtung Borgata Gordiani, Pigneto und aller anderen Orte, die dann montiert die makellose Einheit des Schauplatzes der Tragödie von *Accattone* bilden.«

An den Dialogen hat Sergio Citti mitgearbeitet, die Photographie stammt von Tonino delli Colli, Franco Citti ist Accattone, und unter den anderen männlichen Darstellern taucht auch der Schriftsteller Stefano D'Arrigo auf.

Weibliche Protagonisten sind neben dem friaulischen Mädchen, das Stella spielt, Adriana Asti, Adele Cambria und, als stumme Erscheinung, Elsa Morante. Die vorkommenden Neapolitaner werden von Schauspielern der Truppe Edoardo De Filippos synchronisiert, Franco Citti von dem Schauspieler Paolo Ferrari, aber das war ein »technischer Fehler«.

Volponi schreibt ihm am 21. August:

> »Ich kann es gar nicht erwarten, Dich zu treffen oder wenigstens Deinen Film zu sehen, der bestimmt wunderbar ist: Deine Gedichte aus *Religione* sind schön, das Stück für Deine Mutter ist schön wie ein Tag zu Hause, ein Spaziergang, die wenigen glücklichen Dinge dieses Lebens.«

> »Pasolinis Problem war nun, nicht *via negationis* zu beschreiben (womit man, und sei es auch aus umgedrehtem Ästhetizismus, im Rahmen dessen blieb, was er mir gegenüber

PPP mit Luchino Visconti in Venedig

›Zweisprachigkeit‹ nannte), sondern direkt mit der Kamera, die zur Eindeutigkeit zwingt. Eine ganz andere Philologie konnte Pasolini dabei helfen, das trostlos verbrannte und ausgeglühte Licht von *Accattone, Mamma Roma* und deren Nachfolgern wiederzugeben: es war, wenn ich mich nicht irre, das des mexikanischen Buñuel, besonders der *Olvidados,* das Pasolinis Oxydation, so scheint mir, sogar noch übertrifft.« (G. Contini)[64]

Im September wird *Accattone* beim Filmfestival in Venedig gezeigt. An der Pressekonferenz im Hotel Excelsior nehmen viele befreundete Schriftsteller teil: Gadda, Parise, Moravia, Piovene.

»1961 in Venedig waren wir bestimmt wenige, die *Accattone* mochten. [...] Die Aufgebrachtheit und Feindseligkeit vieler Literaturkritiker, und nicht nur dieser, konnte man jedoch verstehen, wenn nicht rechtfertigen [...]; es war die Auffassung verbreitet, daß Pasolinis Entscheidung der soundsovielte exhibitionistische Beweis für jene ›ästhetische Leidenschaft‹ sei, die vielen Kritikern nunmehr die einzige ›authentische‹ Antriebskraft dieses Autors zu sein schien. In den Augen der ›ganz Neuen‹ der sich schon abzeichnenden ›Gruppe '63‹, die ausgerechnet in jenem Jahr ihre Anthologie herausbrachten, und eines breitgefächerten, von ihnen beeinflußten Teils der Intellektuellen war die ›Entdeckung‹ des Films nichts weiter als die vergebliche Flucht nach vorn eines überlebten Poeten.« (A. Ferrero)[65]

Accattone wartet zwei Monate auf das Verdikt der ministeriellen Zensur, und als er, für Jugendliche unter achtzehn Jahren verboten, in die Kinos kommt, provozieren Gruppen junger

Nach der Präsentation von ›Accattone‹ in Venedig, 1961, von links: Luigi Repaci, Alberto Moravia, PPP und Giorgio Piovene

Neofaschisten bei der ersten Vorstellung in Rom Krawalle und Angriffe auf das Publikum.

Am 30. September erhält *La religione del mio tempo* den *Premio Chianciano*, Vorsitzender der Jury ist Francesco Flora. In den letzten Novembertagen geben einige Zeitungen schon in den Überschriften ihrer Verwunderung Ausdruck, daß Pasolini »noch auf freiem Fuß herumläuft«, weil »seine undurchsichtigen Geschichten einen langsam ermüden«.

»Jeden Tag eine falsche Nachricht zu lesen, die Dich betrifft, eine wüste Botschaft, eine schamlose Verfälschung der Daten, eine Verachtung, die kollektiv, zum Gemeinplatz gemacht worden ist...«, schreibt Pasolini darauf in einem Artikel.

Die Dinge, über die die Zeitungen berichten, haben sich einige Tage vorher ereignet, als Pasolini in der Villa einer Freundin in Circeo zu Gast war, wo er zusammen mit Sergio Citti am Drehbuch seines nächsten Films, *Mamma Roma*, schrieb. Eines Tages nach dem Mittagessen hielt er bei einer Spazierfahrt mit dem Auto an einer Tankstelle in San Felice, zu der auch eine Bar gehörte; er hat eine Coca-Cola getrunken und dabei mit dem jungen Tankwart geplaudert und ihm Fragen gestellt. Am 18. November wird er wegen bewaffneten Überfalls, unerlaubten Tragens von Schußwaffen, Bedrohung des Barjungen angezeigt. Um der Nachricht über die Tat mehr Glaubwürdigkeit zu verleihen – sie klingt ja wie eine Halluzination aus einem psychiatrischen Lehrbuch, deren erstes Opfer der Junge selbst ist –, veröffentlichen die Zeitungen Photos von Pasolini bei den Dreharbeiten zu *Der Bucklige von Rom*, die ihn mit einer Maschinenpistole im Anschlag und wildem Gesicht zeigen.

»Was mich angeht, / so glaubt man einem Unschuldigen nie, / und er ist sowieso viel zu beschäftigt damit, / an einen himmelblauen Fluß zwischen Kieseln am Fuße von Bergen zu denken, / der in der Sonne seiner Eltern dahinfließt, / in anderen Leben, / in anders gedeuteten Leben, / in einer unterschiedlichen Bedeutung des Lebens, / die auch nicht die der Träume ist, / wenn unser Leben nichts ist als ein Schatten / auf unserem wahren Leben, das wir nicht kennen.«

Alberto Arbasino schreibt ihm:

»Was immer geschehen mag, ich möchte Dir in der unguten Geschichte dieser Tage nahe sein. [...] Da ich aber in den Zeitungen Deine Erklärungen über das Verzichten auf die Staatsangehörigkeit gelesen habe, möchte ich Dir raten, sehr aufzupassen, auch nur beim Reden.«

Und Marin:

»Ich möchte Dich auch bitten, vorsichtiger zu sein. Manchmal leide ich Deinetwegen.«

Am 31. Dezember veröffentlicht er als Gruß an die neue Regierung in der sozialistischen Tageszeitung *Avanti!* das Gedicht *Nenni*, was Angriffe von kommunistischer Seite auslöst. Am 1. Januar 1962 schreibt ihm der für das Bündnis zwischen DC und PSI eintretende Sozialistenführer Nenni aus Formia:

»Lieber Pasolini, es besteht eine beachtliche Übereinstimmung zwischen der dritten Strophe Ihrer an mich gerichteten Verse: ›Und wenn wir dann etc.‹ und meinem Hintergrund: ›In der Leere, die der Zusammenbruch geschaffen hat etc.‹ Sehr gut haben mir die beiden Verse gefallen: ›Der Kampf ohne Sieg verbittert‹ und ›Ohne Schatten gibt der Sieg kein Licht.‹

Viele herzliche Glückwünsche für 1962, für Sie und Ihre Arbeit,
für die gemeinsame Sache.«

Er schreibt das Gedicht *La ballata delle madri* [Die Ballade von den Müttern]. *L'Unità*, an die er es schickt, lehnt es wegen seiner »spröden, oft schwierigen Sprache« ab.

Die Aufnahmen für den Film *Mamma Roma,* »jenes epische Unternehmen, das Drehen genannt wird«, sind für das kommende Frühjahr vorgesehen:

»Diesmal wird Anna Magnani bei mir sein unter all der Sonne: dazu wieder Franco Citti und ein neuer Junge, der Annas Sohn spielen soll. Ich habe ihn neulich abends entdeckt, und es war so schön, wie wenn man den letzten Vers, den wichtigsten, eines Gedichts findet, wie wenn man einen vollkommenen Reim findet.«

Während er auf den Beginn der Dreharbeiten wartet, nimmt er sich vor, mit *La Mortaccia* weiterzumachen und gewisse autobiographische Erzählungen noch einmal in die Hand zu nehmen, die gegebenenfalls zu einem Band zusammengefaßt werden könnten; vorgesehener Titel: *La dolcezza* [Die Süße].

Er veröffentlicht *Scrittori nella realtà dall' VIII al XIX secolo* [Schriftsteller in der Wirklichkeit vom 8. bis 19. Jahrhundert], eine zusammen mit Attilio Bertolucci herausgegebene Anthologie; das Vorwort zu der poetischen Anthologie *Letteratura negra* [Literatur der Schwarzen], herausgegeben von Mario De Andrade; das Vorwort zu dem Roman *Zebio Còtal* von Guido Cavani; das Vorwort in Form eines *Begleitbriefs an Scheiwiller* für die poetische Sammlung *Solitàe* von Biagio Marin.

»Ein sehr lieber Brief«, schreibt ihm Marin, »auch wenn er mich entfleischt und mich zum puren ›Raptus‹ werden läßt. Ja, Pier Paolo, es ist seltsam, aber es ist so, bei uns beiden bist Du der größere Bruder.«

DER TOD IST DER HÖHEPUNKT DER EPIK
UND DES MYTHOS
1962

Giovanni Comisso schreibt eine italienische Satire über das, was in Circeo vorgefallen ist:

»Pasolini ist ein Sklave der Kräfte, die außer uns sind, und in Circeo konnte er nicht umhin, jenen Kräften zu erliegen, die dort seit der Zeit, als Odysseus in jener Gegend landete, herrschen. In einem Augenblick der Langeweile setzt er sich in sein Auto, und indem er das, was ein narratives Zeichen war, auf die Realität überträgt, betritt er jenen menschenleeren Ausschank von Benzin und Coca-Cola und vollzieht eine nicht geschriebene Szene im Stil seiner Romane, die Grenzen seiner menschlichen Natur überschreitend. Die schwarze Brille, die schwarzen Handschuhe, sein neugieriger Drang, sich zu informieren, zu stöbern, zu sehen, überwältigen seine menschliche Natur angesichts des jungen Tankwarts, der ihn nicht mit klärenden Worten empfängt wie einst Hermes, als er zu Odysseus sagte: ›Wohin gehst du, Unglücklicher, allein auf diesen Höhen, der du das Land nicht kennst?‹, sondern glaubt, er sei Opfer eines Überfalls. Hier wirkt die öl- und harzgeschwängerte Atmosphäre von Circeo, voller balsamischer Zauberkräfte, und wie sie Odysseus' Gefährten in Schweine verwandelt hat, hat sie Pasolini in einen Banditen verwandelt und den jungen Tankwart in ein Opfer, und ein Finger wird zum Lauf einer Pistole.«

Am 27. August bricht er allein zu einer einmonatigen Reise auf: Nach Ägypten, Sudan, Kenia, Griechenland. Bei der Rückkehr wird er ganz von den Vorbereitungen zum nächsten Film in Anspruch genommen, bei dem diesmal ein »Star« die Hauptrolle spielen wird, die in *Rom, offene Stadt* sehr bewunderte Anna Magnani.

Gewöhnlich bestimmt der zweite Film die Karriere eines Regisseurs, besonders nach einem überraschenden Erstling wie *Accattone*. Doch Pasolini legt schon, das Kino betreffend, die gleiche angstvoll überschießende Phantasie an den Tag wie zu Beginn seiner Laufbahn als Schriftsteller. Die Projekte entstehen in rascher Folge, manchmal gleichzeitig. Die afrikanische Reise und die Lektüre der schwarzen Poeten haben ihn zu einem Film inspiriert, der *Resistenza negra* [Schwarzer Widerstand] heißen soll.

Wenn ihn jemand zu sehr der Welt des Films verfallen sieht, antwortet er:

»Nie habe ich so viel Zeit gehabt, um Gedichte zu schreiben, wie seit ich Filme mache. Ich habe schon zur Hälfte einen Band mit Versen fertig, fast eine Fortsetzung der *Religione*. Es gibt einen Teil in dem Band, den ich eben vorbereite, der ›Ballate intellettuali‹ [Intellektuelle Balladen] heißen soll [...], er wird aus Beschimpfungen und Elegien bestehen. [...] Die Arbeit als Regisseur gefällt mir gerade wegen der Ruhe, der Distanz, der Ordnung.«

Im Februar schreibt ihm Contini:

»Vor einiger Zeit bin ich durch Casarsa gekommen (auf dem Weg nach Wien und zurück und nach Udine und zurück, dessen wundervolle abendliche Vorstadtstimmungen ich nicht kannte) und habe an den P. P. P. gedacht, dem Sie nachtrauern, ich aber (trotz gelegentlicher psychologistischer Versuchung) nicht ebenso sehr, weil Sie das allerdings beträchtliche Wegegeld ja schließlich für sichere Gewinne bezahlt haben. Ich glaube nur, daß Sie sich besser zur Wehr setzen müßten, nicht gegen ›la notte brava‹, sondern gegen ›la dolce vita‹, das Sie überfällt (um so schlimmer, wenn es von Freundesseite kommt), weil wir Pasolinisten der ersten Stunde zwar keineswegs annehmen können, daß jener der wahre Pasolini wäre (vgl. Chiarini und D'Annunzio), aber vielleicht doch ein gewisses Recht darauf hätten, daß er kein Paparazzi-Mythos wird. Es ist eine Frage der Administration und der Ökonomie. Was nicht bedeutet, daß ich mich nicht selbst im Maße irrte.«

Im Mai erscheint der alte friaulische Roman *Il sogno di una cosa* [dt.: *Der Traum von einer Sache*].

Von April bis Juni dreht er *Mamma Roma*. Der Schauspieler, der neben Anna Magnani auftritt, ist ein sehr junger Kellner, den er einige Zeit zuvor in einem römischen Restaurant entdeckt hatte, als dieser eine Obstschale hielt, »genau wie eine Gestalt von Caravaggio«. Das Drehbuch umkreist diese Erscheinung bis zum Tod der Figur, dem ein realer Sachverhalt zugrunde liegt, die Geschichte des achtzehnjährigen Marcello Elisei, der ans Bett gefesselt in einer Zelle des römischen Gefängnisses Regina Coeli gestorben ist. Eigentlich wollte Pasolini diesen Tod in einer Episode von *Il Rio della grana* schildern; daß er ihn mit in *Mamma Roma* hineinnahm, war ein erstes Zeichen für jene Osmose zwischen Literatur und Film, die in jenen Jahren seine Tätigkeit kennzeichnete.

Zu Beginn der Aufnahmen gab es mit Anna Magnani große Schwierigkeiten, um seine fragmentarische und ganz auf Großaufnahmen bauende Art zu drehen und die traditionelle Darstellungsweise der Schauspielerin in Einklang zu bringen. Später betrachtete er seine Entscheidung für die Magnani als einen Fehler, da er so nicht die *wirkliche* Person aus dem Volk bekommen hatte, die ihm vorschwebte. (»Denn ich wähle meine Schauspieler nach dem, was sie sind, nicht nach dem, was sie zu sein vorgeben.«) Chefkameramann ist wieder Tonino Delli Colli (»Nehmen Sie nur, Tonino, / die Fünfziger, keine Angst, / daß das Licht verschwimmt – machen wir / diesen Schwenk wider die Natur!«). In dem Film spielt auch Paolo Volponi im Gewand eines Priesters mit.

Der Prozeß wegen der »Geschichte in Circeo« ist vom Amtsgericht in Latina auf den 3. Juli anberaumt worden. Pasolini macht

Anna Magnani, Sergio Citti und PPP

seinen Anwälten Giuseppe Berlingeri und Francesco Carnelutti den Vorschlag, sich der Probe des Wahrheitsserums zu unterziehen. Berlingeri schreibt ihm am 17. April:
> »Heute morgen habe ich mit dem Professor über das Wahrheitsserum beraten, das gar nicht sicher, sondern manchmal auch unvorhersehbar ist. Prof. Carnelutti hat mir mitgeteilt, daß auch Prof. Musatti (derselbe, der das psychoanalytische Gutachten für den Prozeß schreiben soll) ähnliche Zweifel angemeldet hat.«

Die Anwälte des Nebenklägers legen dem Gericht »einige Erläuterungen« über Pasolini vor, die der Dozent für Psychiatrie Aldo Semerari geschrieben hat (derselbe, der in den achtziger Jahren in die Angelegenheiten der neapolitanischen Camorra verwickelt ist bis zu einem mysteriösen Tod), und fordern ein psychiatrisches Gutachten über Pasolini.

Rechtsanwalt Carnelutti erhebt keinen Einspruch, während das Gericht den Antrag ablehnt. Wenige Tage vor dem Prozeß, am

21. Juni, verteilt der Pressedienst *Stampa internazionale medica* Semeraris »psychiatrische Erläuterungen« an die Zeitungen:
> »Pasolini ist ein triebhafter Psychopath, ein sexuell Anomaler, ein Homophiler im absolutesten Sinn des Wortes. Pasolini ist so tief anomal, daß er seine Anomalie mit vollem Bewußtsein bis zu dem Punkt akzeptiert, daß er sich unfähig zeigt, sie als solche einzuschätzen [...], er ist ein exhibitionistischer und skeptophiler Homosexueller [...], ein Subjekt mit schwer vorbelasteten Trieben und tief verwurzelter Unsicherheit. [...] Im fraglichen Fall besteht der begründete Verdacht, daß die von Pasolini begangene kriminelle Handlung Ausdruck einer Geisteskrankheit ist, die seine Zurechnungsfähigkeit ausschließt oder zumindest stark getrübt hat.«

Professor Semeraris Bericht schließt mit der Forderung, Pasolini zu einem »gemeingefährlichen Menschen« zu erklären.[66]

Das Gericht hält Pasolini für schuldig und verurteilt ihn zu fünfzehn Tagen Haft wegen des Überfalls und zu fünf Tagen wegen unerlaubten Tragens einer Pistole.

> »Im Gerichtssaal von Latina ist es drückend heiß, Pier Paolo sitzt weißgekleidet auf einem Stuhl aus hellem Holz, der dem Stil nach aus der Zeit des Faschismus stammt. Er ist blaß, mit Brille auf der Nase. Ein Wachtmeister der Carabinieri steht hinter ihm: versunken lauscht Pier Paolo den Ausführungen seiner Ankläger; er lauscht den Worten seines Verteidigers, Rechtsanwalt Francesco Carnelutti, Christdemokrat, der schon die Verteidigung von *Accattone* übernommen hatte, als es so aussah, als sollte der Film wegen der Auflagen der ministeriellen Zensur nicht in die Kinos kommen. Pier Paolo hört zu. Ab und zu wirft er einigen Freunden, die ihn an jenem Sommermorgen nach Latina begleitet haben, einen Blick zu: unter anderem Moravia, Adriana Asti, Laura Betti. In seinen Augen liegen Stumpfheit und Schrecken, aber auch Ungläubigkeit.« (E. Siciliano)[67]

Nach dem Urteil erklärt Moravia:
> »Die Richter haben begriffen, daß die Aussagen von De Santis reiner Wahnsinn waren: aber sie haben dennoch einen Schuld-

spruch verhängen wollen, einfach, weil Pier Paolo homosexuell ist. In Italien gibt es keinen Paragraphen, der Homosexualität als Straftatbestand ausweist. Also haben sie einen Vorwand gesucht. Es ist ein hirnverbrannter Vorwand, aber er genügt ihnen.«

Im Jahr darauf erklärt der Appellationsgerichtshof in Rom »das Erlöschen der Straftaten wegen zwischenzeitlicher Amnestie«. Pasolinis Anwalt legt gegen dieses Urteil Berufung ein, und am 1. März 1965 spricht ihn eine andere Kammer des Appellationsgerichts »aus Mangel an Beweisen« frei.

Am 31. August wird *Mamma Roma* mit der Widmung »für Roberto Longhi, dem ich meine ›figurative Erleuchtung‹ verdanke«, beim XXIII. Filmfestival von Venedig gezeigt. Er hat mehr Erfolg als *Accattone*, aber die Faschisten machen am Kinoausgang und auf den Straßen am Lido das übliche Spektakel. Am selben Tag zeigt der Hauptmann der Carabinieri den Film an wegen »obszönen Inhalts, der sich gegen das öffentliche Moralempfinden richtet«. Am 5. September erreicht der Richter Cesare Palminteri, der die Beschuldigung für unbegründet hält, die Archivierung der Klage.

Ungaretti schreibt ihm:

»Ich habe von der absurden Verfolgung gehört, in Venedig ist sie ins Wasser gefallen. Das freut mich sehr. Sonst hätten wir aus vollem Hals gegen das offenkundige Unrecht angeschrien.«

Elsa Morante schreibt ihm, nachdem sie *Mamma Roma* gesehen hat, am 29. September:

»*Lieber Pier Paolo,*

bravo! Adriana hat Dich angerufen, aber Du hattest schon wieder vergessen, daß Du heute mit uns zu Abend essen solltest, und warst nach Grosseto gefahren. So wissen wir jetzt, daß Du Grosseto schöner findest als mich und sogar als Adriana. Ich verzeihe Dir jedoch, weil ich heute *Mamma Roma* gesehen habe. Ich sage Dir gleich, daß ich überhaupt nicht mit Alberto und den anderen Rezensenten einverstanden bin, was die Magnani angeht. Meiner Ansicht nach hatten sie allesamt

Bei der Präsentation von ›Mamma Roma‹ in Venedig, 1962. Von links: Adriana Asti, PPP und Paolo Volponi

schon vorher beschlossen, daß die Magnani zuviel sein müßte zwischen den anderen Personen, ohne den Mut zu haben, nach den Fakten zu urteilen.

Ich dagegen meine, die Magnani ist wundervoll, und ihre Geschichte hätte gar nicht besser gelingen können, auch in der Beziehung zum Sohn. Wenn es überhaupt etwas gibt, was mir weniger gefällt, dann die Episode mit der Erpressung und – das kann man nicht bestreiten – Luisa Orioli. Aber solche Mängel sind nebensächlich, denn was zählt, ist die Geschichte von Mutter und Sohn, die mir schön erscheint; sie ist poetisch, geistvoll und tragisch und hat mich gerührt. Ich umarme Dich, auch wenn Dir das egal ist, denn Adriana und ich wissen ja nun, daß Du Dir nichts aus uns machst.

Küsse, Elsa«

Nach dem Spektakel der jungen Neofaschisten in Venedig inszenieren in Rom Gruppen, die zu *Giovane Italia* und *Avanguardia nazionale* gehören, von ihren Zeitungen angestachelt und verteidigt, Tumulte und Schlägereien in den Erstaufführungskinos. Im September nimmt Pasolini an einer Tagung der Cittadella Cristiana in Assisi teil, die von Don Giovanni Rossi geleitet wird. Thema ist »Das Kino als spirituelle Kraft im augenblicklichen Moment«. Am Schluß der Tagung taucht unvermutet Johannes XXIII. auf; und in der ganzen Aufregung um diesen Besuch sitzt Pasolini in seinem Zimmer im Gästehaus und liest das Matthäus-Evangelium, das er auf dem Nachttisch gefunden hatte.

Bei dieser Lektüre kommt ihm die Idee zu einem Film, und wie immer will er ihn unbedingt sofort realisieren, ohne Drehbuch, weil er einzig und allein vom Evangelium inspiriert sein soll. Bini, der Produzent, der ahnt, welches Engagement dieses

Projekt verlangen würde, überredet Pasolini, vorher noch bei einem Episodenfilm mitzumachen, dessen Regisseure Roberto Rossellini, Jean-Luc Godard und Ugo Gregoretti sind.

Während der Arbeit an *Mamma Roma* hat Pasolini ein *treatment* geschrieben, von dem er meint, es nun mit dem Titel *La ricotta* [dt.: *Der Weichkäse*] für seine Episode verwenden zu können. Es ist ein ironisches Selbstporträt, in dem die Gestalt eines Regisseurs gezeigt wird, welcher im trostlosen und dramatischen Milieu eines kommerziellen Erbauungsfilms seiner spleenigen Vorliebe für manieristische Maler huldigt. Für die Rolle des Regisseurs ist Orson Welles vorgesehen, der »wie Donnergrollen freundliche Bär«.

Auf den gewellten Wiesen der Gegend um Acqua Santa, wo es tiefe verborgene Höhlen gibt, in denen Prostituierte, *ragazzi di vita* und umherziehende Schäfer Unterschlupf finden, dreht er im Herbst seine Episode *La ricotta*.

Dabei lernt er Ninetto Davoli kennen, den Sohn kalabresischer Bauern, die nach Rom in eine Baracke am Prenestino gezogen sind; Ninetto ist vierzehn Jahre alt und der jüngste von fünf Geschwistern.

> »Alles an ihm wirkt magisch: die dichten absurden Löckchen, die ihm über die Augen fallen wie bei einem Pudel, das komische, pickelübersäte Gesicht und die halbmondförmigen Augen, in denen ein unerschöpflicher Vorrat an Lustigkeit blitzt.«

Zur gleichen Zeit schneidet er im Auftrag eines abenteuerlichen Produzenten aus Repertoiresequenzen von Wochenschauen, Kino- und Fernsehstreifen über politische und soziale Ereignisse des letzten Jahrzehnts den Film *La rabbia* [Die Wut]; die Stücke sind »so montiert, daß sie einer idealen chronologischen Linie folgen, deren Bedeutung ein Akt der Empörung gegen die *Irrealität* der bürgerlichen Welt und ihre historische Unverantwortlichkeit ist. Um das Vorhandensein einer Welt zu dokumentieren, die, im Gegensatz zur bürgerlichen Welt, tiefe Realität besitzt. Die Realität bzw. eine wahre Liebe zur Tradition, die nur die Revolution geben kann.«

Beide Filme, *La ricotta* und *La rabbia,* wurden in der Hoffnung gemacht, möglichst bald mit *Il Vangelo* [dt.: *Das erste Evangelium – Matthäus*] beginnen zu können, und entstanden aus jenem »Notstand« heraus, den die Dichter gegen die »Normalität« der neokapitalistischen Gegenwart und ihre Dürre erzeugen müssen. Eine intellektuelle Wut, mit der man sich den Drohungen der Massenkultur, der totalen Industrialisierung, dem Egoismus, Dummheit, Unkultur erzeugenden Wohlstand widersetzen und gleichzeitig den Konformismus der servilen Poeten bekämpfen kann.

»Wir stehen am Beginn dessen, was wahrscheinlich die schlimmste Epoche in der Geschichte des Menschen sein wird: die Epoche der industriellen Entfremdung. [...] Wenn die klassische Welt verbraucht sein wird, wenn alle Bauern und alle Handwerker tot sein werden, wenn die Industrie den Produktionszyklus unaufhaltsam gemacht haben wird, dann wird unsere Geschichte zu Ende sein.«

Die Wut muß sich auch gegen ihn selbst richten, gegen den öffentlichen Teil seines Lebens:

»... das Stück von mir, das mir nicht gehört, das wie eine Maske des Neuen Kunst-Theaters geworden ist; ein Ungeheuer, das so sein muß, wie das Publikum es haben will. Ich versuche wie ein Don Quijote gegen diese Fatalität anzukämpfen, die mich mir selbst wegnimmt, mich zu einem Illustrierten-Roboter macht und schließlich dann auf mich zurückwirkt wie eine Krankheit. Doch es scheint, als sei nichts zu machen. Erfolg ist für ein moralisches und empfindsames Leben etwas Entsetzliches und basta.«

Hinter den Verfälschungen der öffentlichen Figur, die manchmal selbst seine Freunde blenden, hat Pasolinis Leben nämlich Seiten großer Einfachheit, als da sind die bescheidenen Genüsse der gerade erreichten ökonomischen Sicherheit, die Freuden, die er an den Freundschaften, an Abendessen im Restaurant, an den Liebesabenteuern findet; die Nachmittage, die dem Fußballspielen auf Vorstadtwiesen gewidmet sind, die Nächte, in denen er endlos mit dem Auto spazierenfährt, obgleich er sich erinnert, wieviel besser es früher war, als er noch zu Fuß ging oder die Straßenbahn nahm.

»Vielleicht war ihm die etwas süßliche Zärtlichkeit der fernen Adoleszenz doch recht lästig? Gewiß versuchte er, sie zu verdrängen; er legte sich lieber (wie Yukio Mishima und Gore Vidal) nicht nur die Maske, sondern wirklich auch die Muskeln des ›harten Mannes‹ zu. Und gut erinnere ich mich sowohl seines Stolzes, von den Fußballspielern wie ihresgleichen behandelt zu werden, als auch seiner Unduldsamkeit, wenn jemand scherzhaft sagte: warum denn so viel Gymnastik? ...«
(A. Arbasino)[68]

»Pier Paolo war ein Mensch, der sehr lustig sein konnte: seine Freunde wissen das. Sie wissen auch, daß er ganze Wochen schweigsamer Düsterkeit durchmachte. Die Begegnungen mit Elsa Morante, die Diskussionen mit Moravia oder manche aufbrausenden, unversöhnlichen Streitgespräche mit Laura Betti regten ihn an. Die beiden konnten dabei wütend und sehr ausfällig werden: in solchen Fällen griff Elsa Morante ein mit einem Schrei: ›Wenn ihr Liebe machen wollt, dann hört gefälligst auf, es mit Worten zu tun.‹« (E. Siciliano)[69]

Während der Arbeit an *Mamma Roma* hat er ein Tagebuch in Versen geschrieben, *Poesie mondane* [Mondäne Gedichte], die in einer schon fast vollständigen Gedichtsammlung erscheinen werden, deren Titel noch zwischen *La persecuzione* [Die Verfolgung] und *La ballata intellettuale* [Die Ballade vom Intellektuellen] schwankt, bis sie dann schließlich *Poesia in forma di rosa* [Poesie in Form einer Rose] heißt.

Er schreibt weiter an dem Pamphlet des »Schwarzen Humors«, *La Mortaccia.*

Es erscheinen *Donne di Roma, sette storie* [Römische Frauen, sieben Geschichten] und *L'odore dell'India* [dt.: *Der Atem Indiens*].

Er schreibt die kleinen *Epigramme* gegen die ›novissimi‹, die »ganz neuen« Dichter der Neoavantgarde, das Gedicht *Per Marilyn* [Für Marilyn], das er in den Tonstreifen von *La rabbia*

einbaut, und führt die wöchentliche Kolumne der Dialoge mit Lesern von *Vie Nuove* fort.
William Weaver übersetzt für das *London Magazine* den vierten Teil des Poems *La ricchezza*.

VIA EUFRATE
1963

»Was ich in *La rabbia* sagen wollte, ist noch etwas verschwommen in mir, eine irrationale, nicht genau definierte, nicht determinierte Idee, die in diesen Jahren mein ganzes Werk durchzieht und Leitmotiv meines Buches mit Versen sein wird…, es ist die Vorstellung von einer neuen Prähistorie. Das heißt, meine Subproletarier leben noch in der alten Prähistorie, in der echten Prähistorie, während die bürgerliche Welt, die Welt der Technologie, die neokapitalistische Welt sich auf eine neue Prähistorie zubewegt.«

Als er mit dem Montieren der Filmstreifen fertig ist, denkt Pasolini, der Film werde als selbständiges Werk gezeigt, der Produzent dagegen beauftragt Giovanni Guareschi, einen zweiten Teil zusammenzustellen und von seiner politischen Warte aus zu kommentieren. Ein auf dem plattesten Gegensatz »von rechts gesehen, von links gesehen« basierendes Unternehmen, in das Pasolini hineingeschlittert ist und das bei seinen Feinden Hohngelächter und bei seinen Freunden Vorwürfe auslöst, denn etliche schreiben den Zwischenfall weniger seiner Naivität als vielmehr einer böswillig begangenen Tat zu.

Ettore Garofalo, Elsa Morante, Bernardo Bertolucci, Adriana Asti und PPP bei Dreharbeiten zu ›La ricotta‹

Pasolini beschließt, seinen Namen zurückzuziehen, aber der Film hat, einmal gezeigt, einen solchen Mißerfolg, daß er gänzlich unbeachtet bleibt.

Am 1. März kommt *La ricotta* heraus und wird vom Publikum zerstreut oder kühl aufgenommen.

> »Es ist vermutlich das Werk, das ich am wenigsten berechnet habe, in dem sich ganz einfach alle Elemente mischen, von deren Zusammenbringung ich träumte: Witz, römische Geistesgegenwart, Grausamkeit, Egoismus, Verhaltenskodex des Volkes...«

Für einige Kritiker hat er mit diesem Film einen Höhepunkt erreicht:

> »Wir müssen vorausschicken, daß nur ein einziges Urteil auf diese Episode paßt: genial, eine gewisse Qualität von Vitalität, die überraschend und tief zugleich ist.« (A. Moravia)

Am selben Tag, an dem er herauskommt, wird der Film wegen »Verunglimpfung der Staatsreligion« beschlagnahmt.

> »Meine Güte, der Regisseur erklärt in dem Interview: ›Italien hat das Volk mit den meisten Analphabeten und die unwissendste Bourgeoisie Europas.‹ Und schon hat er sich's mit den Parteien der Rechten wie der Linken verdorben. Dann, noch schlimmer, erklärt Orson Welles: ›Der Durchschnittsmensch ist ein gefährlicher Verbrecher, ein Ungeheuer. Er ist Rassist, Kolonialist, Befürworter der Sklaverei, Qualunquist‹, und schon hat er sich's mit allen verdorben. Das Italien der Vergangenheit war nämlich das Land des Menschen in all seiner Menschlichkeit; das heutige Italien dagegen ist nur das Land des Durchschnittsmenschen.« (A. Moravia)

Viele Katholiken, darunter auch die Dozenten der Päpstlich-Gregorianischen Universität, erkennen in dem Film keinerlei Verunglimpfung, die vatikanische Zensurkommission hat ihn nicht als »für alle ausgeschlossen« beurteilt, und auch die Rezensionen mancher katholischer Zeitungen sind positiv.

Der Verteidiger legt dem Gericht eine Selbstverteidigung Pasolinis vor:

Orson Welles und PPP

»Nichts stirbt je in einem Leben. Alles überlebt. Wir leben und überleben zugleich. So ist auch jede Kultur stets mit überlebenden Dingen durchzogen. In dem Fall, den wir nun prüfen, überleben eben jene berühmten zweitausend Jahre ›imitatio Christi‹, jener religiöse Irrationalismus. Sie haben keinen Sinn mehr, sie gehören einer anderen, geleugneten, verweigerten, überholten Welt an: und doch überleben sie. Es sind historisch tote, aber menschlich lebendige Elemente, aus denen wir uns zusammensetzen.

Mir kommt es naiv, oberflächlich, sektiererisch vor, ihr Vorhandensein abzustreiten oder zu negieren. Ich meinerseits bin antiklerikal (ich habe keine Angst, das zu sagen!), weiß aber, daß in mir zweitausend Jahre Christentum stecken: ich habe mit meinen Vorfahren erst die romanischen Kirchen, dann die gotischen Kirchen und dann die Barockkirchen erbaut: sie sind mein Vermögen, im Inhalt und im Stil. Ich wäre wahnsinnig, wenn ich diese mächtige Kraft, die in mir ist, leugnen wollte: wenn ich den Priestern das Monopol des Guten überließe.«

In dem am 6. und 7. März abgehaltenen Gerichtsverfahren wird Pasolini zu vier Monaten Freiheitsentzug verurteilt.[70]

Am 8. März schreibt Pietro Nenni ihm:

»Lieber Pasolini, Deine Verurteilung ist ein Indiz dafür, wie fern die Bildung eines Bewußtseins über die Rechte der Kunst noch ist. Weit davon entfernt, einen Grund zur Besorgnis für Dich darzustellen, wird es vielmehr ein Ansporn sein. Für Dich und für uns alle.«

Und einige Zeit später schreibt Pietro Citati in einem Brief ohne Datum:

»Ich habe mich während des Prozesses über *La ricotta* nicht bei Dir gemeldet. Selbstverständlich nicht deshalb, weil ich mich auf seiten Deiner Feinde befände. Es tut mir sehr leid wegen allem, was geschieht: Dein Schmerz, Deine Aufgebrachtheit, die Qual Deiner Mutter. Aber all das, ich gestehe es Dir, besorgt mich weniger als etwas anderes. Ich fürchte vor allem, daß Du Gefahr läufst, ein Opfer dieser Situation zu werden; daß Du zuletzt gegen die De Gennaros [stellvertretender Oberstaatsanwalt] lebst, erstickt in dieser Atmosphäre voll Haß und Idiotie, die ewig unglücklich und neurasthenisch ist; daß diese Verfolgung das negative Zentrum Deines Lebens wird. Die Existenz solch unwürdiger Feinde kann Dir nur schaden, birgt die Gefahr, Dich zu banalisieren. Ist es denn möglich, daß es Dir nicht gelingt, das Kino aufzugeben – und die Öffentlichkeit, die daraus folgt –, um wieder der Schriftsteller und Kritiker zu werden, der Du vor allem bist?«

Während der Prozeßtage schreibt er *Pietro II,* neun Texte eines Tagebuchs in Versen, datiert 4. bis 7. März. Er schreibt auch das Gedicht *La ricerca di una casa* [Die Wohnungssuche].

Im März ziehen Susanna und Pier Paolo zum letzten Mal um, aus der Via Carini in eine Neubauwohnung, die sie im EUR, dem 1942 von Mussolini für die *Esposizione Universale Romana*, die dann nicht zustande gekommene Weltausstellung, geplanten römischen Stadtviertel, in der Nähe der großen Kuppel gekauft haben. Man hat von dort einen weiten Blick über die hügeligen Wiesen der Magliana, und auf der kleinen Terrasse, die dazugehört, soll Susanna bei der täglichen Pflege von Blumen und Pflanzen ihre innere Ruhe wiederfinden. Seit einiger

PPP mit Mutter Susanna

Zeit lebt die Tochter einer Nichte, Graziella Chiarcossi, bei ihr. In der Wohnung ist Susanna stets geschäftig, lächelt und gibt nie den Versuch auf, die Angelegenheiten des Sohnes zu verfolgen. Doch manchmal schreibt sie heimlich an Pier Paolos Freunde und bittet sie, ihn vor seinen Unvorsichtigkeiten zu schützen. Bei der Nachricht über die Verurteilung von *La ricotta* bekommt sie einen Angstanfall. Es gelingt Pier Paolo, die Telefonnummer des Richters herauszufinden, der ihn hat verurteilen lassen, und er ruft ihn an: wenige herausgeschriene Worte und im Hintergrund das Weinen der Mutter.

»Das ist ein schwindelerregender Zug an Pasolinis normverletzender Genialität: daß es ihm gelingt, mit den herrschenden Gebräuchen Skandal hervorzurufen, genauso wie mit der Staatsreligion und den Modeideologien. Die Praktizierenden mit ihren eigenen Praktiken durcheinanderzubringen und zu skandalisieren...« (A. Arbasino)[71]

Anfang Januar hatte er eine dritte Reise nach Afrika, Jemen, Kenia, Ghana, Nigeria und Guinea unternommen. Der Plan, einen afrikanischen Film zu machen, hat sich in einem Drehbuch konkretisiert, dem er den Titel *Il padre selvaggio* [Der wilde Vater] gibt: lauter schwarze Hauptdarsteller und ein Weißer, für den er den französischen Schauspieler Serge Reggiani im Sinn hat.

»Afrika ist die Seite der Realität, die auch Italien betrifft. Es ist im wesentlichen eine riesige Reserve von in manchen Fällen sogar prähistorischen Subproletariern, die mit den herrlichen Segnungen des Neokapitalismus in Berührung gekommen sind. [...] Vor zwei Jahren bin ich zufällig auf der Rückreise von Indien nach Afrika gelangt. Und es hat mich in irrationaler und ontologischer Weise bezaubert. [...] Ich bin zweimal nach Afrika zurückgekehrt, und die Liebe und das Interesse sind gewachsen.«

An den Produzenten Alfredo Bini gerichtet, schreibt er das Gedicht *E l'Africa?* [Und Afrika?]:

»... ich flüsterte ihm zu: Und ... Afrika? / Und die Flamboyantbauten Mombasas?«, zugleich mit der Sehnsucht die Enttäuschung darüber ausdrückend, es nicht mehr darstellen zu können, weil Banken und öffentliche Institutionen nach der Verurteilung von *La ricotta* die Gelder für *Il padre selvaggio* verweigern. Übrig bleibt das Drehbuch, das posthum mit folgender Widmung veröffentlicht wird: »Für den Staatsanwalt des Prozesses und den Richter, der mich verurteilt hat.«

Seit September des Vorjahres sind die Kontakte zur Cittadella von Assisi häufiger geworden. Nach der Lektüre des Matthäus-Evangeliums – »dem epischsten von allen, da es das archaischste, der Mentalität des jüdischen Volkes am nächsten ist« –, das ihm die »schreckliche Energie« gegeben hat, es in Film umsetzen zu wollen, bittet er mit dem schon entworfenen Drehbuch die Freiwilligen von Assisi um Hilfe, »um Fehler im Dogma und in der christlichen Moral zu vermeiden«.

Im Februar und März forscht er in der Bibliothek und der Ikonographieabteilung der Cittadella und bittet dabei um philologischen und historischen Rat. Er trifft sich oft mit Don Giovanni Rossi – »einem sehr aufrichtigen, engelsgleichen Mann« –, der ihn seit Jahren einlädt, die Kurse Christlicher

Studien zu besuchen: »Ich erwarte Sie immer mit großer Liebe und Bewunderung.«

»Es ist gar nicht seltsam«, sagt Don Giovanni, »daß ausgerechnet ein Pasolini einen Film über das Evangelium macht, auch weil er erklärt hat, der Film könne später ruhig in allen Pfarrkinos gezeigt werden.« Aber vor allem bahnt sich eine Zusammenarbeit mit dem Bibelspezialisten Don Andrea Carraro und dem Direktor des Filmbüros Lucio Caruso an. Durch Caruso trifft er Padre Grasso von der Gregorianischen Universität, der ihm, nachdem er seine Filme gesehen hat, schreibt: »Ich habe in Ihnen einen guten Mann auf der Suche nach Werten gesehen, die dem Leben einen Sinn geben können.«

Nachdem er das Drehbuch gelesen hat, das eine visualisierte Transkription des Matthäus-Textes ist, fällt der Theologe Romano Guardini ein »nicht positives Urteil«, denn er hält es für »unmöglich, mit einem Film das Leben Jesu zu illustrieren«; aber bei anderen Theologen, den Jesuiten des Centro San Fedele in Mailand, den Dozenten der Gregorianischen Universität überwiegt die Zustimmung.

Lucio Caruso schreibt am 12. Mai an Bini:

»Ich habe das Drehbuch auf einen Rutsch durchgelesen. Wunderbar! Mein erster Eindruck ist Verblüffung: möglich, daß der Autor jener Pasolini ist, über den manche Zeitungen soviel Schlechtes schreiben? Wir sind nicht nur in engster Texttreue zur Heiligen Schrift, wir befinden uns nicht nur in der vollständigsten ethischen und dogmatischen Orthodoxie, sondern wir haben sogar eine Arbeit von außergewöhnlichem exegetischem Scharfsinn vor uns.«

Pasolini schreibt:

»In diesen letzten Jahren hat die totale Unduldsamkeit der Bourgeoisie gegenüber bei mir extreme Züge angenommen: während meine Sympathie von solchen Orten und Seelen angezogen wird, wo ich sehe, daß dem bürgerlichen Geist irgendwie widersprochen wird. Die Beziehungen, die ich in letzter Zeit mit Priestern hatte, waren alle von dieser Art: sie

Natalia Ginzburg (als Maria Magdalena) und Gabriele Baldini bei Dreharbeiten zu ›Das 1. Evangelium‹

schlossen alle irgendwie die Bourgeoisie aus. Wo man von Gott spricht, auch um seinen eigenen Unglauben kundzutun, ist keine Bourgeoisie. […]
Vielleicht habe ich gerade, weil ich so wenig katholisch bin, das Evangelium so lieben und einen Film daraus machen können: ich trage nicht die inneren Widerstände gegen die Religion in mir, die einen Marxisten behindern, der wirklich ein bürgerlicher Katholik war. […] Ich habe das *Evangelium* so machen können, wie ich es gemacht habe, weil ich mich frei fühle und keine Angst habe, irgendwen zu empören; und schließlich weil ich fühle, daß das Wort der Liebe (Unfähigkeit, psychologisch manichäische Unterscheidungen nachzuvollziehen, Instinkt, sich über die Gewohnheiten hinwegzusetzen und stets jeden Widerspruch herauszufordern), das Wort der Liebe, dessen herausragender Vertreter Johannes XXIII. gewesen ist, als eine Verpflichtung in unserem Kampf angesehen werden muß.«

Vom 27. Juni bis 11. Juli unternimmt er zusammen mit Don Andrea Carraro, Lucio Caruso und einem kleinen Technikerteam Ortsbesichtigungen in Israel und Jordanien. Sie fahren zum Garten Gethsemane, wo riesige, jahrtausendealte Ölbäume stehen, dann weiter nach Emmaus. Aber sowohl in Israel als auch in Jordanien ist immer irgend etwas zu modern und industriell, die Kibbuzim, die moderne Landwirtschaft, die Leichtindustrie, der Krieg in Israel.

Sie kehren mit sechs Rollen Film, an den heiligen Stätten gedrehtem Material, aber auch mit der Überzeugung zurück, daß das Heilige Land anderswo zu suchen sei; in Süditalien, zum Beispiel, das außer der veränderten Landschaft des Heiligen Landes »auch die unveränderte« bieten kann.

Nach dieser letzten Entscheidung beginnt er, an dem Film zu arbeiten, indem er weitere Ortsbesichtigungen vornimmt: Matera, Crotone, ganz Apulien, den Ätna.

Er bittet Elsa Morante um ihre Mitarbeit:

»Elsa Morante begeisterte sich an dem Projekt: Pier Paolo wollte, daß sie sich mit ihm an der Auswahl der Musikstücke für die Tonspur und an der Auswahl der Gesichter beteiligte. Elsa ihrerseits suchte breitgefächert Schallplatten von Bach, Mozart, bis hin zu Zeitgenossen wie Leoš Janáček aus und unterbreitete sie Pier Paolo. Es gab lange Diskussionen.« (E. Siciliano)[72]

Für die Darstellung einiger Gestalten im Film wendet er sich an seine Schriftstellerfreunde: Mario Socrate, Alfonso Gatto, Gabriele Baldini, Natalia Ginzburg, Rodolfo Wilcock, Giorgio Caproni.

»Eines Tages besuchte er mich mit Elsa Morante, die mich gern kennenlernen wollte. Er fragte mich, ob ich bereit wäre, in einem Film, der *Das erste Evangelium-Matthäus* heißen sollte, eine Rolle zu übernehmen (ich glaube, die des Joseph von Arimathäa). Gage für das Engagement – sagte er, meinem Zögern zuvorkommend und im Wissen um meine finanziellen Nöte – runde 700 000. Zur damaligen Zeit ein nettes Sümmchen.

Von links nach rechts: Alfredo Bini, Alberto Moravia, Cesare Musatti, PPP und Dacia Maraini, im Garten von PPP in der Via Eufrate, in ›Comizi d'amore‹

Ich ging Probeaufnahmen machen in einer recht öden Erdgrube, wo auch seine Mutter Susanna, die die Maria darstellen sollte, und der italo-argentinische Dichter Rodolfo Wilcock anwesend waren, Wilcock lehnte an einem Pfahl und blickte mich, wer weiß, warum, mit langgezogenem Gesicht recht finster an. Die Probeaufnahmen (ich sah sie) waren äußerst gut gelungen. Aber leider mußte ich dann in die Klinik, und so wurde für mich nichts daraus.« (G. Caproni) [73]

Die schwierigste Wahl ist der Christus:

»Die Gestalt Christi müßte die gleiche Gestalt haben wie ein Widerstand: etwas, das dem Leben, so wie es sich im modernen Menschen herausbildet, seiner grauen Orgie aus Zynismus, Ironie, praktischer Brutalität, Kompromiß, Konformismus, Glorifizierung der eigenen Identität gegenüber der Masse, Haß gegenüber jeder Andersartigkeit, theologischem Groll ohne Religion, radikal widerspricht.«

Kein Christus mit weichen Zügen und sanftem Blick wie in der Ikonographie der Renaissance, sondern ein Antlitz, das Kraft und Entschlossenheit ausdrücken soll wie das der mittelalterlichen Christusdarstellungen.

»Ich habe eine fast unausdrückbare Vorstellung von Christus. Er könnte alle sein, und in der Tat suche ich ihn überall. Ich habe ihn in Israel gesucht, in Sizilien, in Rom, in Mailand... Ich habe an russische Dichter gedacht, an amerikanische Dichter. Ja, vielleicht suche ich ihn unter den Poeten.«
Er schreibt dem russischen Dichter Jewtuschenko, dem Amerikaner Ginsberg, dem Spanier Luis Goytisolo. Als ihn zufällig ein spanischer Student besucht, Enrique Irazoqui, ist er sich auf den ersten Blick sicher, seinen Christus gefunden zu haben: Das gleiche schöne und stolze, menschliche und abgeklärte Gesicht der von El Greco gemalten Christusgestalten.
Während die Vorbereitung des *Evangeliums* in Gang kommt, will Pasolini die Wartezeiten und die unvermeidlichen Verzögerungen mit der Realisierung eines Umfrage-Films füllen. Ein *cinéma-vérité* über die Sexualität der Italiener in den sechziger Jahren, bei dem die verschiedensten gesellschaftlichen Schichten und Milieus zu Wort kommen.
Ein Film, der sich »einen Kampf gegen ›die Ungeheuer‹« vornimmt, das heißt gegen die Unwissenheit, die Verirrungen der Vernunft. Und der auch therapeutische Hilfe sein will. Kurz: »ein Dialog zwischen dem, der weiß, und dem, der nicht weiß, ein einfacher, schmuckloser, brüderlicher Dialog«.
Vorgesehen sind Gespräche über Liebe und Eros mit zufällig an allen möglichen Orten getroffenen Leuten, von der Adriaküste bis zum Dorf in Kalabrien, und mit bekannten Gestalten aus der Kulturszene: Giuseppe Ungaretti, Adele Cambria, Camilla Cederna, Ignazio Buttitta. Drei Interviews, mit Eugenio Montale, Giuseppe Ravegnani und Pasolinis Mutter, wurden gefilmt, bei der Montage aber wieder herausgenommen.
Alberto Moravia und dem Psychoanalytiker Cesare Musatti kommen die grundsätzlicheren Aussagen zu.
Musatti schreibt am 20. Oktober:
»Ich hätte gern mit Ihnen gesprochen, vor allem, um zu sehen, in welcher Form Sie wünschen, daß ich in dem Film vorkomme. Dann aber auch, um eine Frage mit Ihnen zu diskutieren.

Ich habe noch einmal über die Teile nachgedacht, die ich gesehen habe.

Der Film erweist sich als extrem konservativ. Er zeigt das italienische Volk auf Positionen, die Borghese und die jungen Faschisten vor Wonne zerfließen lassen müßten.

Die Sache ist durchaus verständlich: in diesem Bereich mit den herkömmlichen Schemata, anhand derer die Realität des Sexuallebens beurteilt wird, zu brechen, ist gewiß schwierig, denn diese Schemata erfüllen beim einzelnen Individuum eine Abwehrfunktion gegenüber intuitiven Tendenzen aller Art, die in ihm brodeln.

Es ist auch ersichtlich, daß das Kinopublikum sich mit Ihren Interviewpartnern solidarisieren wird, und Ihre Absicht zu erreichen, daß das Publikum an den Interviews teilnimmt und sich selbst interviewt fühlt, wird voll eintreffen.

Doch denke ich, daß der Umstand, einen qualunquistischen, um nicht zu sagen klerikal-faschistischen Film zu machen, auch Ihnen Sorgen machen muß.

Wie kann man dem zumindest teilweise abhelfen?«

Die Frage Musattis wird zu einem der zentralen Punkte der Untersuchung. Am Ende bezeichnet Pasolini sie als eine Erfahrung, »die ich niemandem wünsche, so entsetzlich sind die traumatischen Auswirkungen der Enttäuschung und des Verlusts an Achtung vor den eigenen Mitbürgern«.

Unter dem Titel *Comizi d'amore* [dt.: *Gastmahl der Liebe*] wird der Film im darauffolgenden Jahr beim Festival von Locarno vorgestellt.

Franco Enriquez inszeniert *Il vantone*, die Übersetzung von Plautus' *Miles gloriosus*, die drei Jahre zuvor von Gassman vorgeschlagen worden war. Mehr denn eine Übersetzung ist es eine Nachdichtung des Plautus-Stückes in römischem Dialekt, »gegründet auf die Intuition, daß nur der ›sprühende Ton‹ des Varietés, des Vorprogramms in etwa analog sein könnte zu Plautus' Plebejertheater mit seinem augenzwinkernden Einverständnis zwischen Text und Publikum«.

PPP befragt die italienische Schauspielerin Antonella Lualdi (links) über Frauen und Heirat

Er veröffentlicht die Gedichte *Monologo sugli ebrei* [dt.: *Monolog über die Juden*], *Odor di mimose* [Mimosenduft], *Epigramma per la morte del Papa* [Epigramm zum Tod des Papstes]. Auf Bitte Vittorinis schreibt er *Notizia su Amelia Rosselli* [Notiz über Amelia Rosselli] und stellt in *Il menabò* eine Gruppe seiner Gedichte vor.

Er veröffentlicht *Il vantone*. Er beginnt, *La Divina Mimesis* [dt.: *Barbarische Erinnerungen*] zu schreiben, eine Umgestaltung der Göttlichen Komödie, die *La Mortaccia* ablöst.

Seit Beginn des Vorjahres hat er wegen »Arbeitshäufung« die Mitarbeit an *Vie Nuove* eingestellt. Vor seiner Abreise nach Afrika hat er den Lesern seiner *Dialoge* einen Gruß gesandt: »Ich möchte euch sagen, daß diese Rubrik einer meiner festen Bezugspunkte war in diesen letzten Jahren: und in manchen schwarzen Augenblicken sogar ein Rettungsanker«.

MILD IM HERZEN, ABER NIE IM DENKEN
1964

»Ich darf den in Demut kompetenten Pasolini nicht aus dem Auge verlieren. Die Entwicklung seiner Karriere zeigt, daß die (visuell) kruden und *caritas-getränkten* römischen Filme mit der *via negationis* zusammenhängen; auch Lukanien als Heiliges Land – ein Carlo Levi sehr verpflichtetes Lukanien – im *Ersten Evangelium-Matthäus* beinhaltet noch ein Quentchen polemischen Wert […].« (G. Contini)[74]

Am 10. Januar schreibt Leonetti ihm:

»Ich habe von Romanò gehört, daß Du den Christus gefunden hast; was soll ich dazu sagen? ›So sei es‹, gut für den Film; und für die Literatur?«

Am 17. März schreibt Pietro Nenni ihm:

»Ich glaube, ich kenne den jungen Katalanen, in dem Sie den Christus-Darsteller gefunden haben. Ich meine, er ist ein junger Student mit angespanntem, blassem Gesicht, den ich vor einigen Tagen getroffen habe. Er scheint wirklich das Leiden seines Volkes auszudrücken.«

Am 9. März trifft er sich mit den Studenten der italienischen Filmhochschule zu einem Austausch:

»Meine Sicht der Welt ist im Grunde immer episch-religiöser Art; auch und vor allem bei Elendsgestalten, bei Gestalten, die außerhalb eines historischen Bewußtseins und, im speziellen Fall, außerhalb eines bürgerlichen Bewußtseins stehen, spielen diese episch-religiösen Momente daher eine große Rolle. Elend ist immer, aus seinem innersten Wesen heraus, episch, und die Elemente, die in der Psychologie eines Hungerleiders, eines Armen, eines Subproletariers mitspielen, sind in gewisser Weise immer rein, weil ohne Bewußtsein und also essentiell. Diese Art, die Welt der Armen, der Subproletarier zu sehen, erkennt man, glaube ich, nicht nur an der Musik, sondern auch im Stil meiner Filme.«

Im Mai erscheint die vierte Sammlung italienischer Gedichte *Poesia in forma di rosa* [Poesie in Form einer Rose], die zwischen 1962 und 1964 häufig in Tagebuchform geschriebene Gedichte enthält (zuletzt das während der Ortsbesichtigungen für das *Evangelium*).

»Das Buch hat die innere – wenn auch nicht äußere – Form eines Tagebuchs und erzählt Punkt für Punkt die Entwicklungen meines Denkens und Empfindens in diesen Jahren. Hätte ich aus der Erinnerung geschrieben, so hätte ich versucht, die Erfahrungen, die mein Leben bildeten, zusammenzufassen und einzuebnen. Da ich aber ein Tagebuch geschrieben habe, habe ich mich von Mal zu Mal ganz versunken in den Gedanken oder die Stimmung dargestellt, je nachdem, was mich beim Schreiben gerade beschäftigte. Es ist die Tagebuchform, die bewirkt, daß die Widersprüche extrem scharf hervortreten, nie versöhnt, nie gemildert, außer am Schluß des Buches. Am Schluß des Buches spürt der Leser, daß es eine Art Zerstörungswut umschloß, eine Entmutigung, die zur Leidenschaft wird, gewisse fixe Ideen und feste Bezugspunkte der fünfziger Jahre niederzureißen, ja sogar eine regelrechte Abschwörung. Doch diese Abschwörung ist so zu lesen, wie man ein Gedicht liest. […] ›Der Ton‹ jener Abschwörung ist poetisch, nicht real, und gibt mir Ausdrücke ein, die übermäßig mit Groll und neuen Hoffnungen beladen sind.«[75]

Elsa Morante schickt ihm einen Brief, der zwei Blätter enthält. Auf das erste Blatt ist mit Filzstift der Umriß einer großen Katze gezeichnet. Auf dem zweiten Blatt steht ein handgeschriebenes Gedicht, eingerahmt von einer weiteren Katzensilhouette:

An Pier Paolo   Madrigal in Form einer Katze

Die Rose ist die Form der Seligkeiten.
Selig die Angst in Form einer Rose.
Selig die Unordnung, die blutige Begierde
die schamlose Selbstanbetung, die Geschwindigkeitsübertretung und die Grabesorgien,
die schwarze Verweigerung der Hochzeit, die Fahnen der Übertreibung, die Panzer der Unwissenheit
die verschiedenen Mißverständnisse des Egoismus, die Lumpenmaskeraden
die angeblichen Barmherzigkeiten, der vergöttlichte Müll
die Kastenvorurteile, das historizistische Alibi
die derzeitigen Komplizenschaften, die Verehrung der Pharisäerväter, die Kastrationsangst
der unschuldige Verrat, die prahlerische Klage
die Herzensschnur und das Schwert der Vernunft
selig die Ausscheidungen, die Eingeweide der Literatur, das Oratorium, die Verschleierung
wenn sie sich endlich öffnen in Form einer Rose!
Der Junge, der sich als Hauptperson der Welt versteht
(Hauptperson, obwohl Verbrecher, mehr noch, sogar, weil Verbrecher ...)
wird immer selig sein in der Mitte der Rose.
Und selig wird er nichts wissen von den anderen Sündern,
die verbannt sind aus der Rose
und aus sich selbst
nicht Hauptpersonen der Welt
nicht Legende ihrer selbst
allein ohne einen letzten Gruß. Agonie ohne Klage und ohne eine Rose
die Katze, die nicht krepiert[76]

Am 15. Juni wird *Poesia in forma di rosa* von Ferrata, Leonetti und Volponi in der Casa di Cultura in Mailand vorgestellt, mit einem Beitrag von Fortini.
Volponi schreibt am 24. Juni:
>»Ich muß hinzufügen, daß ich ehrlich an das glaube, was ich in Mailand über Deine Gedichte gesagt habe. Wenn ich gebildet wäre, könnte ich es besser ausdrücken und mit mehr Genauigkeit die Vorstellungen begründen, die ich von der Neuheit Deiner Dichtung habe, von ihrer großen poetischen Fähigkeit, die Überlieferung zu verwandeln, jeglichen Abfall, jedes vom Gefühl, von der Gefühlsduselei verschlissene Wort an die Kandare zu nehmen und zu festigen.«[77]

Für Laura Bettis Stück *Potentissima signora* schreibt er den Einakter *Italie magique:*

Du bist ein alter Orang-Utan
arme junge Betti
und vor hunderttausend Jahren warst du im Schlamm
dieser zukünftigen Erwählten
Das *Grauen* vor der Zukunft
von wegen *Hoffnung*, du!
Ich sag diese dunklen Worte
und proste der Mehrheit zu.

Laura schreibt ihm am 19. Mai:
>»Dann habe ich Ivrea gesehen und Olivetti und Volponi, den ich nun auch zärtlich liebe – natürlich nicht so wie Dich. Ich habe den Eindruck gehabt, daß Deine Angst jedenfalls beschützt und gewärmt wird, seine nicht. Ich habe eine riesige – violette – Anlage mit elektrischen Akkumulatoren gesehen. Diese Akkumulatoren sind Tag und Nacht in Betrieb – sie kosten sehr viel und sind nachts violett, hoch und kalt und tagsüber grün und hart –, sie arbeiten, um einen 15 Meter hohen Ficus am Leben zu erhalten, der sehr widerlich ist. So, daß man sieht, daß dieser Ficusbaum wächst und wächst, wie Dr. Qua-

termass, und Volponi schrumpft und schrumpft. Dann habe ich einen Fertigbaukindergarten mit Plastikkindern gesehen. Und da man mir nicht glaubte, habe ich die gesamte für meine Feste zuständige Kommission mitgenommen, um das Gebirge aus Plastikfelsen anzuschauen. Es war mit feiner roter Erde bestreut, und der Kies auf den kleinen Pfaden war Steinchen für Steinchen von der Verwaltung gezählt, und dieselben Beamten, die sich um den Ficus kümmern, hatten gewisse Vorsprünge und Abhänge geometrisch berechnet. Kurz und gut, ein Prozeß ist besser.

Dann bin ich, wie angeleimt am Steuer, gleich weiter nach Turin hinunter und von dort zu Mamma Roma gesaust, daß ich es kaum glauben konnte. Denn wenn man dann ganz außer Atem ankommt, weiß man gar nicht mehr, was man da soll.

Mein Körper war ganz ausgefranst, also sind wir ans Meer gefahren und Jürgen und Robertino massieren mich und salben mich mit muskelstraffenden Cremes. Es scheint, als würde das Gewebe sich erholen, es bestehen noch Hoffnungen.

Robertino hat beinahe geweint über eines Deiner Gedichte und mir erklärt, er fühle sich beunruhigt, weil er den Eindruck hat, ich hätte mich von Dir scheiden lassen. Um ihn zu beruhigen, habe ich Deine Mama angerufen und ihr gesagt, daß wir Dienstagabend zu ihr kommen, wenn sie für uns kocht. Sie ist glücklich und scheint auch bereit zu sein, mit Jürgen einen Tango zu tanzen. Wir werden ja sehen.

Bisher gefallen mir Deine Gedichte sehr, ich habe die Hälfte gelesen, und jetzt hole ich erst mal Luft, denn Dichtung strengt mich an, da meine Intelligenz absolut uterin und somit bizarr ist. Und ich kann gewiß nicht über Poesie diskutieren. Außerdem habe ich in ›Settimana Incom‹ [Zeitschrift der Kurzfilmindustrie] Photos von der Madonna, dem Christus und dem heiligen Joseph gesehen und begriffen, daß Du soweit bist und daß der Film bestimmt sehr schön wird. Das habe ich jetzt mit Sicherheit begriffen. Aber es regt mich überhaupt nicht auf, oder jedenfalls nicht besonders.

Bei Aufnahmen zu ›Das 1. Evangelium‹

Ich denke, wenn Dein Gedichtbuch so schlecht herausgekommen ist, liegt der wahre und eigentliche Grund letztendlich darin, daß Du die Korrekturarbeiten an Deinem Buch dauernd unterbrochen hast, um mit Bini zu telefonieren und über Banken, Jesus Christus und die Madonna zu reden. Ich glaube wirklich, daß Du ein Dichter bist. Und angesichts dieser Tatsache verblaßt das Kino zu einer bescheidenen Sache, die nur aus Neonlicht, unmittelbaren mondänen Befriedigungen und sonst rein gar nichts besteht. Ich glaube, als erfolgreicher Dichter und Schriftsteller gefällst Du mir besser denn als Cineast. Nimm's wie Du willst.
Deine lange Abwesenheit hat mir sehr gut getan. Ich hatte wirklich das Bedürfnis, Dich mal längere Zeit nicht zu sehen, und habe gar nicht darunter gelitten. Erst jetzt werde ich langsam ein wenig unruhig und sehne mich nach Deinem unvergleichlichen Mangel an Sensibilität.«
Und Calvino, am 3. Juli:
»›Vittoria‹ ist wundervoll, eines Deiner schönsten Gedichte. Wann hörst Du damit auf, Filme zu machen?«

Pasolini ist nicht in Rom: Am 24. April haben die Dreharbeiten des *Evangeliums* begonnen, und sie enden am Anfang des Sommers mit zehntausend Metern belichtetem Film. Die ersten Szenen werden in Torre di Chia bei Orte gedreht, andere zwischen Villa Adriana und Tivoli, und die meisten schließlich in Matera, in Crotone und auf den Ausläufern des Ätna.

> »Ich will ein Werk der Poesie schaffen, selbst wenn ich Gefahr laufe, in Ästhetizismus zu verfallen. [...] All dies zieht meine ganze Schriftstellerkarriere wieder gefährlich in Mitleidenschaft. Aber es wäre ja noch schöner, den Christus aus dem Matthäus-Evangelium so heiß und innig zu lieben und gleichzeitig zu fürchten, etwas in Mitleidenschaft zu ziehen. [...]
>
> Obgleich meine Sicht der Welt religiös ist, glaube ich nicht an die Göttlichkeit von Christus. [...] Ich habe einen Film gemacht, in dem sich durch eine Figur meine ganze Sehnsucht nach dem Mythischen, nach dem Epischen, nach dem Tragischen ausdrückt. [...] Die Geschichte von Christus besteht aus zweitausend Jahren christlicher Interpretation. Zwischen der historischen Realität und mir ist die Dichte des Mythos entstanden. Daher der heterogene Charakter der Rekonstruktion, die Verquickung der kulturellen und plastischen Bezüge, die Transposition.«

Er ist sicher, daß es ihm unter Pius XII. unmöglich gewesen wäre, diesen Film zu machen, und daß erst Johannes XXIII., indem er die religiöse Situation revolutionierte, ihm die Arbeit erleichtert hat.

> »Der heilige Matthäus müßte meiner Ansicht nach ein heftiger Verweis an die Adresse des Bürgertums sein: wie dumm es sich auf eine Zukunft stürzt, die die Zerstörung des Menschen, der anthropologisch gesehen menschlichen, klassischen und religiösen Elemente des Menschen ist.«

»Dem teuren, heiteren, vertrauten Schatten Johannes XXIII.« gewidmet, wird der Film am 4. September auf dem Filmfestival von Venedig vorgestellt.

»Beleidigungen und Pfiffe, Schimpfwörter und faule Eier empfingen Pier Paolo Pasolini bei seinem Eintreffen am Palazzo del Cinema. Es gab auch ein Boxintermezzo, das von Guttuso und Bassani flott gemeistert wurde, und Radau im Saal, wo mit Trillerpfeifen ausgerüstete Faschistengruppen übertönt wurden von den Ovationen, die das Publikum dem Dichter von *Gramsci's Asche* darbrachte.« (Kezich)[78]

Mutter Susanna in der Rolle der Maria

»Aus jenen Umständen heraus hatte sich an eben jenem Abend ein unglaublicher Kreuzungspunkt gebildet, an dem verschiedene und entgegengesetzte Philosophien ineinandermündeten; unvereinbare Interessen und politische Kräfte waren sich da unvermutet so nah, daß sie, ein wenig, verschmolzen. Nur die Faschisten erkannte man sofort, sie waren allein, redeten und gestikulierten allein. Am Ende des Abends wußten auch manche Leute, die nicht allein redeten, nicht mehr, was sie glauben noch was sie denken sollten.« (Chilanti)[79]

Das erste Evangelium-Matthäus erhält den Preis des *Office Catholique International du Cinema* (Ocic).

Giorgio La Pira schickt eine Botschaft, der Sekretär des Papstes bittet um eine Privatvorführung des Films.

In Venedig ist das *Evangelium* gegen Michelangelo Antonionis Film *Il deserto rosso* [dt.: *Die rote Wüste*] angetreten, dem der Goldene Löwe zuerkannt wird, während Pasolini den Spezialpreis der Jury bekommt. Die in den Preis gesetzten Hoffnungen – er hätte es leichter gemacht, die Finanzierung der zukünftigen Filme zu sichern – sind so gründlich enttäuscht worden, daß Pasolini sogar mit dem Gedanken spielt, das Kino aufzugeben.

Francesco Leonetti schreibt ihm:

»Ich verließ Parma in Aufruhr (unter anderem betrifft der einzige Text, an dem ich seit einiger Zeit sitze, Marxismus und

Katholizismus). Natürlich betrachte ich die Möglichkeit, mit Dir zu arbeiten, als größte, anziehendste. Und sie hat mich ziemlich fasziniert.

Ich sehe zwei Möglichkeiten. Die erste ist, daß Du in Deinem Herzen fühlst, der ›Heilige‹ Deines genialen Wahnsinns zu sein; daß Du diese Initiative eng mit Deinem Evangelium und auch mit Deiner bipolaren Art, die Wirklichkeit authentisch zu fühlen, verbinden willst. Das scheint mir doch sehr interessant, nun, nachdem ich den Grund dafür erfahren habe: ich fühle Dich ganz und gar lebendig dabei, wenn Du nur gewisse oberflächliche Beziehungen meidest, die man Dir wird aufzwingen wollen. Die zweite ist, daß Du von Grund auf eine Bewegung, ein Experiment und ein Mittel in Gang setzen willst über das Problem des Verhältnisses zwischen Kommunisten und Katholiken, ohne hohle Intellektualismen, aber mit angemessener Aufmerksamkeit; was vielleicht eine Avantgarde werden könnte, die den zentralen Punkt des heutigen Lebens einkreist, eventuell, auch wenn nicht klar ist, wie. Und erschiene es Dir in einem solchen Fall möglich, daß ich dabei eine Funktion übernehmen könnte, da ich ja nicht auf meinen vollkommenen Atheismus und antimythologischen Standpunkt verzichten kann? Und da ich ja nun die Literatur deutlich unterschieden von ihrem sozialen Sinn betrachte, von ihrem ›Mandat‹ (wie Fortini kürzlich meinte, indem er – mir scheint, wohlwollend – aufnahm, was ich sagte)?

Ich weiß nicht. Aber ich sage nicht aus Skepsis, daß ich es nicht weiß.«

Im Dezember wird das *Evangelium* auf Initiative des *Ocic* in der Kathedrale von Notre-Dame vorgeführt.

»Dann, nach der Vorführung in ›Notre-Dame, erleuchtet von ihren Priestern‹, wie Pasolini es später in einem Gedicht beschreiben wird, erklang die Messe, die zur Feier des Ereignisses und zum Empfang Pasolinis gesungen wurde: der Bischof war da, umgeben von den Geistlichen, und darüber ein Chor von Knabenstimmen. Zum Schluß eine Diskussion: in den

altehrwürdigen Mauern der Basilika sprach man über den Film über Christus, über den Film eines Mannes, der sich als Marxist bezeichnete. Manche (wie Professor Maron, Inhaber des Lehrstuhls für Geschichte des Christentums an der Sorbonne) waren dagegen, andere (wie Monsignor Bien, der den Vorsitz führte) waren dafür.«
(M. A. Macciocchi)[80]

PPP, Alberto Moravia und Michelangelo Antonioni, Mitte der sechziger Jahre

Nach der Filmvorführung trifft Pasolini sich mit einigen Exponenten der französischen Kultur:

»Die Annäherung ist stürmisch. Der Film ist für sie ein Schlag ins Gesicht. Sie sind Laizisten, Rationalisten, ›Voltairianer‹.«
(M. A. Macciocchi)

Der Kritiker des *Nouvel Observateur*, Michel Cournot:

»Neben *Nazarin* von Buñuel ist Pasolinis Film eine kleine, beschränkte Sache. Ein Handelsbetrug. Ich habe darin, als ich ihn sah, die fettigen Kutten und die schrägen Blicke der Beichtiger wiedergefunden […], ich habe alles wiedergefunden, was ich hasse: die Neigung zur Verwirrung, die Unverantwortlichkeit, die leeren, einladenden Blicke, die Lüge. Und ich habe darin ein perfektes Beispiel für etwas gesehen, was nichts in Ordnung bringt: ›pédé-Kunst‹ […], andererseits weiß ich gar nicht, ob Herr Pasolini zum ›anderen Ufer‹ gehört. Ich sehe jedoch, daß sein Film darunter fällt, und das stört mich sehr.«

Und Claude Mauriac:

»Nein, das ist weder sakrale Kunst noch überhaupt Kunst. Es ist nur eine Phantasie. Es ist nichts.«

Pasolini antwortet seinen Kritikern:

»Nur durch eine Stilanalyse kann man verstehen, daß eine Tradition des *Evangelismus* eine einzige Dimension vorausgesetzt hätte, während sich in meinem Film Abgründe verschiedener Dimensionen auftun. In *Accattone* (den Ihr verrissen habt) habe ich selbst erzählt, hier nicht, weil ich nicht gläubig bin. Ich habe das *Evangelium* durch die Augen eines anderen erzählen müssen, der nicht ich bin, nämlich eines Gläubigen: ich habe es in ›freier indirekter Rede‹ getan.

Diese ›indirekte Sicht‹ hat eine Kontamination zwischen dem Gläubigen und dem Nicht-Gläubigen vorausgesetzt, und daraus ist ein magmatisches Durcheinander entstanden. Die Suche nach der Technik, die stilistische Intuition ist der wirklichen ideologischen Vertiefung vorausgegangen. Doch all das entgeht Euch. Ihr spürt nicht, daß ich auf Messers Schneide balanciert habe: um, von meiner Seite, eine nur historisierende und menschliche Sicht zu vermeiden, und seitens des Gläubigen eine zu mythische Sicht.«

Am folgenden Tag trifft er Sartre im Café des Hotels Pont-Royal.

»Der Standpunkt der rationalistischen Linken – sagt Sartre – ist in dem Sinn verständlich, daß die Geschichte von Christus ein Streitpunkt ist. Es wird befürchtet, daß religiöse Themen konservative Ideen fördern. Wir sind gewöhnt, ihnen zu mißtrauen, und man versteht auch, warum: manchmal haben sich die, die sich in diesem Bereich als Erneuerer darstellten, als Reaktionäre erwiesen. […] Ich bin Ihrer Meinung: die Haltung gegenüber dem Evangelium, wie die französische Haltung gegenüber der Kirche, ist ambivalent. Die Linke hat die Frage verdrängt. Sie kann nichts anfangen mit der Christologie. Sie befürchtet, das Martyrium des Lumpenproletariats könnte auf die eine oder andere Weise wie das Martyrium Christi interpretiert werden. Das Problem Christus bleibt anzugehen. Warum diese stolze, wie Sie sagen, aristokratische Abschottung unseres kulturellen Horizonts? Weil dem französischen Rationalismus eine Kritik des Rationalismus fehlt, so wie auch keine Kritik des Marxismus existiert. Im Marxismus sind christliche Elemente vorhanden, die neu betrachtet werden müssen; und auch eine Bewegung, die sich als nicht christlich einbringt, bedarf der Vertiefung der christlichen Doktrin, als Mythos. Das Problem des Verhältnisses zur eigenen tiefen Tradition läßt sich nicht auslöschen. [...] Sie fahren jetzt nach Budapest. In den sozialistischen Ländern wird Ihr Film besser aufgenommen werden und in der Krise des Marxismus leichter zu verstehen sein. Bei uns muß man erklären, diskutieren; die Debatte wird hart sein, gerade wegen der Figur des Christus, mit der die Linke nicht umgehen kann. Aber ich schlage Ihnen vor, Mitte Januar hierher zurückzukommen und öffentlich eine Diskussion zwischen der laizistischen Linken und den engagierten Katholiken über Ihren Film zu eröffnen.«

(M. A. Macciocchi)

»Seit vier oder fünf Jahren widme ich mich wie ein Wilder meiner Arbeit: ich lese fast kein Buch mehr und gehe auch sehr wenig ins Kino... meine gesamte ideologische Welt ist in diesen Jahren ein wenig in die Krise geraten, die Ideen sind nicht mehr so klar wie noch vor zwei Jahren.«

In die literarischen Polemiken der *Gruppe '63* hat Pasolini sich noch nicht eingemischt, teils weil er von der Arbeit am *Evangelium* in Anspruch genommen ist, teils weil ihm gegenüber noch ein gewisses *fair play* geübt wird, während sich die Angriffe der Neoavantgarde auf das traditionelle soziale Engagement von Schriftstellern wie Bassani, Cassola, Moravia häufen.

Pasolini erinnert sich, ideell der erste Leser von Pagliarani gewesen zu sein, dessen Verse er in *Officina* veröffentlichte, und der erste Rezensent von Sanguineti, der ebenfalls in *Officina* erschien. Zu dieser Zeit entbrennt die Polemik der Neoavantgarde auch gegen Pasolini: Man beschuldigt ihn des Naturalismus und »entmystifiziert« sein altmodisches Engagement.

Er antwortet Jean Duflot:

»Anfangs habe ich auf Aggression mit Aggression geantwortet. Ihre bilderstürmerische Raserei hat zu viele junge Leute Zeit gekostet, sie haben dumm, aus purem Snobismus, die Entwicklung einer ganzen Strömung der italienischen Kultur unterbrochen. Sie haben umsonst eine Leere produziert, aus reiner Hysterie des ›Überwindenmüssens‹ und aus der Obsession der Integration heraus, [...] es handelt sich nur um mentale und ›literarische‹ Anarchie. Indem sie mit jedem poetischen Bezug auf das wirkliche menschliche Leben brechen, gestehen sie ihre Ohnmacht, ihre Rolle als neoakademische ›Literaten‹ zu überwinden, ein. Zum Schluß wird ihre Literatur konsumiert, ja, konsumiert, nicht gelesen [...]
In diesem Jahr sind viele neue Dinge in der Welt passiert, die jeden Lehrstuhlinhaber zwingen, von seinem Podest heruntersteigen und seine Positionen zu überprüfen, die Aufrichtigkeit seiner Urteile wiederzufinden. Der immer aufsehenerregendere Übergang vom Monopolkapitalismus zum technokratischen Kapitalismus (ich weiß nicht, ob ich eine exakte Terminologie gebrauche...), mit all dem, was daraus folgt, was man nicht weiß... Mein Pessimismus drängt mich, die Zukunft schwarz zu sehen, unerträglich für einen humanistischen Blick, beherrscht von einem Neo-Imperialismus, dessen Formen in Wirklichkeit unvorhersehbar sind.«[81]
Die öffentliche Figur Pasolini, die sich allmählich auch gegen seine Wünsche herausgebildet hat, setzt ihn weiterhin jeder Art von Attacken aus, und er schützt sich nicht etwa vorsichtig, sondern löst sie selbst beharrlich aus. Ob es sich nun um die Diskussion über ein Buch handelt oder um die Vorstellung eines Films, er steigt wortwörtlich vom Katheder herunter, um mit besessener Luzidität die Provokationen jenes Teils des Publikums abzuschmettern, der ihm in einem Wahn aus Spannungen und Gewalttätigkeit gegenübertritt. Jede Gelegenheit ist recht, um die Aggressivität dieses Publikums zu entfesseln, das noch als faschistisch etikettiert wird, dem sich aber bald die Gruppen der außerparlamentarischen Linken zugesellen.

Nach einer Diskussion über das *Evangelium* in Mailand schreibt der Filmkritiker Morando Morandini ihm:

»Gestern abend spürte ich sie greifbar in der Luft, die Gewalt, und sie preßte mir die Eingeweide ab, ich war gespannt wie eine Feder. Eine direkte Provokation hätte mir genügt. Solange man im Saal ist und diskutiert, finde ich die Faschisten – jedenfalls die von der gestrigen Sorte – komisch, ärgerlich, bedauerlich, auch wenn gewisse Gesichter nicht täuschen können. (Haben Sie den geschniegelten Jungen bemerkt, der von Gedanke und Aktion sprach? Ein Neuropath, der einige Bücher gelesen hat.) Draußen jedoch war das andere Gesicht des Faschismus, die schwarze, dumpfe Gewalt, der gegenüber ich nicht rational sein kann und wider alle meine Ideen empfinde, daß sie mit einer anderen Gewalt überrollt gehört. Abstrakt hatte ich ja schon eine Vorstellung von dem psychologischen Druck, dem Sie durch diese Art von Episoden seit Jahren ausgesetzt sind. Doch konnte ich, während der Diskussion, eine gewisse Art von Ihnen, auf *solche* Wortmeldungen bissig zu antworten, nicht billigen. Jetzt verstehe ich Sie. Nein, wenn ich mich an Ihre Stelle versetze, finde ich Sie sogar noch sanftmütiger und christlicher als mich.«

Das friaulische Drama in vier Akten, das ursprünglich *Il Cappellano* hieß, wird nach einer letzten Durchsicht unter dem exklamativen Titel *Nel '46!* Sergio Grazianis und Nando Gazzolos Compagnia del Non anvertraut, deren Beharrlichkeit zu verdanken ist, daß das Stück im April des folgenden Jahres aufgeführt wird.

Fürs Theater schreibt er auch *Vivo e coscienza*, ein gesungenes Ballett zu Musik von Bruno Maderna, das nie inszeniert wurde und unveröffentlicht blieb.

Er veröffentlicht in *Rinascita* den Vortrag *Nuove questioni linguistiche* [dt.: *Neue Fragen der Sprache*], was sofort eine polemische Debatte auslöst, die einige Monate mit Beiträgen von Enrico Emanuelli, Arbasino, Citati, Calvino, Moravia, Eco, Sereni, Rosiello anhält.

In den Weihnachtsferien fährt er mit Ninetto nach Pescasseroli zum Skifahren:

> »Ninetto sieht zum ersten Mal in seinem Leben Schnee (er stammt aus Kalabrien: als es '57 in Rom geschneit hat, war er noch zu klein, oder vielleicht war er noch nicht aus Kalabrien gekommen). Wir sind eben in Pescasseroli eingetroffen, die Schneeweiten haben ihn vor lauter, für sein Alter (er ist sechzehn) etwas zu kindlicher Überraschung schon in Freudenschreie ausbrechen lassen. Doch bei Einbruch der Dunkelheit wird der Himmel plötzlich weiß, und als wir das Hotel verlassen, um im menschenleeren Dörfchen ein paar Schritte zu tun, fängt die Luft an sich zu regen; durch einen seltsamen optischen Effekt – denn die winzigen Flocken fallen ja nach unten – scheint man sich zum Himmel zu erheben, aber schwankend, weil ihr Fall nicht stetig ist, sondern ein launischer Wind sie durcheinanderwirbelt. Wenn man hinaufschaut, wird einem schwindlig. Es ist, als fiele der ganze Himmel auf uns herunter, zerflösse in jener glücklichen und bösen Kirmes des Apenninenschnees. Man stelle sich Ninetto vor. Kaum nimmt er das nie gesehene Ereignis wahr, das Zerfließen des Himmels auf seinem Kopf, überläßt er sich, da er keine Einschränkungen seiner Gefühlsäußerungen durch gute Erziehung kennt, einer hemmungslosen Freude. Die aus zwei sehr raschen Phasen besteht: zuerst kommt eine Art Tanz, mit ganz genauen rhythmischen Zäsuren (mir fallen die Dinka ein, die mit der Ferse auf die Erde stampfen und die mich ihrerseits an die griechischen Tänze erinnert hatten, wie man sie sich vorstellt, wenn man die Dichter liest). Er deutet ihn nur ganz, ganz leicht an, den Rhythmus, der die Erde mit den Fersen erschüttert, indem er sich in den Knien auf und nieder bewegt. Die zweite Phase ist oral: sie besteht aus einem Schrei orgiastisch-infantiler Freude, der die Höhepunkte und Zäsuren jenes Rhythmus begleitet: »He-eh, he-eh, heeeeeeh«. Kurz und gut, ein Schrei, der keine graphische Entsprechung hat. Ein stimmlicher Ausdruck aufgrund eines memoriel, *der in einem ununterbrochenen Kontinuum* den Ninetto von heute

PPP, Mutter Susanna und Sergio Citti, 1964

in Pescasseroli *verbindet* mit dem Ninetto aus Kalabrien, einem konservativen Randgebiet, und mit dem vorgriechischen, rein barbarischen Ninetto, der mit der Ferse klopft wie jetzt die prähistorischen, nackten Dinka im südlichen Sudan…«
Neue Briefpartner sind der Rechtsanwalt Giuseppe Beringeri, Pasolinis Verteidiger, der flüchtig im Film *La ricotta* erscheint, Gian Carlo Ferretti, Autor des ersten umfassenden Essays über Pasolini, der Dichter Andrea Zanzotto.

»DIE MEISTER SIND DAFÜR GEMACHT, DASS MAN SIE IN SCHARFER SAUCE ISST«
1965

Nach Paris wird das *Evangelium* in Budapest und Prag vorgestellt.

Nachdem er Sartre getroffen hat, begegnet er in Budapest Lukács, und an beide richtet er die *Poesia in forma di polemica*, ein polemisches Gedicht, das in *Vie Nuove* veröffentlicht wird. Auch in Prag trifft er Schriftsteller und Künstler, und nach seiner Rückkehr nach Italien widmet er ihnen, wie einen Trinkspruch aus der Ferne, Verse, »die keine Verse sind«, und nennt sie darin beim Namen: »Ich danke dem Schriftsteller Mnonko für seine Besessenheit / und dem Dichter Novomensky für seine jungfräulichen Augen«: Der letzte Name taucht später in dem autobiographischen Drama *Bestia da stile* wieder auf, dessen Hauptfigur ein tschechischer Dichter ist.

Im März ist Pasolini in Marokko:

> »Was Marokko angeht, habe ich allmählich auf eine ganze Reihe von Vorstellungen verzichten müssen, die ich mir über seine Präsenz in der ›Dritten Welt‹ gemacht hatte. Ich wußte natürlich, daß Marokko kein typisches Land war für das ›skandalöse dialektische Verhältnis, das die Dritte Welt mit der industrialisierten, neokapitalistischen oder marxistischen Welt herstellt‹: dennoch war ich überzeugt, daß ich einige Daten, die ich bei diesem Verhältnis für konstant hielt, auf meiner marokkanischen Reise würde vorfinden und überprüfen können. Ich bin nicht enttäuscht, nein, aber verwirrt. Keines

dieser Daten ist im Bewußtsein der Marokkaner vorhanden. Sie sind gewiß da, aber in der rohen Wirklichkeit versunken: pragmatisch, ohne Bewußtheit...«

Dieses »skandalöse Verhältnis« ist das Thema seines nächsten Films.

Ende April veröffentlicht er in *Vie Nuove* drei Filmsujets und lädt die Leser ein, ihm ihre Meinungen und Einwände kundzutun.

Die drei Sujets sind: *L'aigle* [Der Adler], *Faucons et moineaux* [Falken und Spatzen] und *Le corbeau* [Der Rabe], die einen Episodenfilm mit dem Titel *Uccellacci e uccellini* [dt.: *Große Vögel, kleine Vögel*] bilden sollten. Im ersten Entwurf, einer Fabel »mit etwas anarcho-radikalem Pamphletismus und etwas Surrealismus«, der mit dem französischen Rationalismus polemisiert, ist der Protagonist ein berühmter Zirkusdompteur, und als dieser den Adler zähmen will, der den wilden Gedanken und die Dritte Welt darstellt, erzielt er die gegenteilige Wirkung und regrediert selbst auf den Zustand eines Tiers. Der Dompteur heißt M. Cournot; das ist der Name des französischen Kritikers, der das *Evangelium* verrissen hat.

»Er hat mir die Figur meiner Fabel eingegeben. Er und der erbitterte, verzweifelte Rationalismus, der von einem neuen, skandalösen Verhältnis zur Welt des Irrationalismus, der Dritten Welt, außer Gefecht gesetzt wurde.«

Im April überreicht Kardinal Feltin dem Produzenten in Paris für das *Evangelium* den Großen Preis des *Ocic*. Der Film hat in ganz Europa und in den Vereinigten Staaten großen Erfolg.

Anfang Juni nimmt Pasolini am »Ersten internationalen Festival des neuen Films« in Pesaro teil und hält den Einführungsvortrag *Il cinema di poesia* [Das Kino der Poesie]. Bei dieser Gelegenheit lernt er den französischen Semiologen Roland Barthes kennen. Im Oktober beginnen die Aufnahmen für *Uccellacci e uccellini*. Schon im Drehbuch ist er nun zu einem »einzigen Film mit einem anderen kurzen Film darin« geworden, und eine Episode ist weggefallen. Ein sehr riskanter Film, da mit minimalen

Filmszene aus ›Große Vögel, kleine Vögel‹

Mitteln handwerklich organisiert und ohne jede Bezahlung für den Regisseur.[82]

Zum ersten Mal in einem Film von Pasolini, ja überhaupt zum ersten Mal in einem »engagierten« Film spielt hier der große Totò mit, außerdem der »geborene Schauspieler« Ninetto Davoli und ein gezähmter Rabe, der im Film mit Francesco Leonettis Stimme spricht:

> »Ein Weiser, fast wie unter Drogen, ein liebenswerter Beatnik, ein Dichter, der nichts mehr zu verlieren hat, eine Gestalt von Elsa Morante, ein Bobi Bazlen, ein erhabener und lächerlicher Sokrates, der vor nichts haltmacht und verpflichtet ist, nie zu lügen, beinahe als wären seine Inspiratoren indische Philosophen oder Simone Weil.«

Der Rabe schließlich ist »eine Art ungewöhnliche Metapher des Autors«.

Totò ist ausgewählt worden, weil für den Film, der auf halbem Weg zwischen der Wirklichkeit und dem Surrealen spielt, ein

Schauspieler gebraucht wurde, der auch ein wenig vom Clown hatte, »und Totò ist vollkommen in dieser Rolle«.
Totò antwortet auf die Fragen eines Journalisten:
> »[Pasolini] hat mir wenig erklärt, er hat immer von Mal zu Mal gesagt: ›Mir wäre am liebsten, wenn du es so und so machst‹. Aber was vorher und nachher kommt, weiß ich nicht. Ich versuche, ihm zu folgen, und in einem Interview hat er gesagt, ich sei... hat er mich eine Stradivari genannt [...]. Die Szenen waren mühsam, sehr mühsam, im Schlamm gehen, im Matsch, im Treibsand. Pasolini sucht manchmal die unglaublichsten Plätze, und er hat ja auch ganz recht, die Ergebnisse sind sehr schön, sie sind nicht gewöhnlich.«[83]

Die Szenen sind auf dem Land bei Rom angesiedelt, in Tuscania, in Alberone, die letzten in der Gegend von Fiumicino.
> »Dieser Film, der mit Leichtigkeit konzipiert und realisiert werden sollte, im Zeichen der Vergebungsarie aus der *Zauberflöte*, entspringt in Wirklichkeit einem tief melancholischen Seelenzustand, weshalb ich nicht an das Komische der Realität glauben konnte (an eine substantivische, objektive Komik): daher ist in die Kontamination von Komischem und Mysteriösem (die beabsichtigt war) schließlich eine viel höhere Dosis an Mysterium eingeflossen. Die grausame Bitterkeit der dem Film zugrundeliegenden Ideologie (das Ende einer Periode unserer Geschichte, der Niedergang eines Mandats) hat zuletzt vielleicht überwogen: und offenbar – aber das weiß ich noch nicht, und um es zu erfahren, muß ich abwarten, bis der Film fertig ist – hat diese Bitterkeit es mir verwehrt, die Dinge und die Menschen mit dem heiteren, leichten Blick der Vergebung anzusehen ...«

Ferdinando Camon, der ihn über sein »Unbehagen« befragt, antwortet er:
> »Ja, aber vielleicht muß man das Wort ›Unbehagen‹ ersetzen. Es taucht wieder auf in den Artikeln, die meine Dichtung in ihren aufsehenerregendsten Punkten berühren. Aber mein Wesen gründet nicht auf Unbehagen, sondern auf Fröhlichkeit, auf Vitalität, und dies offenbare ich nicht nur im literarischen

Werk, sondern im Leben selbst. Ich verstehe unter Vitalität jene ›Liebe zum Leben‹, die mit der Heiterkeit zusammenfällt. Und im Innersten ist mein Wesen fröhlich, lebhaft, liebevoll: erst die ständigen objektiven Ängste, mit denen ich fertig werden mußte, haben die Seiten meines Unbehagens auf die Spitze getrieben. […] Ich bin tief ins Leben verliebt, ›das Leben gefällt mir‹ in all seinen Aspekten, werde ich aber gehindert, daß diese unerschöpfliche Liebe sich ausdrückt, dann wird diese Liebe für mich zur Tragödie.«[84]

Im September schreibt er an die Leser von *Vie Nuove*:

»Ich darf ankündigen, daß ab Januar 1966 eine neue Serie von ›Nuovi Argomenti‹ erscheint, die ich zusammen mit Moravia und Carocci herausgeben werde. Diese Zeitschrift – die sich technisch als ›Zeitschrift zur Vorbereitung einer Zeitschrift‹ präsentiert – soll Forum für kritische Diskurse derjenigen sein, die nicht beabsichtigen, wieder ›bei Null‹ anzufangen, und versuchen, die Krise des Marxismus im Bereich der Kultur rational und marxistisch anzugehen. Die Alternativen zum avantgardistischen Rückschritt, der ›reale‹ Ansatz der neuen Probleme, die den marxistischen Gedanken der fünfziger Jahre umstürzten und schlagartig veralten ließen.«

Die erste Nummer von *Nuovi Argomenti* erscheint im Januar-März 1966 unter Mitarbeit von Moravia, Pasolini, Leonetti, Dacia Maraini, Enzo Siciliano, Amelia Rosselli, Roberto Roversi und einer Gruppe junger Dichter: Giulietta Chiarcossi, Giuseppe Bertolucci, Giorgio Manacorda.

»Aus den eingegangenen Manuskripten wurden einige Namen ausgewählt: Dario Bellezza, Giorgio Manacorda, Renzo Paris. Vor allem Bellezza überzeugte Pier Paolo durch die instinktiv-natürliche Lyrik seiner Verse. Außerdem amüsierte ihn an Bellezza dessen Hang, wahnsinnige Klatschgeschichten zu erzählen. Pier Paolo sagte, Bellezza sei ›sein eigener Priester‹, und zwar in unfreiwillig komischer Form. Jene Komik verwischte die Spuren alter Verfluchtheit: sie kennzeichnete ihn als modernen Schriftsteller.

Szenenphoto aus ›Große Vögel, kleine Vögel‹

Bellezza verließ die Familie: es war schwierig für ihn, über die Runden zu kommen. Ein paar Jahre zwischen 1960 und 1970 beauftragte Pier Paolo ihn, seine nicht streng persönliche Korrespondenz zu erledigen. So verdiente Bellezza, die schwere Brille auf der Nase, pechschwarze dichte Haare, immerhin ein winziges Gehalt und konnte *Invettive e licenze* schreiben.«

(E. Siciliano)[85]

Am Ende des Jahres fährt er nach Nordafrika, nachdem er einen weiteren Film mit Totò nach Moravias Roman *L'attenzione* [dt.: *Inzest*] geplant hat; und die Regie einer Inszenierung an der Piccola Scala, *Gorkijs Nachtasyl*, wozu er auch die Bühnenbilder und die Kostüme selbst entwerfen will.

Im Oktober erscheint in der Garzanti-Reihe *Film e discussione*, deren Herausgeber Pasolini ist, das Drehbuch zu Ermanno Olmis Film *E venne un uomo* [dt.: *Es kam ein Mensch*], dem Pasolinis *Versi e note d'occasione su Giovanni XXIII* [Verse und gelegentliche Anmerkungen über Johannes XXIII.] vorangestellt sind: »Papst Johannes war entzückend als Bauer auf dem Land, doch auch in Paris war er anerkannt.«

Im November erscheint ein Prosaband mit dem von Sartre angeregten Titel *Alì dagli occhi azzurri* [dt.: *Alì mit den blauen Augen*]. Den Mittelteil bilden vier Drehbücher: *La notte brava, Accattone, Mamma Roma, La ricotta*, die hier als literarische Produkte aufgenommen wurden. Den ersten und den letzten Teil bilden »zu schreibende« und »nicht geschriebene« Erzählungen; die ersten entwarf er zu Beginn der fünfziger Jahre bei seiner Ankunft in Rom, die zweiten sind *Il Rio della grana* und *La Mortaccia*, die schon so oft angekündigt wurden und über die er nun längst den Stab gebrochen hat:

> »Es gab schon einmal ein Buch, das vor lauter Darüber-Reden vorher innerlich jede Spannung verloren hat, und ich glaube, daß ich es nicht mehr schreiben werde.«

Er schreibt das Gedicht *Fast in der Manier der Achmatova, für sie*. *Poesie dimenticate* [Vergessene Gedichte], eine Sammlung alter friaulischer Gedichte, erscheint, herausgegeben von Andreina Ciceri.

DER GEDANKE AN DAS ALTER
IST WIE EIN BLITZSCHLAG
1966

»Dann hat man in Italien die ersten Anzeichen dessen gespürt, was die Wohlstandsgesellschaft und somit die zweite industrielle Revolution sein würde; an diesem Punkt hat man in Italien das kennengelernt, was Massenkultur genannt wird, also die Massenmedien, die Kommunikationsmittel; und da habe ich mich teils erschrocken, teils aufgebäumt, und habe nicht mehr weiter einfache, volkstümliche Filme machen wollen, weil sie sonst in gewissem Sinn von der Massenzivilisation manipuliert, zur Ware gemacht und ausgebeutet worden wären. Also habe ich schwierigere Filme gemacht, das heißt, angefangen habe ich mit *Große Vögel, kleine Vögel, Edipo re, Teorema, Porcile* [dt.: *Der Schweinestall*], *Medea*, kurz, einer Reihe aristokratischerer und schwierigerer Filme, die nicht so leicht auszubeuten waren etc...«

Große Vögel, kleine Vögel ist Ende Januar fertiggestellt; nachdem die Episode des Dompteurs mit dem Adler herausgeschnitten wurde, ist eine melancholische Fabel daraus geworden, die – Lukács und Goldman zugleich zitierend – »Die unwürdige Suche nach authentischen Werten in einer unwürdigen Welt« zum Thema hat.

»Ich mußte meine Begründungen vertiefen, überprüfen – studieren. Weitergehen, mich verwandeln, verstehen, um dann meine neuen marxistischen Perspektiven dem Raben zu leihen. Meinen neuen Marxismus und seinen in Einklang bringen, aber jenseits meiner trägen und rein negativen Erfahrung der letzten Jahre.

Das ist es, was ich versucht habe – für einen Ideologen ist es nichts, aber für einen Märchenerzähler ist es vielleicht genug. In diesem Sinn hat mir ein kostbarer Band geholfen, der im rechten Augenblick bei mir eintraf: es handelt sich um eine von Franco Fortini herausgegebene Anthologie, die zusammen mit seinem anderen, kürzlich erschienenen Buch *Verifica dei poteri* die Texte geliefert hat, auf denen ich die ideologische Figur des Raben – mit Verbesserungen am Drehbuch – aufzubauen versuchte, indem ich aus dem grauenhaft komplizierten Knäuel einen poetischen zusammenfassenden Faden zog.«

Der Film kommt im Mai heraus, hat sehr spärlichen Erfolg und wird bald wieder aus dem Verleih gezogen.

Ende März erleidet Pasolini, während er in einem römischen Restaurant mit Dacia Maraini und Moravia zu Abend ißt, eine schwere Magenblutung. Er muß einen Monat lang das Bett hüten.

»Morgens beim Aufwachen trifft mich der Gedanke an das Alter manchmal wie ein Blitz. Das Magengeschwür, ein Monat im Bett, die Schwäche, die Schonung. Ich habe mich zum ersten Mal alt gefühlt.«

In der Genesungszeit liest er Platons *Dialoge* wieder, und wie einige Jahre zuvor bei der Lektüre des *Evangeliums* erlebt er dabei eine »Steigerung der Lebenskraft«, und durch mehrere innere Stadien hindurch reift in ihm der Gedanke, »durch Personen« zu schreiben: ein Theater in Versen, das »der Prosa sehr ähnlich ist«. Nachdem er an einem »Roman in Form eines Drehbuchs in Versen« gearbeitet hat, dem er den Titel *Bestemmia* [Fluch] gibt, folgt dann als erste Theaterskizze *Orgia* [Orgie], danach *Bestia da stile* [etwa: Stilbestie] (das zwischen zwei provisorischen Titeln, »Der tschechische Dichter« und »Poesie« hin und her schwankt).

Im Mai und Juni arbeitet er an »vier oder fünf Dramen«, darunter auch schon an ersten Überlegungen zu *Pilade* [Pylades].

Nachdem er die Absicht, sie in Italien aufzuführen, sofort wieder verworfen hat, ist er auf der Suche nach einem Übersetzer, um sie im Ausland inszenieren zu können.

»Schon länger schrieb ich keine Gedichte in Versen mehr. Da diese Tragödien in Versen geschrieben sind, brauchte ich offenbar einen Vorwand, dazwischengeschaltete Personen, das heißt Theaterfiguren, um Verse zu schreiben.«

In der Tat erscheinen nur noch sehr selten und gelegentlich Gedichte nach *Poesia in forma di rosa* und narrative Seiten nach *Alí mit den blauen Augen*. Sehr rege ist dagegen die Mitarbeit an Periodika: außer den Dialogen in *Vie Nuove*, Artikel, Reportagen, linguistische und filmtheoretische Essays. Diese dann in *Empirismo eretico* [dt.: *Ketzererfahrungen*] zusammengefaßten Essays bedeuten eine kritische Erweiterung in Pasolinis Arbeit, da darin Bezüge zwischen Linguistik und Film, Stilkritik und kinematographischer Strukturanalyse hergestellt werden, gegründet auf das Studium der Semiologie, die Roland Barthes ihm nahegebracht hat.

In einem Interview sagt Pasolini zu Alberto Arbasino:

»Zwischen Kino und Wirklichkeit besteht der gleiche Unterschied wie zwischen geschriebenem und gesprochenem Wort. Das heißt, du, wie du da deine Suppe ißt, und alle anderen am Tisch, ihr seid in meinen Augen natürliches, lebendes Kino. Also, linguistisch gesehen, das Äquivalent der oralen Sprache: das heißt, der gesprochenen Sprache in ihrer natürlichen, biologischen Form. Kommt nun ein mechanisches Mittel der ›Aufzeichnung‹ wie die Kamera hinzu, wird daraus Kino, das heißt, die ›schriftliche‹ Form einer umfassenden natürlichen Sprache, die das Handeln in der Realität ist. Dieselbe, identische Konvention der geschriebenen Sprache gegenüber der oralen Sprache ...«[86]

Auf Arbasinos Frage, ob es stimme, daß er fürs Theater schreibe:

»Ja, fünf Dramen, von denen eines schon fertig ist, sie sollen übersetzt und im Ausland aufgeführt werden, meinetwegen in New York, um zu vermeiden, daß man sie durch die kleinbürgerlichen Stimmen unserer überaus schlechten Schauspieler verhunzt anhören muß.«

Er betrachtet das Theater als eine Wende in seiner Laufbahn, so wie das Kino gegenüber der Literatur für ihn eine Wende bedeutet hatte.

Am 13. Mai erlebt *Große Vögel, kleine Vögel* bei den Festspielen in Cannes einen großen Erfolg, und Roberto Rossellinis Plädoyer für den Film auf der Pressekonferenz ruft großen Eindruck hervor.

Bei der ersten Vorführung in Mailand wendet Pasolini sich mit einem Brief an die Kritiker:

»Nie habe ich ein so schwieriges, unheimliches Thema zum Gegenstand eines Films gemacht. Die Krise des Marxismus, der Resistenza und der fünfziger Jahre – poetisch das Klima vor Togliattis Tod –, durchlitten und gesehen von innen, von einem Marxisten, der keineswegs geneigt ist zu glauben, daß der Marxismus am Ende sei (so sagt der gute Rabe: ›Ich weine nicht um das Ende meiner Ideen, denn gewiß wird einer kommen, meine Fahne nehmen und vorwärtstragen! Ich weine um mich ...‹) (Inmitten so großer Schwierigkeit habe ich zum Ausgleich die Freude gehabt, mit Totò und Ninetto zu arbeiten, einer Stradivari und einem Hirtenflötchen: was für ein schönes Concertino!) Daher glaube ich – auch wenn ich mich nicht entschieden auf die Seite jener Kritiker und Freunde stellen kann, die diesen für meinen besten Film halten –, daß ich, mit noch größerem Stolz, sagen kann, daß es mein reinster Film ist ...«

Vor seiner Erkrankung hat er das *treatment* für einen neuen Film über das Leben des heiligen Paulus geschrieben, das bisher ehrgeizigste Projekt. Offenbar hatte die Sampaolofilm ihn selbst bestellt oder von Anfang an so großes Interesse gezeigt, daß Pasolini von einer schnellen Realisierung überzeugt war. Infolge der Lektüre des *treatments* bescheidet die Sampaolofilm ihn zwar nicht negativ, aber ausweichend in bezug auf eine mögliche Finanzierung. Zwei Jahre später reicht Pasolini dasselbe

Projekt umgearbeitet noch einmal unter einem anderen Titel ein, aber die Antwort ist auch dann im wesentlichen negativ. Zwischen Frühjahr und Sommer schreibt er die Rohfassungen von *Teorema* und *Edipo re,* während auch ein viertes und fünftes Drama in Arbeit sind: *Pilade* und *Porcile* [Der Schweinestall].

»Die Idee zu *Porcile* stammt fast aus derselben Zeit wie die zu *Teorema.* Sowohl *Teorema* als auch *Porcile* gehören zu den Theaterstücken, die ich nach dieser Krankheit geschrieben habe... Sechs davon habe ich geschrieben; ausgedacht, meine ich, habe ich mir etwa ein Dutzend. Es besteht also eine Ideenverwandtschaft zwischen diesen beiden Filmen.«

Auf dem Festival in Pesaro hält er den Vortrag *La lingua scritta della realtà* [Die schriftliche Sprache der Realität].

Ende Juli reist er zum Festival nach Montreal, wo *Große Vögel, kleine Vögel* gezeigt wird. Auf dem Rückweg besucht er Anfang August zum ersten Mal New York und kehrt dann Mitte September zum Festival zurück, auf dem *Accattone* und *Große Vögel, kleine Vögel* vorgeführt werden.

Im August schreibt er das autobiographische Poem *Who is me*, [dt.: *Wer bin ich*], das später von Enzo Siciliano unter dem Titel *Il poeta delle Ceneri* [Der Dichter der Asche][87] veröffentlicht wird. Bei diesem zweiten Aufenthalt reift die Idee, den Film über den heiligen Paulus in New York anzusiedeln und die Handlung in der Gegenwart spielen zu lassen, aber »ohne etwas zu verändern«.

»Eines Nachts in Harlem habe ich einer Gruppe junger Schwarzer die Hand gedrückt (sie aber drückten sie mir mit Argwohn, weil ich ein Weißer war), die das Zeichen des Panthers auf dem Pullover trugen: eine extremistische Bewegung, die sich richtiggehend auf einen bewaffneten Kampf vorbereitet.

Eines Nachmittags habe ich im Village ein Grüppchen Neonazis gesehen, die für den Vietnamkrieg demonstrierten: neben ihnen sangen zwei ältere Männer, wie von einer seltsamen, ruhigen Verzückung erfaßt, zusammen mit einem Mädchen, das Gitarre spielte, die pazifistischen Lieder der Neuen Linken – im Village umfaßt die Linke auch Beatniks und Dro-

PPP in New York

gensüchtige. Ich bin einem jungen schwarzen Gewerkschafter gefolgt, der mich zum Büro seiner Bewegung brachte, einer kleinen Bewegung, die in Harlem nur ein paar hundert Mitglieder zählt – sie kämpfen gegen die Arbeitslosigkeit der Schwarzen; ich habe ihn zu einem seiner Genossen nach Hause begleitet, einem Maurer, der sich bei einem Arbeitsunfall verletzt hatte und uns in seinem ärmlichen Bett liegend mit freundschaftlichem, komplizenhaftem und von unserer vergessenen Partisanenliebe durchdrungenem Lächeln empfing.

Ich bin in die ›bürgerliche‹ Wohnung im schmutzigsten Teil des Village hinaufgegangen, um das hysterische Lachen und die abwegige Bitterkeit einer mit einem Schwarzen verheirateten Intellektuellen zu hören, die wirr ihrem Groll gegen den alten amerikanischen Kommunismus und gegen die Drogenlinke Luft machte, aber so, als müßten ihre Wut und glühende Enttäuschung unmittelbar Antworten finden in ihrer Welt, sofort ›Aktion‹ werden.«

In New York lernt er den Dichter Allen Ginsberg kennen, den er im folgenden Jahr in Mailand wiedertrifft.

Ich liebe Ginsberg
sehr lange las ich keine Gedichte von einem Dichter,
der wie ein Bruder ist...

»Ginsberg verbrachte einige Monate in Italien, und wir waren sehr glücklich, ihn zu Gast zu haben; damals entstand gerade unsere Zeitschrift ›Pianeta fresco‹, zu deren ›unverantwortlichem Herausgeber‹ er ernannt wurde. Damit er die italienischen Intellektuellen kennenlernte, begleitete ich ihn zu Montale und zu Quasimodo, brachte ihn bei mir zu Hause mit Umberto Eco und Enrico Filippini zusammen. Eines Tages kam Pasolini in Mailand vorbei, und die beiden Dichter trafen sich am 17. Oktober in dem prächtigen Haus, das der Architekt Nanda Vigo für den Kaufmann Spaggiari ausgestattet hatte. Die beiden Schriftsteller brauchten einen Dolmetscher; wir setzten uns auf eine Art Steinbank, und ein paar Stunden lang kam es mir vor, als sei ich eine Simultanübersetzerin, ohne die Gewandtheit, die solche Berufsdolmetscherinnen besitzen. Aus der Begegnung entstand eine schöne Freundschaft ...« (F. Pivano)[88]

»In Amerika habe ich, wenngleich mein Aufenthalt sehr kurz war, viele Stunden in dem Untergrundklima jener revolutionären Dringlichkeit und Hoffnung verbracht, die Europa in den Jahren '44 – '46 beherrschten. In Europa ist alles zu Ende: in Amerika hat man den Eindruck, daß alles gerade erst anfängt. Ich will nicht sagen, daß es in Amerika Bürgerkrieg gibt, vielleicht nicht einmal etwas Ähnliches, und ich will ihn auch gar nicht prophezeien: dennoch lebt man dort wie am Vorabend großer Dinge.«

Nach der Rückkehr schreibt er in *Paese Sera*:

»Die Welt der Kultur – in der ich lebe, wenn sich meine literarische Berufung auch jeden Tag dieser Gesellschaft und dieser Welt fremder entpuppt – ist der Ort, wo Dummheit, Feigheit und Gemeinheit regieren. Ich kann nichts von der Welt, in der ich lebe, akzeptieren. Sagen wir ruhig, ich stehe nun ganz alleine da, um zu vergilben mit mir selbst und meiner Abneigung, von Engagement wie von fehlendem Engagement zu sprechen.«

Anfang Oktober ist er in Marokko auf Drehortsuche für *Edipo re* [dt.: *Edipo Re – Bett der Gewalt*].

Im November dreht er *La terra vista dalla luna* [dt.: *Die Erde vom Mond gesehen*], eine Episode des Films *Le streghe* [Die Hexen] mit Totò, Ninetto, Silvana Mangano und Laura Betti.

PPP und Silvana Mangano bei Dreharbeiten zu ›Edipo Re‹

Auf die Frage nach seiner zukünftigen Filmarbeit antwortet er Arbasino:

»Ein *Edipo*, den ich im hintersten Marokko drehen will (in einer archaischen, wundervollen Architektur ohne Lichtmasten und somit ohne all die Mühe, die wir bei dem in Italien gedrehten *Evangelium* hatten). Bestimmte herrliche Rosa- und Grüntöne; Berber, die fast weiß sind, aber ›fremdartig‹, fern, wie es der Ödipusmythos für die Griechen sein mußte: nicht zeitgenössisch, phantastisch: ebenfalls mit der Mangano und Franco Citti. Und dann eine religiöse Geschichte: von einem Gott, der in eine bürgerliche Familie kommt: schön, jung, faszinierend, blauäugig. Er liebt alle: vom Vater, den Orson Welles spielt, bis zur Dienstmagd, die Laura Betti ist. Gleich danach, eine Reihe von Korollarien, das ist der Film.«

Er veröffentlicht Essays über Filmtechnik und Filmtheorie, den Aufsatz *La fine dell'avanguardia* [dt.: *Das Ende der Avantgarde*], die dann in den *Ketzererfahrungen* zusammengefaßt werden.

›EDIPO RE‹:
AUTOBIOGRAPHIE IN EINEM FILM
1967

Die Erde vom Mond gesehen, ein Dreißig-Minuten-Film, ist aus dem Wunsch entstanden, ein so poetisches und sich ergänzendes Paar wie Totò und Ninetto erneut zusammenzubringen in einer pikaresken Erzählung, die leichtfüßiger und anmutiger ist als der vorige Film und keinem ideologischen Zwang unterliegt.

> »Ich habe eine Zeitschrift mit Photos von dem Hochzeitszug Totò-Mangano und Ninetto erhalten«, schreibt ihm Volponi am 13. Februar, »welches Glück in der Sonne auf dem Schilf und auf dem Netz und auf Ninettos Nacken, und welche Schönheit in ihren Augen: Schatten für alles.«

Silvana Mangano spielt zum ersten Mal in einem Film von Pasolini mit. Es umgibt sie »der Primelduft meiner Mutter, als sie noch jung war«. Bald wird sie dann Iokaste in *Edipo re* und charakterisiert die Gestalt als Mutterfigur »von reinem Geheimnis«. Zurück von einer zweiten Reise nach Marokko, wo er Drehorte für *Edipo re* besichtigt hat, dreht er in einer Woche einen anderen Kurzfilm ab, *Che cosa sono le nuvole?* [Was sind Wolken?] mit Totò, Ninetto, Laura Betti und Francesco Leonetti, der hier zum dritten Mal in einer Pasolinischen Rolle auftritt. Diese Episode des Films *Capriccio all'italiana* zwingt dem Zuschauer keinen Sinn auf, sie stellt nur Fragen. Sie ist also, wie Barthes in bezug auf Brecht gesagt hätte, »ein Werk mit freischwebendem Kanon«. Zur gleichen Zeit dreht er eine weitere Episode mit Ninetto Davoli, *La sequenza del fiore di carta* [dt.: *Die Ge-*

Totò und Silvana Mangano in ›Die Erde vom Mond gesehen‹

schichte einer Papierblume], in der die Evangeliums-Parabel vom unschuldigen Feigenbaum dargestellt wird.

»Es gibt in der Geschichte Augenblicke, in denen man nicht unschuldig sein darf, sondern bewußt sein muß.«

Weitere Projekte mit Totò werden ausgedacht: ein *Pinocchio* mit Totò als Geppetto, Ninetto als Pinocchio, Vittorio Caprioli als Kater, Franca Valeri als Füchsin. Und noch ein Episodenfilm, *Che cos'è il cinema* [Was ist Kino?], der ganz um die surreale und clowneske Figur Totòs kreisen soll. Wenige Monate darauf erfährt er in Marokko von Totòs Tod. »Man hat es ihm am Telefon gesagt«, erinnert sich Franco Citti, »er ist bleich geworden, hat den Hörer aufgelegt und ist zusammengeklappt.«

Pasolini »verliert Begeisterung« nach dem Tod von Totò und kommt wieder ab von der komischen Ader, die er im Rahmen der *sketches* und in der Figur des großen Schauspielers, der Lebendigkeit eines neuen pikaresken Genres gefunden hatte, wo die Personen der Geschichte lebten wie »im Traum in einem Traum« und Tod und Lustigkeit sich mischten in der Betrachtung der »quälenden, wundervollen Schönheit der Schöpfung«.

Er arbeitet »wie ein Verrückter« an den Tragödien. In einem Brief an Garzanti vom Januar werden vier genannt, wovon *Orgia* als erste fertiggestellt wird, während die anderen drei, *Pilade*, *Affabulazione* und *Bestia da stile*, gut vorankommen. Der Roman in Versen *Bestemmia*,[89] auch als Drehbuch in Form eines Poems bezeichnet, ist zu drei Viertel geschrieben. Im selben Brief findet sich auch ein Hinweis auf *La Divina Mimesis*, die hier unter dem Titel *Memorie pratiche* [Praktische Erinnerungen] auftaucht; allerdings steht schon fest, daß sie wohl ein Fragment bleiben wird.

Im April beginnt das Filmteam mit den Aufnahmen für *Edipo re* in der roten Wüste und den antiken Städten im Süden Marokkos. Die Arbeit ist mühsam und voller unvorhergesehener Hindernisse: unter anderem ist nicht genügend Film da, weil die Finanzierung ungesichert ist.

Franco Citti, der den Ödipus spielt, erzählt:

»Wir waren etwa zwei Monate dort [in Marokko], haben manchmal siebzehn Stunden hintereinander unter der Sonne gearbeitet. Es gab den Krieg gegen die Vipern, an einem Morgen haben wir fünf Vipern getötet; an manchen Tagen sechs oder sieben Sonnenstiche, Pasolini hat immer am längsten durchgehalten, aber ein paarmal ist er selber an die Grenze gestoßen, obwohl er immer gewann, wenn wir Wettrennen machten um ein Abendessen. [...] Wenn Paolo einen Film dreht, arbeitet er schöpferisch und will vor allem einen Film von Freunden und unter Freunden. Auch deshalb erzielt er solche Ergebnisse. Beim *Ödipus* hat er mich gefragt, ob ich große Mühe und große Opfer auf mich nehmen wollte. Und in Marokko haben wir wirklich alle Opfer gebracht. [...] Pasolini will nie, daß ich das Drehbuch lese, daß ich zu viel weiß, er sagt mir kurz vorher, welche Szene dran ist. Manchmal sagt er, du warst zu gut, du kommst mir vor wie Laurence Olivier – Laurence Olivier hat er mich genannt; und er läßt's mich

Franco Citti als Ödipus

noch mal machen, da mußt du's schlechter machen, da mußt du normal sein, sagt er zu mir. [...] Die Mangano gefällt Pasolini sehr, er hält sie für spontan, unverdorben...«[90]

In diesem Film spielen bekannte Berufsschauspieler mit: die Mangano, Alida Valli, Julian Beck vom Living Theatre, Carmelo Bene. Und Francesco Leonetti als Diener des Laios. Manche Szenen werden auf dem Land bei Lodi gedreht, und der Schluß in Bologna.

»In *Edipo* erzähle ich die Geschichte meines Ödipuskomplexes. Das Kind des Prologs bin ich, sein Vater ist mein Vater, Infanterieoffizier, und die Mutter, eine Lehrerin, ist meine Mutter. Ich erzähle mein Leben, natürlich mythologisiert, durch die Ödipuslegende episch geworden. Da es aber der autobiographischste meiner Filme ist, betrachte ich *Edipo* auch mit mehr Objektivität und Abstand, denn es stimmt zwar, daß ich eine persönliche Erfahrung erzähle, aber es stimmt auch, daß es eine abgeschlossene Erfahrung ist, die mich nicht mehr interessiert.«

Auf der Biennale in Venedig im September wird *Edipo re* mit großer Spannung erwartet, aber Publikum und Kritiker kommen am Abend der Vorführung verwirrt aus dem Kino. Während er in Italien der »unverstandenste« von Pasolinis Filmen bleibt, hat er im Ausland, vor allem in Frankreich und Japan, großen Erfolg.

Auf dem Festival von Pesaro hält Pasolini den Vortrag *Discorso sul piano-sequenza ovvero il cinema come semiologia della realtà* [dt.: *Rede über die Einstellungssequenz oder das Kino als Semiologie der Wirklichkeit*].

In der Reihe »Film e discussioni« erscheint das Drehbuch zu *Edipo re* mit einem Einführungsessay, *Perché quella di Edipo è una vera storia* [*Warum die Ödipusgeschichte eine wahre Geschichte ist*]. In derselben Reihe erscheint das Drehbuch zu Marco Bellocchios Film *I pugni in tasca* [dt.: *Die Fäuste in der Tasche*] mit einem »Briefwechsel« zwischen Pasolini und Bellocchio.

In der Zeitschrift *Cinema e film* veröffentlicht er einen Auszug aus *Bestemmia;* und in *Nuovi Argomenti* die Verse »Israele« und die Tragödie *Pilade*.

Carlo Di Carlo dreht für Unitelefilm den Dokumentarstreifen *Pier Paolo Pasolini: cultura e società*.

EIN THEOREM MIT KOROLLARIEN
1968

Im März kommt bei Garzanti *Teorema* heraus. Zwei Jahre zuvor als siebte Tragödie in Versen der mit *Orgia* begonnenen Reihe konzipiert, hat das Stück sich dann zum Sujet eines Films gewandelt. Nachdem es aber zuerst so aussah, als sei der Film nicht realisierbar, ist es zum Entwurf einer Erzählung geworden. Diese Erzählung hat sich dann in zwei Erzeugnisse gespalten: in das eigentliche Drehbuch des Films und in ein »ziemlich autonomes« literarisches Werk, eben den im März erschienenen Text. Gleichzeitig mit der Veröffentlichung des Buches beginnen die Filmaufnahmen in einer Villa im Stadtviertel San Siro in Mailand und auf dem Land bei Lodi.

Die Mangano, die weiter familiäre Empfindungen und Analogien erweckt, Terence Stamp und Massimo Girotti sind Hauptdarsteller; Laura Betti spielt die Rolle der Magd beziehungsweise Heiligen. Semiologisch gesehen, ist Laura mit ihrer apokalyptischen Grundhaltung selbst ihre Figur, »innerlich ist sie biblisch, zu mächtigen Verfluchungen wie zu überwältigenden Segnungen fähig«.

Am Ende der Dreharbeiten schreibt Laura Pasolini einen Brief:
> »Ich hatte eine Art Testament aufgesetzt. Wunderbar lyrisch, apokalyptisch und so weiter... Es ging zurück auf einen sehr unglücklichen Satz von Dir: ›Ich werde nie den Schock vergessen, den Du mir mit Deinem Benehmen bei der Arbeit am Film versetzt hast...‹ Dann ging es weiter in Deiner zerstreu-

ten, grausamen Art, in der Du von einem Theater sprachst, von dem ich glaubte, es sei auch meines et cetera.

So habe ich nun beschlossen, alles zu zerreißen und mich mit einem Schuß von Afrika zu ›befreien‹. Danach wird man weitersehen.

Es ändert sich ja sowieso nichts an der Tatsache, daß es mir noch einmal gelungen ist, die Karten des Lebens so durcheinanderzubringen, so zu mogeln, daß mich die einzige Person, von der ich gern verstanden worden wäre, eben nicht verstanden hat. Wieder nichts.

Du hast meine saublöde Teorema-Neurose nicht verstanden. Eine Neurose, die daher kam, daß ich glaubte, Du wolltest von mir ganz präzise einen Selbstmord! Hättest Du das gedacht? Naja. Es ist so. Kann ich was dafür? Nein, nichts. Ich bin eben, zusammen mit Vittorina, die einzige, die das Leben ernst nimmt. Und ich kriege dauernd eine drauf. Du hast einfach nicht kapiert, mit welcher *Sanftmut* ich für dich gearbeitet habe. Der Sanftmut, die eine wie ich aufbringen kann, dem dankbar, der ihr endlich etwas befiehlt, und sei es auch den Tod. Kann man nichts machen. Ich leugne. Ich leugne, ein Benehmen gezeigt zu haben, das nicht wenigstens poetisch war. Tu damit, was Du willst. Wenn Du mich für Dein Theater brauchst, nimm mich. Damit verabschiede ich mich, mitten im apokalyptischen Strudel: die Bücher, die ich mitnehme, sind: *Über den nervösen Charakter* von Adler, *Teorema* von Pasolini, *Delitto della Vuinta*, den *Drachen der chinesischen Glocke* und Gordon ...«

In der Januar-März-Nummer der *Nuovi Argomenti* veröffentlicht er das *Manifesto per un nuovo teatro* [Manifest für ein neues Theater]. Trotz seiner Erklärungen gegen das italienische Theatermilieu bieten Paolo Grassi, Vito Pandolfi und das Teatro Stabile von Turin ihm an, seine neuen Stücke zu inszenieren. Pasolini, der vor allem an ein Theater nach Athener Muster denkt, plant, auch klassische Tragödien zu inszenieren, und bittet einige befreundete Schriftsteller, neue Übersetzungen anzufertigen.

Attilio Bertolucci sollte *Alkestis* übersetzen, Siciliano *Hippolyt*, die Morante *Philoktet*, Leonetti *Prometheus*.

Im Mai erscheint Continis Anthologie *Letteratura dell'Italia unita 1861–1968* [Literatur des geeinten Italiens 1861–1968]. Pasolini veröffentlicht in der April-Juni-Nummer von *Nuovi Argomenti* eine polemische Notiz dazu, die dann im letzten Briefwechsel mit Contini kommentiert wird:

»Im Ausschluß ist eine Mitbedeutung möglich, die einschließt. Ich bin in der Geographie der Continischen ›Italie magique‹ enthalten: aber es ist eine bittere Pille. Wenn der ›choc‹ in erhabener Eleganz bestehen sollte, dann ist sicher, daß nicht alle Archipele dieser Geographie so elegant sind. Kaum genießbar erscheint mir zum Beispiel die Eleganz von Professor Carducci und sogar abstoßend die von D'Annunzio (den beiden hätte ich nicht mehr Seiten gewidmet als Pirandello).

Warum ist bei den alten Mundartdichtern Russo nicht dabei? Und bei den neueren die streng neuromantische Martinet aus dem Aostatal?

Warum steht in einer Reihe mit Einaudi, Gobetti, Gramsci, Levi nicht ein kleines Gedicht von Noventa?

Und sollte Contini etwa noch nie Volponi gelesen haben (nicht einmal in ›Paragone‹)?

Es erscheint mir auch unerklärlich, daß Contini nicht die ersten (wundervollen) hundert Seiten des *Tappeto volante* von Leonetti geschätzt hat (von seinen Versen ganz zu schweigen). Fortini als Essayist und Prophet (von Unglück) durfte absolut nicht fehlen, nein.

Vom Fehlen der Morante spreche ich nicht: ihr Ausschluß hat ja den Wert eines Einschlusses (und dasselbe kann man, glaube ich, für Bassani behaupten): eine negative, skandalös heftige Präsenz: bei der Continis gänzlich willkürliches ›nein‹ (über das man sich in manchen anderen Fällen ja gefreut hätte) dazu führt, daß sein ganz ›referentieller‹ anthologischer Diskurs durch Verschweigung (nie war ein Widerspruch vortrefflicher) zwingender wird.

Aber Sandro Penna?

Ist er nicht der größte Dichter der italienischen Literatur des 20. Jahrhunderts?

Größer als Ungaretti, als Montale und vielleicht sogar Saba?

Und wer hat in den letzten fünf Jahren so schöne Verse geschrieben wie Attilio Bertolucci (außer vielleicht Amelia Rosselli?)

Und der alte Lucio Piccolo, Herrgott, ist der nicht besser als der alte Pizzuto?

Ich bin eine ›flatus vocis‹ losgeworden: aber Aufzählungen haben, wie mein Zuhörer wohl weiß, immer etwas Liturgisches, vor allem, wenn sie reich an Interjektionen oder noch in der Schwebe sind.

Ich schließe also, indem ich biblisch die Florentinität verfluche, das heißt die literarische Kultur von Cecchi, aber auch die von Falqui, die des ›Espresso‹, aber auch die von De Lorenzo (wenn er nicht vermutlich ein halber Analphabet wäre). Kurz und gut, je harmloser wir sind, desto besser gefallen wir. Immer und ewig *La Ronda* und *Solaria*! (Das würde auch manchen Kommunisten so passen.) [Die Literaturzeitschriften *La Ronda* (1919–23) und *Solaria* (1926–36) traten beide für formale Strenge ein, Anm. d. Ü.] Contini, mio amor de lonh, wofür bürgst du?«[91]

Contini erinnert sich in seinem *Zeugnis* aus dem Jahr 1980:

»Was unsere Freundschaft, die in den römischen Jahrzehnten ein wenig schlummerte, bewahrte, war eben, daß wir *de lonh* waren. Er besuchte mich einmal hier in Florenz, ich sah ihn in Rom wieder, traf ihn auf einigen denkwürdigen Festen von ›Paragone‹, zu denen die Longhis die besten Leute versammelten, die es in Italien gab. Doch alles in allem hatten unsere Wege seltener Gelegenheit, sich zu kreuzen; und gerade dies trug dazu bei, da sich ja unser Altersabstand – zehn Jahre, die '42 viel, mit fortschreitender Zeit aber immer weniger waren – perspektivisch verkürzte, unsere Beziehung in ihrer ursprünglichen Frische zu erhalten. Und dadurch wurde auch seine Proklamation einer Loslösung zunichte gemacht, die durch seine stets selbstlose Großmut gegenüber ihm Nahestehenden hervorgerufen worden war: es handelte sich um Divergenzen unserer zeitgenössischen Wertetafeln, und er konnte einfach nicht ertragen, auf seinem unveräußerlichen, angestammten Platz zu stehen, als mir nicht danach zumute war, sie auf Personen seines täglichen Umgangs auszuweiten. Vor allem aber vermittelt der kleine Zwischenfall eine Vorstellung von seinen Schwierigkeiten mit der Vaterfigur, der archetypischen Figur selbstverständlich.«[92]

Im Mai schickt er den Freunden, die beim *Premio Strega* votieren, eine »Stimmaufforderung« für *Teorema*, das am Wettbewerb teilnimmt.[93]

Mitte Juni erscheint in der Wochenzeitschrift *L'Espresso* sein Pamphlet in Versen *Il Pci ai giovani!!* [Die KPI an die Jugend!!], darin wendet er sich gegen den »studentischen Mai« in Rom und gegen den »umgekehrten Rassenhaß«, mit dem sich bei den Zusammenstößen von Valle Giulia Studenten und Polizisten gegenüberstanden.

Für die Veröffentlichung in *Nuovi Argomenti* vorgesehen, wird dieser Text »hinterrücks« von der Zeitschrift vorabgedruckt und mit entsprechenden Kommentaren versehen, die zu einem unmittelbaren Prozeß der Entfremdung und Verfälschung führen.

»Er war ein Provokateur, aber im aktiven Sinn, in bester Absicht und mit freigebiger Großzügigkeit. Darum hat sein pädagogisches Engagement zu einem gewissen Konflikt mit der 68er-Generation geführt. Sein Gedicht über die Vorfälle in Valle Giulia zum Beispiel wurde damals als Ketzerei empfunden – wie andere Gesten von ihm aus derselben Zeit wurde es als eine Möglichkeit angesehen, gegen den Strom zu schwimmen, um aufzufallen, Skandale und Erfolge zu verbuchen.

Dabei hatte er, gerade weil er die Geschichte unseres Landes und die lebendigen Bewegungen so vieler Kulturen in unserem Land kannte, klar gesehen, daß '68 keine Krise der linken Kräfte, der Arbeiterbewegung war, sondern daß es die Krise der Bourgeoisie war, deren Parabel jene Konflikte, jene Spannungen, jenen Wertezerfall hervorbrachte. Es gab '68 auch unsinnige Agitation, Hirngespinste, leerlaufende Ressentiments, eben weil eine bestimmte Art von Gesellschaft im Niedergang begriffen war. Und das hat er in einem sehr schönen Gedicht geschrieben, einem auch in historischer und politischer Hinsicht sehr schönen Gedicht. Es war eine Lektion, die Pasolini aus der Geschichte gelernt hatte: Gesellschaften können, wenn sie von Widersprüchen zerrissen werden, die im Innern ihrer Begründung und Struktur selbst angelegt sind, ihrer Erschöpfung nicht abhelfen, indem sie ihr Modell ändern: sie brechen in jedem Fall zusammen; sie sind dem Untergang bestimmt, auch wenn sie sich noch mit Gewalt hinziehen. Und dies schrieb Pasolini noch vor '68: eine Gesellschaft, der es bestimmt ist unterzugehen, kann sich nicht retten, während – fuhr er fort – ein Mensch sich immer retten kann, denn er hat die Möglichkeit zu verstehen, umzudenken, ein umfassenderes und vertrauensvolleres Verhältnis zu sich selbst und zur Wirklichkeit zu finden.« (P. Volponi)[94]

Ende Juni, vor dem zweiten Wahlgang, zieht Pasolini sein Werk – es war auf den zweiten Platz gekommen – aus dem Wettbewerb für den *Premio Strega* zurück und läßt einen öffentlichen Protest gegen die Einmischungen der Kulturindustrie »in einem Bereich, den ich, noch, für in archaischer Weise unindustriell halte«, folgen.

Auch der Film *Teorema* (»Es ist ein Theorem mit Korollarien, aber ohne Lösung; zusammen mit *Porcile* ist es ein Poem ›in Form eines Verzweiflungsschreis‹«), der im September auf der Biennale in Venedig läuft, gerät ins Kreuzfeuer der Auseinandersetzungen um den Protest, den die Filmer gegen das Statut des Festivals organisiert haben. Pasolini, der sich zuerst zur Teilnahme entschlossen hatte, um sich gegen die Einschüchterungen des »Faschismus von links« zu wehren, stellt sich nachträglich doch auf die Seite der Protestierenden und fordert die Kritiker auf, der Vorführung seines Films fernzubleiben.

Der Film wird trotz seiner Einwände gezeigt, und nach der Vorführung folgt sofort Anzeige und Beschlagnahmung wegen Obszönität. Wenige Monate später ergeht ein Freispruch, denn dieser Film ist ein »unbestreitbares Kunstwerk«, Laura Betti gewinnt die *Coppa Volpi* für die beste weibliche Darstellung, und der Film bekommt den Preis des *Ocic*, dessen Vorsitzender, der kanadische Jesuitenpater Marc Jervais, ein leidenschaftlicher Bewunderer von Pasolinis Kino ist. Gegen die *Ocic*-Preisverleihung wendet sich *L'Osservatore Romano*, der den Film als »negativ und gefährlich« beurteilt. Jean Renoir, der in Venedig bei der Vorführung anwesend ist, sagt zu einem Journalisten: »A chaque image, à chaque plan, on sent le trouble d'un artiste« [Bei jedem Bild, bei jeder Einstellung spürt man die Unruhe des Künstlers]. Auf dem Festival in Venedig wird auch *Appunti per un film sull'India* [Notizen für einen Film über Indien] gezeigt.

Am 4. Juli schreibt Davide Lajolo ihm:

»Niemand kann besser als Du einen Dialog führen, gerade weil die Leute von allen Seiten mit Dir hadern.«

Lajolo hat Arturo Tofanelli, dem Herausgeber der Wochenzeitschrift *Tempo illustrato*, vorgeschlagen, Pasolini die Rubrik anzuvertrauen, die vorher Malaparte und dann Quasimodo gehört hatte. Nach den »Dialogen« in *Vie Nuove* ist es die zweite Erfahrung im Kontakt mit einem großen Publikum. Die Rubrik, die »Il Caos«[95] überschrieben ist, beginnt am 6. August als »eine Front kleiner Alltagsschlachten«, zu schlagen gegen die Terrorismen von rechts und links und gegen das, was sich in ihrer Mitte befindet, die Bourgeoisie, die von Pasolini nicht so sehr als gesellschaftliche Klasse verstanden wird, sondern vielmehr »als regelrechte Krankheit«. Wiederum als Dialog mit den Lesern konzipiert, greift die Rubrik Themen aus Brauchtum, Politik, Kino und Literatur auf, um daran einen Protest festzumachen, der um so bitterer und radikaler ist durch das Bewußtsein, wie allein und ohne Unterstützung er mit seinen Beiträgen dasteht. Während er sich erneut als »Weggenosse« der Kommunisten erweist, findet Pasolini auch manche Berührungspunkte und eine zwanglose Sympathie im Radikalismus und in der neuen katholischen Linken um Don Milani wieder.

Wenn es die Aufgabe von »Caos« ist, das bürgerliche *Übel* zu analysieren, wo immer es auftritt, so sind die aufeinanderfolgenden Beiträge wie ein Tribut, der obligatorisch wird durch jede Begebenheit, die hier und heute geschieht und sich auf verschiedene Weise als Hypothek für die Zukunft entpuppen könnte.

Dieses Übel muß in der literarischen Frigidität der Avantgardedichter aufgedeckt werden, im triumphierenden Vormarsch der Kulturindustrie, in der bürgerlichen Entropie, in den Geschehnissen des öffentlichen politischen und religiösen Lebens und in denen des Privatlebens.

Die Durchführung dieser Analysen scheint manchmal nicht auszureichen, und dann werden Appelle nötig, Erklärungen, offene Briefe an einzelne Leser oder an die höchsten Autoritäten des Staates und der Kirche.

Während Pasolini im »Caos« öffentlich die verschiedensten Polemiken darlegt und manchmal auf die zahlreichen Proteste der Leser eingeht, neigt die Rubrik gleichzeitig dazu, sich immer mehr in der Form eines privaten Tagebuchs zu verschließen, in dem keine Verpflichtung zu didaktischer Klarheit, zur »Botschaft« mehr besteht, sondern sich die Idiosynkrasien verstärken, die Widersprüche vertiefen und das Urteil, weit davon entfernt, sie versöhnen zu wollen, auf jenen »Kanon in der Schwebe« hinzielt und jene Form des »Verzweiflungsschreis« annimmt, die seine letzten schöpferischen Werke kennzeichnen.

Am 27. November wird im »Deposito d'arte presente« des Teatro Stabile in Turin *Orgia* unter Pasolinis Regie aufgeführt; Laura Betti, die »bewußteste und kompromittierteste« Schauspielerin, tritt mit Luigi Mezzanotte auf; das Bühnenbild stammt von Mario Ceroli.

»Ein anderer Weg, der sich mir eröffnet hat, ist der des Theaters: an einem bestimmten Moment habe ich nämlich gedacht, daß von allen Massenmedien einzig das Theater nie so vereinnahmbar wäre, weil man das Theater nicht serienmäßig reproduzieren

Laura Betti und PPP während der Arbeit an ›Teorema‹, 1968

kann. [...] Jeden Abend vollzieht sich dieser Ritus wieder in seiner Körperlichkeit, das heißt in seiner Jungfräulichkeit. Und so groß die Zahl der Zuschauer im Theater auch sein mag, niemals wird sie mit der Zahl X übereinstimmen, die die Masse ausmacht. [...] Dieses Theater wäre natürlich ein schwieriges Theater, ein als kultureller Ritus verstandenes Theater, das sich also an eine *Elite* wendet, [...] ein Akt des aktiven, dynamischen Protestes gegen die Massenkultur.«

Die theoretischen Hinweise für das »Worttheater« im *Manifesto* und das Projekt, ein Theaterzentrum zu gründen, das neue Möglichkeiten der Konzeption und Ausstattung von Stücken eröffnen soll, finden eine erste Anwendung bei der *Orgia*-Inszenierung. Aber die Turiner Premiere wird vom größten Teil des Publikums und der Kritiker gleichgültig, feindselig und höhnisch aufgenommen.

Er kommt zu der Überzeugung, keine weiteren Theaterexperimente mehr angehen zu können:

»Ich habe gespürt, daß man sich ihm ein Leben lang widmen muß, sonst besagt es gar nichts.«

Bei *Orgia* dagegen hat er hastig und mit Unterbrechungen Regie geführt, weil zur gleichen Zeit die Aufnahmen für die »metahistorische« Episode des neuen Films *Porcile* begonnen haben. Diese Episode, die ursprünglich *Orgia* geheißen hatte (aber ohne jeden Bezug zur gleichnamigen Tragödie), war drei Jahre zuvor als Gegenstück zu Buñuels Film *Simon in der Wüste* vorgesehen gewesen. Nachdem dieses Projekt dann fallengelassen wurde, wurde sie ein Teil von *Porcile*.

Während seines Aufenthalts in Turin anläßlich der Inszenierung von *Orgia* schreibt er an Jacques Tati und bietet ihm an, eine Rolle in *Porcile* zu spielen, den deutschen Industriellen Klotz mit Hitlerbärtchen. Doch vielleicht ist dieser Brief nie abgeschickt worden, weil Hulot in einem Film als Schauspieler zu haben vielleicht nur ein Traum von Pasolini war.

Viele Jahre nach ihrem letzten Briefwechsel schreibt ihm der Dichter Carlo Betocchi:

> »Ich sehe, lese und höre, wie Du allseits engagiert bist: aber zum Glück bleibst Du stets der liebe Pier Paolo, den ich sehr jung kennengelernt habe und auf den ich eine Zuneigung gesetzt habe, die unverändert bleibt.«

C'EST L'ANNÉE DE PASOLINI
1969

Die Weihnachtsferien werden wie jedes Jahr in einem Land der Dritten Welt verbracht. Anfang Januar bricht er von Dar-es-Salaam ins Innere Ugandas auf und sendet seiner Mutter Telegramme mit »heitersten Küssen«.

Anfang Februar ist er in Paris, wo *Teorema* herauskommt. »C'est l'année de Pasolini«: Die französische Presse ist begeistert, die Zuschauer stehen vor fünf Kinos Schlange, der Bischof von Paris, Marty, rät dem Klerus, sich den Film anzusehen, und Marcel Jouhandeau zollt im Namen der großen französischen Literaten seinen Tribut.

Gleich nach der Rückkehr aus Afrika haben die Dreharbeiten für *Porcile* begonnen, mit einer Gruppe italienischer und französischer Schauspieler und Tonino Delli Colli als Kameramann. Tonino hat ihm einige Zeit vorher geschrieben: »Was ich Ihnen ehrlich sagen kann, ist, daß es mir keinen Augenblick lang möglich erscheint, daß wir zwei getrennt sein können.« Ninetto spielt den Boten. Die »metahistorische« Episode wird auf dem Ätna gedreht, und nach einem Monat begibt sich das Team nach Stra, um in der Villa Pisani die moderne Episode zu drehen, in der fast die ganze Tragödie gleichen Titels reproduziert wird.

> »Wie man in der ersten Episode sieht, wie die Gesellschaft den ungehorsamen Sohn, den durch und durch ungehorsamen Sohn auffrißt, so frißt sie auch den Sohn, der weder ungehorsam noch gehorsam ist.«

Im März fährt er auf Einladung des Museum of Modern Art nach New York, doch ohne die aufregende, lebendige Stadt wiederzufinden, die ihn drei Jahre vorher fasziniert hatte. Die Demonstrationszüge der Pazifisten sind verschwunden, fort sind die Jungen, die zur Gitarre sangen, die Blumen, Ginsberg und Bob Dylan sind nicht da:
> »Alles ist zu Ende: übriggeblieben ist die Folklore, wie die wundervolle Schuppenhaut einer Schlange, die davongeglitten ist, unter die Erde, underground, und stumpfe Gammler, kleine Gangster, Mengen Verzweifelter zurückgelassen hat, um Nixons Amerika zu bevölkern.«

Er geht zum Living Theatre, um Julian Beck »mit dem weißen Gesicht, dem kleinen glänzenden kahlen Schädel und den straffen, langen Haaren hinter den Ohren« guten Tag zu sagen.

Unmittelbar nach *Porcile*, zwischen Frühling und Sommer, dreht er die »Tragödie der Barbarei«, *Medea*, »eine etwas monströse Mischung aus einer philosophischen Erzählung und einer Liebesintrige, dramatischer Zusammenstoß zwischen einer alten, religiösen Welt und einer neuen laizistischen Welt«.

Das antike Kolchis wird in Kappadokien rekonstruiert, Jasons Kindheit auf eine kleine Insel in der Lagune von Grado verlegt, Korinth auf die Piazza dei Miracoli in Pisa. »Medea ist die Gegenüberstellung des archaischen, hieratischen, klerikalen Universums und der Welt Jasons, einer vielmehr rationalen und pragmatischen Welt... Kurioserweise ruht dieses Werk auf einer ›theoretischen‹ Grundlage der Religionsgeschichte: Mircea Eliade, Frazer, Lévy-Bruhl«.

Maria Callas ist Medea, die größte Erscheinung des Pasolinischen Kinos.

> »Aus einem dieser kleinen Täler, auf dem Kiesbett des Flusses – rundum stehen Getreide und Pappelreihen und dornige Ölbäume, silbrig vor dem Rosa der Hunderte von Giebeln – kommt sie auf mich zu und prägt sich meiner Netzhaut gewaltsam ein, eine kleine absurde Menschenmenge. Mit-

telpunkt ist eine weibliche Gestalt. Sie ist bis zur Höhe des Busens von einem weißen Schleier bedeckt, hat wuchtige vergoldete Halsketten umhängen, die einen dumpfen Ton geben, wie die Glocken der Viehherden: sie baumeln auf einem blauen, silbergefaßten Überwurf, die Ketten, einem Überwurf, der uralt zu sein scheint wie die in Museumsschränken, bei denen man meinen könnte, sie zerfallen zu Staub, wenn man sie berührt. Unter dem Überwurf kommt ein großer schwarzer Rock zum Vorschein: zwei oder drei Personen halten ihn sorgsam am Saum hoch, bis über die Knie der Frau, die ihn trägt. So schreitet sie dahin wie eine ungesehene Königin. Hinter ihr kommt noch ein Grüppchen aus dem Gefolge: unter anderem die treue Zofe, rot und grün gekleidet, die die beiden magischen Hündchen an der Leine führt, unschuldig wie zwei Insekten, zwei Schmetterlinge bei ihrem ersten Umherflattern; und zugleich gebrechlich, von der Weisheit bäuerlicher Könige. Und noch weiter hinten, mit den Instrumenten ihrer Techniken in der Hand, alle anderen ...«

Während der Arbeit an *Medea* unternimmt er eine Reise nach Uganda, Tansania und Tanganjika, um Drehorte für den Film zu suchen, den er gleich danach machen will, *Orestiade africana*, eine Transposition der Aischylos-Tragödie nach Afrika.

»Pasolini ›empfindet‹ Afrika mit der gleichen poetischen und ursprünglichen Sympathie, mit der er seinerzeit die römischen Borgate und das Subproletariat empfunden hat. Und dies ist schon ein Ausgangspunkt, um den Bezug zu begreifen, den er zwischen Schwarzafrika und dem archaischen Griechenland herzustellen versucht.« (A. Moravia)

Auf der Reise dreht er den Dokumentarfilm *Appunti per un'Orestiade africana* [Notizen zu einer afrikanischen Orestie], der die Geschichte Afrikas der letzten hundert Jahre zusammenfaßt.

Am 29. August führt die Compagnia Siciliana Teatro nazionale im Griechischen Theater in Taormina *Pilade* auf, mit Annibale Ninchi in der Hauptrolle unter der Regie von Giovanni Cut-

Maria Callas und PPP während der Arbeit an ›Medea‹

rufelli. Die Inszenierung wird von der Kritik mit den üblichen Verrissen und Spöttereien aufgenommen.[96]

Am 30. August muß *Porcile* das »schmutzige venezianische Abenteuer« bestehen, und die auf dem Festival anwesenden Kritiker halten den Film mit wenigen Ausnahmen für unangenehm und unverständlich. »Es konnte ja gar nicht anders sein«, sagt Moravia, »es ist Pasolinis bester Film nach *Accattone* und *La ricotta*.« Am 15. Oktober organisiert Pasolini, dem »*Porcile* ungemein am Herzen liegt«, in Rom eine Vorführung für befreundete

Im Haus von Laura Betti anläßlich der Premiere von ›Ostia‹. Von links: Alberto Moravia, Laura Betti, Liliana Cavani, Ira von Fürstenberg und PPP

Schriftsteller. Auf die Vorwürfe, der Film sei unverständlich, antwortet er:

»Was gibt es da zu verstehen? Das bißchen, was es ›hinter‹ dem Film zu kapieren gibt, wird in deutlichen Buchstaben auf den beiden Tafeln am Anfang gesagt: ›Die Gesellschaft frißt nicht nur ihre ungehorsamen Kinder, sondern auch die unbestimmbaren, geheimnisvollen Kinder, also die, die weder gehorsam noch ungehorsam sind.‹«

Die Welt der Jugendlichen aus dem Volk ist in den sechziger Jahren das Paradigma des sich vollziehenden Wandels, die Epi-

dermis der Neuen Prähistorie, in der die Oralität der *ragazzi di vita* zur Aphasie geworden ist, ihre Lustigkeit zur Fratze:
»Ein Phänomen, das sich jeden Tag vor meinen Augen und Ohren wiederholt: Jungen von siebzehn, achtzehn Jahren, völlig erloschen, die *nichts* sagen können über ihre Arbeit, ihre Liebesgeschichten...«
Die häufigen Debatten mit den Studenten folgen einem Repertoire aprioristischer Beschuldigungen, begleitet von Sarkasmus, verbaler Gewalt und nonverbalen Drohungen. Schließlich drängt ein Gefühl starker Fremdheit gegenüber der gängigen Literatur ihn in eine Isolation, die fast einem Exil gleicht:
»Man kann ja nun die Idee eines Buches nicht mehr vom Lächeln einer Dame mit Glas in der Hand trennen..., ich denke im konkreten Fall an den *Premio Strega*, den Triumph der grauenhaften Verbindung zwischen dem wohlanständigen Literaten und der wohlanständigen Dame im guten Salon...«
Während die Kulturindustrie ihre Rituale gefestigt hat und die Massenkultur ihre Produkte ausspuckt, entwirft Pasolini die Theorie der Unmittelbarkeit des kulturellen Produkts, das aristokratisch, unkonsumierbar und für eine kulturelle Elite bestimmt sein muß. *Porcile* ist das erste Beispiel dafür.
»Ich setze jetzt auf Unmittelbarkeit. Und somit auf Schwierigkeit, Rätselhaftigkeit, stilistische Komplexität etc.«
Mit seinen letzten Filmen und den Gedichten, die in *Trasumanar e organizzar* zusammengefaßt werden, macht er den ersten »plumpen, individualistischen und zum Teil anarchistisch angehauchten Versuch«, gegen das zu kämpfen, was er weiterhin als Neue Prähistorie bezeichnet. Angesichts der künstlichen Beschleunigung der neuen Industriegesellschaft, die die Vergangenheit zerstören will, um nur noch die Gegenwart zu errichten, setzt er dagegen die Sehnsucht nach dem Heiligen, den alten Werten, die Trauer um die Vergangenheit, die er auch als konservative Empfindung akzeptiert.
»Das, was uns anzieht, wenn wir zurück wollen, ist ebenso menschlich und notwendig wie das, was uns drängt, vorwärts zu gehen.«

Am 17. Oktober schreibt ihm der Dichter Andrea Zanzotto:

> Ich habe Gerüchte über Deine Heirat gehört …
> niemanden darf er heiraten
> weder Mann
> noch Weib
> noch übermenschliche Kreatur
> noch Affe aus Brasiliens Natur
> etc. etc. etc.
> sagt mein Nino Mura.

Die Gerüchte, die Zanzotto gehört hatte, betreffen die Callas und die während der Dreharbeiten für *Medea* entstandene Freundschaft mit Pasolini: scherzhafte Vermutungen über ihre bevorstehende Hochzeit, die mit Photos in den Illustrierten für Schlagzeilen sorgen.

Pasolini widmet der Callas einen ganzen Gedichtzyklus, er entdeckt für sie seine Malleidenschaft wieder und porträtiert sie in einer Reihe von Profilen, die mit verwelkten Blüten hergestellt sind, er besucht sie auf einer griechischen Insel und in Paris, reist zu Neujahr gemeinsam mit ihr nach Afrika und schreibt ihr auch in den Jahren nach *Medea* noch viele Briefe.[97]

Bei den für die Zukunft geplanten Werken ist ein Film über Charles de Foucauld und ein neuer Versuch, *San Paolo* zu realisieren.

Zu seiner das ganze Jahr hindurch pünktlichen Mitarbeit bei *Tempo* kommen wenige, gelegentliche Artikel in der Tageszeitung *Il Giorno*, der später in *Ketzererfahrungen* aufgenommene Essay *La parola orale meravigliosa possibilità del cinema* [dt.: *Das Kino und die mündliche Sprache*] sowie die Veröffentlichung des Drehbuchs *Che cosa sono le nuvole?*

DIE KRAFT DES VERGANGENEN
1970

In den Neujahrsferien macht er erneut eine Reise nach Afrika mit der Callas, Moravia und Dacia Maraini: Dakar, Abidjan, Bamako in Mali. Im März ist er mit der Callas beim Filmfestival von Mar del Plata in Argentinien. Pasolini ist achtundvierzig und seit zehn Jahren Filmregisseur, inzwischen weltbekannt. Er hat immer aus Liebe zur Arbeit gearbeitet und bisher mit großer Leichtigkeit fast alle Filme gemacht, die er machen wollte. Obwohl er nie mehr verdient hat als das, was ihm zustand – und in zwei Fällen, nämlich bei *Große Vögel, kleine Vögel* und *Porcile*, gar nichts –, hat er es zu einem gewissen Wohlstand gebracht, der es ihm ermöglicht, den Turm in Chia, Provinz Viterbo, zu kaufen, wo er sich in Zukunft für immer niederlassen will. Während er sich anschickt, den erfolgreichsten Teil seiner Filmerlaufbahn zu beginnen, fühlt er, daß er die existentielle Reife erlangt hat und mit ihr eine humorvolle Leichtigkeit: Wenn man älter wird, sagt er, wird die Zukunft kürzer, belastet weniger, »es gibt fröhliche alte Männer, so einer werde ich sein«.

»Da ich endlich wie die Vögel im Himmel und die Lilien auf dem Felde lebe, das heißt, mich nicht mehr um das Morgen sorge, genieße ich ein wenig Freiheit und Leben (das Leben habe ich immer sehr genossen, besonders die erotische Seite, aber indem ich mich spaltete) ... Das Leben genießen (körperlich) bedeutet ja, ein Leben zu genießen, das es historisch nicht mehr gibt: und es zu leben ist demnach reaktionär. Ich äußere seit langem reaktionäre Behauptungen. Und ich denke

Ninetto Davoli und PPP während einer Drehpause zu ›Decameròn‹

an einen Essay mit dem Titel ›Wie kann man einige reaktionäre Thesen für die Revolution zurückgewinnen?‹«

Im Sommer des Vorjahres, auf dem Flug in die Türkei zu den Dreharbeiten von *Medea,* hat sich ihm die Idee aufgedrängt, die Novellen von Boccaccio zu verfilmen. »Was tut man, wenn man auf den Grund kommt? Man steigt wieder auf und beginnt von vorn, wenn man die Kraft dazu hat.«

Auf den Grund gekommen ist er mit jenen Versuchen, die ihn durch *Teorema, Porcile* und *Medea* zu den Wurzeln der moralischen Allegorie und zur Technik des unkonsumierbaren Films geführt haben.

Im Lauf des Sommers schreibt er ein Drehbuch nach zehn Novellen, ausgewählt unter denen, die ein Gleichgewicht zwischen Tragischem und Komisch-Burleskem aufweisen, verlegt sie dabei in die neapolitanische Welt und leiht den Gestalten Boccaccios den Dialekt von Basile und Ferdinando Russo. Nachdem er mit *Medea* die tragische Erfahrung voll ausgeschöpft hat, entdeckt er nun im neapolitanischen »Clan« wieder eine volkstümliche Welt, die historisch nicht mehr existiert, die aber im wesentlichen in ihren Menschen, Empfindungen, Dingen weiterlebt; und diese Entdeckung macht ihm Lust, davon zu erzählen, aus reiner Erzählfreude, stilgewandt und voll heiterer Verwicklungen.

»Eine große Lust zu lachen hat das *Decameròn* inspiriert ... nicht ich habe das *Decameròn* gewählt, das *Decameròn* hat mich gewählt.«

Decameròn ist der erste Film der Trilogie, die »dem Leben gewidmet« ist:

»Diese Filme sind ziemlich leicht, und ich habe sie gemacht, um der konsumistischen Gegenwart eine jüngste Vergangenheit entgegenzuhalten, in der der menschliche Körper und die menschlichen Beziehungen noch wirklich waren; obgleich prähistorisch, obgleich plump, waren sie dennoch wirklich und hielten diese Wirklichkeit der Unwirklichkeit der Konsumgesellschaft entgegen.«

Mitte September beginnen die Aufnahmen für die Geschichte von Ser Ciappelletto, zuerst wird in Caserta Vecchia gedreht, dann in Neapel und schließlich in Meran.

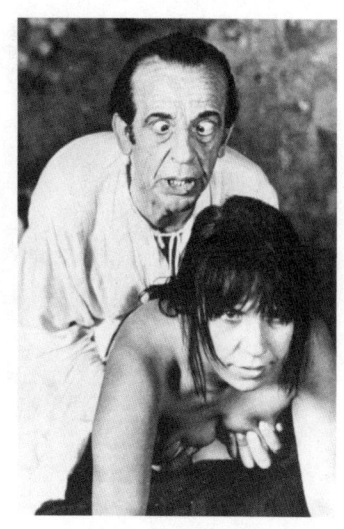

Filmszene aus ›Decameròn‹

Während seiner Abwesenheit aus Rom wegen der Dreharbeiten für *Decameròn* schreibt ihm Dario Bellezza am 14. September:

»Hier aus dieser Ferne gedenken wir Deiner gemeinsam mit Sandro [Penna]. Und Sandro weiß sogar so viele Anekdoten über Dich, daß er ganz köstliche Seiten darüber schreibt. Beispielsweise Eure komische Begegnung an einer der Heiligen Stätten der Stadt. Wo Du sagst: Penna! Und Sandro sagt: Pasolini! Und der Name, nein, die Namen, das muß gesagt werden, taten ihre Wirkung. Und dann Deine Grazie und Dein Erbarmen, als Du vor Sandro den verschiedenen gewöhnlichen Sterblichen, das heißt den Tunten, verzeihst und dabei zu Sandro sagst: Denk nur, die Ärmsten, sie sind keine Dichter!

Kurz, während Du unermüdlich arbeitest (Elsa [Morante], die einwenden würde, der Gebrauch des Wortes sei ›greulich‹, halte ich die Gaddasche Auffassung entgegen), glaube ich nach dem, was ich von Graziella gehört habe, daß das

PPP, Anfang der siebziger Jahre

Decameròn voller Leben, Heiterkeit, Freude und Melancholie der Jugend sein wird. Sandro sagt sogar: Boccaccio ist Pasolini.«

Sergio Citti war nach den Romanen auch bei den Filmen – unter anderem als Regieassistent – stets ein unersetzlicher Mitarbeiter. Als Citti selbst das Kino ausprobieren will, dreht Pasolini die Rollen um und wird sein Berater und Mitarbeiter. Sergios erster Film ist *Ostia*, mit seinem Bruder Franco in der Hauptrolle. Im Mai erscheint das Drehbuch bei Garzanti in der Filmreihe, mit einer Einführung und einem »Anhang: über das Kino und was damit zusammenhängt« von Pasolini.

In der gleichen Reihe erscheint das Drehbuch von *Medea,* herausgegeben von Giacomo Gambetti, zusammen mit den *Poesie: Gedichte von P. P. Pasolini, geschrieben während der Arbeit an »Medea«.*

In der Taschenbuchreihe von Garzanti erscheint die Anthologie italienischer Verse *Poesie* mit der Vorbemerkung »An den neuen Leser«.

Er veröffentlicht *Notizen für einen Essay über Biagio Marin* als Vorwort zu dessen Band *La vita xe fiama*.

Am Ende der Aufnahmen für das *Decameròn* dreht er in wenigen Tagen den Dokumentarfilm *Appunti per un romanzo dell'immondezza* [Notizen für einen Roman über den Müll].

»ICH LEBE MEINEN HEITEREN MOMENT«
1971

»Seine Provokation war ganz klar und absichtlich politisch. Er beklagte als Dichter, daß es keine Glühwürmchen mehr gebe, beschuldigte aber zugleich unsere Führungsschicht, ein bestimmtes Entwicklungsmodell gefördert zu haben, unser Leben in einer bestimmten Weise organisiert zu haben, unsere ländlichen Gebiete und unsere Städte verschmutzt zu haben. Und gleichzeitig sah er, daß viele andere gesellschaftliche, volkstümliche Faktoren verschwanden: bestimmte Kulturen, bestimmte Möglichkeiten demokratischer Mitsprache, das Leben in den Dörfern und Landkreisen, das von den Modellen des Zentrums brutal vergewaltigt wurde.

Dies waren die Motive seiner politischen Polemik, die er tief empfand, gerade weil er sich immer dem Zirkel der Macht gegenüber als Außenseiter betrachtete. Er ist nie ein Machtmensch geworden, obgleich er zehn Jahre lang Erfolg hatte, in denen er von allen umschmeichelt wurde und alles hätte erreichen können. Er aber hat in diesen zehn Jahren nicht die Freunde gewechselt, nicht die Lebensweise gewechselt, nichts der Macht geopfert. Der Maschinerie der Filmindustrie hat er vielleicht beim Filmemachen einige Zugeständnisse gemacht. Im Kino hat er Erfolg gesucht. Er hat auch versucht zu verdienen. Aber nicht, weil ihm das Geld gefiel, denn dafür hatte er überhaupt keinen Sinn. Die Dinge, die er besaß, wurden nicht zu Schätzen und Symbolen, sondern zu Werkzeug für seine Arbeit und seine Studien. Er hatte vor, sein Leben nach sechzig ganz in seinem Haus in Chia zu verbringen, einer Art Klause im noch bewaldeten Mittelitalien, um sich ganz dem Studium der Literatur zu widmen ...« (P. Volponi)[98]

Am Anfang des Jahres realisiert er in Zusammenarbeit mit einigen Aktivisten von *Lotta continua*, der Zeitung einer Gruppe der außerparlamentarischen Linken, den Dokumentarfilm *12 dicembre:* eine »Filmkundgebung« über die Ereignisse von 1969, das blutige Attentat auf die Banca dell'Agricoltura in Mailand, wobei »auch das Thema Pinelli gestreift wurde«. Im Vorspann wird seine Mitarbeit als »Ideation« bezeichnet, in Wirklichkeit hat er selbst mit der Ariflex auf der Schulter einige Szenen auf einer Studentendemonstration in Mailand gedreht, weitere in Viareggio über die Rekonstruktion von Zusammenstößen mit der Polizei, und auch Aufnahmen in Carrara, Sarzana und Reggio Calabria stammen von ihm.

In dieser Zeit, von März bis Mai, zeichnet er mit seinem Namen als verantwortlicher Herausgeber von *Lotta continua*. Im April folgt einer ersten Anzeige in Turin wegen Aufrufs zum Ungehorsam gegen die Gesetze des Staates eine zweite Anzeige in Siena wegen Aufforderung zu strafbaren Handlungen und Verherrlichung eines Verbrechens.

Im April erscheint die Sammlung *Trasumanar e organizzar*.

Zu [Jean] Duflot hat er 1969 in einem Interview gesagt:

»Ich entdecke in dieser Hinsicht, je länger ich die Mystiker studiere, immer mehr, daß die andere Seite des Mystizismus eben das ›Tun‹, das ›Handeln‹, die Aktion ist. Übrigens wird die nächste Gedichtsammlung, die ich herausbringe, *Trasumanar e organizzar* heißen. Mit diesem Ausdruck will ich sagen, daß die andere Seite der ›trasumanizzazione‹ (das Wort stammt von Dante, in dieser apokopierten Form), also des spirituellen Aufstiegs, ja gerade die Organisation ist.«[99]

Attilio Bertolucci schreibt ihm einen undatierten Brief:

»Ich denke an die Rührung, die Du mit *Idillio* in mir wachrufst, und an die Hilfe. Ich habe Dir noch nichts zu Deinem Buch gesagt, das ich spät bekommen habe. Aber absolut gesehen ist es nicht gänzlich ›anders‹ als meines, ich will nicht, daß es das ist, ich meine, anders als meines, die übrigen sind mir egal. Ich finde die Poesie auch in diesem verzweifelten und vitalen Tagebuch von Dir, genauso wie ich sie in Sätzen aus Deinen Dramen etc. wiederfinde. Das mußt Du anerkennen... Sonst wird Deine Behauptung ungerecht, für Dich und für mich. Natürlich ist es anders, aber so, wie jedes Blatt anders ist, wie Webern anders ist, aber doch ist wie Verdi.

Ich glaube, ich werde bald verreisen. Ich hoffe es. Ich bin Dir sehr nahe, wie ich es an jenem Tag war, als Monteverde vecchio so schön in der Sonne dalag...«

Und dieser Brief in Versen stammt von Elsa Morante:

»Man weiß, daß jede Erklärung zwecklos ist.
Der andere erklärt unsere Erklärung sowieso
mit seiner Erklärung. Und so dreht sich das Mißverständnis
ewig im Kreis. Doch im Grund ist es gut so,
wie ja im Grund alles gut ist (wenn auch
Voltaire das nicht wußte).
Jedenfalls (wenn auch NICHT, ›um Mißverständnissen vorzubeugen‹)
bemühe ich mich hier, dir mitzuteilen,
was du bestreiten willst: nämlich, daß ich
NIEMANDEM, NICHTS vorwerfe,
und dir am allerwenigsten. Wenn dir,
wieviel dann erst den anderen?!? und mir?!?
Gebeugt wäre ich unter der Last der Vorwürfe.
Und welchen denn?!
Gibt es auf der Welt eine Sache, eine einzige auf der Welt,
die man jemandem vorwerfen kann???
Ja, fürwahr. Ich werfe nur MIR etwas vor, eine Sache,
und auch mir nur die eine (ich warne dich,
wenn du glaubst, du hättest sie erraten, täuschst du dich).
Es ist die einzige Sache, die nicht in deinem Buch vorkommt,
das doch ein *verzweifeltes* Buch ist.
Verzweifelt, aber selig,

weil jene Sache nicht vorkommt
(und wenn du glaubst, du würdest sie erraten, täuschst du
dich).
Dein Buch ist verzweifelt und selig, ja doch. Es kommt
Pier Paolo vor
und Ninetto und Maria und sogar Elsa
(allerdings nur die Elsa, die du kennen willst,
ich meine die reine, die
unbestechliche, oh Gott
dabei ist sie bestechlich und unrein
etc. etc.)
Du aber, selig, willst, daß die,
die zu Pier Paolo gehören,
so sind, wie Pier Paolo sie haben will,
und du hast recht. GIB ACHT! DU HAST RECHTTT!!
Die einzige Art, sie existieren zu lassen (die anderen),
ist vielleicht diese: deine.
Jedenfalls kommt in deinem Buch Pier Paolo vor,
und das genügt (versteh mich: daß Pier Paolo vorkommt,
genügt dem Buch: Allen Büchern
genügt, daß der AUTOR vorkommt). (Auch hier
muß man sich verständigen; doch die Erklärung
wäre zwecklos, denn
der andere erklärt unsere Erklärung
sowieso mit seiner Erklärung etc. etc.)
Ein andermal werden wir über das Buch reden.
Es umarmt dich deine treue Leserin«

Nachdem *Teorema* beim *Premio Strega* zurückgezogen wurde, sind die Beziehungen zum italienischen Literaturambiente immer flüchtiger geworden, und Pasolini fühlt sich – das macht ihm ein wenig Angst – ins Abseits gedrängt:

»Also stimmt etwas nicht an dem ›öffentlichen‹ Eindruck, den man von meiner Arbeit hat. Von meinen Filmen sprechen mehr oder weniger alle, schlecht oder gut; von meiner Literatur nicht.«

Auch *Trasumanar e organizzar* wird von den Lesern, aus seiner Sichtweise, mit weniger Interesse aufgenommen, als es verdient, vielleicht wegen der Unmöglichkeit, dieses Buch, das keinem anderen gleicht, zu instrumentalisieren.

Zanzotto schreibt ihm am 16. August:

»Seit Monaten bewege ich mich wieder und wieder durch die Labyrinthe Deines Buches, das ja einer jener überaus raren ›notwendigen‹ Titel ist, denen man nur selten begegnet. *Nomen numen* mehr denn je, in diesem Fall. Sicher ist, daß die Fülle von Themen und eigentlichen Rohstoffen neben komplexesten formalen Experimenten verblüfft, in Schwierigkeiten bringt, den Atem stocken läßt und Herzjagen hervorruft!«

Mit geradezu überdeutlicher Rührung und Feinheit zeigen diese letzten Gedichte eine Schicht der Wirklichkeit, wo diese »sich bald verlieren und auflösen wird, sich aber noch nicht verloren und aufgelöst hat«, und mit einer nie zuvor gezeigten »Verachtung« der Literatur erreichen sie eine endgültige Annahme und zugleich Ablehnung der Literatur.

Nachdem er vielleicht zum ersten Mal in seinem Leben jemanden um eine Rezension gebeten hat – Anna Banti, für die Zeitschrift *Paragone* –, schreibt Pasolini im *Giorno* vom 3. Juni eine Eigenbesprechung, in der er die drei Bücher dieser Sammlung vorstellt: die Gedichte für *Ninettos Lächeln*, die Liedersammlung für die Callas, das dritte »ganz politische« Buch.

»Ich lebe gerade meinen heiteren Moment.«

Im Frühling fährt er mit Moravia und Ninetto nach Bukarest zu einer Gerovital-Kur bei Frau Dr. Aslan. Er schreibt das Drehbuch für den zweiten Film der »Trilogie des Lebens« nach Chaucers *Canterbury Tales* [dt.: *Pasolinis tolldreiste Geschichten*]. Als es Anfang des Sommers fertig ist, reist er mehrmals nach England zur Drehortsuche, und Ende September beginnen die Filmaufnahmen.

Ninetto spielt die lustigste, »chaplinartigste« Rolle.

Seit kurzem hat sich Ninetto mit einem gleichaltrigen Mädchen verlobt. Für Pasolini ist nicht das Mädchen die Neuigkeit, sondern seine ausschließliche Wahl, und der Brief, den er im August an Volponi schreibt, ist kein vorübergehender Ausbruch, es ist der Beginn einer qualvollen Lage, von der sofort andere Freunde mitbetroffen werden. Manche von ihnen können die Verbitterung nicht begreifen, die Pasolini angesichts jener »grauenhaften Wirklichkeit« empfindet. Elsa Morantes letzter Brief enthält etwas verschlüsselte Anspielungen auf diese Situation, in denen sie sich gegen Pasolinis Gereiztheiten stellt. Die unvorhergesehene Tatsache von Ninettos Verliebtheit, die Pasolini später mit vollkommener Vernunft verarbeitet, führt als erstes zum Bruch ihrer Freundschaft. Nicht ohne literarische Nachwirkungen, da Elsa Ninetto in ihrem Roman *La Storia* in einer Gestalt auftauchen läßt, die dann wiederum Pasolini mißfällt. Vielleicht ist der Zusammenstoß mit Elsa fatal für das Wesen ihrer Freundschaft, die seit vielen Jahren besteht und beider Leben beeinflußt hat.

»Mein Charakter hat sich geändert«, hat Pasolini einige Jahre zuvor gestanden, »ich habe meiner Psychologie neue Elemente hinzugefügt. Das Verdienst gebührt hauptsächlich Elsa Morante. Sie hat mich gelehrt, die Leichtigkeit zu lieben, zum Beispiel die Leichtigkeit Mozarts. Ich habe Mozart lieben gelernt und liebe ihn, obgleich er nicht auf meinen Saiten spielt […], denn dieses tiefe Übel, das in Leichtigkeit gesühnt wird, das den Schmerz mit Leichtigkeit besiegt, ist ja vielleicht heiliger als die kanonische Heiligkeit, aber ich bin doch für letztere.«
Die »Mozartsche« Leichtigkeit Elsas mag und will die Begrenztheit der Verzweiflung wegen Ninettos Liebe zu einem Mädchen nicht, die, das liegt in der Natur der Dinge, seinen heiteren Charakter nicht auslöschen wird, wie Pasolini befürchtet und beklagt. Auch die Callas gehört zu den intimen Freunden, die ins Vertrauen gezogen werden. Am 31. Juli schreibt sie in ihrem etwas mühsamen Italienisch Pasolini einen Brief:

»Ich habe das Buch bekommen, dann Deinen lieben Brief. Ich bin unglücklich für Dich – aber froh, daß Du Dich mir anvertraut hast.

Lieber Freund – ich bin unglücklich, daß ich nicht dasein kann in diesen für Dich schwierigen Augenblicken – wie Du es oft für mich gewesen bist.

Du weißt im Grunde genau, auch wenn ich Dir mit dieser kleinen *Predigt* Schmerz bereite – Du *mußt* Dich mit der Wirklichkeit auseinandersetzen, aber Du kannst nicht, weil Du nicht *willst*.

Es wird Dir gelingen – es ist sogar mir gelungen, einer Frau mit solcher Empfindsamkeit –, und doch habe ich verstanden, daß wir uns nur auf *Uns* verlassen können. Wenn es auch – lach mich nicht aus – und vor allem für mich traurig ist, das zu sagen – auf die anderen kann man nicht lange vertrauen. Es ist Naturgesetz, daß es so kommen würde. Wenn Du Dich entsinnst, in Grado im Auto redeten wir mit Ninetto über Liebe und sonstwas. In mir – meine Antennen, sagst Du, sagten es mir, als Ninetto behauptete, er würde sich niemals verlieben – wußte ich, daß er Sachen sagte, für die er zu jung war, um sie zu verstehen. Und Du, ein so intelligenter Mann, Du mußtest es im Grunde wissen, statt dessen klammertest auch Du Dich an einen Traum, den nur Du gehabt hast ...«

20. August ist das Anfangsdatum, das auf dem Manuskript einer unveröffentlichten Gedichtsammlung, *L'hobby del sonetto,* verzeichnet ist. Es sind 118 Sonette und mehrere Fragmente, Ninetto gewidmet, in Italien und England geschrieben. Das Abschlußdatum ist Februar 1973.

»Ich bin eine Kraft des Vergangenen«, hatte er in *La Ricotta* gesagt und seine Verse Orson Welles in den Mund gelegt, italienisch synchronisiert von Giorgio Bassani. Jetzt sagt er: »Ich bin es immer mehr geworden.«

Am 28. Juni bekommt das *Decameròn* den zweiten Preis auf dem Filmfestival von Berlin. Am 6. Oktober wird es auf dem New Yorker Festival gezeigt. Der Film hat im Ausland wie in Italien sensationellen Erfolg und bekommt die meisten Anzeigen wegen Obszönität, etwa achtzig.

In einem von Enzo Biagi geführten Interview sagt Pasolini:

Der Turm von Chia

»Der Erfolg ist das andere Gesicht der Verfolgung. Er kann einen im ersten Augenblick begeistern, er kann Befriedigung verschaffen, ein paar Eitelkeiten wachrufen. Sowie du ihn erreicht hast, wird klar, daß Erfolg etwas Häßliches für einen Menschen ist. Die Hoffnung ist völlig aus meinem Wortschatz gelöscht. Ich kämpfe weiterhin für partielle Wahrheiten, Stunde für Stunde, aber ich mache keine langfristigen Pläne. Sagen wir: ich lebe einen Tag wie den anderen, ohne jene Vorspiegelungen, die Alibi sind, das ist es. Ich neige immer mehr zu einer anarchischen Form, einer Form von apokalyptischer Anarchie.«[100]

Auf die Beschuldigungen, auch seitens einiger Freunde, er habe vor der Filmindustrie die Waffen gestreckt, indem er kostspielige, zweideutige Filme mache, antwortet er:

»Das bestreite ich [...], alle Freunde sind bereit zu sagen: ›Da, er läßt sich integrieren‹, als befände ich mich in einem Haus, das in Flammen aufgeht, und sie sagten: ›Da, er läßt sich verbrennen‹. Sorgt euch nicht, Freunde, macht euch nicht so viel Mühe.«

Er veröffentlicht in *Vogue* den *Necrologio di Pier Paolo Pasolini su una certa Laura Betti* [Nekrolog von Pier Paolo Pasolini über eine gewisse Laura Betti]; in *Bianco e Nero*: *La gag di Chaplin come metafora dell'azione del linguaggio* [Chaplins Gag als Metapher der Aktion der Sprache]; dieser Artikel wurde später in *Empirismo eretico* aufgenommen [in der deutschen Ausgabe *Ketzererfahrungen* nicht enthalten, Anm. d. Ü.].

DER KÖRPER
1972

Am 12. April schreibt Paolo Volponi, als er ihm das Manuskript des Romans *Corporale* zum Lesen schickt, an Pasolini:
»Ich werde Dich aufsuchen in der Hoffnung, daß Du die drei nötigen Tage hast (um bei Dir sein und Dir beim Lesen zusehen zu können), und Dein sanftes und erbittertes Gesicht zu beobachten. Ich denke immer an Dich, und um in Deiner Nähe zu sein, bin ich noch drei- oder viermal ins Decameròn gegangen. Wie kommt Dein neuer Film voran?
Ich hoffe, daß Du froh und glücklich bist wie ein Lausbub, verliebt und wiedergeliebt, warm, nie allein, mit Geld in der Tasche und vielen schönen Neuigkeiten von Dir. Du wirst mich führen, so wie wir durch die Via dei Cerchi und durch die Via del Mandrione [sehr übel beleumundete Gegenden Roms (Anm. d. Ü.)] gingen«.

Im April erscheint der Essayband *Empirismo eretico* [dt.: *Ketzererfahrungen*].
»Wie bei *Trasumanar e organizzar* spielt auch hier 1968 eine Rolle, ein Jahr, das die Faschisten noch längere Zeit nicht aufhören werden zu preisen; und wie bei *Trasumanar e organizzar* verhindert die ›Teilung‹, die daraus folgt, daß das Buch ein ›Produkt‹ ist (das einzige Phänomen, zu dessen Betrachtung die Kritik noch fähig ist). Anderes über dieses Buch – das, trotz der luziden hysterischen Ausbrüche, im allgemeinen mit der Naivität des Peripatetikers diktiert ist, hinter dessen Rücken die Schüler sich mit den Ellenbogen anstoßen – will ich

nicht sagen, außer daß es immer hartnäckiger an den Dingen bleibt, den aktuellsten (es kann zum Beispiel das Verdienst für sich in Anspruch nehmen, in Italien, was das Kino betrifft, den Gebrauch der semiologischen Forschung eingeführt zu haben): und dennoch stellt es sich als verzweifelt unaktuell dar. Dessen allerdings rühmt sich der Autor, es entspricht der Verachtung, die er für – fast alle – seine Kritikerkollegen hegt, deren unrühmliche Graurköpfe und deren entehrtes Salz und Pfeffer sich willig verneigen vor der Unmenschlichkeit der Schlechtesten aus der neuen Generation.«

Während er den Sammelband mit den Theaterwerken vorbereitet und auf Bitten des Verlegers Giulio Einaudi eine Neuausgabe der Anthologie der Dialektdichtung des 20. Jahrhunderts, hat er zwei neue Romane im Sinn; einer davon ist sicherlich *Petrolio* [dt.: *Petrolio*], dessen Titel später in *Vas* umgeändert wird.

An diesem Roman arbeitet er von jetzt an mit der gleichen Ausdauer wie an den ersten: Mehr als sechshundert maschinengeschriebene Seiten mit oft unleserlichen handschriftlichen Korrekturen und Vermerken, in die er die Summe all seiner Erfahrungen und all seiner Erinnerungen einfließen läßt; ein Buch, das dazu bestimmt ist, ihn noch viele Jahre zu beschäftigen, »vielleicht den Rest meines Lebens«.

»Was hat die Industrialisierung getan: sie hat ein Volk, die Arbeiter, die Niedrigsten aus ihren alten Traditionen herausgerissen, aus den besonderen, realen, konkreten Werten, und sie auf den Weg gebracht, Kleinbürger zu werden. Sie haben sie gehaßt (die traditionellen Werte), haben abgeschworen: es ist eine Abschwörung, die in der gesamten Dritten Welt stattfindet, die Abschwörung ihrer alten Werte. Dann hat diese riesige, wogende Masse – ich habe diesen romanhaften Traum, und in der Tat nehme ich ihn in meinen Roman hinein –, diese riesige Masse von Leuten die Truppen für die SS geliefert. Die SS sind kein deutsches Produkt, sie passen sich nicht in ein germanisches Modell ein, sondern in ein bürgerliches Modell…, ich habe bemerkt, daß ich denselben rassistischen Haß, den ich

Filmfestspiele in Berlin, 1972. Aldo Moro, PPP und Franco Citti

für Deutschland empfand, jetzt genauso für Italien empfinde; das heißt, daß es keine Frage von Rassismus ist, sondern ein politisches und gesellschaftliches Faktum. Italien gleicht dem Deutschland Hitlers.«

Der *Canterbury*-Film – zweiter Teil der mythisch-evokativen Trilogie über antike Völker und die »verlorene Zeit«, in dem Pasolini als ironischer Gegenspieler Chaucers erscheint – erfordert nach den neun Wochen Dreharbeiten in England langwierige Schneide- und Synchronisationsarbeiten. Die italienische Version wird in Bergamo hergestellt, mit den Stimmen von Jugendlichen, die in der Stadt und Umgebung ausgesucht wurden. Die Krise mit Ninetto beeinträchtigt ihn:

»Ich war sehr unglücklich, während ich den Film machte. Und in seelischer Bedrängnis einen Film voller Vitalität und Sex zu machen, ist schwierig […]; ich paßte nicht für eine Trilogie, die im Zeichen des ›mittleren Stils‹, des Traums und des wenn auch noch so abstrakten Komischen geboren worden war.«

Der Film, der im Juni auf dem Festival in Berlin läuft und mit dem *Goldenen Bären* ausgezeichnet wird, ist nur eine »Erstfassung«, die einer vollkommenen Revision bedarf. Als er in Italien herauskommt, folgt der übliche Rattenschwanz von Anzeigen und Beschlagnahmungen.

Die *Ketzererfahrungen* werden von der italienischen Kritik mit großer Gleichgültigkeit aufgenommen. Im Juli antwortet Pasolini Enzo Biagio in einem Interview:

»Ich lebe nunmehr außerhalb der Gesellschaft. Ich stimme nicht mehr beim Strega mit. Ich habe mich freiwillig ausgegrenzt. Die Literatur, unter ihrem gesellschaftlichen Aspekt, interessiert mich nicht sehr. […] Was das Schweigen angeht, das rund um mich herrscht, so erscheint es mir nur wie ein Symptom der Inkompetenz, Feigheit; oder einfach Haß. […] Vor Jahren war es noch ein anderer Haß. Ein unspezifischer Rassenhaß, wie man ihn für alle Andersartigen empfindet, seien sie Juden oder Homosexuelle. Dieser Haß summierte sich mit einem speziellen Haß, der geradezu typisch ist für die intellektuellen Parteien: er gilt all denjenigen, die sich weigern, mit einem präzisen Etikett identifiziert zu werden. […] Der Haß von gestern war der Haß der Subkultur. Der Haß von heute ist derselbe, übergegangen in die Kultur.«[101]

Am 1. August lädt Jean Starobinski ihn nach Genf zu den »Rencontres« ein, die in jenem Jahr zum Thema »Formen zeitgenössischer Religiosität« abgehalten werden.

Es ist eine der vielen Einladungen, die er nicht annehmen kann, weil er inzwischen schon am letzten Teil der Trilogie arbeitet, *Il Fiore delle mille e una notte* [dt.: *Erotische Geschichten aus 1001 Nacht*]. Das Drehbuch hat er in Zusammenarbeit mit Dacia Maraini geschrieben. Im Sommer geht er auf Drehortsuche in Ägypten, Jemen, Persien, Indien und Eritrea.

In Aden erwirkt er bei der Regierung eine Sondererlaubnis für Hadramaut.

Als er nach Rom zurückkehrt, fährt er, sowie er in den Filmstudios abkömmlich ist, nach Chia zu dem Turm. Rund um die alte Ruine, in der Mitte der Karawanserei, die von hohen

PPP bei Probeaufnahmen zu ›Erotische Geschichten aus 1001 Nacht‹

Mauern mit Zinnen und einem Wachturm umgeben ist, hat er ein halbrundes Haus mit großen Glasfronten bauen lassen, von wo aus der Blick über das zerklüftete Flußbett des Chia schweift. Wenige Schritte weiter steht, von der Vegetation verborgen, ein geräumiger Holzpavillon, der als Studio dient – dort beginnt er nach vielen Jahren wieder zu malen. Chia ist von nun an der Ort der einsamen Rückzüge, der Arbeit am Roman förderlich, die voraussichtlich lange, vielleicht endlos dauern wird.

Ende November übernimmt er eine neue Mitarbeit an der Wochenzeitschrift *Tempo illustrato* und schreibt Buchbesprechungen, die dann in dem posthumen Band *Descrizioni di descrizioni* [Beschreibungen von Beschreibungen; dt. z.T. in *Literatur und Leidenschaft*] zusammengefaßt werden. Die erste befaßt sich mit E. M. Forsters Roman *Maurice;* die weiteren erscheinen mit wöchentlicher Pünktlichkeit.

Am 29. November schreibt er, nach einer langen Unterbrechung ihres Briefwechsels, den letzten Brief an Contini, eine »Wiederbegegnung in den letzten Jahren, die ihre schmerzliche Fülle dadurch erlangt, daß sie die letzte war.« (G. Contini)[102]

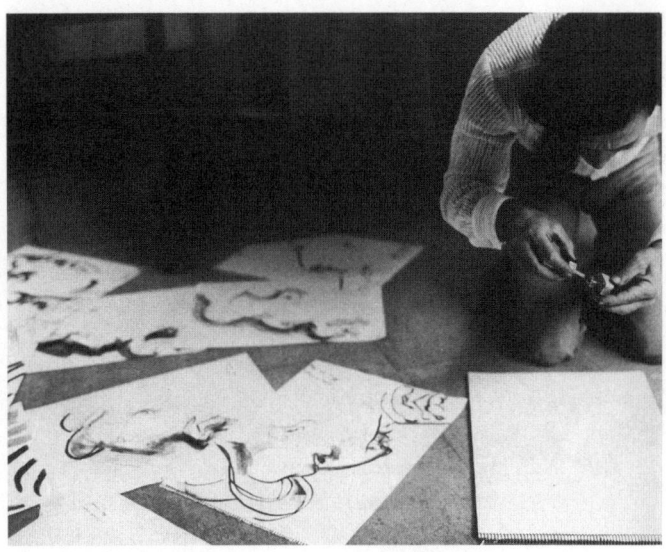

PPP im Turm von Chia

Er veröffentlicht das Gedicht *I Reca* mit zehn Zeichnungen von Giuseppe Zigaina.
In *Nuovi Argomenti* veröffentlicht er als Antwort auf Montales *Lettera a Malvoglio* fünf Gedichte unter dem Titel *Outis*.
Neue Briefpartner sind Guido Aristarco, Herausgeber der Zeitschrift *Cinema nuovo*, und der Schriftsteller Ferdinando Camon.

DER LETZTE TRAUM
1973

In einem Interview antwortet er Natalia Aspesi:
»Eine repressive Welt ist gerechter, gütiger als eine tolerante Welt; denn in der Repression erlebt man große Tragödien, sie bringt Heiligkeit und Heroismus hervor. In der Toleranz definiert man die Verschiedenheiten, man analysiert und isoliert Anomalien, schafft Ghettos. Ich würde lieber zu Unrecht verurteilt als toleriert.«[103]

Und Enzo Biagi antwortet er:
»Ich bin leidenschaftlich, lustig. Manche Dinge machen mich tierisch leiden, in beinahe pathologischer Weise, aber ich fange mich schnell, befreie mich.

Nach der Literatur und dem Eros ist Fußball für mich eine der großen Freuden... Die Einsamkeit liebe ich am allermeisten.«[104]

Er nimmt das Angebot an, im *Corriere della Sera* an einer Rubrik mit dem Titel »Tribuna libera« mitzuarbeiten, und veröffentlicht am 7. Januar den ersten Artikel: *Contro i capelli lunghi* [dt.: *Die ›Sprache‹ der Haare*]. Im Lauf des Jahres schreibt er noch drei und in den beiden folgenden Jahren viele weitere Artikel, eine ununterbrochene Reihe von Einmischungen in die Sphäre der Politik, der Sitten und Gebräuche, der öffentlichen und privaten Beziehungen und Verhaltensweisen. Diese Artikel werden später in dem Band *Scritti corsari* [dt.: *Freibeuterschriften*] zusammengefaßt.

Zu der Mitarbeit am *Corriere* aufgefordert hatten ihn der Herausgeber Piero Ottone und Gaspare Barbiellini Amidei:
»Wer kann besser Ideen in Umlauf bringen als die Intellektuellen, die ja die Urheber von Ideen in der Gesellschaft sind? Pasolinis Mitarbeit stieß auf ein breites Echo, vor allem weil Pasolini in jenen Monaten in einem begnadeten Zustand war. Wir trugen dazu bei, daß die Italiener seine Artikel bemerkten: wir setzten sie auf die erste Seite.« (P. Ottone)[105]

»Nachdem er mit allen Ehren in die Reihen der sogenannten ›aufsteigenden‹ Gesellschaft eingetreten war, bediente Pasolini sich derselben Instrumente, die sie ihm reichlich bot, um sie mitten ins Gesicht zu schlagen. Die ›aufsteigende‹ Gesellschaft lächelte oder klatschte sogar zu seinen Schlägen, froh, daß ihre Liberalität sich mit einem so umschmeichelten Häretiker schmücken durfte, wobei sie ihn gewiß mit einem Exhibitionisten verwechselte, der sich in Paradoxen gefällt. Pasolini dagegen kämpfte ernstlich (obgleich zu befürchten ist, daß seine Taktik, angesichts der Rolle als Widersprecher, die ihm offiziell zugewiesen war, die am wenigsten wirksame war) gegen den sogenannten Konsumismus und die Verhaltensdogmen, die dieser mit sich brachte. Pasolinis Wesen ist antiaufklärerisch (wie deutlich wird aus der nicht rationalistischen, sondern sogar symbolistischen, hermetischen, ›leidenschaftlichen‹ Formulierung aller seiner ideologischen Schriften, in Versen oder Prosa). Die Tugenden, um die er trauert, sind jene sicheren, aber vermutlich zum Tode verurteilten, die einer archaischen, bäuerlichen, patriarchalischen Gesellschaft angehören. Seine Utopie ist nicht perspektivisch, sondern nostalgisch. Und dies ist nicht der undramatischste Aspekt einer überaus dramatischen Existenz (da darin ein wilder Wunsch nach Leben steckte, auch in dieser rückwärtsgewandten Seite). Bedeutsam ist seine späte Rückkehr zur Dialektdichtung in der Neuausgabe von *La meglio gioventù*, die er weiterhin mir widmet mit einer Begründung, welche völlig eine von mir ausgegangene geistige Ermutigung zur Denkbarkeit übersteigt.« (G. Contini)[106]

Am 28. Januar erscheint in *Tempo* die Rezension über *Le città invisibili* [dt.: *Die unsichtbaren Städte*] von Italo Calvino. Calvino schreibt ihm am 7. Februar aus Paris:

»*Lieber Pier Paolo,*

erst gestern habe ich Deinen wunderschönen Artikel gelesen, und ich bin glücklich, daß das Schreiben mir noch die Überraschung eines solchen Dialogs beschert, eines solchen Diskurses wie des Deinen, ganz aus direktem Bezug und vitaler Intelligenz. Und glücklich, daß mein Buch Anlaß gegeben hat zu neuen und genialen und durch und durch scharfsichtigen Überlegungen, wie Du sie anstellst: in allen erkenne ich mein Buch unter neuen Blickwinkeln, die mich schon drängen, neue Verzweigungen und Rückkoppelungen mit Deinem Diskurs zu finden. Alle überragend ist das außergewöhnliche Bild der allumfassenden Zukunft, die ganz auf einmal kommt und in der sich ein Sinn verliert, weshalb das Wissen ebenfalls zur Erinnerung wird. Und dies, welch ein Zufall, ist schon ein platonisches Motiv und steht in Verbindung mit dem Platonismus, von dem Du wenig später sprichst. Du bist der erste Kritiker, der diese mir zentral erscheinende platonische Komponente aufzeigt. Und ausgezeichnet erklärst Du dann, mit einer Bewegung, die mit denen im Buch zusammenstimmt, wie der Stoff des Traums real ist.

Ein Wort darüber, daß wir in den letzten zehn Jahren oder so ›aufgehört haben, uns einander nahe zu fühlen‹. Du bist derjenige, der sich weit entfernt hat, willst Du sagen: nicht nur mit dem Kino, das ja dem geistigen Rhythmus einer Bibliotheksmaus, wie ich inzwischen eine geworden bin, so fern ist, wie es überhaupt nur sein kann, sondern auch, weil Dein Gebrauch des Wortes sich dem angepaßt hat und Deine Präsenz traumatisch mitteilt, als würde sie auf große Bildschirme projiziert: eine Art der raschen Einmischung in die Aktualität, die ich von Anfang an ausgeschlossen habe. Dies, während die Art von Diskurs, worin Du Dein Bestes gibst, aus äußerst minutiösen und fundierten Urteilen besteht, die auf einer aufmerksamen Mikroskopie der Wörter und der Personen aufbauen (Gaben, die Du nicht verloren hast, wie Deine willkommenen neuerlichen Kritikbeiträge bezeugen), und es ist jener Diskurs, der nur indirekte Einflüsse vertragen kann, nachdem er einen langen Umweg gemacht hat, im Abstand von Jahren und Jahren, so wie der poetische Diskurs. Während präsent zu sein, um aus der Sichtweise der Zeitungen Deine Meinung über das Tagesgeschehen abzugeben, mit dem Aktualitätsmaßstab der Zeitungen und direktem Zugriff auf die ›öffentliche Meinung‹, gewiß ein Gefühl von Leben gibt, aber Leben in der Welt der Effekte ist, nicht in der der langsamen Gedankengänge.

Es ist also Deine ›Art, die Aktualität gewählt zu haben‹, die uns getrennt hat: nicht meine, die gar nicht existiert; ich habe früh begriffen, daß für mich in der Aktualität kein Platz war, und bin beiseite getreten, zwar zähneknirschend, aber still, wie Du übrigens selbst bemerkst, denn auch wenn ich mich geäußert hätte, wäre ja doch niemand bereit bewesen, mich anzuhören und mir zu antworten. Wo hast Du je eine ›aprioristische Zustimmung‹ zur Studentenbewegung bei mir gesehen? Die ›Öffnung hin zu einer Neoavantgarde‹ mag angehen: eine Veränderung des geistigen Klimas in der italienischen Literatur läge mir immer noch am Herzen, wenn es irgendein Anzeichen dafür gäbe, und auch wenn diese oder jene Poetik mich nicht überzeugt, interessiert es mich immer, was bei der Verschmelzung mit anderen herauskommen kann. Doch den neuen politischen Bewegungen gegenüber sind die Vorbehalte und Allergien meinerseits stärker als der Antrieb, die alten politischen Bewegungen zu bekämpfen, und so habe ich keine Position mehr gehabt, die ich hätte geltend machen können, denn nach und nach hatte ich sie alle ausgeschlossen, und das hat mir auch die Neugierde genommen, die Menschen kennenzulernen, die Entwicklungen zu verfolgen, die Positionen zu unterscheiden. Und da ich weder eine Kompetenz noch einen Titel besitze, um Urteile abzugeben, ist es natürlich, daß ich sowohl privat als auch öffentlich geschwiegen habe, in meiner Haltung bestätigt von dem geringen Erfolg, der Beiträgen von Dir und anderen beschieden war – ich verspürte außerdem auch nicht die geringste Lust, mich ihnen anzuschließen. Was Du über mein Bild sagst, das zu vergilben und zu verblassen angefangen hat, paßt gut zu meinen Absichten. Die Toten müssen, wenn sie nicht mehr in einer Welt sind, in der zu viele Dinge ihnen nicht mehr gehören, eine Mischung aus Ärger und Erleichterung empfinden, die meinem Seelenzustand nicht unähnlich ist. Nicht umsonst bin ich in eine Großstadt gezogen, wo ich niemand kenne und niemand weiß, daß es mich gibt: so habe ich eine Art Leben verwirklichen können, die wenigstens einem der vielen Leben entsprach, von denen ich immer geträumt habe: ich verbringe zwölf Stunden am Tag mit Lesen, an den meisten Tagen des Jahres.

Ich werde versuchen, stets Deine Artikel in ›Tempo‹ zu lesen (auch das Stück über Wilcock war schön). Hab meinen Dank und Gruß, zusammen mit meiner alten Freundschaft.«

Ende Januar heiratet Ninetto. Pasolini ist verreist, erneut auf Drehortsuche für seinen Film *Erotische Geschichten aus 1001 Nacht*, in dem Ninetto Aziz spielen wird, eine Figur, »die die Freude, die Heiterkeit, ein lebhaftes Ballett verkörpert«.

Die Dreharbeiten beginnen im April in Isfahan, dann fährt das Team in den Jemen, nach Eritrea, nach Afghanistan, zum Horn von Afrika, nach Hadramaut und zweimal, im Juni und im September, nach Katmandu in Nepal.

»*Liebster Pier Paolo*, mein angebeteter Junge«,

schreibt ihm seine Mutter,

»ich bin sehr froh, weil heute Ninetto gekommen ist, um uns Nachricht von Dir zu bringen, und sagt, daß es Dir gutgeht. Es kommt mir vor, als hätte ich Dich hundert Jahre nicht gesehen; werde ich noch sehr lange warten müssen? Mir geht es gut, aber ich bin immer sehr melancholisch, weil ich Dich nicht sehe. Es vergeht kein Augenblick, ohne daß ich Dich in meinem Herzen sehe und fühle, aber das genügt mir nicht. Überanstrenge Dich nicht, ich bitte Dich.«

Er arbeitet rasch, mit großer Genauigkeit. Wo andere Regisseure zehn Einstellungen am Tag drehen würden, dreht Pasolini vierzig, weil die Einstellungen in seinem Kopf schon fertig sind. Oft filmt er selbst mit einer Ariflex 35, ohne Ton, filmt die Träume und den Staub des Orients, Häuser, Wüsten und Gemäuer, »zeitlich zurückversetzte, archaische, zurückgewandte Dinge«. Am Ende der Aufnahmen im Jemen dreht Pasolini eines Sonntagmorgens den Dokumentarfilm *Le mura di Sana'a* [Die Mauern von Sana'a], den er als Appell an die Unesco zur Rettung der antiken Stadt versteht. In einem Interview mit Giulia Massari sagt er:

> »Der Jemen ist das schönste Land der Welt. Sana'a, die Hauptstadt, ist ein wildes Venedig im Staub, ohne San Marco und ohne die Giudecca: eine Stadt, bei der die Form alles ist, deren Schönheit nicht in den vergänglichen Denkmälern liegt, sondern in der unvergleichlichen Anlage. Es ist einer meiner Träume, mich darum zu kümmern, Sana'a und andere Städte, ihren historischen Kern, zu retten: für diesen Traum werde ich mich einsetzen, ich werde versuchen zu erreichen, daß die Unesco interveniert.«[107]

Die alte orientalische Welt, bereist mit einem Team, das sich in ein Nomadenlager verwandelt hat, ruft in Pasolini den Traum wach, endgültig dorthin zu ziehen. Dieser Traum gipfelt im Erwerb eines großen Kahns, der in einem Hafen des Persischen Golfs zum Verkauf angeboten wird.

Rom ist unerträglich geworden mit seinen häßlichen Häusern, den häßlichen Leuten, den Autos: Auch Orte und der Turm in Chia sind von Verunstaltung durch Neubauten bedroht, und Pasolini dreht einen zweiten Dokumentarfilm, *La forma di Orte* [Die Form Ortes]:

> »Die Stadt Orte muß insgesamt geschützt werden, nicht bloß ihre einzelnen Monumente. An diesem Punkt sind ein großer Palazzo, eine große Kirche genauso viel wert wie ein Mäuerchen, ein Kapitell, ein Tabernakel, eine Loggia: auch diese müssen geschützt werden. Sie sind ebensoviel wert wie ein

Bauernhaus, manche sind wundervoll: ein Bauernhaus muß geschützt werden wie eine Kirche.«

Er fügt eine Sequenz dieses Dokumentarfilms in *Le mura di Sana'a* ein, als analoges Beispiel für eine in gleicher Weise bedrohte Stadt.

Im August arbeitet er am Drehbuch von *Histoire du soldat,* für einen Film von Sergio Citti, der dann nicht gedreht wird.

Im September erscheint *Calderón,* der erste in Buchform veröffentlichte Theatertext, während *Affabulazione* [dt.: *Affabulazione oder Der Königsmord*] in Graz in deutscher Übersetzung aufgeführt wird.

Er arbeitet an seinem Roman, »der nicht einmal ein Roman, sondern vielleicht ein Essay ist«, und veranschlagt noch fünf, sechs, sieben Jahre Arbeit für seine Vollendung, »doch scheint es mir, als sei ich nunmehr auf den Punkt gekommen, als sei ich bei einer Schlußvision angelangt. Diese Schlußvision ist heiter, leicht, weder von Verzicht geprägt noch traurig«.

Am Ende des Jahres steht schon das Projekt des nächsten Films nach den *Erotischen Geschichten aus 1001 Nacht* mit zwei neapolitanischen Hauptfiguren, von denen eine, so hofft er, von Eduardo De Filippo gespielt werden wird. Der Film – ein 75-seitiges *treatment* ist schon fertig vom Tonband abgeschrieben – beginnt in Neapel und handelt dann vom Verlauf einer langen Reise durch drei symbolische Städte: Sodom, das Rom ist, Gomorrha, das Mailand ist, Numantia, das Paris ist, um dann in Ur im Osten Indiens zu Ende zu gehen. In einer späteren Fassung ist die vierte symbolische Stadt New York. Der vorläufige Titel ist *Porno-theo-kolossal*.

Er schreibt das Gedicht *Agli studenti greci, in un fiato* [An die griechischen Studenten, in einem Atemzug], das erste der italienisch-friaulischen Gedichte der Abteilung *Tetro entusiasmo* [Finstere Begeisterung], die später in *La nuova gioventù* [Die neue Jugend] erscheint:

»Ich entdeckte das Friaulische wieder, als ich, fast wie auf Bestellung, das Gedicht für die griechischen Studenten schrieb,

Enzo Siciliano

das im Dezember 1973 in ›La Stampa‹ erschien. Der Rückgriff auf den Dialekt war ganz instinktiv. Vielleicht beeinflußten mich zufällige journalistische Motive, lösten die Gerüchte über Rezession auch bei mir den Gedanken an eine Rückkehr aus. [...] Heute ist der Dialekt ein Mittel, um sich der Vereinnahmung durch die Kultur zu widersetzen. Es wird, wie immer, eine verlorene Schlacht sein.«

»Ebenfalls 1973 wurde Pier Paolo mit seinem Verleger unzufrieden.

Was der Verlag sowohl bei *Trasumanar e organizzar* als auch bei den *Ketzererfahrungen* und *Calderón*, der im Herbst veröffentlichten Tragödie, für Vertrieb und Werbung getan hatte, erschien ihm nicht genug. Im Grunde betraf die Unzufriedenheit mehr ihn selbst als andere. Sein literarisches Talent war überschattet – oder entsprach objektiv weniger den Erwartungen der Leser. Pasolini schreckte davor zurück, seine Existenz wieder in die Grenzen des Privaten, rein Individuellen zurückverwiesen zu empfinden.

Pier Paolo wollte vertraglich mit Livio Garzanti brechen, ohne jedoch die persönliche Beziehung zu ihm zu gefährden. Als Vorwand dienten ihm absolut geringfügige, bedeutungslose Anlässe; zum Beispiel, daß Garzanti einen Erzähler drucken wollte, der des bisherigen Programms nicht würdig sei.

Es waren Ausreden, über die er selber spottete. Eigentlich wünschte er sich neue Beziehungen: Er nahm das Angebot von Giulio Einaudi an.« (E. Siciliano)[108]

Am 18. November veröffentlicht er in *Tempo* eine Eigenrezension über *Calderón*, »Warum wird gesagt, mein *Calderón* habe kein politisches Gewicht?«. Er beginnt seine Mitarbeit am *Playboy* mit einem Artikel über *Meine tausendundeine Nacht*.

In Paris erscheint Marc Gervais' Monographie über das Kino von Pasolini.

»ALL DAS IST GUT, WEIL ES EXZESSIV IST«
(SADE)
1974

»Ein narratives Modell ist *1001 Nacht*. Sie haben mich so nachhaltig beeinflußt, daß der Roman, an dem ich gerade schreibe und den ich in vier bis fünf Jahren beenden werde, den gleichen Kanons folgt. Das unbegrenzte Erzählen. Eines nach dem anderen, und eins im anderen, ohne Ende.«

Nach *Erotische Geschichten aus 1001 Nacht* plant er noch vier oder fünf Filme, bevor er seine Karriere beschließt, und zwei dieser Projekte sind schon weit gediehen: die lange Reise des *Porno-theo-kolossal* und der Film über den heiligen Paulus, der sich inzwischen, fünf Jahre nach den ersten Ideen zu diesem Thema, sehr gewandelt hat.

Pasolini antwortet Gidéon Bachmann in einem Interview:

»Jetzt ist der Sinn des Films etwas sehr Heftiges, wie es noch nie gemacht worden ist, gegen die Kirche und den Vatikan, weil ich einen doppelten, das heißt schizophrenen heiligen Paulus zeige, der eindeutig in zwei Persönlichkeiten gespalten ist: einer ist der Heilige (offensichtlich hat der heilige Paulus eine mystische Erfahrung gemacht – das geht aus den Briefen klar hervor –, und sie war auch authentisch), der andere aber ist der Priester, der Expharisäer, der sein vorheriges kulturelles Umfeld zurückgewinnt und der Begründer der Kirche sein wird. Als solchen verurteile ich ihn; als Mystiker ist er mir recht, es ist eine achtbare mystische Erfahrung wie andere auch, darüber urteile ich nicht, heftig dagegen verdamme ich ihn als Gründer der Kirche, der alle negativen Elemente der Kirche schon bereithielt: Geschlechtsangst, Antifeminismus, Organisation, Kollekten, Triumphalismus, Moralismus. Kurz, alle Dinge, die der Kirche geschadet haben, sind schon in ihm angelegt. Du wirst mich fragen, warum gerade in diesem Moment ein so schrecklich negativer und polemischer Film gegen die Kirche? Nun, da die bürgerliche Macht, nachdem sie die Kirche jahrelang ausgebeutet hat, nichts mehr mit ihr anfangen kann und sie über Bord geworfen hat, müßte die Kirche radikal ihre Politik ändern und entschieden zur Opposition übergehen. An diesem Punkt, zu wahrer Religion geworden, müßte sie sich der Macht mit Gewalt entgegenstellen und tut es einfach nicht: also, wenn es mich wütend gemacht hat, daß sie jahrhundertelang der Macht untertan war, selbst Macht war, ärgert es mich jetzt noch mehr, daß sie in einem Moment schweigt, in dem sie reden müßte, in dem sie sich an die Spitze der Opposition stellen müßte, weil die Opposition gegen die neue Macht nur eine Opposition sein kann, die auch religiösen Charakter hat.«[109]

Der Film über den heiligen Paulus soll *Bestemmia* [Fluch] heißen, wie ehemals das unvollendete Drehbuch in Versen; und dieser Titel nimmt Bezug auf die alten heiligen Riten, in denen jeder Segen einer Verfluchung gleichkommt. »Bestemmia« ist ein geheiligtes Wort.

»Offenbar ist meine Gewalt gegen die Kirche tief religiös, da ich den heiligen Paulus beschuldige, eine Kirche statt einer Religion begründet zu haben. Ich lasse den Mythos des heiligen Paulus nicht wiederaufleben, ich zerstöre ihn.«

Auch der zweite Film, für den Eduardo De Filippo als Darsteller vorgesehen ist, spielt *in illo tempore*, in einer mythischen Zeit, soll aber in modernen Städten gedreht werden:

»Wie in der Geschichte der Heiligen Drei Könige folgt hier ein neapolitanischer heiliger König, Eduardo De Filippo, an einem bestimmten Punkt einem Stern: über Neapel erscheint ein Komet (›He, 'n Komet!‹, du kannst dir ja die Neapolita-

ner vorstellen, oder?), der die Geburt des Messias ankündigt. Eduardo De Filippo ist ein heiliger König, der sich aus Neapel aufmacht und diesem Kometen, dem Symbol der Ideologie, folgt. Wie alle Ideologien ist sie zum Teil falsch, zum Teil irrig, zum Teil abstrakt, zum Teil konkret, kurz, es ist eine Ideologie wie eine andere. Während er nun dieser Ideologie folgt, die am Himmel steht – also völlig abstrakt, thesenhaft ist –, erfährt er die Realität. Es ist nicht gesagt, daß die Ideologie mit jener Realität Bekanntschaft machen wollte. Es ist praktisch ein Film über das Verhältnis zwischen Ideologie und Realität.«
Nach dem Scheidungsreferendum veröffentlicht Pasolini am 10. Juni im *Corriere della Sera* den Artikel *Gli italiani non sono più quelli*: »Die Italiener sind nicht mehr, wie sie einmal waren.« Ein ungeheurer Wandlungsprozeß hat die Sozialstrukturen erschüttert und die italienische Mittelstandsgesellschaft in die konsumistische Ideologie gestürzt. Pasolini nennt diese Veränderung »anthropologische Revolution«: »Dieser Mensch hat keine Wurzeln mehr, er ist ein monströses Geschöpf des Systems; meines Erachtens ist er zu allem fähig.«
Die Kommunisten reagieren auf den Artikel mit einer Antwort von Maurizio Ferrara, dann mit Beiträgen von Italo Calvino und Franco Ferrarotti, die Pasolini der Nostalgie nach der Vergangenheit und des ästhetischen Irrationalismus anklagen.
Pasolini antwortet seinerseits am 8. Juli mit einem offenen Brief an Calvino in *Paese Sera*, auf den Moravia, noch einmal Calvino, Fortini, Eco, Bocca, Natalia Ginzburg erwidern. Im Juni unternimmt er eine Reise nach Marokko.
Im Lauf des Sommers schreibt er den langen Anhang zu *Bestia da stile*.

> »Italien ist ein Land, das immer dümmer und unwissender wird. Man pflegt dort eine immer unerträglichere Rhetorik. Außerdem gibt es ja keinen schlimmeren Konformismus als den linken: vor allem, wenn ihn sich auch die Rechte aneignet. Es ist natürlich, daß in einem solchen Rahmen mein Theater nicht einmal wahrgenommen wird.«

Sergio Citti ist, nach den beiden schon realisierten Filmen *Ostia* und *Storie scellerate,* zwischen zwei Projekten hin- und hergerissen: die filmische Umsetzung von *Histoire du soldat* oder die des Romans von de Sade *Die 120 Tage von Sodom.*
Pasolini, der wie immer am Ansatz und am Drehbuch von Sergio Cittis Filmen mitarbeitet, entdeckt im Sadeschen Roman – »eine Art ungeheuerliches geistliches Drama am Rande der Legalität« – eine passende Gelegenheit, um seine Kämpfe gegen die Neue Macht auszufechten, und übernimmt anstelle von Sergio Citti die Realisation des Films, wofür er seine vorherigen Projekte fallenläßt:

»... Und was würde ein Film über den heiligen Paulus mit der Anklage gegen die Kirche schon bringen, er ist mir, zu diesem Zeitpunkt, vorgekommen wie eine meuchlerische Tat. Hätte die Kirche triumphiert, wäre er angebracht, ja sogar notwendig gewesen. Aber so, bei diesem Zerfall, mit leeren Priesterseminaren...«

Er nimmt den Vorschlag des Verlegers Garzanti an, eine Auswahl aus der Bibel für ein Taschenbuch zu treffen.
Er veröffentlicht Filmbesprechungen im *Playboy*.
Es erscheint sein Vorwort zu dem Band *Divorziare in nome di Dio* [Scheidung im Namen Gottes] von Francesco Perego.[110]
In *Il Mondo* veröffentlicht er *Il 1° Canto della »Divina Mimesis«* [Der 1. Gesang der »Divina Mimesis«].

GRAUENHAFTER ›FAIT DIVERS‹
1975

Am 10. Januar sagt er in einem Interview über den Film *Salò o le 120 giornate di Sodoma* [dt.: *Die 120 Tage von Sodom*], an dem er gerade arbeitet, zu Lorenzo Mondo:
»Ich habe bemerkt, daß Sade, während er schrieb, bestimmt an Dante dachte. Also habe ich begonnen, das Buch in drei Danteschen Höllenkreisen zu restrukturieren. Aber die Idee eines geistlichen Dramas war zu ästhetisierend, man mußte sie mit anderen Bildern und anderen Inhalten füllen. Vier Nazifaschisten machen Razzien; das Schloß von Sade, wo sie die Gefangenen hinbringen, ist ein kleines Muster-KZ. Es interessierte mich zu sehen, wie die Macht agiert, wenn sie sich von der Menschlichkeit abspaltet und sie zum Objekt macht...«

Im selben Interview spricht er auch von dem letzten Roman, an dem er schreibt:
»Er enthält alles, was ich weiß, es wird mein letztes Werk sein, es macht mir unheimlich Spaß, dieses Geheimnis zu haben... in dem Buch, das ich schreibe, gehört das Christentum auch zu den Dingen, die man bereit ist, über Bord zu werfen. Indem man sich für eine Art stoisch-epikuräische Philosophie entscheidet.«[111]

Paolo Volponi erzählt von seiner letzten Begegnung mit Pasolini:
»Einmal hat er zu mir gesagt, und ich suche beim Wiederholen im Gedächtnis nach seinen Worten: ›Naja, jetzt, nachdem ich *Salò* fertig habe, werde ich keine Filme mehr machen, jedenfalls viele Jahre nicht. Ich habe extra die Abschwörung der Trilogie

des Lebens geschrieben, und ich werde keine Filme mehr machen. Ich will wieder schreiben. Ich habe sogar schon wieder angefangen zu schreiben. Ich arbeite an einem Roman. Es soll ein langer Roman werden, mindestens zweitausend Seiten. Der Titel wird sein: *Petrolio*. Er handelt von allen Problemen der letzten zwanzig Jahre unseres politischen, administrativen Lebens in Italien, der Krise unserer Republik: mit dem Erdöl im Hintergrund als großem Protagonisten der internationalen Arbeitsteilung, der Welt des Kapitals, das ja diese Krise bestimmt, unsere Leiden, unsere Unreife, unsere Schwächen und zugleich den Untertanenzustand unseres Bürgertums, unseres anmaßenden Neokapitalismus. Alles wird darin vorkommen, und es wird mehrere Hauptpersonen geben. Aber die wirkliche Hauptfigur wird ein Industriemanager in der Krise sein.‹
Deswegen hatte er sich an mich gewandt, um Auskünfte und auch Material beispielsweise über das Leben in der Industrie, über die Gewohnheiten und die Ausdrucksweise in den geschlossenen Welten der Industriemacht zu erhalten und Organisationsmodelle für betriebliche Abläufe zu bekommen. ›Außerdem wird es noch einen Banker geben. Es wird auch Protagonisten auf Volksebene geben‹, hatte er mir weiter ausgeführt, ›die sich fast nicht mehr artikulieren können, nicht einmal mehr im Dialekt, weil die Dialekte keine Chance mehr haben mit dieser grauenhaften Sprache der Mitteilungen der Fernsehnachrichten, der Werbung, des offiziellen Rezitativs, und es womöglich so ausgeht, daß die Gebildeteren in einer gewissen literarischen Weise sprechen, mit Lust am Dialekt als erworbener Vornehmheit, und die weniger Gebildeten bzw. Analphabeten so reden werden wie manche unserer christdemokratischen Minister im Fernsehen, mit all den ›ismen‹ etc.‹. Das war es, was er mir eines Abends in Rom anvertraute, nachdem wir zusammen gegessen hatten in der Nähe der Piazza Farnese, nicht lang vor dem zweiten November letzten Jahres.«[112]

Befragt nach der Kampagne für die Abtreibung sagt Pasolini zu Duflot:

»Da ist auf Anhieb etwas Unideologisches, etwas Vorbewußtes in meiner Ablehnung der künstlichen Unterbrechung des Lebens. Ich fühle mich nicht ganz abgetrennt von den Urgewässern des Mutterbauches, aber doch ausgeschlossen aus einer Existenz, in der die Vollkommenheit eines endgültig verlorenen Paradieses geherrscht hatte. Natürlich ist dies keine Überlegung, die einem Egoismus oder zumindest Egozentrismus angelastet werden kann. Ich wiederhole es, mein tiefes Empfinden der Existenz einer höheren Macht, des heiligen Wesens aller Dinge (eine gewisse gnostische Anschauung, die ich von der Welt habe) stößt es ab zu sehen, wie die Grundordnung des Lebens zerstört wird.«[113]

Am 19. Januar veröffentlicht er im *Corriere della Sera* den Artikel *Sono contro l'aborto* [Ich bin gegen die Abtreibung], der unvermeidliche Polemiken hervorruft. Es antworten ihm Nello Ponente, Alberto Moravia, Natalia Ginzburg, Franco Rodano, Umberto Eco, Giorgio Manganelli, Giorgio Bocca, Dacia Maraini.

Pasolinis Replik erfolgt im *Paese Sera* vom 25. Januar, im *Corriere* vom 30. Januar und in einem dritten, an den *Corriere* gesandten Artikel, der nicht veröffentlicht wurde.

Ab 1. Februar publiziert er im *Corriere* den Artikel *Von den Glühwürmchen*.

Anfang Februar erscheint *Il padre selvaggio*, das Drehbuch des nicht realisierten Afrikafilms.

Mitte Februar beginnen auf dem Land bei Mantua die Dreharbeiten zu *Salò*. Am 6. März erscheint im *Mondo* der erste »Absatz« eines kleinen pädagogischen Traktats in Fortsetzungen, das an einen idealen neapolitanischen »Gennariello« gerichtet ist. Die Artikelserie endet am 5. Juni. In der Folge entsteht daraus mit vierzehn kurzen Kapiteln der posthume Band *Lettere luterane* [dt.: *Lutherbriefe*].

Im Mai erscheinen die *Scritti corsari*, eine Sammlung der vom 7. Januar 1973 bis 18. Februar 1975 im *Corriere* veröffentlichten Artikel, wozu noch eine Abteilung *Documenti e allegati* kommt, die einige vom 10. Juni 1973 bis 22. Oktober 1974 in der Wochenzeitschrift *Tempo* erschienene kritische Schriften umfaßt [dt.: *Freibeuterschriften* (Auswahl)]. Im selben Monat kommt *La nuova gioventù* heraus, das die alten friaulischen Gedichte *La meglio gioventù* (1941–53) und ihre Neufassung in der *Seconda forma della meglio gioventù* (1974) und eine dritte Abteilung *Tetro entusiasmo (Poesie italo-friulane, 1973–1974)* umfaßt.

Im April erscheint der Band *Voci d'oggi sul Vangelo* [Heutige Stimmen zum Evangelium], herausgegeben von Monsignor Clemente Ciattaglia, der unter anderem ein Interview mit Pasolini enthält. Paul VI. bringt mit einem Brief der Staatssekretarie seine Wertschätzung eines »so schönen und mutigen Unternehmens« zum Ausdruck.

Am 31. Mai wird Pasolini in der Galerie für Moderne Kunst in Bologna Objekt einer Performance von Fabio Mauri mit dem Titel *Intellettuale,* bei der der Freund der Bologneser Jahre einige Ausschnitte aus dem *Evangelium* auf den Körper des Dichters projiziert.

Am 10. Juni veröffentlicht er in der Tageszeitung *L'Unità* den Artikel *Il mio voto al Pci* [Meine Stimme für die KPI].

Maurizio Ferrara schreibt ihm:

»Ich habe Deine Botschaft gelesen und möchte Dir unbedingt sagen, daß die Begründungen für Deine Stimmabgabe, die Existenz einer roten Gemeinde, mich nicht nur betroffen, sondern gerührt haben in ihrer unbeschwerten und harten kommunistischen Schönheit. Ich muß Dir auch sagen, daß es, wenn in Rom diese rote Gemeinde entsteht und besteht und sich nie auslöschen läßt, auch Dein Verdienst ist.«

Am 20. Juni nimmt er an der Tagung über »Kultur, Sinn und Funktionalität der sozialen Interaktion« teil, die an der Fakultät für Politische Wissenschaften in Bologna abgehalten wird.

Am 24. August veröffentlicht er im *Corriere* den Artikel *Il Processo,* gefolgt von einem Artikel im *Mondo* vom 28. August, *Bisognerebbe processare i gerarchi dc* [Man müßte den DC-Bonzen den Prozeß machen], die Leo Valiani und Luigi Firpo zu Erwiderungen veranlassen, auf welche Pasolini am 9. September antwortet.

Am 11. September veröffentlicht er im *Mondo* einen offenen Brief an den Präsidenten der Republik, Giovanni Leone, zum selben Thema, auf das er in zwei weiteren Artikeln im *Corriere* vom 19. und vom 28. September zurückkommt.

Am 29. September schreibt ihm Ugo La Malfa, Vizepräsident des Ministerrates:

»*Lieber Pasolini,*

in diesem Augenblick habe ich Ihren Artikel im ›Corriere‹ vom Sonntag fertiggelesen. Ich habe nicht die Absicht, als Politiker irgendwie um Absolution zu bitten, doch ich denke, es ist nützlich, auf einige Ihrer Fragen nicht durch eine Politik eine Antwort zu geben, sondern durch einen politischen Vorschlag, wie ihn die Dokumente enthalten, die, bei Mondadori zu einer Publikation zusammengefaßt [*La Caporetto economica* von Ugo La Malfa], demnächst erscheinen und die ich Ihnen beilege. Die in den Dokumenten zur Sprache kommenden Probleme betreffen hauptsächlich nicht ökonomische und soziale, institutionelle Probleme, etwas werden Sie dem entnehmen können, was in bezug auf den sogenannten Fall Sindona getan wurde. Ich entschuldige mich für dieses Eindringen in einen Bereich, der nicht der meine ist, und sende Ihnen freundliche Grüße.«

»Auf allen Ebenen, den kulturellen wie den persönlichen, handelte er als ein erbitterter Feind der etablierten Macht. Er handelte mit hartnäckiger Ausdauer, mit Unschuld und großer dichterischer Tugend, wenn auch zuweilen ohne sichere ideologische Basis oder eine große kritische Kraft origineller Argumente. Er spürte diese Mängel selbst und sagte zum Beispiel: ›Ich habe keine Industrieerfahrung gemacht. Ich kenne die Welt der Industrie nicht, ich kenne mich nicht aus mit Ökonomie. Ich bin ein Marxist, der wenig Marx gelesen hat. Ich habe mehr Gramsci gelesen. Ich weiß nicht, wie es in der Fabrik zugeht, was da für Spannungen sind, ich weiß nicht, was es heißt, heute zu arbeiten. Ich ahne es. Vor Augen habe ich nur dieses große, alte, schwerfällige bürokratische Durcheinander, das in Rom herrscht. Vielleicht ist Rom nicht die beste Beobachtungsstation, wenn man unser Land verstehen will.‹ Das sagte er mir am Telefon, als ich zum letzten Mal mit ihm sprach, gegen Ende Oktober '75, während eines langen, unbeschwerten, ja sogar lustigen Telefonats. Ich hatte ihn angerufen, weil ich ihn stets nicht nur als einen brüderlichen Freund, sondern auch als einen wissenden Lehrmeister betrachtete. Ich wollte seinen Rat zu einer Arbeit von mir, sein Urteil über *Il sipario ducale*, das er kurz vorher gelesen hatte, als er mit den verschiedenen Arbeitsgängen zu *Salò* fertig war, die ihn monatelang absorbiert hatten, und vor allem lag mir daran, seine Nähe zu spüren. Er sagte mir, daß wir uns bald wiedersehen würden, nach einer ganz kurzen Reise, die er noch vor Ablauf des Monats nach Paris machen mußte. Er hatte mir seine Zweifel und auch die Grenzen, die er in sich spürte, aus Freundschaft anvertraut, doch vor allem auch, weil er Lust hatte, sich auf ein neues Leben vorzubereiten, einen neuen Abschnitt voller Pläne, mit neuen, vorwiegend literarischen, aber auch kritischen Arbeiten zu beginnen.« (P. Volponi)[114]

Während des Sommers schneidet er *Salò* und holt zur Synchronisation seiner Personen einige Freunde heran, Marco Bellocchio, Giancarlo Vigorelli und Giorgio Caproni:

»'75 befand ich mich in meinem abgelegenen und lieben Trebbia-Tal, hatte glücklich alle literarischen Händel hinter mir gelassen, als mich wie ein Blitz bis dort oben ein Anruf von Enzo Ocone, Produktionsleiter der letzten Filme Pasolinis, erreichte, der mich gewaltsam bat (falls man so etwas sagen kann), auf der Stelle nach Rom zu stürzen, es sei Pasolinis Wille. Ich meine mich sogar zu erinern, daß Ocone selbst mit seinem Auto heraufkam und mich aus meiner Ruhe und meinem Widerstreben riß.

Wutschnaubend wie ein Stier kam ich vor Pier Paolo an, in einer großen Halle weiß der Teufel wo, in der es nicht nur vor

Hitze brodelte. Genau so wollte Pier Paolo mich, da er unumstößlich beschlossen hatte, daß nur ich als Synchronsprecher in Frage käme für einen Teil seines schon gedrehten Films: *Salò o le 120 giornate di Sodoma*.
Elsa De Giorgi war auch da – in meiner Wut grüßte ich sie kaum. Pasolini versuchte, mich zu besänftigen, indem er die Taste meiner Poesie anschlug, also meiner Eitelkeit schmeichelte, falls ich je eitel gewesen bin.
Kurz davor war *Il muro della terra* erschienen, und er behauptete, er sei begeistert, sagte mir Stücke daraus auswendig her, mit dem Versprechen, daß er es möglichst bald rezensieren würde.
Ich versuchte, mich zu beherrschen, und als die Lichter ausgingen für die Projektion, begann ich mein *boulot*. Ein *boulot*, das keineswegs Ruhe erforderte, sondern das genaue Gegenteil, da Sätze zu synchronisieren waren, die ich fast immer schreien mußte, so ekelhaft schmierig wie möglich.
Anscheinend ist es mir haargenau gelungen, zumindest nach Ansicht des Regisseurs Pier Paolo, der mich nach getaner Arbeit in eine Kneipe voller Maurer zum Essen führte.
Nachmittags wurden noch einige Szenen vorgeführt, und ich kreischte noch ein paarmal. Dann der Abschied.
Über das Ergebnis meiner ›Leistung‹ kann ich nichts sagen, da ich den Film nie gesehen habe und nicht einmal genau weiß, für welche Figur (vielleicht für den Bischof, falls es einen Bischof gibt) ich eigentlich Synchronsprecher war. […]
›Komm mich im November in meinem Schloß besuchen. Ich weiß, daß du es noch nicht gesehen hast‹, sagte Pier Paolo zu mir, bevor er mich umarmte, und nachdem er mir ein Exemplar von *La nuova gioventù* überreicht hatte, mit folgender Widmung: ›Für Giorgio, Autor, Akteur, Pier Paolo, Juli 1975 (Tage von Salò).‹ […]
Ende Oktober war ich aus dem Trebbia-Tal nach Rom zurückgekehrt und wartete auf seinen Anruf, um ihn im Schloß aufzusuchen.« (G. Caproni)[115]

PPP und Susanna

Mit der Mutter, Graziella und anderen Verwandten verbringt er einige Sommertage in dem Haus, das er sich zusammen mit Moravia auf den Dünen von Sabaudia, dicht am Vorgebirge des Monte Circeo hat bauen lassen. Das Haus hat einen gemeinsamen Garten, und ein geräumiger Balkon sorgt für regen Austausch zwischen den beiden Wohnungen. Abends entfernt sich Pier Paolo wie immer auf der Suche nach seinen nächtlichen Zielen.

Im September wird *Accattone* im Fernsehen gezeigt:

»*Accattone* ist die Aufnahme einer Art zu sprechen, zu leben, zu leiden, die es inzwischen nicht mehr gibt: eine ganze Welt instinktiver Wildheit und Güte, der gesamte Lebens- und Sprachzusammenhang des städtischen Subproletariats sind verlorengegangen ...«

Im Oktober erscheinen die Drehbücher der *Trilogia della vita* mit der Einführung: *Abiura dalla Trilogia della vita* [Abschwörung von der Trilogie des Lebens].

Pasolini antwortet Duflot:

»Seit zwanzig Jahren hat die italienische Presse, und an erster Stelle die schreibende Presse, dazu beigetragen, aus meiner Person einen moralischen Antityp zu machen, einen Geächteten. Es besteht kein Zweifel, daß zu dieser Ächtung seitens der öffentlichen Meinung die Homophilie beigetragen hat, die mir mein Leben lang angelastet wurde wie ein in dem von mir verkörperten Fall besonders emblematisches Schandmal: die Besiegelung einer menschlichen Verworfenheit, von der ich angeblich gezeichnet bin und die alles, was ich bin: meine Sensibilität, meine Vorstellungskraft, meine Arbeit, die Gesamtheit meiner Gefühle, meiner Empfindungen und meiner Handlungen angeblich dazu verdammt, nichts anderes zu sein

als eine Tarnung dieser Ursünde, einer Sünde und einer Verdammnis. [...]
Die Kodizes der Liebe verändern sich, rascher noch als die der Sprache und der Würde des Menschseins. Was dagegen unverändert anhält, ist die Angst vor dem Wissen um die Liebe, die Angst zu leben, der tiefsitzende, schwachsinnige Schrecken vor dem Eros, der zur Kasteiung drängt. 1948 haben es Kommunisten für richtig gehalten, mich aus der Partei zu jagen; ich habe alles, was ich liebte, verlassen müssen, den Tod in der Seele. Es waren dieselben, die, später, in der ›Unità‹ in einer Art über *Ragazzi di vita* gesprochen haben, die den Beleidigungen in der rechten Presse wie zum Beispiel in ›Il Borghese‹ eigentlich in nichts nachstand.
Von Giancarlo Vigorelli bis Giovanni Berlinguer, von der ›Unità‹ bis ›Rinascita‹ war es nicht nur der (natürlich falsche oder mißverständliche) Naturalismus, der zur Zielscheibe gemacht wurde, sondern es war meine sogenannte ›Verachtung und mangelnde Liebe‹ für die Menschen, meine morbide Lust am Schmutz. Nun würde ich manche von ihnen gern fragen, da sie mich heute ja erneut als nicht allzu weit von ihnen entfernt anerkennen in meiner kritischen Ablehnung der bürgerlichen Gesellschaft, der konsumistischen italienischen Gesellschaft und ihrer korrupten politischen Schicht, ich würde sie gern fragen, ob es damals wirklich nur eine Frage des Realismus war. Ich hätte gern, daß sie mir erklärten, warum in den dreißig Jahren, die ich schreibe, im Bereich der Literatur und dieser Presse praktisch keiner gemerkt hat, wie widersprüchlich es ist zu behaupten, alles, was ich schuf (meine Personen und ihr Rahmen), wäre zugleich Frucht einer abstrakten, unrealistischen Imagination und Frucht einer verworfenen, abscheulichen Erfahrung. Wieso haben sie nicht verstanden, daß das Recht des Schriftstellers, alles zu sagen, die Pflicht voraussetzt, alles zu erfinden, mit anderen Worten, die Wahrheit, alle Wahrheiten zu erfassen, ohne sich deshalb in der Erfahrung der Verworfenheit zu kompromittieren.«[116]

Der letzte Brief, mit dem Datum 3. Oktober, ist an Gianni Scalia gerichtet. Im Sommer haben sie sich nach Abschluß der Dreharbeiten von *Salò* in Bologna getroffen:
»Wir hatten uns nach vielen Jahren wiedergetroffen (abgesehen von einigen brieflichen Kontakten und raschen offiziellen Begegnungen bei Diskussionen, Tagungen ...). Die (anthologische) Neuausgabe von *Officina* und Gian Carlo Ferrettis frische Untersuchung hatten mich veranlaßt, etwas über unsere gemeinsame Jugend zu schreiben; obgleich die Gelegenheit günstig war, sprachen wir jedoch nicht darüber; oder kaum. Wir sprachen vielmehr über Politik, über die Kommunistische Partei, über die kommunistische Verwaltung Bolognas, einer Stadt, in der, sagte er zu mir – als wir fast allein hinter dem Geräusch unserer Schritte herspazierten –, nun ja leider auch, und auch hier, ›Ausgangssperre‹ verhängt worden war. Und wir sprachen über das, was ihm am Herzen lag, über seine ›Ideen‹: ich zeigte mich, zu seiner anfänglichen Verwunderung, gänzlich einverstanden, nur würde ich eine ›Übersetzung‹ in meine kritische *Marxsche* Sprache verlangen. Mein kritischer Konsens überzeugte ihn, und wir trennten uns mit einem meinerseits verpflichtenden Versprechen: uns zu schreiben bzw. daß ich beginnen sollte, ihm von Zeit zu Zeit sozusagen ›öffentlich‹ Briefe aus der Ferne zu schreiben. Meine Faulheit überwog, obgleich mir bewußt war, daß ich sie würde überwinden müssen; und erst nach einigen Monaten schrieb ich ihm und bestätigte unser Vorhaben, teilte ihm mit, daß ich meinen ersten öffentlichen Brief abschicken würde, der eventuell mit ihm zu diskutieren und für den der Adressat festzulegen wäre. Er antwortete mir sofort. [...] Das war es: der letzte Pasolini forderte für seine Untersuchung präzise eine *neue*, letzte ›Entdeckung von Marx‹: er drückte seinen Dissens in der positiven Form der Analyse der vom Kapital ›gebilligten‹ Gesellschaft und in seiner negativen Form der ›Opposition gegen die traditionelle Opposition‹ aus; gerade damit ihm ›geholfen‹ werde und damit ihm *wirklich* geantwortet würde,

verlangte er, daß man ihn ›übersetze‹. [...] Ich sage es gleich, mit der Verantwortlichkeit (oder Unverantwortlichkeit?) des (scheinbaren) theoretischen und politischen *Impromptu:* Pasolini in seiner letzten Freibeutergestalt ist der *erste* Intellektuelle des Dissenses. Auf seine Weise: mit seinen Möglichkeiten.«

(G. Scalia)[117]

Mitte Oktober fährt er zur Buchmesse nach Frankfurt, um zusammen mit Giulio Bollati die neue Reihe des Verlags Einaudi, *Biblioteca Giovani*, vorzustellen:

»Er lieferte zu der Initiative eine scharfsichtige, sehr subtile Interpretation, beinahe eine poetische Erfindung, die über das Verlagsprojekt selbst hinausging.« (E. Ferrero)[118]

Am 21. Oktober nimmt er an einem Treffen von Lehrern und Schülern des Gymnasiums »Palmieri« in Lecce teil, dessen Thema »Dialekt und Schule« ist. Der Titel der Veranstaltung, von Pasolini vorgeschlagen, lautet: *Volgar'eloquio* [Vulgärsprache]. Zu Beginn seines Beitrags liest er, »um dem Gespräch einen Rahmen zu geben«, den Schlußmonolog aus *Bestia da stile*.[119]

Er übergibt dem Verleger Einaudi *La Divina Mimesis:*

»Die Idee geht zurück auf 1963, aber bisher ist es mir nicht gelungen, den richtigen Einstieg zu finden. Ich wollte etwas Brodelndes und Magmatisches machen, herausgekommen ist etwas Poetisches wie *Gramsci's Asche*, wenn auch in Prosa. Deshalb veröffentliche ich eben nur die ersten beiden Gesänge: einer mittelalterlichen Hölle mit den altbekannten Strafen wird eine neokapitalistische entgegengesetzt. Aber im Augenblick sind wir noch bei der Begegnung mit den drei Wildtieren etc.«

Die schwedische Übersetzung aller italienischen Gedichte kommt heraus, und am 26. Oktober fährt er nach Stockholm zu einer Veranstaltung im Italienischen Kulturinstitut, wo er ein Interview aufnimmt. Auf die Frage nach dem Nobelpreis, der in jenem Jahr Montale verliehen worden war, antwortet er:

»Meine Idee ist, wenn ich das hier sagen darf, daß sie ihn allenfalls, wenn sie ihn unbedingt einem Italiener geben wollten, Sandro Penna hätten verleihen sollen. Nicht so sehr, weil

Penna größer ist als Montale, denn diese Unterscheidungen sind sowieso schrecklich, sondern weil Montale ja in Italien schon als großer Dichter betrachtet wird und dies auch in allen Literaturen, ich meine, in den Zusammenfassungen der Weltliteratur so sein wird. Sandro Penna dagegen, jünger als Montale, ist dazu bestimmt, dauernd ein ausgegrenzter, nicht bekannter, gar verachteter Dichter zu bleiben, während er doch ein sehr großer Dichter ist, mindestens so wie Montale.«

Auf andere Fragen des Interviews antwortet er:

»Jetzt habe ich einen Film gemacht – ich weiß nicht recht, warum ich ihn gemacht habe –, der *Salò o le 120 giornate di Sodoma* heißt, nach de Sade und angesiedelt in der Republik von Salò, was ja die letzten Monate Mussolinis sind, also warum ich ihn gemacht habe, weiß ich nicht genau; jetzt warte ich ab, in einigen Monaten, in einigen Jahren verstehe ich vielleicht, warum ich ihn gemacht habe. Tatsache ist, daß die Sexualität hier noch verwendet wird, aber anstatt, wie in der Trilogie des Lebens, als etwas Freudvolles, Schönes und Verlorenes verwendet zu werden, wird sie als etwas Schreckliches eingesetzt, sie ist zur Metapher dessen geworden, was Marx den Warencharakter des Körpers, die Entfremdung des Körpers nennt. Das, was Hitler brutal gemacht hat, also indem er die Körper tötete, zerstörte, das hat die konsumistische Zivilisation auf kultureller Ebene getan, aber in Wirklichkeit ist es dasselbe.

Nun, in diesem letzten Film gibt es also noch Sexualität, er hat noch gewisse Aussichten, auch ein breiteres Publikum anzusprechen, obgleich der Film viel strenger ist, aber die wahre Funktion dieses Films, in meiner Geschichte und in der Geschichte dieser fünf, sechs Jahre italienischen Kinos, die kenne ich noch nicht genau. [...]

Meine Haltung zur KPI ist zustimmend, denn ich wähle kommunistisch seit meiner Jugend, seit der Zeit der Partisanen war ich auf ihrer Seite, wenngleich nicht Mitglied, ich bin ein unabhängiger Linker, und meine jetzige Position ist ein recht persönlicher Standpunkt, muß ich sagen, weil ich nicht eindeutig in der Kommunistischen Partei bin, obwohl ich sie in den Augenblicken von Kampf immer unterstütze, im Notfall bin ich immer auf ihrer Seite. Ich stehe auch nicht auf der Seite der Extremisten, obwohl ich durchaus mit einigen Extremisten sehr einig bin, aber ich könnte nicht von mir sagen, daß ich Extremist bin, ich bin kein Anhänger der außerparlamentarischen Opposition, für mich ist das Parlament einfach sakrosankt. Also liegt meine Position dazwischen, zwischen der Kommunistischen Partei und den Extremisten, mit... sagen wir, mit einem Substrat, das teilweise religiösen Charakters ist, kurz, das, was wir vorhin schon sagten; ja, aber das ist nicht sonderlich originell, meines Erachtens ist es im Grunde typisch für alle Intellektuellen. Aber in letzter Zeit haben die Sympathien für die Radikale Partei zugenommen, eben für einen gewissen libertären Extremismus etc. ...«[120]

Er schreibt eine Widmung für seinen schwedischen Dolmetscher Tom Johanneson:

»Für Tom, meinen (sprechenden) Übersetzer für einige Stunden: vortrefflich, doch deshalb nicht weniger verletzlich: Hochachtung vor seiner sattelfesten mimetischen Eleganz, von Pier Paolo Pasolini, Stockholm – Hotel Diplomat – in einer seltsam lauen Nacht (achtzehn Jahre später) – mit dem Rükken zum Meer – rechts das Istituto und das Istitutet – links die alte Stan, kalt – die Akademiker im Restaurant im Auge – im Ohr die Phoneme einer Sprache, die fragt und zugleich weiß, daß sie sich nicht zu antworten weiß..., im Herzen den Faden eines Lebens (meines), das mich nicht mehr interessiert. 30. Oktober 1975.«

Am 31. Oktober kehrt er nach kurzem Aufenthalt in Paris, wo er die französische Ausgabe von *Salò* überprüft, nach Rom zurück. Zu Hause findet er einen Zettel mit den üblichen Anfragen und Terminen vor: eine Podiumsdiskussion über Zensur im Fernsehen, organisiert von *Domenica del Corriere*, ein Interview über

Pier Paolo Pasolinis Beerdigung am 5. 11. 1975

den italienischen Journalismus für den *Europeo*, eine Vorführung von *Salò* für Manlio Cancogni, ein Interview von Furio Colombo für *Tuttolibri*.

Am 1. November steht er wie gewohnt spät auf und frühstückt zu Hause mit seiner Mutter, Graziella und Nico Naldini; am Ende des Essens kommen Laura Betti und Ninetto Davoli. Ninetto trifft er dann abends im Restaurant ›Pommidoro‹ im Stadtviertel San Lorenzo.

Um vier Uhr kommt Furio Colombo, um das Interview zu machen, und bleibt bis sechs. Pasolini schlägt selbst den Titel für das Interview vor: *Siamo tutti in pericolo*[121] [Wir sind alle in Gefahr].

In der Nacht vom 1. zum 2. November wird Pasolini auf einem Sportplatz bei Ostia, wo im Sommer des vorangegangenen Jahres einige der heitersten und sinnlichsten Szenen des Films *Erotische Geschichten aus 1001 Nacht* gedreht worden waren – einem staubigen Platz voller Gerümpel, der sich in eine mythische Pflanzennatur verwandelt hatte –, von einem siebzehnjährigen Jungen ermordet.

»Eine grundsätzliche Auseinandersetzung mit dem Vater, nach Art, aber wilder und verderbter geworden, des Ringens Jakobs mit dem Engel, lese ich auch in Pasolinis Ende, wenn Sie gestatten. Ich weiß wohl, daß abgesehen von dem öffentlichen Aufsehen großzügige kriminologische Rekonstruktionen dieses so grauenhaften *fait divers* versucht wurden im angstvollen Bestreben, das Absurde rational zu bannen. Wie auch immer die Antworten der Kriminologie ausfallen mögen, die Theodizee, glaube ich, muß hier weniger verkürzend erscheinen. Gewiß, die Metaphern, die mir beistehen, sind im Vergleich zu sauber und zu tröstlich. Eine ist die Rettungserklärung eines anderen Sünders, des Doktors Faust; wenn sie nicht posthum Bedeutung erlangte durch das Wissen, daß die Agonie seines ›olympischen‹ und für damalige Zeit langlebigen Dichters grausam und voller Verzweiflung sein würde. Die andere könnte ich nur mit dem entscheidenden Distichon ausdrücken ›auf der verlassenen Bettstatt / ruhte er neben ihm‹; wenn ich nicht daran dächte, daß anstelle des Bettes im Exil eine mit widerlichen Abfällen übersäte, häßliche Vorstadtheide steht.«

(G. Contini)[122]

Am 5. November schreibt Giorgio Caproni dieses Epigramm:

NACH VERWEIGERUNG EINES ÖFFENTLICHEN KOMMENTARS
ÜBER DEN TOD VON PIER PAOLO PASOLINI

Lieber Pier Paolo.
Die Zuneigung, die wir für einander empfanden,
war rein – das weißt du.
Und rein ist mein Schmerz.
Ich will ihn nicht ›zu Markte tragen‹.
Ich will nicht, um gut dazustehen,
mir deinen Tod zum Schmuck
wie eine Blume ins Knopfloch stecken.«

ANMERKUNGEN

1 Unter der Bezeichnung *Rote Hefte* werden fünf handgeschriebene, unveröffentlichte Hefte verstanden, die zwei verschiedene Überschriften tragen: die erste, am Anfang des ersten Hefts, lautet: »Unfreiwillige Seiten (Roman)«; mit der zweiten beginnt das fünfte Heft: »Der Roman von Narziß«. In Wirklichkeit handelt es sich um ein einziges autobiographisches Tagebuch der Jahre 1946–47 – aus einem Guß geschrieben, mit freigelassenen Stellen in Erwartung eines passenden Ausdrucks –, wo das Alltagsjournal abwechselt mit Erinnerungen an zurückliegende Ereignisse bis hin zur frühen Kindheit. Überarbeitet in der erklärten Absicht, sie romanhaft zu gestalten – doch scheint die Autobiographie stets durch –, werden sie zu dem posthum veröffentlichten narrativen Text *Atti impuri*. Vgl. *Amado mio preceduto da Atti impuri* mit einem Text von Attilio Bertolucci, hrsg. von Concetta D'Angeli, Garzanti, Mailand, 1982; dt. *Amado mio. Zwei Romane über die Freundschaft*, Wagenbach, Berlin 1984.

2 Dieses und die folgenden Zitate stammen aus einem unveröffentlichten Bericht von Cesare Bortotto.

3 Vgl. *Questi ritorni sono per me una vera pena* von L. Serra in *Bolognincontri*, Nr. 9, September 1985.

4 Dieses und das folgende Zitat stammen aus der Einführung *Eredi, Setaccio, Stroligùt* von L. Serra zu Pier Paolo Pasolini, *Lettere agli amici (1941–1945)*, hrsg. von L. Serra, Guanda, Parma 1976, pp. IX–XXIV.

5 Dieses und das folgende Zitat stammen aus dem Text *Lettere a Franco Farolfi* von Attilio Bertolucci in *Nuovi Argomenti*, Nr. 49, Januar–März 1976.

6 Dieses und die folgenden Zitate stammen aus dem Text *Testimonianza per Pier Paolo Pasolini* von G. Contini, in *Il Ponte*, Nr. 4, 30. April 1980.

7 Dieses Zitat stammt aus *Gioventù di un poeta* von R. Roversi in *Bolognincontri*, Nr. 11–12, November–Dezember 1975.
8 Dieses und das folgende Zitat stammen aus dem Text *Su Pasolini. Storia di una corrispondenza* von S. Mauri, in *Linca d'ombra*, Nr. 8, Februar 1985.
9 Dieses und das folgende Zitat stammen aus einem unveröffentlichten Bericht von Mario Ricci.
10 Vgl. *Testimonianza su Pasolini* und *Il Setaccio* von M. Ricci, in *Pasolini e »Il Setaccio« (1942–1943)*, hrsg. von M. Ricci, Cappelli, Bologna 1977, S. 7–42.
11 Aus einem unveröffentlichten Bericht von Tonuti Spagnol.
12 Vgl. *Pedagogia* von A. Zanzotto, in *Pasolini: cronaca giudiziaria, persecuzione, morte*, Garzanti, Mailand 1977, S. 361–372.
13 Dieses und das folgende Zitat stammen aus *Il sogno di una cosa, e i contadini*, in *Reporter*, 26.–27. Oktober 1985, Interview mit Dino Peresson, schriftlich übertragen aus dem Film von Ivo Barnabò Micheli *A futura memoria*.
14 Aus einem unveröffentlichten Bericht von Giuseppe Zigaina.
15 Vgl. *Quelque chose d'autre que la litterature* von V. Sereni, in *Le Pont de L'Epée*, Nr. 56–57, 1976.
16 Dieses und das folgende Zitat stammen aus dem Text *Pasolini maestro e amico* in *Perchè Pasolini*, hrsg. von G. De Santi, M. Lenti und R. Rossini, Guaraldi, Florenz 1978, S. 15–28.
17 Dieses und die folgenden Zitate stammen aus einem unveröffentlichten Bericht von Giorgio Caproni.
18 Vgl. *Tutto Pasolini* von L. Cavicchioli, in *La Domenica del Corriere*, 21. Februar 1979.
19 Aus dem Klappentext zu *Ostia, un film di Sergio Citti*, Garzanti, Mailand 1970.
20 Vgl. *Breve introduzione* von Pier Paolo Pasolini, in *Ostia, un film di Sergio Citti*, op. cit., S. 8.
21 Ebd., S. 7.
22 Vgl. *I cinque dello Strega* von C. Salinari, in *Il Contemporaneo*, 9. Juli 1955.
23 Vgl. *L'Unità*, 29. Juli 1956.
24 Vgl. resp. *Vie Nuove*, 24. Juli 1955, und *L'Unità*, 11. August 1955.
25 Vgl. *Officina. Cultura, letteratura e politica negli anni cinquanta* von G. C. Ferretti, Einaudi, Turin 1975, S. 4.
26 Vgl. das Zeugnis Fortinis, wiedergegeben von Ferretti in *Officina. Cultura, letteratura*, op. cit., S. 7.

27 Vgl. *Per un archivio delle riviste. Sul primo numero di Officina*, hrsg. von D. Cilio, in *L'immaginazione*, Nr. 36, Dezember 1986.
28 Calvino bezieht sich auf das Vorwort in *Poesia dialettale del Novecento*, Guanda, Parma 1951.
29 Vgl. *Vita di Pasolini* von E. Siciliano, Neuausgabe, Rizzoli, Mailand 1981, S. 252 f.; dt.: *Pasolini. Leben und Werk*, Beltz Verlag, Weinheim und Basel 1980.
30 Vgl. *Comunità*, Juni 1955, jetzt in *Saggi italiani* von F. Fortini, De Donato, Bari 1974: »Man ist daher nach diesem Buch verstört und erschüttert, weil erstens das Gewicht des ›Dokuments‹, das heißt der menschlichen Greuel, schmerzhaft ist wie ein Faustschlag; zweitens, weil die Mühe, die aufgewendet wurde, um sie zu bezwingen und in Poesie umzuformen, groß und zuweilen überreich gelungen ist; und drittens, weil man sich verwirrt fragt, ob der Autor und wir und jene Menschen, die dort unten leben ... Ja, der Ausweg eines Autors ist nicht anders als der ›Ausweg‹ eines Jungen aus den Borgate.«
31 Vgl. *Nuova Generazione*, 15.–30. Oktober 1976.
32 Vgl. *Epoca*, 12. Februar 1956.
33 Vgl. *Da Casarsa a Roma* von F. Bandini, in *Pasolini: cronaca giudiziaria, persecuzione, morte*, op. cit., S. 61–62: »Die Gründe für die Verurteilung von Pasolinis Roman seitens der kommunistischen Literaturkritik liegen auf der Hand. Man stellt das Nichtvorhandensein positiver Helden heraus, die aseptische und verzweifelte Öde der Darstellung. Ja, Riccetto rettet eine in den Fluß gefallene Schwalbe, aber eine Schwalbe macht noch keinen Sommer (und viele der Kritiker wissen nicht, aus welch tiefem Ort elegischer Zärtlichkeiten, aus welch reich grünendem Friaul jene Schwalbe hergeflogen ist). In Wahrheit tendiert die KPI dazu, die völlige Rationalität der Soziologie der untergeordneten Klassen, deren Synthese sie auf der Ebene der Praxis darstellt, zu behaupten.«
34 Vgl. *La posizione* von P. P. Pasolini, in *Officina*, Nr. 6, April 1956.
35 Vgl. *Il Contemporaneo*, 2. Juni 1956.
36 Vgl. ebd.
37 Vgl. ebd., 16. Juni 1956.
38 Vgl. ebd., 23. Juni 1956.
39 Vgl. ebd., 30. Juni 1956.
40 Weitere polemische Repliken Pasolinis folgen auf Salinaris Rezensionen des Bandes *Le ceneri di Gramsci*, des Gedichts *In morte del realismo*, des Bandes *La religione del mio tempo* (vgl. *Vie Nuove* vom

16. und 23. Juli 1960; vom 23. September, 9. Oktober, 28. Oktober, 30. Oktober, 16. November 1961).

41 Vgl. *Vita di Pasolini* von E. Siciliano, op. cit., S. 253.

42 Vgl. *Officina. Cultura, letteratura* von G.C. Ferretti, op. cit., S. 42–43. »Vielschichtiger ist der Diskurs, was Calvino angeht. *I giovani del Po* ist ein erzählender Text eindeutig (neo)realistischer Herkunft, der hermetischen und Novecento-Tradition und ihren verschiedenen ›neo-experimentellen‹ Ausläufern im wesentlichen fremd. Ein Text insbesondere, der zu jener Rückkehr zu einem Neorealismus oder ›modernisierten‹ Realismus über Inhalte des Fabriklebens und des Industrieproletariats zu zählen ist, welche in den Jahren 1957–58 zu verzeichnen war (mit Ottieri und Arpino und Calvino selbst und anderen). In den *Giovani del Po* klingen zwei Grundströmungen des Schriftstellers an – eine realistische soziopolitische Instanz und eine Industriethematik einerseits, und ein belustigter Gusto für die Abenteuerlichkeit, Einzigartigkeit, ›Glückseligkeit‹ des Alltäglichen und eine ›Fluß‹-bzw. Liebesthematik andererseits –, und sie erscheinen im Rahmen eines noch voluntaristischen Neorealismus, eines erzählerischen Ansatzes, der auf der Handlung, auf dem Romanhaften und auf einer ›positiven‹, recht äußerlich problematisierten Figur gründet. Indessen besteht kein Zweifel, daß die zweite Strömung die besseren Ergebnisse liefert.«

43 Die Beziehung mit Sanguineti begann mit Pasolinis Rezension der Sammlung *Laborintus:* »Danke für die Worte, die sie im ›Punto‹ meinem *Laborintus* gewidmet haben«, schrieb er ihm am 28. Dezember 1956. »Sie gefallen mir alle, auch die ›narzißtische Entfremdung‹, auch das ›leicht gaddahaft‹, sie klingen mir alle so boshaft herzlich im Ohr.« 1957 erschien dann in der Juni-Nummer von *Officina* ein Stück aus *Erotopaegnia,* das in der von Pasolini besorgten *Kleinen neoexperimentellen Anthologie* enthalten ist. In der folgenden Nummer von *Officina* veröffentlicht Sanguineti einen »offenen Brief« in Versen, *Eine Polemik in Prosa.* »Die Aufnahme eines Stückes aus *Erotopaegnia* in die *Kleine Anthologie* und Pasolinis Begründung veranlassen Sanguineti zur Einsendung eines langen ›offenen Briefes‹ in Versen; dieser nimmt – außer der kritischen Argumentation – ironisch und polemisch die Terzine und den Elfsilber Pasolinis auf und verdreht den Titel eines seiner Gedichte (aus *Eine Polemik in Versen* wird *Eine Polemik in Prosa*). Sanguineti legt ausführlich dar, warum er gegen die Verwendung seines Textes innerhalb solcher anthologisch-kritischen Grenzen und gegen die pasolinische Unterschei-

dung zwischen seinem ›epigonenhaften Neo-Experimentalismus‹ und der Alternative eines ›echten Experimentalismus‹ ist, welche vor allem von einem umstrittenen Hang zur Geschichte gekennzeichnet sei, und fordert, daß seiner Dichtung eine Funktion der authentischen ›kritischen und ideologischen Opposition gegen die vorausgegangenen Stilrichtungen‹ des Novecentismus zuerkannt werde. Der Brief ist in einem Ton gehalten, in dem sehr stark die persönliche Polemik mitschwingt, doch er läßt auch Motive aufscheinen, die in der Diskussion um die neuen Avantgarden Bedeutung gewinnen (z. B.: ›aus der Avantgarde [...] eine Museumskunst machen‹), und regt die Zeitschrift zu einigen Klarstellungen an.« *(Officina. Cultura, letteratura* von G. C. Ferretti, op. cit., S. 45).

44 Für den gesamten Briefwechsel Ferretti–Pasolini und eine erschöpfende Darstellung ihrer Beziehung, vgl. *Lettere a Pier Paolo Pasolini e altri inediti*, hrsg. von M. Raffaeli, Centro Culturale Polivalente del Comune di Chiaravalle, Chiaravalle 1986.

45 Zur pasolinischen Pädagogik vgl. das grundlegende Buch von E. Golino: *Pasolini: il sogno di una cosa*, Il Mulino, Bologna 1985.

46 Vgl. *Il Giorno*, 16. Dezember 1958.

47 Vgl. *Officina. Cultura, letteratura* von G. C. Ferretti, op. cit., S. 120.

48 Aus einem unveröffentlichten Zeugnis von Caproni.

49 Von den drei nicht in *La religione del mio tempo* veröffentlichten Epigrammen gilt das an »C. P.« dem Filmproduzenten Carlo Ponti. Dieser hatte bei Pasolini das Drehbuch von *Lettere di una novizia* nach dem Roman von Piovene bestellt, dann aber wegen der etwas zu späten Abgabe das im Vertrag vereinbarte Honorar nicht zahlen wollen. Daraus folgte ein langer Rechtsstreit. Ein umfangreiches Dossier mit Anwaltsbriefen zu ähnlichen Fällen von Insolvenz oder anderen Zwischenfällen, die sich in der römischen Filmwelt ereignet haben, ist im Pasolini-Archiv (Associazione Fondo Pier Paolo Pasolini, Rom) aufbewahrt.

50 Nach einem Zeugnis von R. Roversi, in G. C. Ferretti, *Officina, Cultura, letteratura*, op. cit., S. 93.

51 Vgl. *Vita di Pasolini* von E. Siciliano, op. cit., S. 255.

52 Die Polemik und entsprechende Anzeigen der kalabresischen Honoratioren gegen Pasolini waren schon in einem der Artikel in *Successo* zur Sprache gekommen sowie in einem folgenden *Brief über Kalabrien*, aus dem »beleidigende Bemerkungen über Kalabrien im allgemeinen und die Einwohnerschaft von Cutro im besonderen« herausgelesen wurden. Ein am Tag der Preisverleihung gegen Paso-

lini verteiltes Manifest schließt mit dem Wunsch, »daß der illustre Mann nicht den Preis für seine literarischen Heldentaten bekommen möge, indem er die Million kassiert«.

53 Vgl. *Pasolini ci parla del suo nuovo romanzo* von G. C. Ferretti, in *L'Unità*, 27. November 1959.
54 Vgl. Interview von G. Rocca in *Il Punto* vom 14. November 1959.
55 Vgl. *Rinascita*, Januar 1960.
56 Vgl. ebd., Februar 1960.
57 Vgl. *Vita di Pasolini* von E. Siciliano, op. cit., S. 254.
58 Vgl. *Le belle bandiere. Dialoghi 1960–1965* von P. P. Pasolini, hrsg. von G. C. Ferretti, Editori Riuniti, Rom 1977.
59 Vgl. *Duemila anni di felicità* von M. A. Macciocchi, Mondadori, Mailand 1983, S. 328–29.
60 Vgl. *Come un racconto gli anni del Premio Strega* von M. Bellonci, Club degli Editori, Mailand 1969, S. 55–56.
61 Vgl. *Pasolini: cronaca giudiziaria*, op. cit., S. 115.
62 Vgl. ebd., S. 253–254 und 265.
63 Vgl. *L'odore dell'India* von P. P. Pasolini, Longanesi, Mailand 1962; dt.: *Der Atem Indiens*, Beck & Glückler, Freiburg 1988.
64 Vgl. *Testimonianza per Pier Paolo Pasolini* von G. Contini, in *Il Ponte*, Nr. 4, 30. April 1980; dt.: *Zeugnis für Pier Paolo Pasolini*, in: *Freibeuter*, Nr. 42, Berlin 1989.
65 Vgl. *Il cinema di Pier Paolo Pasolini* von A. Ferrero, Marsilio, Venedig 1977, S. 19.
66 Vgl. *Pasolini: cronaca giudiziaria*, op. cit., S. 119–133.
67 Vgl. *Vita di Pasolini* von E. Siciliano, op. cit., S. 306–307.
68 Vgl. das Zeugnis *Per Pasolini* von A. Arbasino, vorgetragen auf der Tagung »Pier Paolo Pasolini ... Avec les armes de la poesie ...«, Paris, Dezember 1984.
69 Vgl. *Vita di Pasolini* von E. Siciliano, op. cit., S. 321.
70 Gegen die Verurteilung von *La Ricotta* wurden mehrere Kundgebungen und Diskussionen organisiert, unter anderem eine der Kommunistischen Partei unter Leitung von Antonello Trombadori. Dies veranlaßt eine Neubetrachtung der Beziehungen zwischen der KPI und Pasolini zu diesem Datum. Die Polemiken, die in diesen Jahren um die öffentliche und private Figur Pasolinis entbrannt sind; die, die kunstvoll gegen ihn entfacht wurden, und die, die er selbst vom Zaun gebrochen hat, sich verdichtend »im Haß der Meute hohnlachender Studenten / unter meinem Fenster eines Mannes im Todeskampf«, haben stets stattgefunden im Schutz seiner »weit zurückliegenden, kri-

tischen und deshalb um so gefestigteren Beziehung zur Kommunistischen Partei und ihren Militanten« (T. De Mauro, in *Pasolini: cronaca giudiziaria*, op. cit., S. 270). Dennoch muß klargestellt werden, daß diese Beziehung vielfachen Manipulationen und Folgerungen seitens der Zeitungen jener Jahre und auch späterer Zeugnisse ausgesetzt war, die Pasolini ständig unter Anklage gestellt sehen wollten, nicht nur in den gelegentlichen Polemiken mit der KPI, sondern im negativen Gesamturteil Togliattis. Im Pasolini-Archiv ist ein umfangreicher Briefwechsel mit der Führung der KPI aufbewahrt, bedeutsam ist unter anderen der nachstehende Brief von Luca Pavolini, stellvertretender Herausgeber von *Rinascita*, datiert Rom, 26. Oktober 1963:
»Lieber Pasolini,
Rinascita wäre sehr an Ihrer gelegentlichen Mitarbeit interessiert, und Togliatti bittet mich, bei Ihnen zu insistieren. Können Sie uns Ihren Beitrag geben? Ich mache Ihnen einstweilen zwei Vorschläge, einen sofortigen und einen langfristigeren. Der sofortige Vorschlag ist folgender: ein Stück (kurz, etwa vier oder fünf Schreibmaschinenseiten, auch weniger) über den Bauarbeiterprozeß, der gerade in Rom stattfindet. Es ist ein Prozeß, der, so scheint mir, Anlaß zum Nachdenken bietet, wie immer das Urteil ausfallen mag. Wenn Sie, wie ich hoffe, annehmen, für uns darüber zu schreiben, brauchten wir diesen Artikel bis spätestens nächsten Mittwoch, weil wir ihn in der nächsten Nummer veröffentlichen müssen. Ich werde mir erlauben, Sie Montag anzurufen, um Ihre Antwort zu erfahren. Nicht ganz so eilig möchte ich Sie darum bitten, in der Debatte Stellung zu nehmen, die in unserer Zeitschrift um aktuelle kulturelle Fragen geführt wird. Ich lege Ihnen die Nummern von *Rinascita* bei, in denen wir ein Interview mit Sartre über die ›Entmilitarisierung der Kultur‹ und einen Essay von Umberto Eco über die Probleme der Oppositionskultur in Italien veröffentlicht haben. Falls Sie sich angeregt fühlen, zu einem dieser Themen Ihre Meinung abzugeben, stehen Ihnen die Spalten unserer Zeitschrift offen.
Entschuldigen Sie die Störung und nehmen Sie herzliche Grüße von Togliatti entgegen, denen ich meine persönlichen Grüße hinzufüge.«

71 Aus dem Zeugnis *Per Pasolini* von A. Arbasino, op. cit.
72 Vgl. *Vita di Pasolini* von E. Siciliano, op. cit., S. 333.
73 Aus dem *Unveröffentlichten Zeugnis* von G. Caproni, op. cit.
74 Aus *Testimonianza per Pier Paolo Pasolini* von G. Contini, op. cit.
75 Vgl. *Pier Paolo Pasolini*, in *Il mestiere di scrittore*, hrsg. von F. Camon, Garzanti, Mailand, 1973, S. 99–100.

76 Die Dreharbeiten des *Evangeliums* haben erste Spannungen im Verhältnis zu Elsa aufkommen lassen, weil einige ihrer Freunde, die daran mitgewirkt hatten, nicht bezahlt wurden. Doch hinter dieser Tatsache verbirgt sich eine schon vorher bestehende Trübung, die in den Versen des *Madrigals* anklingt und auf die auch dieser Brief ohne Datum anspielt: »Es ist klar, daß es utopisch war, sich von den unsäglichen Scheißkerlen der Arco Film einen solchen Respekt zu erwarten, es war sogar idiotisch, denn sie respektieren nichts außer der Scheiße (d. h. eben die paar elendiglichen Lire, von denen Du geredet hast). Darum hätte ich gewollt, daß Du sie mit Deiner Autorität wenigstens mit der Schnauze in ihre Scheiße getunkt hättest, wenigstens einen Moment lang, damit sie sich ihrer Scheiße wenigstens schämen (sie selbst als Personen in ihrer Rolle) etc. etc. Mir schien, dann wäre alles schöner gewesen, der Film über das Evangelium wäre schöner gewesen, weil Scheiße immer stinkt, wenn man sie garen läßt, und man den Gestank überall riecht und er die Schönheit jedes Films (oder Buches oder sonstwas) ruiniert. An einem bestimmten Punkt schien es mir, als würde ich selbst in diesen letzten Tagen stinken, weil ich nur *von weitem* mit den Systemen der Arco Film zu tun hatte, kurz, ich konnte einfach nicht mehr. Und zum Glück kann ich nicht mehr. Und Du weißt sehr wohl, daß es hier nichts bedeutet, wenn Du aus Deiner eigenen Tasche zahlst (oder ich aus meiner), weil die von der Arco Film ja gar nichts anderes wollen, weil sie so noch besser in ihrer Scheiße schweigen. Deshalb konnte ich, auch wenn Du Milliardär wärst (und leider bist Du es nicht), weder für William noch für Giacomo Dein Geld annehmen (in der Tat nehme ich es nicht an und lege es Dir hier bei). Der Schatten, von dem Du sagst, er sei auf unsere Freundschaft gefallen, ist nicht eine *Schuld* Deinerseits, Du schuldest uns nichts, das weißt Du genau; es ist die *Anbetung der Pharisäerväter*, wie ich Dir schon in meinem Gedicht geschrieben hatte. Aber es stimmt nicht, daß dieser Schatten zum ersten Mal da ist.«

77 Nur wenige gelegentliche Rezensionen haben das Erscheinen des Buches begleitet. Ausnahmen bilden ein Essay von Leonetti über den »neuen Stil« Pasolinis und einer von Romanò über seine poetische Gestalt insgesamt.

78 Vgl. *Settimo Giorno*, Nr. 38, 1964.

79 Vgl. *Paese Sera*, 22. September 1964.

80 Vgl. *Duemila anni di felicità* von M. A. Macciocchi, op. cit., S. 331 ff.

81 Vgl. *Il sogno del centauro* von P. P. Pasolini, hrsg. von J. Duflot, Vorwort von G. C. Ferretti, Editori Riuniti, Rom 1983, S. 102 ff. Nach Paolo Volponi wäre die Polemik mit der Neoavantgarde weniger ein Zusammenstoß mit dem literarischen Theater als vielmehr eine Infragestellung seiner ganzen intellektuellen Gestalt gewesen. Volponi schreibt: »Er konstruierte mit seiner Arbeit eine wohlgeordnete, poetisch-zivilisierte Gesellschaft, in der auch die subalternen dialektalen Kulturen durchaus gegen die Übermacht der autoritären Einheit überleben sollten. Die Einheit hätte eine Figur der literarischen Intelligenz und das Produkt der Sprache sein sollen. Er stellte auch eine Hierarchie auf, die bei Dante begann und bis ins 20. Jahrhundert reichte, lebende Autoren wie Gadda, Contini, Penna, Morante bis hin zu ihm selbst umfaßte. Und von seiner Warte aus sah er auch die abfallenden Ränge, nachdem der historisch einheitliche, wenngleich etwas abstrakte (von einem Literaten formulierte) Zweck festgesetzt war, den seine Konstruktion anstrebte, die Harmonie und die Produktion der Sprache als Geschichte des gemeinschaftlichen Glückes, das aus aktiver Ordnung in den Beziehungen und in den Definitionen besteht.

Dieses System ist von der Neoavantgarde heftig angefeindet worden, obgleich sie doch aus jenem Experimentalismus erwuchs, dem Pasolini viele Verdienste zuerkannt und dem er einen Platz zugewiesen hatte.

Die Avantgarde hat die Grundsätze seiner Konstruktion nicht anerkannt und hat sie im Zeichen der industriellen Abkürzungen und der Willkür der Forschung um ihrer selbst willen auf den Kopf gestellt.

Darauf hat er reagiert, indem ihm die Ordnung der Studien und auch das völlige, kindliche Vertrauen auf die gesellschaftliche Güte der Arbeit und der Lehre abhanden gekommen ist. Damals ist er in die spektakuläre Welt des Films eingestiegen, um sich zu betäuben und zu zerstreuen. Er hat auch aufgehört zu studieren, jedenfalls tat er es nicht mehr mit der Ruhe und dem Eifer von früher.

Er hat begonnen, auch außerhalb seiner Bereiche Kulturpolitik zu machen; er hat auf Polemiken einsteigen, kämpfen, aus jener mäeutischen Haltung heraustreten müssen, die seine gesamte Arbeit gekennzeichnet hatte. Und vielleicht hat auch sein Eros die Unschuld der Liebe verloren, hat ostentative Züge angenommen, als Revanche herhalten müssen und sich mit dem Geschmack an der Macht und der Berühmtheit verquickt« (Vgl. *Nuova Generazione*, 15.–31. Oktober 1976).

Pasolinis Verhältnis zur Neoavantgarde, wie es hier dargestellt wird, scheint in Wirklichkeit durch ein Übermaß von Interpolationen kompliziert, so daß eine Hypothese aufgestellt wird, die zu hastig Pasolinis persönliche und kulturelle Angelegenheiten mit einer literarischen Polemik vermischt, die ja nur eine Episode sein kann – wenn sie sich auch erbittert hinzog – angesichts der bevorstehenden und sehr viel wichtigeren Krise von 1968, in der die »formalistischen« Avantgarden und der rein verbale Protest der Gruppe '63 durch die Studentenrevolte verspottet und liquidiert werden sollten.

82 Für den »kurzen Film« franziskanischer Inspiration hat Pasolini, wie schon beim *Evangelium,* um die Hilfe und Supervision der Freunde der Cittadella von Assisi gebeten. Am 7. Oktober 1965 schreibt ihm L. Caruso:

»Um liebevoll Ihrer freundlichen Bitte nachzukommen, am Drehbuch von *Große Vögel, kleine Vögel* Veränderungsvorschläge anzubringen, und in dem brüderlichen Wunsch, auch diesmal von Nutzen zu sein, habe ich mich mit Don Andrea an die Arbeit gemacht.
Wir haben den Text aufmerksam studiert und mit anderen Kollegen darüber diskutiert. Aber wir haben uns absolut unfähig gefunden, Verbesserungen und Änderungen anzubringen, die nur partiell wären und den Film im wesentlichen so lassen würden, wie er ist. Denn leider kann dieser Film von uns nur völlig mißbilligt werden. [...]
Erlauben Sie mir, gerade im Namen unserer aufrichtigen Freundschaft, Ihnen eine sehr lebhafte Bitte vorzutragen, die sie uns nicht abschlagen dürfen: Wenn Sie diesen Film unbedingt machen wollen (und viel besser wäre es, vor allem für Sie selbst, wenn Sie darauf verzichteten), dann drehen Sie keine Szene in Assisi oder an einem Ort, der wie Assisi wirken könnte.«

83 Vgl. *Intervista con Totò, uomo di due secoli* von G. Gambetti, in *Uccellacci e uccellini*, Garzanti, Mailand 1966, S. 245–246.
84 Vgl. *Il mestiere di scrittore*, hrsg. von F. Camon, op. cit., S. 101–102.
85 Vgl. *Vita di Pasolini* von E. Siciliano, op. cit., S. 364.
86 Vgl. *Il Giorno*, 11. November 1966.
87 Vgl. *Nuovi Argomenti*, Juli–Dezember 1980.
88 Aus einem *Unveröffentlichten Zeugnis* von F. Pivano.
89 Der unveröffentlichte Text von *Bestemmia,* teils handgeschrieben, teils maschinengeschrieben mit vielen Korrekturen, besteht aus etwa 150 Blättern. Einige Teile haben die Form eines Drehbuchs, andere die Form eines narrativen Poems. Er trägt das Datum 4. Januar 1967.
90 Vgl. *Franco Citti, attore da sempre* von G. Gambetti, in *Edipo re,* Garzanti, Mailand 1967, S. 23–26.
91 Vgl. *Nuovi Argomenti*, April–Juni 1968.

92 Aus dem *Zeugnis für Pier Paolo Pasolini* von G. Contini, op. cit.
93 Vgl. *Vita di Pasolini* von E. Siciliano, op. cit., S. 381: »Mit Ausnahme von Garboli nahmen die Kritiker *Teorema* so auf, als wäre es ein *treatment* und sonst nichts, als Kniff eines ehemaligen Erzählers, der sich, mit dem Auge an der Kamera, bei der Versammlung der Literaten in Erinnerung bringen will. [...] Pier Paolo war inzwischen meilenweit von den literarischen Kreisen entfernt: an die Literaten richtete er, wenn er wollte, vehemente Kritiken ...«
94 Vgl. *Pasolini maestro e amico* von P. Volponi, in aa.vv., *Perchè Pasolini*, Guaraldi, Florenz 1978, S. 21–22.
95 Vgl. die von Gian Carlo Ferretti besorgte Auswahl *Il Caos* von P. P. Pasolini, Editori Riuniti, Rom 1979; dt.: *Chaos. Gegen den Terror*, Piper, München 1988.
96 Ein Beispiel bildet Elio Pagliuranis Replik auf Pasolini, veröffentlicht in *Paese Sera* vom 3. September 1969. »Meine ganz persönliche Meinung ist, daß *Pilade* keinen wirklichen Stoff bietet, an dem man sich messen kann, oder, anders gesagt, es wäre verlorene Zeit, es lohnt sich nicht.«
97 Pasolinis Briefe wurden nicht wiedergefunden, es bleiben die der Callas, geschrieben auf Papier mit dem Briefkopf einer griechischen Fluggesellschaft, andere wurden auf einer griechischen Insel aufgegeben, wo die Callas bei einem großen Reeder zu Gast war und wo Pasolini sie im Sommer 1970 für ein paar Tage besuchte.
98 Vgl. *Pasolini maestro e amico* von P. Volponi, op. cit., S. 19–20.
99 Vgl. *Il sogno del centauro* von P. P. Pasolini, op. cit., S. 66.
100 Vgl. *La Stampa*, 27. Juli 1971.
101 Vgl. *Il Mondo*, 14. Juli 1972.
102 Vgl. *Zeugnis für Pier Paolo Pasolini* von G. Contini, op. cit.
103 Vgl. *Il Giorno*, 31. Januar 1973.
104 Vgl. *La Stampa*, 4. Januar 1973.
105 Vgl. Piero Ottone, *Intervista sul giornalismo italiano,* hrsg. von Paolo Munaldi, Laterza, Bari 1978, S. 112–113.
106 Aus dem *Zeugnis für Pier Paolo Pasolini* von G. Contini, op. cit.
107 Vgl. *Il Mondo*, 31. Mai 1973.
108 Vgl. *Vita di Pasolini* von E. Siciliano, op. cit., S. 440.
109 Vgl. P. P. P., *Il cinema in forma di poesia,* hrsg. von L. De Giusti, Edizioni Cinemazero, Pordenone 1979, S. 152–161.
110 Vgl. *Divorziare in nome di Dio* von F. Perego, Marsilio, Venedig 1974.
111 Vgl. *La Stampa*, 10. Januar 1975.
112 Vgl. *Pasolini maestro e amico* von P. Volponi, op. cit., S. 25–26.

113 Vgl. *Il sogno del centauro* von P. P. Pasolini, op. cit., S. 165.
114 Vgl. *Pasolini maestro e amico* von P. Volponi, op. cit., S. 27–28.
115 Aus dem *Unveröffentlichten Zeugnis* von G. Caproni.
116 Vgl. *Il sogno del centauro* von P. P. Pasolini, op. cit., S. 154–157.
117 Vgl. *Pasolini: cronaca giudiziaria*, op. cit., S. 375–377. Einen Nachklang des letzten Briefaustauschs mit Scalia kann man in dem Artikel »*Lettera luterana*« *a Italo Calvino* in *Il Mondo* vom 30. Oktober 1975 finden: »Nur die platonischen – ich füge hinzu, marxistischen – Intellektuellen haben heute offenbar, womöglich ohne Informationen, aber sicherlich ohne Interessen und Komplizenschaften, eine gewisse Chance, den Sinn dessen zu erahnen, was wirklich passiert: allerdings nur, wenn ihre Ahnung von ebenso platonischen Wissenschaftlern in die Sprache der einzigen Wissenschaft übersetzt – buchstäblich übersetzt – wird, deren Realität objektiv so gesichert ist wie die der Naturwissenschaft, nämlich die der Politischen Ökonomie.«
118 Aus einem Brief von E. Ferrero an den Herausgeber des vorliegenden Bandes.
119 Vgl. *Volgar'eloquio* von P. P. Pasolini, hrsg. von A. Piromalli und D. Scafoglio, Athen, Neapel 1976.
120 Interview, aufgenommen im Italienischen Kulturinstitut in Stockholm am 30. Oktober 1975.
121 Vgl. *Tuttolibri*, 8. November 1975.
122 Aus dem *Zeugnis für Pier Paolo Pasolini* von G. Contini, op. cit.

EDITORISCHE NOTIZ

Die in diesem Band veröffentlichte Chronologie des Lebens Pier Paolo Pasolinis erschien im italienischen Original in *Pier Paolo Pasolini. Lettere. 1940–1954 e 1955–1975, con una cronologia della vita e delle opere.* A cura di Nico Naldini, bei Giulio Einaudi editore, 1986 und 1988 in Turin, sowie in einer erweiterten Fassung in dem Band Nico Naldini, *Pasolini. Una vita*, Einaudi 1989.

In der deutschen Übersetzung sind die Briefe als gesonderter Band (Pier Paolo Pasolini, »*Ich bin eine Kraft des Vergangenen …*« *Briefe 1940–1975*, Wagenbach, Berlin 1991) erschienen.

Die deutsche Übersetzung der Chronologie wurde in Absprache mit dem Autor geringfügig gekürzt, sowie für die Taschenbuchausgabe überarbeitet und aktualisiert.

Nico Naldini und der Verlag Klaus Wagenbach danken den Autoren der Zeugnisse über Pier Paolo Pasolini, die in diese Chronologie aufgenommen werden konnten: Attilio Bertolucci, Cesare Bortotto, Giorgio Caproni, Gianfranco Contini, Renato Lena, Mario Ricci, Giuseppe Zigaina. Die italienische Originalausgabe der Chronologie enthält keine Bilder. Unser besonderer Dank gilt Roberto Chiesi vom *Centro Studi – Archivio Pier Paolo Pasolini* in Bologna, der die Bebilderung der deutschen Ausgabe durch viele Hinweise unterstützte.

WERKE PIER PAOLO PASOLINIS IN BUCHFORM

Prosa

Ragazzi di vita, Garzanti, Mailand 1955. Deutsch v. Moshe Kahn: *Ragazzi di vita*, Wagenbach, Berlin 1990 (2009).
Una vita violenta, Garzanti, Mailand 1959. Deutsch v. Gur Bland: *Vita violenta*, Piper, München 1963.
Donne di Roma, Il Saggiatore, Rom 1960.
Il sogno di una cosa, Garzanti, Mailand 1962. Deutsch v. Hans-Otto Dill: *Der Traum von einer Sache*. Medusa, Berlin 1983.
Alì dagli occhi azzurri, Garzanti, Mailand 1965. Deutsch v. Bettina Kienlechner und Hans-Peter Glückler: *Alí mit den blauen Augen*, Piper, München 1990.
La Divina Mimesis, Einaudi, Turin 1975. Deutsch v. Maja Pflug: *Barbarische Erinnerungen, La Divina Mimesis*, Wagenbach, Berlin 1983.
Amado mio, preceduto da Atti impuri, Garzanti, Mailand 1982. Deutsch v. Maja Pflug: *Amado mio. Unkeusche Handlungen. Zwei Romane über die Freundschaft*, Wagenbach, Berlin 1984 (2002).
Petrolio (Hg. v. Maria Careri u. Graziella Chiarcossi), Einaudi, Turin 1992. Deutsch v. Moshe Kahn: *Petrolio*, Wagenbach, Berlin 1994.
Un paese di temporali e di primule (Hg. v. Nico Naldini), Guanda, Parma 1993 (Erzählungen und Essays über das Friaul).
Romàns, seguito da un articolo per il »Progresso« e Operetta marina (Hg. v. Nico Naldini), Guanda, Parma 1994.
Storie della città di Dio. Racconti e cronache romane (1950–1966), (Hg. v. Walter Siti), Einaudi, Turin 1995. Deutsch v. Annette Kopetzki: *Geschichten aus der Stadt Gottes*, Wagenbach, Berlin 1996 (1999).
Romanzi e racconti (Hg. von Walter Siti u. Silvia De Laude, zweibändig), Mondadori, Mailand 1998.

Gedichte

Poesie a Casarsa, Libreria Antiquaria Mario Landi, Bologna 1942.
Diarii, Pubblicazioni all'*Academiuta*, Casarsa 1945.
Poesie, Stamperia Primon, San Vito al Tagliamento 1945. Deutsch v. Anna-Maria Kanzian: *Wie eine Viole in Casarsa*, Wieser, Klagenfurt 2003.
I Pianti, Pubblicazioni all'*Academiuta*, Casarsa 1946.
Dov'è la mia patria, Pubblicazioni all'*Academiuta*, Casarsa 1946.
Tal còur di un frut, Edizioni »Friuli«, Tricesimo 1953.
Dal diario, Sciascia, Caltanisetta 1954.
La meglio gioventù, Sansoni, Florenz 1954.
Il canto popolare, Edizioni della Meridiana, Mailand 1954.
Le ceneri di Gramsci, Garzanti, Mailand 1957. Deutsch v. Toni und Sabine Kienlechner: *Gramsci's Asche*, Piper, München 1980.
L'usignolo della Chiesa Cattolica, Longanesi, Mailand 1958. Deutsch v. Toni und Bettina Kienlechner: *Die Nachtigall der katholischen Kirche*, Piper, München 1989.
Roma 1950, All'insegna del peste d'oro [Scheiwiller], Mailand 1960.
Sonetto primaverile, All'insegna del peste d'oro [Scheiwiller], Mailand 1960.
La religione del mio tempo, Garzanti, Mailand 1961.
Poesie in forma di rosa, Garzanti, Mailand 1964.
Poesie dimenticate (Hg. v. Luigi Ciceri), Società Filologica Friulana, Udine 1965.
Poesie, Garzanti, Mailand 1970.
Trasumanar e organizzar, Garzanti, Mailand 1971.
La nuova gioventù, Einaudi, Turin 1975.
Le Poesie, Sammelband, Garzanti, Mailand 1975.
Poesie e pagine ritrovate (Hg. v. Andrea Zanzotto u. Nico Naldini), Ed. Lato Side, Rom 1980.
Unter freiem Himmel, Ausgewählte Gedichte. Deutsch v. Toni und Sabine Kienlechner, Wagenbach, Berlin 1982.
Bestemmia. Tutte le poesie (Hg. v. Graziella Chiarcossi u. Walter Siti, zweibändig), Gesamtausgabe, Garzanti, Mailand 1993.
Wer ich bin. Mit einer Erinnerung von Alberto Moravia. Deutsch v. Peter Kammerer u. Bettina Kienlechner, Wagenbach, Berlin 1995.
Poesie scelte (Hg. v. Nico Naldini u. Francesco Zambon), TEA, Mailand 1997.
Tutte le poesie (Hg. v. Walter Siti), Gesamtausgabe, Mondadori, Mailand 2003.

Dunckler Enthusiasmo, Friulanische Gedichte. Deutsch v. Christian Filips, Urs Engeler Editor, Solothurn 2009.

Theoretische Schriften, Aufsätze, Anthologien

Poesie dialettale del novecento, Guanda, Parma 1952; Einaudi, Turin 1995.
Canzoniere italiano, Guanda, Bologna 1955.
Passione e ideologia, Garzanti, Mailand 1960.
La poesia popolare italiana, Garzanti, Mailand 1960.
Scrittori della realtà dal VIII al XIX secolo, (mit Bernardo Bertolucci und Alberto Moravia), Garzanti, Mailand 1961.
L'odore dell'India, Longanesi, Mailand 1962. Deutsch v. Peter Mohr: *Der Atem Indiens*, Beck & Glückler, Freiburg 1988.
Empirismo eretico, Garzanti, Mailand 1962. Deutsch v. Reimar Klein: *Ketzererfahrungen*, Hanser, München 1979.
Scritti corsari, Garzanti, Mailand 1975. Deutsch v. Thomas Eisenhardt: *Freibeuterschriften*. Die Zerstörung der Kultur des Einzelnen durch die Gesellschaft, Wagenbach, Berlin 1978 (2011).
Lettere luterane, Einaudi, Turin 1976. Deutsch v. Agathe Haag: *Lutherbriefe*, Medusa, Wien/Berlin 1983.
Volgar'eloquio (Hg. v. Antonio Piromalli u. Domenico Scarfoglio), Athena, Neapel 1976.
Con Pier Paolo Pasolini (Hg. v. Enrico Magrelli), Bulzoni, Rom 1977.
Pasolini e »Il Setacchio«, 1942–1943 (Hg. v. Mario Ricci), Cappelli, Bologna 1977.
Le belle bandiere. Diloghi 1960–1965 (Hg. v. Gian Carlo Ferretti), Editori Riuniti, Rom 1978.
Il Caos (Hg. v. Gian Carlo Ferretti), Editiori Riuniti, Rom 1979. Deutsch v. Agathe Haag: *Chaos. Gegen den Terror*, Medusa, Berlin 1981.
Il cinema in forma di poesia (Hg. v. Luciano de Giusti), Edizione cinemazero, Pordenone 1979.
Descrizioni di descrizioni (Hg. v. Graciela Chiarcossi), Einaudi, Turin 1979.
Erfahrung und Erinnerung (Hg. v. Claudia Gehrke u. Peter Poertner), Konkursbuch 3, Gehrke & Poertner, Tübingen 1979.
Stroligùt di cà da l'aga (1944) – Il Stroligut (1945–1946) – Quaderno romanzo (1947), Nachdruck der Zeitschrift der *Academiuta* friulana, Circolo filologico linguistico padovano, Padua, 1983.

Das Herz der Vernunft, Dialoge, Polemiken, Gedichte, Bilder (Hg. v. Burkhard Kroeber), Wagenbach, Berlin 1986.
Il Portico della Morte (Hg. v. Cesare Segre), Garzanti, Mailand 1988.
Literatur und Leidenschaft. Über Bücher und Autoren, Deutsch v. Annette Kopetzki, Wagenbach, Berlin 1989.
I dialoghi (Hg. v. Giovanni Falaschi), Dialoge mit den Lesern von *Vie Nuove* und *Tempo*, Editori Riuniti, Rom 1992.
I film degli altri (Hg v. Tullio Kezich), Guanda, Parma 1996.
Essays, Tagebücher, Dokumente, Fotos, Deutsch v. Christoph Klimke, Oberbaum Verlag, Berlin 1996.
Saggi sulla letteratura e sull'arte (Hg. v. Walter Siti u. Silvia De Laude), Mondadori, Mailand 1999.
Saggi sulla politica e sulla società (Hg. v. Walter Siti u. Silvia De Laude), Mondadori, Mailand 1999.

Theaterstücke und Drehbücher

Eschilo, Orestiade (Übersetzung), Edizioni Urbiante, Urbino 1960.
Il Vantone di Plauto, Garzanti, Mailand 1963.
La nottre brava (Drehbuch zus. mit L. Bost), in *Alì con gli occhi azzurri*, Garzanti, Mailand 1966. Dt. Titel: *Wir von der Straße*, nach dem Roman *Ragazzi di vita*, Regie M. Bolognini, 1959.
Calderòn, Garzanti, Mailand 1973. Deutsch v. Heinz Riedt: *Calderòn*, Beck & Glückler, Freiburg 1985.
I turcs tal Friul, Edizione Forum Julii, Udine 1976. Deutsch v. Hans Kitzmüller: *Die Türken in Friaul*, Wieser, Klagenfurt 2003.
Affabulazione – Pilade, Garzanti, Mailand 1977. Deutsch v. Heinz Riedt: *Affabulazione oder Der Königsmord*, Fischer, Frankfurt 1971.
Porcile, Orgia, Bestia da Stile, Garzanti, Mailand 1979. Deutsch v. Heinz Riedt: *Orgie. Der Schweinestall*, Fischer, Frankfurt 1984.
Il Vangelo, Edipo, Medea, Garzanti, Mailand 1991.
La sua gloria (dramma in 3 atti e 4 quadri, 1938), in *Rendiconti* 40, März 1996, S. 43–70.
Teatro (Hg. v. Walter Siti u. Silvia De Laude), Sammelband, Mondadori, Mailand 2001.

Diverse Texte und Bildbände

Lettere (1940–1954; 1955–1975), zweibändig (Hg. v. Nico Naldini), Einaudi, Turin 1986–1988. Deutsch v. Maja Pflug: »*Ich bin eine Kraft des Vergangenen…*«. *Briefe 1940–1975,* Wagenbach, Berlin 1991.
Giro a vuoto, Liedertexte, All'Insegna del pesce d'oro [Scheiwiller], Mailand 1960.
Potentissima signora, Lieder und Dialoge für Laura Betti, Garzanti, Mailand 1965.
Lettere agli amici (1941–1945), Briefe, Guanda, Mailand 1967.
Pasolini on Pasolini, Interviews (Hg. v. Oswald Stack), Thames and Hudson, London 1969.
I disegni 1941–1975, Malerei und Graphik (Hg. v. Giuseppe Zigaina), Scheiwiller, Mailand 1978.
Il sogno del centauro, Interviews (Hg. v. Jean Duflot), Editori Riuniti, Rom 1983. Deutsch v. Christoph Klimke: *Der Traum des Centaur,* Oberbaum Verlag, Berlin 1998.
»… Mit den Waffen der Poesie …«, Akademie der Künste, Berlin 1994.
Pasolini über Pasolini. Im Gespräch mit Jon Halliday, Folio, Wien 1995.
La lunga strada di sabbia (Hg. v. Philippe Séclier), Tagebuch/Bildband einer Reise entlang der italienischen Adriaküste, Contrasto Due, Rom 2005. Deutsch v. Annette Kopetzki: *Die lange Straße aus Sand,* Edel, Hamburg 2009.
Rom, andere Stadt. Geschichten und Gedichte, Deutsch v. Annette Kopetzki, Corso, Hamburg 2010.
Reisen in 1001 Nacht (Hg. v. Peter Kammerer, Deutsch v. Dorothea Dieckmann), Corso, Hamburg 2011.
Afrika, letzte Hoffnung (Hg. v. P. Kammerer, Deutsch v. A. Kopetzki u. D. Dieckmann), Corso, Hamburg 2011.

Bücher zu Filmen

La commare secca (zus. mit B. Bertolucci), Zibetti, Mailand 1962.
Il Vangelo secondo Matteo, Garzanti, Mailand 1964.
Accattone (in *Alì con gli occhi azzurri*), Garzanti, Mailand, 1965. Deutsch v. Ulrich Enzensberger: *Accattone,* Piper, München 1984.
Mamma Roma (in *Alì con gli occhi azzurri*), Garzanti, Mailand 1965.

Deutsch v. Ulrich Enzensberger: *Mamma Roma*, Piper, München 1985.
Uccelacci e uccellini, Garzanti, Mailand 1966. Deutsch v. Karin Fleischanderl: *Große Vögel, kleine Vögel*, Wagenbach, Berlin 1992.
Edipo re, Garzanti, Mailand 1967.
Teorema, Garzanti, Mailand 1968. Deutsch v. Heinz Riedt: *Teorema oder die nackten Füße*, Piper, München 1969.
Ostia (zus. mit Sergio Citti), Garzanti, Mailand 1970.
Trilogia della vita (Hg. v. Girgio Gattei), Cappelli, Bologna 1975.
Il padre selvaggio, Einaudi, Turin 1975.
San Paolo, Einaudi, Turin 1977. Deutsch v. Dagmar Reichardt: *Der heilige Paulus*, Schüren Verlag, Marburg 2007.
Appunti per un'Orestiade Africana (Hg. v. Antonio Costa), Quaderni del Centro Culturale di Copparo, Copparo (Ferrara) 1983.

FILMOGRAPHIE

Accattone (dt.: *Accattone – Wer nie sein Brot mit Tränen aß*), 1961.
Mamma Roma, (dt.: *Mamma Roma*) 1962.
La ricotta (dt.: *Der Weichkäse*, Episode aus dem Film *Ro.Go.Pag*), 1962.
La rabbia 1963 (dt.: *Der Zorn*; erster Teil unter der Regie Pasolinis, der zweite von Giovannino Guareschi).
Comizi d'amore (dt.: *Gastmahl der Liebe*), 1963.
Sopraluoghi in Palestina per il Vangelo secondo Matteo (dt.: *Ortsbesichtigungen in Palästina*), 1963/64.
Il Vangelo secondo Matteo (dt.: *Das erste Evangelium Matthäus*), 1964.
Uccellacci e uccellini (dt.: *Große Vögel, kleine Vögel*), 1965.
La terra vista dalla luna (dt.: *Die Erde vom Mond gesehen*), Episode aus dem Film *Le streghe* (dt.: *Hexen von heute*), 1966.
Che cosa sono le nuvole? (dt.: *Was sind Wolken?*), Episode aus dem Film *Capriccio all'italiana* (dt.: *Laune auf italienisch*), 1967.
Edipo re (dt.: *Edipo re – Bett der Gewalt*), 1967.
Apunti di viaggio per un film sull'India (dt.: *Notizen für einen Film über Indien*) 1967/1968.
Teorema (dt.: *Teorema – Geometrie der Liebe*), 1968.
La sequenza del fiore di carta (dt.: *Die Geschichte einer Papierblume*), Episode aus dem Film *Amore e rabbia* (dt.: *Liebe und Zorn*), 1968.
Porcile (dt. *Der Schweinestall*), 1969.
Appunti per un Orestiade africana (dt.: *Notizen zu einer afrikanischen Orestie*), 1969.

Medea (dt.: *Medea*), 1969.
Il Decameròn (dt.: *Decameron*), 1970.
Appunti per un romanzo dell'immondezza, 1970.
I racconti di Canterbury (dt.: *Pasolinis tolldreiste Geschichten*), 1971.
Dodici dicembre (zus. mit Lotta Continua), 1972.
Il fiore di mille e una notte (dt.: *Erotische Geschichten aus 1001 Nacht*), 1973.
Le mura di San'a (dt.: *Die Mauern von Sana'à*), 1973.
Salò o le 120 giornate di Sodoma (dt.: *Die 120 Tage von Sodom*), 1975.
Porno-Teo-Kolossal (nach dem Tod Pasolinis 1975 unvollständig geblieben), 1976.

ABBILDUNGSVERZEICHNIS

S. 15, 17, 22, 24, 41, 44, 56, 70, 85, 115: Privatbesitz Nico Naldini; S. 31, 43, 135, 142, 147, 157, 179, 194, 195, 254, 259, 260, 269, 275, 294, 315, 316, 324, 338: Archiv Verlag Klaus Wagenbach; S. 58: Ullsteinbild; S. 105: In: Giuseppe Zigaina (Hg.): Pier Paolo Pasolini/*I disegni 1941–1975*, Scheiwiller, Mailand 1978.; S. 108: Fine Seccolo; S. 149: Istituto Luce; S. 153, 198: L'Unità; S. 161: Agenzia Costa, Mailand; S. 163: Centro Studi Franco Fortini; S. 166: Archivio Arnoldo Mondadori Editore; S. 175: © Isolde Ohlbaum; S. 181, 249, 350: picture-alliance/maxppp; S. 189, 314, 328: © Angelo Pennoni; S. 208: In: Elsa Morante: *Piccolo manifesto e altri scritti*, Linea d'Ombra Edizioni, Mailand 1988, S. 4.; S. 210, 215, 217, 232, 242: Dufoto, Roma; S. 224: picture alliance/Mary Evans Picture Library; S. 230, 231, 278, 290, 292: Stiftung Deutsche Kinemathek; S. 233, 304, 310: L'Espresso; S. 239, 256, 265, 267: Archivio Cineteca di Bologna (© Angelo Novi); S. 247: © Paul Ronald; S. 251: Archivi Fotografici Garolla; S. 288: Archivio Rizzoli; S. 309: © Mario Dondero; S. 327: Libero Grandi; S. 329: © Dino Pedriali; S. 356: picture-alliance/dpa.

Pasolini bei Wagenbach

Amado mio   Ein Roman über die Freundschaft

Beim Dorftanz, beim Baden im hitzeflimmernden Fluss, beim Toben auf dem Sandstrand, im Kreis der Jugendlichen. Desiderio entdeckt, dass er lieber mit dem Jungen Chini tanzt als mit Mädchen, und er erlebt die vielleicht schönste Nacht seines Lebens. Ein Roman voller Ausgelassenheit, Eifersucht, Herzklopfen und Zärtlichkeit – durchwoben von der Erinnerung.
Aus dem Italienischen von Maja Pflug
WAT 663. 96 Seiten

Ragazzi di vita   Roman

Dies ist der Roman von Ricetto und seinen Freunden, die, von Eltern, Gott und der Welt verlassen, durch die Eingeweide des römischen Großstadtuniversums streunen. Er hurt, er säuft, er stiehlt und er tötet – um zu leben, sonst nichts.
Das unbestrittene Hauptwerk Pasolinis, mit dem Italiens großer Schriftsteller und Ketzer den Verlorenen und Geächteten aus den Elendsquartieren der römischen Vorstädte ein unvergängliches Denkmal setzt.
Aus dem Italienischen von Moshe Kahn
WAT 614. 240 Seiten

Freibeuterschriften
Die Zerstörung der Kultur des Einzelnen durch die Konsumgesellschaft

Pasolinis Streitschriften sind ein Wendepunkt in der Diskussion über den »Fortschritt«: Warum verschwinden die Glühwürmchen? Ist der Untergang der bäuerlichen Welt Völkermord? Wie herzlos ist Aufklärung? Der gefeierte Ungehorsam – ist er so destruktiv wie unsere Welt?
Als radikaler Freibeuter stellte sich Pasolini dem common sense einer Massenkultur entgegen, die das Besondere einebnet, das Alte zerstört und die Unterschiede nivelliert.
Aus dem Italienischen von Thomas Eisenhardt
Neu herausgegeben von Peter Kammerer. WAT 317. 176 Seiten

Zeitgenossen und Weggefährten Pasolinis bei Wagenbach

Elsa Morante   Das heimliche Spiel   Erzählungen

Zwölf Geschichten über die unverständliche Macht der Liebe und deren zerstörerische Kraft. Zwischen Müttern und Söhnen, Frauen und Männern, Bruder und Schwester, Eltern und Kindern. Nach Jahrzehnten wieder in der von der Autorin gewollten Zusammenstellung und in neu durchgesehener Übersetzung.

Aus dem Italienischen von Susanne Hurni-Maehler
Neu durchgesehen von Maja Pflug
Quart*buch*. Gebunden. 200 Seiten

Alberto Moravia   Der Konformist   Roman

Die Geschichte eines Mannes, den eine Schuld zur größtmöglichen gesellschaftlichen Anpassung treibt und das Psychogramm des Mitläufers schlechthin.

Aus dem Italienischen von Percy Eckstein und Wendla Lipsius
WAT 620. 320 Seiten

Alberto Moravia   La Noia   Roman

In einer Ehe stellt sich oft die Frage: Wer langweilt sich zuerst?
Der große Menschenkenner Moravia lässt die Frage im großen und ganzen offen, beantwortet sie aber im erotischen Detail.
Der wegen seiner Freizügigkeit umstrittene und vom Klerus heftig bekämpfte Roman wurde mit Horst Buchholz verfilmt.

Aus dem Italienischen von Percy Eckstein
WAT 612. 336 Seiten

Alberto Moravia   Der Ungehorsam   Roman

Die Geschichte eines Jungen, der seine Eltern, die Schule, seine Freunde und die ganze Welt unerträglich findet. Er beschließt, in den Tod zu fliehen – und landet mitten im Leben.

Aus dem Italienischen von Lida Winiewicz
WAT 645. 144 Seiten

Giorgio Bassani bei Wagenbach

Die Gärten der Finzi-Contini   Roman

Mit seinem berühmtesten Roman, der zarten Geschichte einer großen, unerfüllten Liebe und zugleich Chronik des tragischen Schicksals des jüdischen Bürgertums in Italien, hat sich Giorgio Bassani einen Platz in der Weltliteratur erschrieben.
Aus dem Italienischen von Herbert Schlüter
WAT 404. 368 Seiten

Der Geruch von Heu   Erzählungen

In leichtem Ton erinnert sich Bassani an Menschen, die ihm begegneten, und erzählt von Ferien am Meer, von Glück, Leid und Eifersucht.
Aus dem Italienischen von Herbert Schlüter. Neu durchgesehen
WAT 613. 112 Seiten

Ferrareser Geschichten   Erzählungen

Es ist das kleine Glück in einer bescheidenen Ehe oder das große, unerreichbare; es ist die tiefe menschliche Zuneigung, die auch unter widrigen Umständen gedeiht und das Versagen des Bürgertums in eben jenen Zeiten, die Bassani in seinem Buch präzise zeichnet, für das er den Premio Strega erhielt.
Aus dem Italienischen von Herbert Schlüter
WAT 564. 256 Seiten

Hinter der Tür   Roman

Giorgio Bassani, »einer der größten und leisesten Schriftsteller Europas« (Alfred Andersch), erzählt in *Hinter der Tür* eine Geschichte von Freundschaft, Verrat und über das Erwachsenwerden.
Aus dem Italienischen von Herbert Schlüter
WAT 596. 144 Seiten

Lesen Sie weiter ...

Natalia Ginzburg Familienlexikon Roman

Das mit dem Premio Strega ausgezeichnete Hauptwerk Natalia Ginzburgs ist nicht nur das komische Portrait einer denkwürdigen Familie, sondern zugleich ein großartiges Portrait Italiens.
Aus dem Italienischen von Maja Pflug.
WAT 563. 192 Seiten

Natalia Ginzburg »Es fällt schwer, von sich selbst zu sprechen, aber es ist schön.«

Natalia Ginzburgs Leben in Selbstzeugnissen

Über eine der großen intellektuellen Frauengestalten Italiens, Natalia Ginzburg, hat ihre Biographin Maja Pflug diesen Band zusammengestellt: mit autobiographischen Texten und bisher nicht übersetzten Interviews.
Zusammengestellt und aus dem Italienischen von Maja Pflug
WAT 414. 128 Seiten

Maja Pflug Natalia Ginzburg

Eine Biographie

Die erste Biographie, die uns die ganze Natalia Ginzburg vorstellt – gesehen von einer der besten Kennerinnen ihres Werkes, ihrer Übersetzerin Maja Pflug.
WAT 674. 192 Seiten

Roberto Longhi Masolino und Masaccio

Masolino und Masaccio entstand aus einer Vorlesung an der Universität Bologna, in der auch ein junger Mann saß, dem sie »die Augen öffnete« und der Longhi dafür zeit seines Lebens dankte: Pier Paolo Pasolini.
Mit einem neuen Vorwort von Andreas Beyer
WAT 651. 288 Seiten mit zahlreichen, z.T. farbigen Abbildungen

Lesen Sie weiter ...

Leonardo Sciascia   Das weinfarbene Meer   Erzählungen
Die besten Erzählungen des großen sizilianischen Autors, von ihm selbst ausgewählt. Wo könnte man Sizilien mit seinen Besonderheiten und Bewohnern besser kennenlernen als in diesen Geschichten?
Aus dem Italienischen von Sigrid Vagt
WAT 611. 160 Seiten

Leonardo Sciascia
Das Verschwinden des Ettore Majorana   Roman
Die Geschichte eines großen Physikers, der noch vor Heisenberg die Kernspaltung entdeckte und beschloss, die Welt vor seiner Genialität zu bewahren.
Aus dem Italienischen von Ruth Wright und Ingeborg Brandt
WAT 652. 96 Seiten mit Abbildungen

Leonardo Sciascia   Der Zusammenhang
Ein sizilianischer Kriminalroman

Eine haarsträubende Serie von Morden an Richtern beschäftigt den scharfsinnigsten Ermittlungsbeamten, Inspektor Rogas. Mit genauer Kenntnis beschreibt Sciascia das Netz von Intrigen, Ablenkung und Schweigen, mit dem Rogas auf Seiten der Mächtigen zu kämpfen hat.
Aus dem Italienischen von Helene Moser
WAT 644. 128 Seiten

Wenn Sie mehr über den Verlag oder seine Bücher wissen möchten, schreiben Sie uns eine Postkarte (mit Anschrift und ggf. E-Mail). Wir verschicken immer im Herbst die *Zwiebel*, unseren Westentaschenalmanach mit Gesamtverzeichnis, Lesetexten aus den neuen Büchern und Photos. *Kostenlos!*

Verlag Klaus Wagenbach   Emser Str. 40/41   10719 Berlin
www.wagenbach.de